市民社会基础读本

——美国市民社会讨论经典文选

〔美〕唐·E. 艾伯利　主编

林　猛　施雪飞　雷　聪　译

商务印书馆
创于1897 The Commercial Press

2012年·北京

Don E. Eberly

THE ESSENTIAL CIVIL SOCIETY READER

Published by agreement with the Rowman & Littlefield Publishing Group through the Chinese Connection Agency, a division of The Yao Enterprises, LLC.

本书根据罗曼和利特菲尔德出版集团 2000 年版译出。

目　录

第一部分　导言与概述

第二部分　市民社会理论

第三部分　作为社会资本创造者的社群

第四部分 市民社会：公民信任和社会权威

第五部分 市民社会和民主国家

第一部分

导言与概述

第一章　市民社会的含义、起源与应用 3

唐·艾伯利①

在21世纪来临之际，一个最重要的变化也许是市民社会的非政府部门（也有人称作志愿部门、社会部门）的重新发现。如果说20世纪目睹的是市民社会受到有意无意的忽略、以至于日趋没落的过程，21世纪也许代表了它的元气的恢复。

市民社会这个词差不多已经完全退出了公共话语，然后突然之间又引人注目地再度现身。在美国，人们在遗忘了几十年之后，重新发现社会部门（包括家庭、邻里、志愿社团和数不胜数的各种市民公 3
益事业）是美国民主试验中最核心、最不可取代的部分。每天都有数以万计的重要功能在市民社会领域发生，从邻里之间的互帮互助、公共秩序的维持、青少年行为指导，直到对老弱穷困者的扶助。

在美国，志愿社团对于缔造一个强大社会所起的推动作用，几乎是社会秩序中的其他任何事物都无可比拟的。这一社会部门代表了美国社会政治体系中最有活力、独一无二的一种力量，是具有鲜明美国特色的社会行动和道德复兴机制。历史上众多的社会运动，无论主题是改良道德、维护妇女儿童的正义还是根除苦难与贫困，都有各种志愿社团参与其间。

---

① 唐·艾伯利（Don E. Eberly），美国学者，一直致力于市民社会的讨论与实践，并编著有《建设公民共同体——21世纪的市民社会》（*Building a Community of Citizen: Civil Society in the 21st Century*）、《美国的希望——市民社会和美国文化的复兴》（*America's Promise: Civil Society and the Renewal of American Culture*）等书。——中译注

市民社会不仅具有这些现实的功用，更重要的，它还可以培育公民和激发民主价值。在市民社会中，拥有一套最富活力、最为亲密的把孩子社会化为成人、把私人状态的人转化为公共精神的人的机制。4 这一社会部门就其性质而言属于公共部门，但绝非政府部门，它提供了人们可以通过实践来学习的公共"空间"，人们藉此而培养出最基本的民主习性：信任、合作与妥协。

很长时间以来，人们都把广泛存在的志愿社团和志愿行动网络视为美国之独特与强大的一个主要源泉，但很少有人能领会到，这种公民活力与美国的其他一些特征（比如有限政府的传统、政教分离的原则）有非常紧密的联系。从美国历史上看，承担各种公益事业的，很多时候是个人，而不仅是政府，甚至主要不是政府；是具有自主行动愿望的普通信徒，而不是官方教会的受戒神职人员，后者只是欧洲的特征。

4 市民社会可以说是美国内在的一个组成部分，无论是对美国的社会还是国家，市民社会都是它最不可缺少的一个特征。同时，它总是每隔一段时间，就会为美国的复兴发挥关键的作用。美国出现的那些具有重大影响的社会变革，很多都是由关心公益的个人彼此合作、共同推动所致；而在历史的各个不同阶段，都曾有过公民主动精神的大爆发，而这种复兴在今天有可能再度出现。

众多迹象显示，社会部门正在恢复生机。新的公益创业来势汹涌，以市民社会和社区为基础的补救方案一夜之间成为公共讨论的焦点。同时，对市民社会的理论兴趣也正在复兴，这股潮流席卷了众多的社会科学领域。

本书的目的

本文集的目的是将几十年来在市民社会领域作出最主要的理论

贡献的人士汇集起来，以便为相关的学者提供一个概览。正是由于这些人士，市民社会概念才得以摆脱分析上的模糊状态。本书收录的正是这些一流学者和作者有关如何理解市民社会的最有影响、最为经久耐读的篇目。

市民社会的复兴同时也是一场正在兴起的民众运动的目标。这一运动虽然在组成上千差万别，但拥有一些共同的、相互关联的目标；它反映了人们渴望改变公民身份的内涵，减少其中自私自利的成分，而掺入更多的市民气，更多的公民参与。市民社会因此成为人们在恢复社区机制、复兴自愿精神和责任公民观念、把美国人从社会隔绝和碎裂状态中聚合到一起时，共同使用的一个指导行动的框架。[1]

就此来说，这场民众运动反映了复兴市民社会的愿望来自民众自身，是对民众愿望的回应。许多民意调查都显示，美国人民意识到了各种社会制度在日趋衰落，公共辩论和举止每每变得很不健康，个 5
人与社会担负的责任正在受到侵蚀。

在一次次的民意测验中，绝大多数美国人都认为，美国已经丧失了它的道德和文化核心，责任成了稀缺商品，公共制度不像过去那样受人尊敬。如何才能对人民基本的愿望和憧憬作出回应？如何才能使公民超越社会分层和个人利益而发展出共同的愿景？相关的政治辩论仍在继续。[2]

所有这些讨论都是在市民社会的标题下展开的，而对今天市民社会讨论仍起着指导作用的社会和政治理论——它们都强调了市民社会对于维持民主秩序生命力的重要作用——正是本书的重点。除了对现代民主制度面临的实质问题的关注之外，本书还广泛讨论了被视为市民社会副产品的信任、文明、社会权威、民主技能和习性等问题，

导言限于篇幅，不可能对各位重要思想家、主要论题以及市民社

会思想史作出恰如其分的评价，仅打算作一泛泛的考察，为市民社会近来的再度升温提供一个解释和背景描述，并对其间产生的若干重要观念加以考察。

概念的界定

要为市民社会概念作出一个准确的、能为各方接受的定义，并非易事，它往往会因人们所抱目的的不同而不同。

有一种观点认为，市民社会就等同于市民认同(civility)的寻求。在保守主义眼里，市民社会应该主要由社区，尤其是宗教团体承担慈善的功能，政府的慈善项目总是漏洞百出。自由至上论者(Libertarians)近来也接受了市民社会概念，往往将之视为私有化的
6 同义词，这表明在他们看来，市民社会概念的主要价值在于它有助于扩张市场、限制国家。

而另一端的众多自由主义者则认为，市民社会是很好的手段，可以推动社区对公共项目的参与，并以此改善政府的绩效及其公众形象；还有人认为市民社会有助于推动民主的商谈，创造更多的“公共空间”，减少公共生活中存在的不信任和冷漠。对多数人来说，市民社会的含义就是上述成分的不同组合。

6 面对这样一个众说纷纭、甚至相互冲突的概念，人们难免会考虑，当下的这股市民社会热潮到底有什么新内容。怀疑论者会说这个概念完全没有任何公共价值，本质上不过是年复一年的意识形态争论找到的新修辞方式。至于这场市民社会运动是否真的能够影响公共辩论，很多人心中无数。

有些人拒绝市民社会，认为它不过是一个时髦的公共理念而已，

匆匆地来也会匆匆地去，会很快退出公众视线。但也有人不同意。迪翁(E. J. Dionne)是一位新闻观察员，也是市民社会讨论的热心参与者，他认为市民社会的兴起正是因为现有的左右两分的意识形态框架存在严重的不足。在他看来，这场市民社会辩论“不会是昙花一现”，因为它针对的正是其他试图引起公众关注的种种思想内在具有的问题；它的兴起和持续受到关注，至少部分说明左右翼的政治领导人愿意“反思自身的不足，面对不利于己的新证据”。[3]

正如迪翁的反思所表明的，市民社会意味着人们渴望在学术圈、公共政策部门以及更广大的公众领域，能够找到更多的和谐、平衡与团结。虽然各方所做的解释不同，用途差别更大，但都不约而同接受了市民社会一词，恰可以说明他们都有意超越现有的社会分层和政治混乱。

凡是质疑市民社会有效性，或视之为赶时髦的人，不妨从美国史及欧洲史的长视角去考虑一下它的角色。仅仅根据当下那些实用的目的来对之加以界定，这是不妥当的。多位作者都在书中指出，市民社会对近几个世纪来的西方政治和社会理论具有无可替代的影响，——事实上如果把古典传统和圣经传统都计入的话，它的影响长达几千年之久。正如丹尼尔·贝尔所说(第十八章)，市民社会是美国社会政治体系的核心特征，是所谓美国“例外论”的基础。[4] 7

还有一个相关的问题就是，在今天的知识圈里人们通常是怎么理解市民社会概念的。政治理论家、市民社会研究者克里斯·毕姆(Christopher Beem)指出，市民社会概念是“一个内在就很松散、很宽泛的概念，凡是不属于国家的一切现象都可以包容其中。”而通观历史，“人们对市民社会的理解，会受到他们的价值目标的限制。简言之，你希望市民社会是什么，它就是什么”。[5]

换句话说，市民社会的定义取决于你内心期望它承担什么使命。

话虽如此，但正如毕姆所说，市民社会还是存在一些大致公认的内涵：它重点关注的是他所称的“社会资本机制”，这些机制能够、而且也应该对社会和文化的振兴起到关键的作用。

7 虽然市民社会常常被用作形容词，以描述人们希望的事情，但最好还是把它看成名词，看成一件有血有肉的、活生生的事物：它是一个社会领域，由具有道德内涵和功能的各种实际制度组成。而首要地，市民社会指代的是各种非政治制度（包括家庭、教堂、邻里、公民团体以及我们所能想到的各种志愿社团）所置身的那个社会部门。

这一概念还往往带有一层特别的含义：这些活动、这些社团都是志愿的、自由进出的。迈克尔·沃尔泽（Michael Waltzer）把市民社会称为“非强制的人类结社空间”以及“为了家庭、信仰、利益及意识形态而组成的、充斥于这一空间中的各种关系网络”。[6]

8 托克维尔可以称得上美国市民社会理论的教父，他把各种公民团体看成市民社会，其中包括慈善团体、地方教会、兄弟会、公民联盟和信仰团体。在这位法国政治理论家眼里，美国人热衷于组织、参加公民社团，这些社团种类成千上万，“既有宗教团体，又有道德团体；既有十分认真的团体，又有非常无聊的团体；既有非常一般的团体，又有非常特殊的团体；既有规模庞大的团体，又有规模甚小的团体。”他认为美国最值得注意的，就是点缀在美国独特的公民风景线上的社团组织，它们是美国民主社会正常运转不可缺少的部门，因为“所有其他部分的任何进步”都必须以它为基础。[7]

今天的美国人仍和托克维尔的时代一样，在不断地成立和改造各类公民社团，其中有大型的、小型的，有不那么认真的，目的各不相同。然而，真正重要之处在于，这些社团都是志愿组成，都致力于更广阔的社会目标。即便是许多专为私人需要而组成的志愿社团，也有重要的社会价值，虽然它们自己可能没有意识到。

引起托克维尔关注的公民网络，都是由自由的人民出于自身的愿望而自发成立。随着人民的自愿加入，开始为共同目标而努力，在此过程中慢慢培养出至关重要的合作与信任的习性，这一网络也慢慢成形。

多数学者对于志愿社团的兴趣仅止于它的社会价值和民主功用，不过随后我们会看到，健康的市民社会带来的副产品同样也是民主之持续运行所必不可少的。市民社会的种种制度除了履行实际的职责之外，还有另外三项功能：其一，在个人与市场、国家这些更宏观的结构之间充当中介，抑制任何一方所可能带来的不良社会后果；其二，创造重要的社会资本；其三，培养民主价值与习性。

市民社会通过把隔绝的个人织入更大的人群网络，使孤立的个体确立超越自身狭隘利益的目标，从而发展出社会内部的纽带和相互的义务关系。市民社会培育出来的互惠纽带是民主生活的源泉，

这也正是托克维尔的观点：通过公民参与，“人们的情感和见识才会 8
进步，心胸才会开阔，思想才能丰富”。[8]

确定分析的边界

为市民社会概念确定一个分析的边界，以满足所有人的愿望，是难以做到的。有人认为这一概念应该包含经济市场，因为社会的经济领域也是自愿和自发的秩序，与市民社会有很多相似之处，都属于不受政府支配的人类互动领域。而且，两者功能上也有重叠的地方，都是观念和智识产品的传送带。

在托克维尔的行文中，“各种工商团体”都属于市民社会，当然我们多数人都会补充说，这在现代的全国性及跨国性大公司出现之前才成立。而且，更重要的一点是：市民社会与市场虽有相似之处，却

建立在截然不同的动机之上：市民社会不依靠强力，这是它与政府的不同；但它也不依赖竞争或逐利动机，这是它异于市场之处。所以，市民社会虽有私人的一面，却能发挥公共的效用，它使个人超越了最低限度的法律义务和市场的自利原则，而走向社会的合作互助。

有些分析者如艾伦·沃尔夫（第三章）指出，经济领域应当成为市民社会辩论之一部分的原因，不是由于经济领域本身属于市民社会，相反是因为自由市场把所有决策最后都归结为个人利益的算计，削弱了各种忠诚、友谊和信任的纽带，而这恰恰是市民社会的基础。所以要理解哪些力量破坏、取代了市民社会的制度，不能不提到经济市场的强大力量。

正如托克维尔的用法一样，市民社会不仅有范围的限制，还有规模的限制。市民社会往往包含某种地方性的意味，指向社群和规模
10 较小的地方性社团。借助于地方性社团的媒介，个人享有自由的同时，也意味着与他人的利益有了联系的纽带。

正是由于存在这样的纽带，人们会愿意多为别人考虑，愿意“牺牲部分私利以满足其他的私利”，原本不受约束的自利心受到了合作的限制和德行的制约，于是变成了“正确理解的”自利心。由于这样的社团都扎根在地方社群，它建立的也都是地方性的情感联系，据此我们可以说，地方上的杂货商、牙医、小店主可以是市民社会，而跨国企业集团则多半不能算。

9 如果说市民社会概念主要不是指经济利益，同样地，它也不包括政治利益和行动。当然要把这个领域区分出来更为不易。通常像投票率的降低、公共辩论的不足、建立在权利基础上的个人主义等等问题的讨论也属于市民社会辩论的范围，但说起市民社会的各种制度和功能，主要不是就其与政治领域的关系来说的。

本书用了专门一个部分讨论政治理论及其对市民社会的重要意

义，可见两者存在重要的关联，而公民权观念正是连接两者的最好桥梁。准确地说，公民就是公民共同体的成员，他必须既承担非政治的活动，同时也参与民主生活，最低限度必须参与投票。

市民社会所要求的行动，很多时候都是前政治的或者超政治的，尽管另一方面它也为政治社会提供了最基本的民主特征。政治责任仅仅是公民责任的一种形式，而且往往是健康公民生活的副产品。在埃尔斯坦(Jean Bethke Elshtain)看来，虽然有些人反对将这些社团视为非政治性的，"市民社会理论家还是会坚持认为，这种社团网络以及我们置身于其中的多种多样的方式，都在国家权力的正式结构之外"。[9]

对托克维尔来说，市民社会与政治社会应该分开、而非混在一起。虽然历史上美国的社会运动经常带有一些政治的目标，但市民社会一般而言不会把现代的政治行动组织等同于公民共同体。这种群众行动组织固然扮演着重要且合法的政治与公民角色，但它们直接的、主要的意图都并非服务于公民目标。哈佛大学教授、市民社会研究专家帕特南(Robert Putnam)称之为"第三类"社团，对其中的大多数成员而言，所谓的参与仅限于报名加入、寄送支票而已。

帕特南根据自己对意大利地方政府的研究提出，各种公民机构可以塑造政治，是有效政府的源泉。就此，有一点今天已经得到广泛的承认：一个健康的政治体系与其说对市民社会有缔造或修复(在后者遭到腐蚀时)的功用，倒不如说它更多有赖于强大的市民社会。理由很简单：市民社会并非国家的附属物。

市民社会辩论的范围

市民社会目前不仅是严肃的学术思考的主题，也是一场新的公

共辩论的中心。辩论中提出了许多有进一步研究和讨论价值的话
10 题，其中之一就是呼唤一门新的公共哲学，它重在研究如何把共同善置于私人利益之上，对各种社会价值和制度予以革新，鼓励更广泛的公民参与，鼓励公民自己去解决社区遇到的问题。

公共哲学：自由个人主义与公民共和主义之争

大体说来，市民社会理论家关注各项社会制度，也关注民主国家，不仅不把两者分开，而且认为后者的健康活力要取决于前者。同时，多数学者对现行民主制的健康状况并不乐观，认为目前民主过程直接反映了公民共同体中存在的许多病症。

许多市民社会学派的观察家都批评近期的公共辩论变得十分贫乏。如果我们将民主放到医院的诊疗台上，对其内容作仔细的临床
12 诊断，最后会发现这一躯体已经布满各种严重的病毒。其中，人们经常提到的有，投票参与率的下降、公民盲（civic illteracy）的出现、公共商谈的缺乏、狭隘而极端的利益集团政治的上升以及金钱对公共政策的主导，等等。

就市民社会的学理分析而言，直接相关的是政治理论方面的问题，而最突出的莫过于它完全不存在以公民远景为基础的公共哲学。几十年来，分析者的兴趣多集中于关注自由个人主义对政治理论和实践的无处不在的影响，这一主义相信自我是最高的决定者，基本不受任何约束或义务的束缚，只要这些约束、义务不是出自他个人。

罗伯特·贝拉（第四章）将这一个人观形容为“完全拒绝任何负担的、完全即兴的自我”，与社群、历史、传统或公民责任都切断了联系。[10]这种极端个人主义的产生，与“自然的自由观”之兴起有关，它把自由本身看成目的，而主张自由需要秩序和约束的观点则受到排斥。这种不要任何限制的自由强调的，是个人有权“不让任何人来打

扰，不考虑其他人的价值观，不考虑对个人生活方式的限制，不受工作、家庭或政治生活中任何专断权威的支配”。[11]

对个人自主性的这种极端看法，体现在许多现代政治意识形态中，而在市民社会思想家看来，这却正是托克维尔在《论美国的民主》中所预言的许多社会和政治病症得以在美国泛滥的元凶。不受约束的“自然的自由”和个人的自主性给美国法律和社会秩序带来了深远的影响。

在美国政治光谱的左右翼中，都有自由个人主义的坚定支持者。11
今天政治哲学的两大对头——自由派的平等主义和保守派的自由至上主义——所使用的关于人类进步的理论框架，都不脱一种把人视为自主、承载权利(rights-bearing)的消费者的观念。可以说两者同样吸收了自由个人主义的思想，表现了相同的趋向。

无论何种流派的自由个人主义，寻求的都是越来越广阔的个人自由，而相当程度上置个人的责任和社会的限制于不顾。其中的区别，不过是这一家把个人看成是不断增加的法定权利的持有者，而另一家则主要把个人视为一个不受限制的市场上的消费者。

居于政治左翼的自由派接受个人主义的目的，是要推进表达权利和生活方式的选择自由，而社会团体的正当特权以及社会秩序和约束的必要性则不在考虑之列。右翼的自由派(即所谓自由至上论者)则坚持把经济自由作为好社会的唯一、充分的基础。如果告诉他们，在某些情况下可以尝试通过公共政策或社会约束来对个人的道德或经济行为加以干预，他们都会认为这是对个人自主权的不可容忍的侵犯。

在两派的框架中，都没有个人应受到义务的约束，以服务于我们所称的社会这层意思。要说美国社会创造的权利之多、提供给消费者的选择机会之丰富，在人类历史上没有哪个社会能够超过，然而，单有广泛的法定权利，单有充分的消费者选择机会，都不足以把社会联结在一起。事实上可以说，现代政治意识形态对市民社会制度只有索取，而极少贡献。现代自由主义对传统社会资本的这种严重依赖，有人称之为吃祖宗的老本。

市民社会淡出，国家粉墨登场

将个人从社会约束中挣脱出来的趋势给民主社会带来了诸多问题，比如社群的消失、社会信任的下降、对权利的偏执以及无视公益而对个人意志的一味肯定。这些都是市民社会理论家会反复提及的问题。

如果政府也站在完全偏向权利一极、拒绝任何更高道德的个体一边，它就不得不去满足个体不断增长的索取欲望，这损害的往往是社群的利益。而试图不断用立法的方式推动人类进步，正是今天我们这个政治化社会(politicized society)的核心理念。

面对自由个人主义的兴起，美国法律和政治体制的应对之道就是越来越多地把一切争论都化约为不受限制的个人权利语言，用哈
12 佛大学法学教授玛丽·安·格伦顿(第十五章)的话说叫“权利话语”。当人类事务只能依靠法律和政治来裁决时，一切都变得政治化，即使最基本的人际关系也是如此。随之而来的将是国家的无处不在，即使它的能力和合法性都在降低。

最终，实质性的宪政原则将由政治科学家迈克尔·桑德尔(第十四章)所称的“程序共和”所取代，个人得到了很多权利，却没有相应的公民意识。民主体制内的斗争将完全集中于如何调整民主过程以满足个人及团体的各种欲求，而非如何实现民主的实质性目标。

一旦所有事务都按照民主多数的原则决定，人们就不得不屈从于控制立法过程的那些人的一时兴致。法律由此堕落为政治上拥有

强大组织的团体的专断工具，一个团体获得的授权就意味着另一团体必须担负的义务。法律于是不得不在冲突的派系和主张之间，寻求更理想的平衡与界限。

随着市民社会的淡去，新画面中法律和国家的色彩则越来越浓。法律由此常常被赋予双重的使命：既要确认人们的性自由，又要保护人们不受性侵犯；既要保证某些群体的性别和种族优势，又要给其他群体提供反向歧视的保护；既要保护罪犯的权利，也要保护受害者的权利；既要维护言论自由，又要以新的权利规定来对付仇恨言论带来的伤害；既要保护个人也要保护社群的权利，等等。

当然，法律本来要做的事情就是在这些领域形成一种小心翼翼的平衡，但今天为了对付五花八门的权利要求，却需要法律达到一种令人恼火的精确度，这是前所未闻的。事实上，要达到这种程度的立法和谐与平衡，超出了法律与国家机构的能力。法律变成了一个忙得焦头烂额的裁判员，因为他裁决的这项运动一方面充斥了各种规则，另一方面违规的行为又仍然比比皆是——做这种比赛的裁判实在是无法完成的任务。一个公正美好社会的追求被缩减为一场围绕规则的战斗。 15

埃尔斯坦（第六章）观察到，随着公民机构的衰落，法律和民主产生了另一个后果，即公与私混同在一起。她指出，随着公民空间的缩减，出现了一种“错位的政治”（politics of displacement）来填补其留下的空缺。她描述了“公私界限的完全消失”，视之为对民主思考的大敌：“第一步是所有私人的事务，从私人的性行为到谴责父母没有养成孩子的自尊，都变成和公共有关的事情；然后第二步是所有公共的事务，从政治家的评价标准到卫生服务的政治学、枪支的管制，都变得私人化，变成一幕大张旗鼓的心理剧演出。”[12]

要代替这种以权利为基础的个人主义，一条出路是桑德尔在第

13 十四章所称的“古典共和传统”。它承认个人利益的存在，但鼓励个人服务于公益，以此来节制私欲，并最终实现“社群生活优先于个人欲求”。[13]古典共和传统视角下的个人，并非时时处在与他人的竞争中，也不是为了更多权利而一刻不停地与国家斗争，他还处在与社群的关系之中。

桑德尔批评主导的自由主义范式把公民看成仅仅是“自由选择、独立无羁的个体，不存在任何先在的道德和公民纽带可以约束他”。[14]根据桑德尔批评的自由主义社会远景，“政府无论是用政策或法律来支持任何一种美好生活的观念，都是不应该的；相反它应该提供的是一套中立的权利框架，人们从中可以自行选择自己的价值和目标”。[15]

市民社会支持者的首要目标是恢复业已丧失的平衡，而非去侵
16 蚀基本的自由。本书的作者没有一个怀疑，我们应该坚定地在美国哲学传统和核心宪政原则范围内，努力促进社会的更大团结。如果我们寻求一种更深刻、更具有实质内容的公共哲学的行动有任何中心目标的话，那就是促进市民社会理论家常说的“共同善”或“公共善”(common good or public good)。

概念界定的困难在这里再度出现。共同善包含的是所有人就其作为人而言所希望和应得的那些道德和社会物品；同时，追求共同善的手段也同样重要，我们不能简单地把自己的方式通过意志或人格的力量强加给别人。

共同善不等同于最大多数的最大幸福，也不是碰巧由某个时刻某个多数所表现出来的民意结果。共同善植根于一套实质性的、普遍性的伦理原则，它不由我们的选择决定，也因此对所有人都有约束。

重新挖掘出一套内容更加充分、更加丰富的美国公共哲学，将会

有助于我们在不损害基本自由、不把个人身份退化到团体身份、不侵蚀私人领域的情况下，增进社会的共同善。一套关注共同善的公共哲学将会努力在权利和责任、个人和社群之间形成更美妙的平衡。

对此，一位知名的市民社会学者塞利格曼（Adam Seligman）曾有如下表述："市民社会观念之所以对如此众多的社会思想家具有如此非凡的吸引力，而无论他们的理论视角和政治议程有多么不同，原因正在于它试图在私人和公共的'善'、在个人和社会的需要之间进行综合。因此，在很多人眼里，市民社会体现了一种关于社会秩序的道德理想，它要实现的是对个人利益和社会利益之间的冲突加以调 14
和，如果不说完全克服的话"。[16]

因此不足为奇，所有意识到传统的左右范式已经不合时宜、缺乏内在一致性的人们，都十分青睐市民社会。市民社会理论家也往往与"第三条道路"的政治主张联系在一起，反对将社会的秩序建立在市场或国家之上，他们更多关注的不是权利或私利，而是合作的伦理。

但今天的政治生活极少去强化公共精神导向的公民身份；相反，它鼓励人们把社会看成由不受羁绊的私人个体组成，他们心怀种种愿望，拥有众多的合法权利，并沉浸于无尽的消费选择中，——但矛盾的是，这使他们看起来更近于臣民而非公民。过去的政治辩论，还不乏对公正美好的社会里是否还存在崇高人生目标的公共反思，今天则只剩下了乔纳森·朗奇（Jonathan Rauch）所谓的"唯政府论"（governmentalism）的政治，人们提出的每一个社会主张都是"关于政府、政治和法律的主张"，朗奇指出，"自由至上派、反政府的保守派和左翼自由派虽然在很多方面有分歧，但都同样是唯政府论者"。[17]

新兴的市民社会辩论折射出人们对这种无视社会的唯政府论倾向的深刻不满。政治意识形态纠缠的，无非是更多的国家还是更少的国家，或者更多的市场还是更少的市场，后者是国家的唯一替代品。劳伦斯·齐克林(Lawrence Chickering)为我们点出，自由主义和保守主义虽然目标不同，但都一心一意地关注中央政府，不过是一个要增强，一个要削弱，然而作为政治意识形态，它们的核心都指向中央政府。

按照这种视角，所谓的好社会，不过就是为国家确定合适的尺寸、形状和范围。齐克林指出，没有人关注“创造个人和社群的自治形式”。[18]然而情况正在逐渐改变，市民社会运动的理论家和代言人对此功不可没。

最后，还有一个市民社会思想家和作家经常提到的问题，就是公共辩论的危害性。我们社会里最极端的个人主义，都表现在公共辩论领域，这里几乎听不到一丝一毫的共同善的说法。在《华盛
18 顿邮报》专栏作家威廉·拉斯贝利(William Raspberry)笔下，相互竞争的部门或意识形态之间正常的合作交流已经消失，“美国已经沦为一个由交战的派系组成的、濒临解体的社会”。[19]他怀疑，今天是否还有人用超越纷争的国家利益或公共利益这套说辞。

市民社会至少在一定程度上可以算作上述社会分裂局面的解毒
15 剂。市民社会领域的功能之一，就是为意见的交流提供场所，即使双方在观念和价值上截然对立，互不相让。但市民社会的基本前提是，公共讨论应该“文明”(civilized and civilizing)，这是因为它有一个最低限度的主张：我们彼此并非在一切方面都对立，而毫无共同之处。

很多市民社会的倡导者都赞同寻找一种新的公共话语，它以普遍性原则为基础，遵守哈维尔(第十九章)所说的“相互共存的法则，我们共同生存所不可缺少的最低限度的共识”。在哈维尔看来，这一最低限度的法则是在我们之上的某种东西，“是来自上天、来自自然或者出自我们内心的一套普世原则，是对我们的行为可以惠及子孙

后代的信念；是对邻里、家庭和某些天然权威的尊重，对人类尊严和自然的尊重；是对怀着好意的陌生人报以团结和友善的意识”。[20]

社会理论，社会制度：公民美德的温床

市民社会大量汲取社会科学尤其是社会学的成果，汇聚了政治理论与社会理论的精华。在哲学立场上，它的出发点与自由个人主义截然不同，关注的是处在社会关系中的个人的需要。它认为人天生是社会动物，有明确的社会需要和取向，哲学需要借助社会及其制度才能充分发展。

市民社会研究通常关注很多社会学家关注的话题，比如人们如何获得自我主宰、实践公民权利的能力？个体如何从婴儿状态转变成为有关怀、有责任的成人？如何获得民主的习性、技能和价值？对文明社会具有重要意义的道德良知是如何形成的？

参与市民社会辩论的主要学者中，许多都不同程度地受益于涂尔干、尼斯比特和滕尼斯等人代表的社会学传统。就本书而言，如果不提一下社群主义对复兴市民社会的贡献，将是极大的欠缺。

诚如大量社群主义文献所指出的，这场要求加强社会机制的运动实质上是希望在权利和责任之间建立更高的平衡，在此基础上实现新的社会均衡；是抵制道德问题上越来越严重的放纵趋势，对发展 16
过度的个人主义踩下刹车。

以埃兹奥尼（第七章）和贝拉（第四章）这些杰出社会学家为先导，越来越多的社会科学家聚集在社群主义的旗帜下，试图找到一套新的社会政治框架，以处理过度个人主义造成的种种问题。这样的框架，用贝拉的话说，“将不再陷于顽固个人主义（rugged individualism）的陈词滥调中”，而会“拥抱一种更有活力、更富有意

义的社会责任意识”。

但市民社会理论家与社群主义者的不同在于，前者更多关注的是范围广阔的、主要由志愿社团组成的非政府部门，以及包括家庭和邻里在内的社会机制，而后者的主要兴趣集中于各种形式的社群理念。社群与市民社会虽有不少共同之处，但它更多是一种地理概念，是通过族群、宗教或简单的共同居住纽带而联系在一起。正如埃兹奥尼指出的，“社群应该看成一种嵌套结构，小的必须套在大的里面”。[21]

社群主义者最希望的，是通过更多的社会聚合来矫正快速社会变迁带来的不良后果，同时也注意避免陷入所谓“过去的黄金岁月”之类的反动怀旧情绪中。从前的时代也许社会和谐，民风淳朴，却存在种族、性别和阶级的等级划分。社群主义者恰恰提醒我们，新的平衡并非只有回到50年代、只有靠牺牲进步为代价才能达到。要实现美国人今天都渴望拥有的共同的身份感和归属感，就不能扭转、而只能顺应近几十年的社会进程，对某些特殊类别的美国人来说（比如妇女和少数族裔）尤其如此。

中介机制

研究市民社会的学者和作家最为关注的一个话题，就是如何维护社会生活中具有志愿性和一致性的那个领域，换言之也就是社团生活的健康。市民社会运动中的很多研究都着重指出，由于官僚制、商业化和科学技术这些强大的现代化因素的影响，各种社会机制和公民社团日益受到削弱。

一个运行良好的社会总是由生机勃勃的次级单位组成。后者一般规模不大，范围局限于地方，柏克将之称为“小分队”、“次级结构”，托克维尔称为“社团”，涂尔干则称为“小集体”。人们认为这些才是宏观社会秩序的基本组成部件。

正如托克维尔所观察到的，公民社团有成千上万种不同类型，组成的原因也各不相同，它们构成了绝大多数公民在共同体生活的主要背景。社团可以有各种各样的目的，有的十分明确，有的则属于无 17
意，但不论它们追求的是多么具体的目标，在这个过程中不期然地都成为了民主的实验室，也就是托克维尔所说的“公民身份的小学校”。

社团的一个功能是在国家的宏观结构和个人之间充当中介，维护后者的利益。在我们这代人中，彼得·伯杰(Peter Berger)和理查德·约翰·诺伊豪斯(Richard John Neuhaus)在其名著《赋权于民》(*To Empower People*)一书中对市民社会的“中介性”一面做了最为有效的阐述，结果把“中介结构”一词变成了通行语。

他们所称的中介结构，首先指代的是居于个人和宏观巨型结构(国家、市场)之间的机构，如家庭、基督教会和犹太会堂、志愿社团、邻里。他们认为，中介结构“对于民主社会的活力至关重要”，因为处于隔绝状态的个体只有通过它们的帮助，才能在一个复杂而充满竞争的社会中找到自己的位置。在某种意义上，个人在面对外部世界时，只有加入社团才拥有了保护自己、表达自己的手段。

这里之所以强调地方性公民社团的中介作用，是为了解决所谓个人原子化的问题。市民社会表达了一种对规模更为合理也更为人性的生活世界的渴求。贝尔在文章里谈到了这一问题(第十八章)，他指出，“渴望回归市民社会，也就是渴望回到一种更可控制的社会生活规模，它看重志愿社团、教会和社群，主张各种决策应该在地方层面做出，而非由国家及其官僚机构掌握”。[22]

美德的温床

公民社会的作用不仅是充当个人的中介，阻止原子化的泛滥，它还有助于培养关键的民主价值。市民社会的各种地方性机构可以培育出对他人、对社会的积极情感，所以人们常常将之视为孕育公民美德的温床。它们还有助于培育社会同情，按照柏克的说法，与“分支机构”的联系，“是通往国家之爱和人类之爱的长链条的第一环”。

各种公民机构的衰落必然伴随公民美德的衰落。这一观点今天已经广为人知，哈佛大学教授罗伯特·帕特南对此贡献最大，他的成名作《独立打保龄》（“Bowling Alone”）提醒人们当心公共精神的衰落及其危害。帕特南看到，那些与公民共同体发生联系的公民“乐于彼此相助、相互尊重、相互信任”。

帕特南认为，这些民主的习性发端于一个由“横向联系”组成的厚层，公民在这个厚层中发展的联系有助于一种互惠与合作的精神。
18 他进一步指出，在公民共同体中，公民的纽带是“互惠合作式的横向

联系、而非威权依附式的纵向联系”。[23]帕特南的观点呼应了尼斯比特（第二章）在《寻求共同体》（*Quest for Community*）一书中的论证：公民共同体内部的横向纽带越弱，我们对集权国家的垂直依附关系就越强。

信任的发生器

市民社会还有一个重要的副产品：社会信任。有关市民社会的争论中，人们关注最多的就是信任这一主题，而体现了自愿性、一致性和相互信任的关系正是社群的力量之源。福山经过研究发现，信任和协作有助于提高个体在联系紧密、瞬息万变的全球市场中的竞争力，而经济生活的维系有赖于“社会信任的道德纽带，它是公民之间一种未明言、不成文的纽带，而它的作用是为交易提供便利，激发更多的个人创造力，并为集体行动提供正当理由”。[24]

福山的结论是，拥有社会信任和协作的牢固纽带的社会，相比于

人与人相互隔绝、陷于碎片化状态的社会，优势十分显著。他和帕特南都谈到，信任是社会的润滑剂，便利了人们进行各种公民的或商业的交易，同时也是保证社团纽带得以存在的黏胶。

换言之，政府和市场的良好运行，都离不开市民社会的滋养。如前文所述，许多关于市民社会的讨论都指出了市场—政府二元划分的局限，认为它忽略了社会部门的存在，而在信任问题上尤其如此。艾伦·沃尔夫(第三章)指出，市场的繁荣“离不开良好的道德秩序，它表现为非经济性质的信任和团结的纽带。市场是现代性不可缺少的，但它总是破坏自己赖以运转的根基”。此外他还说：“自由主义的国家理论既不是彻底的自由主义——因为它的创始人寄希望于已有的道德纽带去补救冷冰冰的社会契约，也不是完全的国家主义——因为它默认了强社会的存在。”[25]

信任衰落的原因多种多样，通常人们提到的有政治腐败、犯罪横行、经济失调、种族歧视，以及(对美国人来说)缺乏一个共同的根。不信任造成人们日益退出公共生活，同时它也是人们退出公共生活的后果。在研究不信任的起因和后果方面，明尼苏达大学的政治学教授温迪·拉恩(Wendy Rahn)作出了开创性的贡献，她曾指出，缺少参与会助长怀疑和不信任情绪，而这反过来又减少了人们的社交和参与共同体事务，“这个恶性循环使得社群的境况变糟，居民对个 19
人和公共生活的满意度都下降”。[26]

另一个人们经常提到的造成信任衰落的因素，是家庭这类核心机构受到的侵蚀。已故社会学家詹姆斯·科尔曼(James Coleman)是“社会资本”一词的发明者，这个词今天在市民社会辩论中经常出现，含义也十分丰富，但它的原初含义是指在家庭氛围中培育出来的一组个人能力，尤其是通过合作追求共同目标的能力。[27]在科尔曼看来，这个概念针对的就是在家庭中哺育出来的种种特质。

在人类所有的纽带中，父母子女之间的纽带是最为亲密的，对孩子来说也是最为稳固持久的；其他社会纽带都比它脆弱，而且还有一个不同是家庭纽带根植于自然。一个人如果在幼年时期不幸发现他最应该信任的父母不值得信任，成年后对他人的信任感和合作态度都会大打折扣。

对于家庭的角色，研究市民社会的学者在观点上并不一致。有的学者认为家庭纯属私人性质，不在公共讨论和监督的范围内；但更多的人同意，民主的前提条件、也就是托克维尔所谓的“心灵的习性”，是通过家庭的渠道，在代际之间得到哺育、传递的。中介社团固然重要，但仍然要从家庭汲取重要的资源；个人的社会化主要也是通过家庭中形成的信任和互助模式而实现的。健康的家庭带来的是高度的自制力、对他人的同情和愿意妥协的态度。

所以，市民社会理论家往往认为民主社会是脆弱的，民主的良好运行有赖于包括家庭在内的社会化机制，通过这些机制才把孩子塑造为成人，个人塑造成公民。如果我们赞同这种观点，那么民主对每一代人都提出了一个关键的使命：为了年轻一代的社会化，他们要做的不仅是性格和民主习性的传递，而且要维护好在社群内对性格塑造有重要影响的那些机制。

社会权威

社会权威和社会信任的关联非常紧密。在围绕市民社会而产生的诸多争论中，社会权威不是最早涌现的话题，但现在却越来越引人注目。

通常认为，社会权威的正当性之所以日趋崩溃，是因为强调个人自主性的意识形态的兴起，个人选择权日益压倒一切。全球没有一个社会像美国那样为个人提供了如此之多的选择机会，把个人选择变成了国民文化中最强有力、最受欢迎的动机。在美国，不会有哪个雇主、教师、政治家会因为甘于牺牲自己的选择机会而受到人们追捧。

对这一问题的社会后果，揭示得最好的无过于《失去的城市》(*The Lost City*)一书的作者艾伦·埃伦霍特。他自己是在50年代 20
芝加哥的邻里长大，所以他希望发现哪些关键因素导致了这种邻里的消失。最终埃伦霍特认为，虽然很多因素可以解释都市邻里在经济和社会上的解体，但罪魁祸首却是人们不顾一切的、试图“摆脱社会权威”的愿望。

在埃伦霍特看来，把社群和个人选择放在一起加以膜拜“是对社群性质的误解。对个人选择加以膜拜的后果是，无论我们选择什么，都没有长久的吸引力，我们无力抵御不断做出新选择的诱惑：工作如此，婚姻如此，在电视频道面前也是如此。……怀疑一切权威，结果就是行为规范和文明准则的破坏，这一点在学校里尤为明显”。[28]

埃伦霍特指出，一个秩序井然的世界如果希望它的秩序得以维持，则必须有人制定规则，“梦想社群的创立可以无需权威，最终只能是一个白日梦”。[29]

公民身份

市民社会研究中反复出现的另一个主题，是强调恢复个人的公民身份，而不仅是私人消费者身份。美国试验的一个核心特征在于它的自治原则，这套体制希望人民成为主权者而非臣民。因为它认为人民有自我治理的能力。切斯特顿(Chesterton)曾提到一个不断赋予美国生活以活力的信念，这个信念的核心完全是一个古典的观念：“一个人的最高理想就是成为公民，而一个人最不能忍受的痛苦是不能成为公民。”[30]

美国的国父们早就看到，自治能力的维持对个人的品格、知识以及参与责任提出了很高的要求；缺少了积极主动、信息充分的公民，政府就可能滥用权力。因此，不论是当时还是后来，人们都在不断地呼吁更多的公民行动，以抵消美国人的唯我独尊、个人主义和私字当头。

许多重要的市民社会理论家一直在呼吁，对我们更为古老、博大和丰富的公民身份传统必须加以继承发展。这个传统要求于我们的，不仅仅是出门投票这种最低程度的政治参与义务，还有作为邻居、作为志愿者等等更加广泛的义务，以及对公共生活的品质承担更多责任的意愿。

在一个对公民身份观念拥有强烈信念的社会，普通成员会自觉

21 地爱护有助于性格塑造的那些机制，培养一种人性的公共秩序不可缺少的民主性格。这实际已经拓展了公民身份的概念，与之相关，公民身份所包含的义务，也不再是一切完全求助于宏观的国家慈善机构，而鼓励用更为直接、更为自愿的方式满足人们的需求。

有几位本书作者在参与公民社会辩论时，就曾努力拓展公民身份的内涵。比如，比尔·沙姆布拉（第十六章）及其同事迈克尔·乔伊斯（Michael Joyce）就曾大胆地提出，应该充实、丰富美国公民的内涵，来抗衡专业人士扮演的、无所不在的“施与者”和“关爱者”角色。后者总是取代了公民的直接参与。乔伊斯主张，社会政策要做的不是扩大社会服务提供者对社会的渗透，而是充分利用多种多样、生机勃勃的公民生活网络，使公民个人也可以发挥作用。[31]

沙姆布拉指出，二十世纪的进步党运动有意识地摧毁了地方公民社群，因为它把地方公民网络的低效率和保守性看成自己创造国家共同体的障碍，普通公民组成的地方社群就是“乱糟糟的公民机构

和地方忠诚纽带凑在一起的一个大拼盘”，二十世纪国家肩负的使命就是“无情地把它消灭，或者把它同化”。[32]

从进步党人的角度看，社群的事务过于重要，未受专门培训的地方看护人是不能胜任的，必须委派在高级政策学校受过最先进理论教育的职业人士进入邻里，取而代之。换言之，由于二十世纪科学专业主义及其政策管理模型越来越膨胀的野心，公民身份受到了严重的压迫。

约翰·麦克奈特的文章（第九章）也探讨了这一主题。他道出了一个很不幸的事实：公共和私人部门中的大量资源如今都掌握在专业看护人手里，时下盛行的做法是把个人看成委托人而非公民。在数千万美国人享受到公共援助的背后，传递出一个微妙的讯息：受助者已经毫无希望地陷在困境里，离不开各类倡导者、利益团体和政府雇员的永久性的帮助。

这种“家长式”的帮助无论对穷人还是富人都造成了影响，使他们的心态与公民身份不相符合。穷人觉得无须再去把握自己的生活，而且理直气壮；富人则觉得自己已经尽了义务，不再需要费神去关心他的穷邻里。今天社会行动者使用的语言，不再是一个富有爱 22
心的公民所用的语言，而是一个提供专业治疗服务的政府所用的技术行话，是从具有行医资格的专家嘴里冒出的“项目”、“政策”、“治疗”之类的用语。

许多赞成对公民身份做更宽泛理解的人都同意，目前社会服务的提供者关于人类天性和需要的假设并不正确，应该用一套更系统的方法取而代之，而这离不开良好的社群，离不开真正的公民身份。所以公民身份的复兴真正需要的，就是不再把公共生活和公共援助的事务一股脑交给政府专家，从而使个人重新得到肯定。

公共政策必须强化中介机制，必须把公民看成社会的真正灵魂。

尼斯比特把政策的主要目标界定为"凡有必要，就努力保护、加强和抚育各种团体和结社"，因为这是"社会秩序的真正基石"。伯杰和诺伊豪斯得出了同样的结论（第八章）：国家应该尽可能去保护、培育中介结构，通过后者来"实现各种社会目标"。

借助社群的复兴，政策就把穷人和富人连在了一起，现在他们之间变成了志愿者、邻里和伙伴关系。

今天，公共政策越来越把重点转移到当地的公民行动和慈善机构上，从而使市民社会的上述面向有了一个新的推力。如何找到立足于当地社群（包括信仰团体）的方案，引起了越来越多学者的兴趣。比如，迪尤里欧所做的（第十一章），就是针对各种地方宗教团体的慈善机构是否有效改善了儿童和家庭的处境而进行评估。

28 市民社会在西方政治思想中的起源

市民社会观念对西方政治思想的发展起了重要的作用，这是众所公认的事实，用塞利格曼的话说，"市民社会观念触及并体现了西方政治传统的重要主题"。[33]

不过，关于市民社会观念的起源情况，人们则并不那么了解。对此存在多种解释和表述，不过广泛接受的看法认为，它有若干大的源头（当然也还有一些小源头）。这些大源头包括古典哲学、在苏格兰启蒙运动和早期美国新教中所体现的宗教改革思想、天主教社会思想以及托克维尔，还有人认为市民社会可以追溯到洛克、康德、黑格尔和马克思。

23 本文只能简略提及二十世纪之前的若干重要源头，至于从事社会和政治理论研究的严肃学者，可以另外参考有关市民社会理论和起源的完整著作。另需指出，二十世纪以来的一些重要的市民社会理论家，如罗伯特·尼斯比特、丹尼尔·贝尔、罗伯特·贝拉、彼得·伯杰和理查德·约翰·诺伊豪斯，其作品在本书中都有收录。

对很多学者、分析家来说，与“市民社会来自何处”同样重要的一个问题也许是，“为什么要谈市民社会？”事实上，对市民社会的理论兴趣大概和前述的实践应用一样具有周期性，每当公共秩序发生紊乱时就会产生。今天发生的正是这种情况，旧的社会结构的崩溃促使人们重新对社会的内在运行机理产生理论和实践的兴趣。

越是动荡不安的时期，人们越是渴望能够理解、解释和应对周围的变化，他们往往会提出一种新的理想社会图景，而这种图景通常都带有市民社会的特征。前面提到的自主性的上升、社会权威的陨落就是一个例子，说明在人们努力克服现代社会所包含的许多冲突和解体趋势、寻找新的平衡与和谐的过程中，市民社会的影子会一再浮现其中。

克里斯托弗·毕姆对市民社会的各种来源做过全面的考察，结果发现，历史上在市民社会理论方面有所建树的主要思想家，都是为了回应“与我们今天极为类似的一些问题，他们使用市民社会概念也正是为了处理、改进这些问题”。毕姆指出，市民社会运动在一点上是共同的：都关注社会机制的活力，都致力于道德和公民精神的复兴，而且都把社会机制视作实现复兴的“最最重要的手段”。[34]

塞利格曼认同毕姆的观点，他指出在十七和十八世纪，人们之所以突然对市民社会产生兴趣，正是因为他们急切地希望，在巨大的社会和经济变革面前能够恢复公共秩序和社会伦理。

塞利格曼认为：“尽管法国、苏格兰和德国启蒙运动的不同思想家对市民社会有不同的定义，但是他们不约而同地转向市民社会概念是因为，他们处理的都是私人和公共、个人和社会、公共伦理和个人利益、个人激情和公共关怀领域之间的关系。”[35]那个时代如此，今天的市民社会辩论也同样如此。

毕姆指出，与十八世纪苏格兰启蒙运动有关的思想家，比如弗兰西斯·哈钦森、亚当·弗格森、亚当·斯密和大卫·休谟，“历史上第
24 一次提出了现代社会面临的问题。他们看到，封建和贵族秩序特有的社群生活濒临死亡，新兴的现代世界，也就是启蒙运动、资本主义和民主构成的世界正在到来”。[36]

这些思想家的使命是，“为社会出谋划策，寻找各种方式来应对新的社会现实：可以拥抱它，努力找到一种公民美德的新形式，也可以想办法把旧的社会秩序中有价值的成分保存下来”。而从更广的角度看，他们的使命是“设法为现代社会巩固政治自由和经济增长方面的进步，同时尽力保护旧的公民美德和团结的源泉，或者去寻找新的源泉”。[37]

30 无论是过去还是今天，基督教（包括新教和天主教）都是给予市民社会强大支持的主要源头之一。塞利格曼认为，十六世纪末和十七世纪人们对市民社会重新产生兴趣，和同一时期自然法推理方法的复兴是同步的，后者针对的对象是君主的专制政治权力。洛克把市民社会看成一个政治结社领域，人们藉此告别“自然状态”，走向新国家。[38]对洛克和其他思想家来说，问题在于那些摆脱了贵族压迫的自由人民如何缔造一个社会契约，以确立、维持自由和秩序；这既需要自然法，也需要神圣法。

在这一时期，市民社会和政治社会是紧密联系在一起的，但随后市民社会就从国家中分化出来。苏格兰启蒙运动带来的一个转变，就是社会和国家更加彻底的分离，于是市民社会（属于社会的那些机制）和政治社会也更加显著地分化了。

市民社会的某些基本元素也可以在加尔文宗中找到。加尔文宗认为个人聚居在上帝统治的社群中，它强调某种终极的善的存在，而

这种善是由一个超越的道德来源予以确认的。苏格兰启蒙思想家，特别是弗格森，尤其主张市民社会不仅是公民结社、自由交流的领域，同时也是道德的领域。

弗格森认为人天生是“社群的成员，所以从这个角度看，他的成长不能完全依靠自己”。市民社会就是一个相互提供服务的空间，以含义明确的道德准则为基础。弗格森进一步指出，为了有助于这种社会的实现，个人在自身幸福与“社会公益”发生冲突的情况下，必须做出部分的牺牲。[39]

前面在讨论市民社会的“中介机制”时曾提到，它的作用是在个人和国家之间充当缓冲器。事实上，这种将市民社会看成中介机制的国度的观点，就极大地受益于天主教社会思想的一个核心原则，即“辅助性”(subsidiarity)原则。根据天主教教义，“一个更宏观、更高 25
级的组织，如果把更小的下级组织可以有效行使的功能据为己有，这是不正义之举，是严重的罪行和对正当秩序的破坏”。[40]

辅助性原则的基础，是把人看成本性上是智能的、自由的和社会的存在，同时把社会看成人们自由结合，以在某种伦理框架的约束下追求共同目标的所在。[41]与辅助性原则紧密关联的，是共同善的概念，这个概念也可以在天主教的道德训诫中找到强大的支持。

托克维尔的遗产

对美国人如何理解市民社会影响最为深远、最为持久的，无过于1833年来到美国旅行的法国人托克维尔。托克维尔对美国独特的社会和政治文化作出了最为敏锐的观察，这是得到公认的。本书收录的许多文章，都可以视为对他的持续影响所表示的直接致敬，因为人们再次沿用了他对美国民主诸问题所做的锐利分析，以揭示他早已做过预言的各种失衡现象。

很显然，来自法国的托克维尔是对美国的自我理解产生了最大影响的思想家。他所采用的分析概念，他所塑造的观察视角，对今天的思想家仍有影响。所以，在导言的最后总结一下托克维尔的深刻分析，这并不为过。

托克维尔注意到，美国社会存在一种具有创造性的张力，也就是私人利益的强大力量与公共利益的要求之间的紧张，——这和我们前面提到的自由主义个人哲学与对立的公共哲学之间的紧张，差不多是一回事。他指出，美国人对于生活中的一切行为，基本上都用“正确理解的私人利益”原则来解释。对自身利益的开明态度使得他们能够“互相帮助”，愿意“为了国家的利益牺牲个人的部分时间和财富”。这句话对美国式的私人利益，一种站在开明的、实用的角度理解的私人利益，做了最充分、最独特的揭示。

必须注意，托克维尔没有说要根除私人利益。私人利益自然存在，而且可以得到驯化，从而有助于陆地的开发，为工业和技术革新提供强大的动力。不过，为了保证一个秩序良好的社会，保证个人能够充分享有自己的劳动果实，超越狭隘的私人利益也同样必要。

托克维尔看出了我们天然有爱好自愿结社的倾向。对此，他有一段著名、得到广泛征引的经典论述，所说的就是美国人的这种结社癖：“美国人不论年龄多大，不论处于什么地位，不论志愿是什么，无不时时在组织社团。在美国，不仅有人人都可以组织的工商团体，而且还有其他成千上万的团体。既有宗教团体，又有道德团体；既有十
26 分认真的团体，又有非常无聊的团体；既有非常一般的团体，又有非常特殊的团体；既有规模庞大的团体，又有规模甚小的团体。为了举行庆典，创办神学院，开设旅店，建立教堂，销售图书，向边远地区派遣教士，美国人都要组织一个团体。他们也用这种办法设立医院、监狱和学校。在想传播某一真理或以示范的办法感化人的时候，他们

也要组织一个团体。在法国，凡是创办新的事业，都由政府出面；在英国，则由当地的权贵带头；在美国，你会看到人们一定组织社团。”[42]

结社行为在美国几乎席卷一切领域，这使托克维尔惊叹不已。人类活动的所有方面，包括智力活动、道德活动、社会活动、宗教活动以及经济活动（有些人坚持经济活动也应该列入），都在市民社会中发生。公民组织在功能上有时与政治组织重叠，但即使那些纯粹公民之间的行为，也有助于培育民主的习性和技能。它们成了民主的学校，这不是比喻，而是实实在在的描述。地方公民社团将民主置于人们触手可及的范围，使他们熟悉了民主过程的各种规范和用途，抵消了私人利益和自我封闭的倾向。

社团构成了政治权力的一个独立来源，就此可以说它对强大的私人利益和政治多数派的暴政都构成了强有力的制约。托克维尔认为，没有了结社，“我无法找到其他可以阻止一切形式暴政的捷径”。[43]美国人就这样享受到了他们的欧洲亲戚不敢奢望的自由、平等和主权。

托克维尔立志要解答的，是为什么美国民主一天天兴盛起来，而很多欧洲社会却在走向停滞，他并希望通过自己的观察，能够帮助美国去实现一个更好的未来。他看到美国存在强大的平等趋向，这导致人们永无止境地寻求生活的改善，因此无论国家和社会，都肩负着实现人人平等的使命。

托克维尔曾形容美国人对平等的偏爱是“迫不及待、贪得无厌、永不停止、不可更改”。[44]美国民主所希望的，不仅仅是更好的政治制度安排，它还渴望一个更理想的社会。托克维尔承认：“在我逗留期间，一切新奇事物都比不上身份的平等给我的印象深刻。”[45]

然而，这种平等的渴望也包含了相应的风险。托克维尔认为，美国人渴望平等的同时，可能会对个人天赋不同所带来的差别也不能容忍，于是求助国家的力量来加以矫正，对此他表示了忧虑。对贵族的敌视态度如果延伸到品味和举止上，就可能造成平均主义。

没有了把社会聚合在一起的贵族制度，美国人不顾一切的自由渴望就可能滋生出种种疾病，从而破坏社会的凝聚。托克维尔关注的正是这些疾病：物质主义、个人主义和利己主义，对之如果不加限制的话，自由就可能受到威胁。

托克维尔所忧虑的人与人的“分离”，正是二十世纪所称的“独自
27 打保龄”现象揭示的问题。托克维尔很早就看到了公民精神衰退的征兆：“有一种深思熟虑而又心安理得的情感，它驱使公民离开同胞而独处，退入家庭和朋友的小圈子。从此他安于这个根据他个人口味建立起来的小社会，心甘情愿地对更大的社会放任不管。”[46]

托克维尔认为，这种个人主义很容易发展成极端的利己主义，其特点就是不加节制地追求各种“小乐子”，而置个人的公共义务于不顾，结果将导致“公共美德的溪流”被拦腰斩断。与个人主义密切相关的，就是“对物质享受的过度偏爱”。[47]

同样在托克维尔身上，我们看到了一个不可思议的预兆：他预告了世纪之交的美国在文化和社会论战中所关注的那些话题。托克维尔认为，没有一个富有活力、运行良好的公民行动王国，国家就会出来填补真空，由此会走向一种也许是温和的，但同时也是“巨大的、保护性的”新专制。这时的国家将表现出家长般的心态，将人民置于“永久的儿童状态”，剥夺他们的尊严。

根据托克维尔的看法，社团生活可以帮助公民克服狭隘的私人利益，治愈各种社会病，地方社群中的面对面互动会带来一个重要的社会副产品：同胞之情和社会责任感。这就是托克维尔对美国的建议，而今天它正受到前所未有的认真评估和讨论。

注释

1 Deb Reichman, "Let's Be Civil," *Associated Press*, 5 February 1997.

2 有关今天公共态度的数据的分析，参见 Don Eberly, *America's Promise: Civil Society and the Renewal of American Culture* (Lanbam, Md.: Rowman & Littlefield, 1998), 6.

3 E. J. Dionne, "Why Civil Society? Why Now?" *The Brookings Rewiew*, Fall 1997, 6.

4 Daniel Bell, "American Exceptionalism Revisited: The Role of Civil Society," *The Public Interest*, no. 95 (1989), 38-56.

5 Christopher Beem, *The Necessity of Politics: Reclaiming American Public Life*, (Chicago: University of Chicago Press, 1999), 4.

6 Michael Walzer, "The Idea of Civil Society," *Kettering Review*, Winter 1997, 8.

7 Alexis de Tocqueville, *Democracy in America*, trans. By George Lawrence, ed. by J. P. Mayer (Garden City, N. Y.: Anchor Books, 1969), 513. [译文引自托克维尔《论美国的民主》(下)(董果良译，商务印书馆，1996)，第 635 页。——中译注]

8 Tocqueville, *Democracy in America*, 515.

9 Jean Bethke Elshtain, "Catholic Social Thought, The City, and Liberal America," in K. L. Grasso, G. V. Bradley, and Robert P. Hunt, ed., *Catholicism, Liberalism, and Communitarianism* (Lanbam, Md.: Rowman & Littlefield, 1995), 97.

10 Robert Bellah, et al., *Habits of the Heart: Individualism and Commitment in American Life* (New York: Harper and Row, 1985), 83.

11 Bellah., *Habits of the Heart*, 23.

12 Jean Bethke Elshtain, 引自 Don Eberly, *America's Promise: Civil Society and the Renewal of American Culture* (Lanbam, Md.: Rowman & Littlefield, 1998), 142.

13 Michael J. Sandel, 引自 John O'Sullivan, *The Loss of Virtue: Civil Society and the Renewal of American Culture* (Lanbam, Md.: Rowman & Littlefield, 1992), 86.

14 Michael J. Sandel, "American's Search for a New Public Philosophy," *The Atlantic Monthly*, March 1996, 70.

15 Sandel, "American's Search," 58.

16 Adam Seligman, *The Idea of Civil Society* (New York: Free Press, 1992), 16.

17 Jonathan Rauch, "Caesar's Ghost," *Reason Magazine*, May 1993, 55.

18 A. Lawrence Chickering, *Beyond Left and Right: Breaking the Political Stalemate* (San Francisco: ICS Press, 1993), 159.

19 Don Eberly, ed., *Building a Community of Citizens: Civil Society in the 21st Century* (Lanbam, Md.: Rowman & Littlefield, 1994), xxxviii.

20 哈维尔1995年6月8日在哈佛大学的演讲。

21 Amitai Etzioni, *The Essential Communitarian Reader* (Lanbam, Md.: Rowman & Littlefield, 1998), xiv.

22 Bell, "American Exceptionalism Revisited," 56.

23 Robert D. Putnam, *Making Democracy Work: Civic Traditions in Modern Italy* (Princeton: Princeton University Press, 1993), 15.

24 Francis Fukuyama, *Trust* (New York: Free Press, 1995), 10.

25 Alan Wolfe, *Whose Keeper? Social Science and Moral Obligation* (Berkeley: University of California Press, 1989), 19.

26 Wendy Rahn, "An Individual-Level Analysis of the Decline of Social Trust in American Youth," 提交给全国公民复兴委员会第一次年度会议(1997年1月25日,华盛顿)的未刊论文。

27 James S. Coleman, "Social Capital in the Creation of Human Capital," *American Journal of Sociology* 94 (1998), 95-120.

28 Alan Ehrenhalt, "Learning from the Fifties," *Wilson Quarterly*, Summer 1995, 8.

29 Ehrenhalt, "Learning from the Fifties," 21.

30 G. K. Chesterton, *What I Saw in America* (New York: Dodd Mead, 1922), 8.

31 参见 Michael Joyce, "Americans are Ready for a 'New Citizenship,'" adapted from a speech to the Milwaukee Bar Association (23 June 1993), and Joyce, "The Bradley Project on the 90s: An Overview," from a speech to the Thiensville-Mequon Rotary Club (12 October 1993).

32 William A. Schambra, "Toward a Conservative Populism? Some Questions for the Wilderness," prepared for "populism in the 1990s" (Washington D. C.: Hubert Humphrey Institute for Public Affairs, University of Minnesota, and The Empowerment Network, 3 March 1994), 5.

33　Seligman, *The Idea of Civil Society*, 3.

34　Beem, *The Necessity of Politics*, 4.

35　Seligman, *The Idea of Civil Society*, 5.

36　Beem, *The Necessity of Politics*, 4.

37　Beem, *The Necessity of Politics*, 4.

38　Seligman, *The Idea of Civil Society*, 22.

39　Adam Ferguson, *An Essay on the History of Civil Society*, 5th ed. (London: 1782), 52.

40　Grasso, Bradley and Hunt, *Catholicism, Liberalism, and Communitarianism*, 24.

41　Quandragesimo Anno, 40.

42　Tocqueville, *Democracy in America*, 513［译文引自托克维尔《论美国的民主》(下)(董果良译，商务印书馆，1996)，第635—636页。——中译注］

43　Tocqueville, *Democracy in America*, 192.

44　Tocqueville, *Democracy in America*, 506.

45　Tocqueville, *Democracy in America*, 9.

46　Tocqueville, *Democracy in America*, 506.

47　Tocqueville, *Democracy in America*, 444.

第二部分

市民社会理论

第二章　“寻求共同体”:秩序与自由之伦理学的研究

罗伯特·尼斯比特[①]

这是一个经济上相互依赖、福利国家盛行的时代,也是人们精神上不安宁、人人关注道德确定性的时代,这是如何发生的?为什么对共同体的寻求,会成为二十世纪最主要的社会潮流?究竟是哪些力量的合谋,使得我们虽然处在三个世纪以来的经济和政治持续发展的顶峰时期,共同体的问题却显得比罗马帝国末期以来的任何时代都要紧迫? 41

答案自然比较复杂。妄图把一个时代各种冲突的指令都归结到同一组制度的错位(institutional dislocations)上,这纯属徒劳无益、自欺欺人。任何时代的矛盾冲突都既包含当下的文化挫败、也包含永恒的精神渴望,要把后者化简为浅显的社会学或心理学问题,会显得可笑而且可悲。事实上,无论那些讨论我们今天的政治幻灭的杰出文献最终证明了什么,有一点清楚无疑:把全部的精神问题都转换为世俗的术语来表达,未免专断而愚笨。

我们所遇到的问题在某种意义上属于道德问题。说它是道德问题,因为它与传统上在人与人之间起着引导、团结作用的那些价值和目的有密切的关联,而这些价值和目的在今天却有太多时候让我们

---

① 罗伯特·尼斯比特(Robert Nisbet),美国著名社会学者,本文内容出自其同名著作《寻求共同体:自由与秩序之伦理学的研究》(*The Quest for Community:A Study in the Ethics of Order and Freedom*)。——中译注

感到遥不可及。事实上，我们无须深入钻研当代的哲学和文学作品就可以感受到，这个时代在道德精神的混乱、确定性的遗弃、教义的陈腐以及价值的败坏方面，已经走得有多远了。十九世纪一些保守主义者所预见到的、将作为当时越来越声势浩大的各种社会与精神潮流之最终结果而出现的世界的祛魅(disenchantment of the world)，业已包围了我们；二十世纪初期对人类的怀疑倾向在许多方面也有了后继
34 者，新的怀疑主义进一步冲击着思想本身的根基。当代的这种祛魅如果是在一种自信的心态下，破除传统探寻新路，倒也并非坏事，可惜它所怀有的并非自信，而是忧郁与负罪感。与之伴随的，则是一种走向绝对的怀疑论和绝对的确定性的冲动，而这概莫能外地是导致绝对专制的前提条件。

不过，这同时也是一个知识的问题。它与西方思想内在的一些趋势联系在一起，这些趋势与文明同样古老，在柏拉图、塞涅卡、奥古斯丁及其知识传人的作品中有清楚的揭示，而且它们已经深深沉淀下来。任何人都免不了要通过前人那里继承下来的词语来看待世界，而我们今天使用的表达异化、共同体的术语，大多直接承袭自前代的哲学保守派和宗教保守派的作品。今天出现的对共同体的寻求，其背后的某些因素与人类一样久远，那种坚定的信念、那种痛苦的探寻，在所有伟大的先知作品中都有生动的展现。所以，这种对共同体的寻求在相当程度上可以说是永恒而普世的。

然而，这种寻求在其形态和强度上却会因时而异。在某些世代，甚或某些世纪里，它可以悄然无声，像家庭、村庄、阶级以及其他一些社团形式所提供的安全保障会将这种寻求掩盖起来，提供替代的满足。但也有一些时代，恰好出现急剧的变化和混乱，这一寻求就会变得明白可见、喧嚣一时；而这正是我们时代的写照。因此，企图回避今天存在的对共同体的寻求，含糊其辞地将之归因于部落意识的复

兴,或者归因于人类还没有完全从一些“原始”条件中解放出来,这是十九世纪鼓吹人类线性进步的哲学的遗产,它不能代替真正的分析。包括我们时代在内的社会的道德要求,通常都是与当时的制度条件有紧密的关联,而不能委之于过去。

本文的论点是,现代思想和大众行为中所体现出来的人们对共同体的着魔是一个宣示,它宣告了社会在首属社团方面出现了深刻的错位,而这些错位的产生几乎都是由于西方政治国家的结构所造成。正如本文的处理方式所揭示的,这既是一个社会问题,因为它涉及人们拥有(或希望拥有)的那些身份和成员资格;也是一个政治问题,因为它反映出权力在社会中位于何处以及如何分配。

这里,社会和政治这两个层面不能分开。因为人们的忠诚义务和成员资格,无论多么微不足道,都不是孤立存在的,而须置于一些更大的、在社会或某些宏观社会结构中占据支配地位的权威体系中。至于这一主导的权力体系属于通常所说的宗教权力、经济权力还是政治权力,从社会学的角度来看关系不大,更重要的是权力在实际运行中呈现的形态,以及它对次级的文化和社团的作用方式——这里指的,是权力的集中程度、间隔(remoteness)程度和非人格化程度,以及权力介入人类生活的具体方式。

我们首先看看今天西方社会中社会团体的作用,因为政治权力 35
造成的后果在基础性的社团组织上体现得最为显著。这类团体事实上无法与各种政治因素分开,不过我们把这个话题留到后面讨论。

在现时代,我们看到,所谓社会的去组织化(social disorganization)和道德的各行其是(moral isolation)已经成为人们的习惯用语,这些说法可以指代很多各不相同的现实状况,不过即使如此,今天我们所处的社会也是过于复杂了,不可能所有的领域都经历同样的变化。比如说国家,作为人际之间一种显著的关系形式,就没有出现去组织化的状况：绝大多数国家，包括美国在内，政治关系过去和现在一直凌驾于其他一切人际交往形式之上。当代国家，加上它的全部官僚机构，比人类历史上任何时期都更加强大、更加凝聚，执行着更为广泛的功能。

同样地，对教育、慈善、经济等领域的许多私人或半公共组织中的那种重要的非人格关系来说，也看不出衰退或去组织化的迹象。大规模劳工组织、政治党派、救济组织，还有建立在财产和交换关系基础上的合作社团，至少从机构的影响来看，声势不减以往，甚至还有过之。虽说这些组织所提供的身份尚不足以带来牢固的社会凝聚感，但另一方面，要说这些管理着千百万人生活的、拥有巨大影响的社团正在去组织化，那也很牵强。

还有一些经常用来描述个人的词汇，如“迷失的”、“与人隔绝的”、“无依无靠的”，我们也要十分小心。诚然，关于异化的意识形态在今天传播很广，但我们不能无视同时还存在这样一个事实，那就是各种监护性和救赎性机构层出不穷。事实上，人类历史的任何时期都不像今天这样，有如此众多的各类组织（包括公共的和私人的）把个人作为官僚机构和管理工作所关注的核心：我们拥有了难以计数的私人救济机构，不仅如此，在现代政治发展趋势的推动下，国家也日益与个人发生直接的关联，它的权力、它的服务日益深入人们的日常生活。

如此说来，在这样一个经济富裕和福利政治的时代，又是哪些方面的错位和剥夺才会驱使人们去渴望一种共同体，渴望从孤立和焦虑中解脱出来？这里，症结出在社会的小范围的首属关系领域，这些关系充当着个人与外部更广大的、由经济、道德、政治和宗教诸价值组成的世界联系起来的直接中介。当然终极地看，说这些价值本身（及其与人们的关联程度）出了问题亦无不可，但依我看来这主要是

社会层面的问题，因为它涉及的是我们身边的那种小范围内的成员 36
身份和社团，上述那些价值正是在这里与我们发生着意义和关联。

所以，所谓社会中孤立感的上升，所谓对共同体的寻求（在当代生活和思想的各种理论与实践领域，到处都能看到它的影子），都只是表象，其背后是这样一个日益显著的事实：今天，人们传统上的首属关系（primary relationships），与我们的国家、我们的经济越来越不发生功能的关联，也不再能影响个体的道德抱负。而我们也不得不接受这样一个结论：从前在家庭、邻里、教会这样一些首属社团（primary associations）里获得的身份、安全等价值，现在人们都得努力到一些大型的组织里去实现，而这正是当代的社会行动的独特之处。我认为，正是这一事实，为我们揭示出当代众多不满情绪的根源，同时，就政治自由和秩序方面的相关问题来说，也是一个不祥的预示。

当然，问题绝非仅仅出在传统团体的角色上，而解决之道也绝不可能是去复古——恢复那些与我们所生活的、无可逃离的工业民主时代的种种条件不相吻合的团体和价值。对此后文会进一步展开，但传统团体的脱位却是我们论述的起点。

从历史的角度看，我们的问题可以表述为，像家庭、地方的小社群以及自古以来一直在个体和社会之间发挥中介作用的各种传统关系，在功能上、心理上的作用日益减退，而以往它们对每个个体的道德生活却能产生决定性的影响。至于其他的、可能更加强大有力的社团虽也存在，但个体生活中所受的道德和心理影响却主要是来自家庭、地方社群和教会，我们的首要认同类型（primary types of identification），比如亲情、友谊、威信、认可等等，就是出现于这类团体中，而激励我们工作、爱情、祷告以及为自由和秩序而献身的基本动机，也产生于这类团体，或者是因之而得到加强。

通常，就是在这样的社团范围内，个人获得了他对外部世界的观念，意识到自己在其中的位置；而他对身份和角色、保护和自由的具体感受，对好与坏、秩序与混乱、罪恶与纯真的辨别，也正是在这种首属社团中产生，并由他在社团中的种种关系塑造成型。我们过去所称的人的本能，或人的社会性，其实只是这一人际关系领域的产物。而且，这个领域不仅有正式的道德认知，还有怀特海所称的“我们广泛的、继承而来的符号体系。”(our vast system of inherited symbolism.)

37 事实上，当代关于异化的讨论大多会把这一人际关系领域产生的心智状态和情感的紊乱作为证据，像所谓的道德疏离、敌视世界、恐惧自由、非理性的侵犯冲动、不能应对任何困难的无助感，小说家和精神病学家已经告诉我们，这些感受都与个人不再拥有这样一个关系领域有关。无论在孩提时代还是成人以后，对外部世界是否形成一种连贯的、逻辑一致的意识，根源都可以在这种紧密的、具体真切的人际关系中找到。

因此，当代社会科学家和道德家常常指出的“去组织化”，其实是发生在这一关系领域；同样地，当代引起轰动的、让人想到文化解体的事件，毫无疑问绝大多数也是发生在这一领域。不过，“去组织化”这个词本身并不贴切，事实上忽视了我们文化中基本的社会团体方面的问题，而把注意力转移到那些任何时代都很普遍、与我们实际问题并不怎么相干的不端行为上。

社会的去组织化概念最早是法国的保守派分子提出来的，他们使用这个概念有明确的现实内涵，指代基尔特、贵族和修道院所遭受的摧毁，但博纳尔(Bonald)和孔德将这个词的基本含义染上了道德色彩：对于他们，法国革命代表了对更大范围的道德秩序的毁灭，个人的普普通通的不端行为也因之具有了特别的意义，表明社会的去组织化，而它正是大革命的产物。这个词在社会科学研究中一直都在使用，而今天一个更加不幸的动向则是，即使在未曾出现明显的结构崩溃，也没有明确的规范可以确定行为是否偏离正常轨道的情况下，人们也会使用“解体”(disintegration)、“去组织化”这类术语。人们研究家庭、社群的解体，却不能真正洞见到事实上是何种关系在解体，于是人们密切关注婚姻不幸、卖淫嫖娼、少年犯罪、非婚性生活，并抱着一个古怪的假设：这些都是病理现象，根源在于家庭的崩溃。[1]

然而，无论就这个词的哪一层含义来说，去组织化对家庭或者其他任何一类社会团体所遭遇的难题，都无特别重要的意义。根本之根本还在于人们的组织化社团(organized associations)，在于我们的社会首属团体现在所置身的，是一个与它几乎毫不相干的经济和政治秩序，它重新构造了自己的基本目标，从而使得这些首属关系在功能上越来越显得多余。所以，问题的核心在于那种传统的、组织化的关系，今天已经不能在个体的生活中、在道德和心理方面占据中心的位置，作用日益衰减。

当然，这不是说我们时代的人际关系不如其他时代那么丰富，但很显然地，对越来越多的人而言，这些关系不复具有道德的意义，心 38
理上也不能给人引导。这不是一个简单的、传统关系对人们的心理影响在衰退的问题，而是说新兴的各种首属关系，几乎无一例外，都不能像传统关系那样向个人提供心理的和道德的意义。于是，在越来越多的人那里，首属关系丧失了历史上曾经有过的、在人与文明的宏大目标之间的中介功能。

不过，就家庭、地方社群这类团体的地位所发生的根本变化而言，现实功能的衰减仅仅是其中的一个方面。在本质上，社会组织是一种承担制度功能的模式，众多人类心理需求的线条(意义、忠诚、相互依赖)都编织于此。当代人们的异化感，直接地看，可能是符号和意义的问题，但同时也可以说是种种为个人带来整合和目的感的关系所承担的制度功能发生了问题。

在任何社会，长远来看，能赢得人们实实在在的忠诚和献身的社团类型和领导模式，必然是对人们日常生活产生看得见摸得着影响的那一类。当然，这里不会是一种纯粹天然、毫无修饰的关系，文化仪式以及其他将意义固化（crystallized meaning）的形式都在其间发挥着中介作用，对人们的思想有着显著影响。个体生活要通过符号才能感知各种意义，但符号又直接源于社会的各种结构，所以归根结底，符号的有效与否与社会结构的制度价值存在紧密的、至关重要的联系。因此，就亲属或宗教团体所体现和传递的那些基本价值来说，它的完整的意义在多大程度上为人们感知到，取决于这一团体对个人、对社会其他机制的制度价值的高低。

在过去（今天也还有一些这样的地方，不过越来越稀少），个体自觉地生活于其中的各种地方团体、亲属团体和宗教团体，与人类生存所必需的经济功能、慈善功能和保护功能之间，有着密切的联系。宏大的制度目标总是与小范围的社会团体紧密结合在一起——团体足够小，才可以在个体生活中真正注入一种社会成员的意识，赋予基本的道德价值以鲜活的意义。事实上，直到最近，对于绝大多数人而言，经济生活和政治生活的结构都是建立在小范围的社会团体和地方团体的基础上，甚至是以此为前提的。人们在这样一种团体中，心理上的安全需求和身份认同需求得以满足。

至于家庭、教会和地方社群在过去能够得到并保持个人忠诚的原因，可以说并非出于任何更高级的爱戴或保护的动机，并非出于智力价值和精神价值之间存在什么了不起的自然和谐，更不是因为存在什么更高一级的内部组织，而是因为这些团体和经济政治秩序之
39 间拥有某种实质性的、不可或缺的联系。像普通人的生老病死、恋爱婚姻、做不做工，都是借助这些社会团体内的合作而得以实现的——

虽然有些时候做得也未必那么好。所以,从民间文学和风俗伦理所反映出来的一整套意识形态,都证明亲属关系和地方关系是占据核心地位的。

我们今天的危机恰恰在于,一方面人们仍然期望建立在亲属、信仰和地方关系基础上的传统的、小范围的社团能够继续为个人提供道德目的和心理满足,另一方面这些社团在功能上却已经和我们社会宏观的经济和政治决策不相干了,在我们制度化的互助、救济、教育、娱乐及经济生产和分配体系中,家庭、地方社群、教会以及整个非正式的人际关系网络不再拥有决定性的作用。而问题是,尽管这些团体丧失了旧有的制度功能、同时又未发展出新的制度功能,我们却希望它们像过去一样,在个体生活中能够充分发挥暗含的心理与符号功能。

这是西方社会的一般状况,如果把它和很多处在西方文明影响下的其他民族本土文化所发生的社会变化做一对比,会很有启发。大量人类学文献已经证明,东亚、印度、中国、缅甸等地也发生了同样的社会错位和道德混乱,道德价值的冲突处处可见。这种冲突的性质,正如弗尼瓦尔(J. S. Furnivall)所说,是“以宗教、个人权威、传统义务为基础的东方体系和以理性、非人格的法律、个人权利为基础的西方体系之间的冲突”。[2]

原则和道德价值方面的冲突并非仅仅在哲学沉思领域才存在的抽象事物;它可以是一种符号的危机、一种道德意义模式的危机,但在根本上是忠诚方面的危机。在多数地方,它都是传统团体从经济和政治领域的重大目的与决策中日益剥离的产物:新的工业体制使地方宗族、村落和等级失去了经济作用,新设的行政体制则使其失去了社会控制能力,这一切都有显著的道德后果。而这些传统的权威和责任的中心在现代东方社会之所以会与普通人的生活分离,革命分子的知识热情与道德热情起了很大的作用。

一旦地方村落的管理机构或者某个次级等级团体(subcaste)丧失了主要的制度功能,个人减少对这些传统组织的忠诚也就顺理成章了。既然传统的社会生活联合体中已经没有任何制度的内容,无
40 论有意无意,他当然会转移他的忠诚;它们与自己生活中的主要道德体验已经失去联系,他就要为自己重新寻找精神的方向。

事实上,在其他民族本土文化所遇到的价值倾覆与冲突的情形中,一些最极端的例子并不是由于残酷的、赤裸裸的经济力量的剥削,而是源于按照西方标准值得赞美的人道主义改革行动。比如灌区的引入,比如医疗的推广,这些都是物质上极其有利的措施,可以想见会增进产量和健康,但不容易看出的是,这类新举措同时也会导致社会关系和忠诚纽带的破裂。这是什么道理?原因在于,这样一
50 些做法由于它的人道的面孔,可以承担那些纯粹剥削性质的力量所难以奢望的价值功能,而一旦它的价值得到确认,再让当地居民疏远那些过时的功能结构及其承载的意义,就变得轻而易举了。新的技术手段意味着管理权移到了新的中心,旧的村落和等级团体的声望由此频频被架空,时间一长,旧的权力机构承载的道德意蕴与新机构体现的价值之间冲突势必日益加剧。

这一幕幕在东方许多地区展示得十分形象生动,但它同样也是西方社会的一个显著特征,而且这种状况已经持续了一段日子;只是因为我们自己身在其中,所以这一过程看起来不是那么跌宕起伏、震撼人心,但它恰恰揭示了西方近代史上具有深远影响的一个方面,而它的出现,也要归因于西方文化中输出之后曾在异国他乡也带来混乱骚动的那部分因素。我们也经历着团体和社团在制度功能上的衰落,而长久以来维系我们道德和心理稳定的正是它们;我们也经历着社团背景意义的巨大变革——用最乐观的语言可以称之为“转型”,

旧的社团情境在很多地方变得毫不相干，与时代脱节，而新的社团情境在心理上、道德上对个人的认知又仅有微弱模糊的影响。团体的成员身份原本具有的意义在急速衰落，其结果是，像身份地位、心理调节、道德定位等等问题在东西方具有了同样重大的意义。

就西方社会而言，对共同体问题的关注最显著地表现在家庭问题上，[3] 数不胜数的书籍、文章、大学课程和婚姻诊所（marital clinics）都表明，现代家庭已经成为一个老大难问题。一提到家庭，我们就会奇怪地陷入一种二元论思考：一方面我们常常不安地将之视为部落社会的最后遗迹，难以见容于一个民主化、工业化的时代；另一方面，我们已经越来越意识到，它可以作为社会重建的工具。

很奇怪的是，随着家庭在我们文化中基本的制度影响在不断削弱，对家庭的理论研究兴趣却日益升温。如此一来，当代家庭问题变得富有戏剧性了：它对普通人的实际制度影响和对经济与国家体制 41
的功能影响都已经衰退，但与此同时它对伦理学家、心理学家的抽象意义却在上升。

当代人寻求安全感的又一大明证是，研究家庭问题的学者日益认为，家庭的主要功能是为个人提供心理调节，而且，多数时候他们很容易地就滑向一个预判：这一功能唯有家庭才能承担，否则将无所寄托。当代社会心理学越来越专注于团体为个人的安全和承认的需求所提供的心理满足，于是日益滋生了一种看法，认为这属于初级的功能，可以自然而然地维持下去，与团体的制度功能——通常正是这种功能赋予了团体以文化上的重要意义——是否发生变化没有关系。总之，基于各种各样的考虑，家庭在今天被赋予了比以往任何时候还要重要的符号价值，但其结构规模却日渐缩小，与当代社会宏观的经济、宗教和政治目标越来越没有关联。

在历史上，家庭的重要价值并非出自两性或者血缘关系，而体现在它是同时被赋予了制度意义的亲密社会纽带关系。在过去，亲属关系与谋生、教育、养老、扶弱、信仰等等活动一直密不可分，而直到近来，在广大的农村地区，家庭也仍然是实际从事经济生产、分配和消费的机构，即使在城镇，家庭也都深深卷入那些重要的日常活动。离开亲属关系的背景去另外构建一种有组织的生活，在绝大多数地方都是无法想象的。一个人不会因为年幼或老迈就不能在家庭中找到自己的位置，这使得家庭在赢取成员的忠诚、提供符号的整合方面具有无与伦比的能力。

亲属关系就其人际交往或心理的层面而言，并不取决于个人的罗曼蒂克，也不依赖个人的品行端正。在过去，人们的不合规范的行为和爱情的破灭感和今天一样常见，但这些并不会影响到家庭在文化上的意义，其中的道理很简单：家庭远远不是一种以相爱或道德为基础的人际关系，而是我们都无法脱离的一种机制。

不过今天在越来越多的地方，家庭的经济、法律、教育、宗教和娱乐功能都减少了、消失了。政治上，家庭完全是不必要的关系；经济上，很多人直接把它视为成功的阻碍。有人说得好，家庭对工人只是一种意外因素而不代表他的本质；没有家庭，他也许可以处于更有利
42 的竞争位置。我们的法律制度、教育制度，还有各种各样的个人寻欢作乐的娱乐活动，都是以个人而不是家庭为起点、为目标。在各种讲坛上，我们还在一遍一遍地颂扬家庭对国家、对经济的须臾不可缺少，而显而易见的事实却是，今天它在任何一个领域都并非如此，主要的经济和政治管理过程都越来越与亲属关系基础上的各种符号及整合活动无关了。

有一派乐观的辩护意见认为，从家庭制度意义的衰退上，我们可以看到进步女神的仁慈之手。这些心理学家、社会学家说，家庭失去了经济和法律功能之后，就可以回归它的真实本质，摆脱一切不相干

的成分，不受限制地履行家庭之成为家庭的那些功能（比如呵护成员之间的友爱、塑造个性，以及最重要的，制造“心理调节”），以实现人与社会的更大光荣。一个很流行的说法是，家庭现在已经从一种制度进化到纯粹的友谊关系。

然而，诚如奥尔特加·伊·加塞特（Ortega y Gasset）所说，“人们一起生活并非仅仅为了在一起，他们一起生活是为了干点什么”。如果假定家庭（或其他团体）可以在缺乏明确的、可感知的功能的情况下，借助一些内在的爱的纽带就能不断地赋予自己生机，这无异于说，那种碰巧在军队中培养起来的相互帮助的同志纽带，即使战争已经一劳永逸地结束了，也还可以长年维持，——这套用到家庭上来说就是，爱与个性的培育可以在社会真空状态下存在，可以无需经济与政治社会的重大目标与理念的任何支持。现实是冷酷的：任何社会团体一旦其存在的主要理由消失之后，它不可能长期存活下去，而 *53*
且，这些理由主要不是生理方面、而是制度方面的理由；除非它（家庭、工会、教会）又发展出新的制度功能，否则它的心理影响将变得微乎其微。

不论一个人有多珍视社会团体的心理功能，珍视团体在满足安全和承认的需求方面的能力，事实却是他不会基于这样的理由而加入一个团体，即使这些功能对他而言十分重要。他要加入一个团体，只会因为团体承担的更大范围的制度功能和智力功能与他的生活组织（life organization）发生关联，让他看到该团体与更大的社会之间存在着联系。团体的成员资格当然会为个人提供广泛的精神支持和整合；不过，假使他认识到在团体的道德主张与其在社会秩序中的实际制度影响之间存在着鸿沟，那么一切并不会持久。

以上所说特别适用于家庭，而心理学家也正是要把家庭的主要功能缩减到为个人提供调节。然而站在客观的角度看，今天家庭在这方面的能力多半也是不如以往的。在我们的民众中，越来越多的人不再把家庭作为个人忠诚的主要对象；只有最大胆的奇思妙想才会认为，通过小册子、诊所、恋爱婚姻方面的中学课程就可以恢复家庭在心理上的重要影响。那些以婚姻中的性生活调节为主题的作品隐含的观点是，性生活的不和谐是婚姻越来越不被看重的首要原因，今天看来这是多么地荒诞不经啊。同样地，现在在治疗实践中风靡一时的对所谓“家庭紧张关系”的严肃关注，有一天也会显得荒诞不经。

目前的家庭问题和其他的社会团体问题一样，企图化简为一套人性中普遍存在的心理情结，或者对性技巧的无知，或者基督教伦理的阙如，都是行不通的。家庭会成为我们文化的一个大问题的根源在于，我们希望家庭发挥心理的和符号的功能，但它的结构已经摇摇欲坠；我们希望它继续发挥制度的影响，但它已经与社会的经济和政治现实毫不相关。而且，我们的政府机构和商业世界越来越非人格化，要求越来越多，这也给家庭带来了额外的心理压力。但就是这样一个小巧柔弱的团体，我们却希望从中找到其他地方都遭遗弃的安全和关爱，所以今天所谓情感的高度紧张、无刻不在的不和谐（当然这些词用在更大的生活范围里含义会有变化），会那么让人厌烦而又引人关注，也就不是什么奇怪的事情了。我们现在正日益陷身于这样的处境，试图用精神病学或心灵的技术，来解决一方面固然属于情感范围、但其根源却在于一定历史条件下的制度环境的那些难题。

像个人的危机、潜在的情感不满、行为的背离规范，这些是任何时代都常见的，但只有我们的时代对之夸大其词，视之为需要用治疗技术来帮助我们实现幸福的理由。这些压力在当代人眼里会显得那么重要、那么痛苦、那么不能忍受，只是因为控制这些压力的社会结构变得对我们不那么重要了；在更广阔的社会经济和政治进程面前，这些结构成为了牺牲品。自然地，当我们陷身于某种情感状态时，也就难以再指望它们的帮助。今天我们社会引人关注的一大堆问题，比如性的角色、恋爱婚姻、老年、儿童的地位等等，都是由于家庭在文化的功能和心理上的地位变化而引起。

家庭成员功能位置的变化，也深刻地改变了青春期、老年、家庭和睦所承担的社会角色，不论是亲历者还是他们周围的人，对此都能感觉到。所以，作为家庭结构和功能变化的结果，人们对一生中那些周期性危机（出生、婚姻、死亡）的看法也有了改变。以死亡为例，如 44
果不考虑生物学家的观点，那么不同社会、不同时代的看法是差别很大的。死亡有自己的社会角色，而这种角色与死亡作为一件物理事实所折射的价值和关系是分不开的，所以我们到处都看到有葬礼。这种仪式既是为了死者，但更重要的还是为了我们生者，它在帮助死者亲属乃至整个社会团体释放情绪方面，具有重要的心理功能。然而，这些仪式并非是完全没有现实内容、仅仅表现尊敬或互助的行为，它们同时也是团体生活和功能的宣示，从而与家庭生活其他的、与死亡没有直接联系的方面也发生了关联。

但今天在我们的社会，当死亡降临我们所爱的人的时候，我们越来越茫然无措，心理上无法接受。这并非我们的痛苦大于前人，也不是死亡变得更加神秘不可理解，有很大一部分原因也许是家庭的结构变小，从而使每个成员都不可避免地具有了更大的情感价值；但在我看来，过去以仪式的方式来完成死亡这一事实的手段在今天意义下降了，这是更为重要的原因。死亡将一个道义难题悬置在那里，要在心理上给它画上句号变得千难万难。它的社会位置的改变也导致了社会意义的改变。

由于家庭在制度和心理上的作用的衰落而产生的问题，进一步延伸到了其他社会和经济行为领域。我们发现越来越多的要处理的问题，仿佛最后都要分解成人的动机问题。一种老套的经济学、政治学同时也是教育学的理论想当然地认为，人的买卖、储蓄、投票、学习等行为，根本的动机主要还在于个人自身。在古典经济学家那里，经济行为的主要动机和个人所生活的社会团体之间极少——如果不是完全没有的话——引起注意。

已故哈佛经济学家约瑟夫·熊彼特对此做过很精彩的分析："为了领会这一切对于资本主义生产发动机的效率的全部意义，我们只要回想一下，家庭和住宅过去曾是那种典型的资产阶级利润动机的主要动力。经济学家对这一点往往没有给予足够的重视。但是，当我们更密切地观察经济学家们的关于企业家资本家的利己的观念时，我们不会不发现指望从这些观念中推导出来的结论，与透过家庭住宅的窗户眺望这个世界的单身汉或没有孩子的夫妇的合理的利己主义所推导出来的结论，完全不相吻合了。有意识或无意识间，经济
45 学家所分析的人的行为，是这样一个住宅塑造了他的观点和他的动机的人的行为，这个人之所以要工作要节省，主要是为了妻子和儿女。一旦这些东西退出了生意人的道德视界，在我们面前的就是关心另一些事情、遵循另一些途径而活动的另一种性质的经济人。"[4]

人类行为的可预期性，是古典经济学对自由市场的自发作用所抱信念的基石，但这种可预期性多数并不是出自本能，而是出自社会中广泛存在的保守和求稳倾向，而在资本主义时代降临了很久之后，亲属关系仍然是滋生这些倾向的肥沃土壤。我们可以合理地猜想，如果没有家庭提供最根本的激励动机，如果不是大家庭（extended family）在境遇不佳的时候多多少少可以提供帮助（不论多么微不足道），资本主义很可能会半途夭折；十九世纪高得惊人的资本积累率，怎么说也少不了一个低工资结构做基础，而这个低工资结构的实现，反过来又是有赖于家庭互助伦理的延续，——甚至童工也可以说是

它的一个表现。[5]

在亲属关系符号(kinship symbolism)与人口增长之间,也存在着这种关联。按照马尔萨斯及其门徒的看法,人类几无止境的生育冲动植根于人的生物本性,但事实上它与亲属关系这一文化事实以及由此承袭下来的各种动机与价值密不可分。只要家庭在社会中仍具有重要的制度意义,它就能保持人们在道德和心理上的忠诚,由此势必带来让众多社会学家不安的高生育率。但随亲属关系的功能和制度意义的下降,文化也日益变成以抽象的个人而非家庭为基础,生育率就会发生截然的变化,人口问题也由此迥异于以前。

很显然,就这里对种种动机和激励的讨论而言,我们所涉及的不仅仅是家庭,也包括我们的经济和政治秩序长期赖以存在的其他社会纽带。在其重要性发生变化之后所带来的影响,家庭所遭遇的问题,也同样降临在邻里、地方社群身上。一如林德(Robert S. Lynd)所说:“现在,邻里和社群纽带不再是必然而是可选择的,而且其凝聚力也往往越来越弱小。与之相应,传统生活中因为与他人的紧密联系而产生的那种非正式、亲密而重要的社会控制网络也在逐渐消失。”[6] 事实上,这里所产生的不仅是社会控制,还有激励人们去追求诸如教育、宗教、娱乐等目标的心理动机。

这里的关键在于,亲属关系和地方纽带削弱之后,新起的社会关系又未能拥有同等的影响力,社会的心理结构于是发生重大的转变。46 我们社会诸多领域目前出现的激励方面的问题,绝大部分都源于此。这些纽带的影响消失之后,社会组织中剩余的其他心理因素看起来倒像是亘古不变的;同样,人的个性结构也显得像是亘古不变的。于是,我们的主要制度领域的种种观念、实践就在这样的背景下发展起来:经济行为和人口增长的理论如此,教育的理想、政治的目标也是这样塑造出来的。

然而我们知道，老一代理性主义者坚信属于个人所固有的许多动机和激励，实际上是社会团体所提供的，而这些团体在功能和道德上都与个人生活密切相关。而现代社会的规划师们因此陷入了困境：他们不仅要考虑高层的决策问题——他的前辈同行认为一个计划社会只需要解决这个问题就够了，还要设法应对人格中最隐秘部分的那些难题。[7]

从根本上看，对社会秩序有至关重要的意义的，不是家庭或其他任何一种新老团体的位置，历史的变革、文化的需求都会引起各种社团的兴衰消长，对个人的安全和集体的兴盛可以发挥重要影响的家庭形态或者宗教形态并非仅有一种。所以，把今天西方社会面临的共同体问题归因于某些古老社团（无论它多么珍贵）所遭遇的无情变革，是看错了症结。但是，不管最后落到哪种团体身上，任何稳定的文化、任何文明都应该珍视在个人与更大的社会价值与目标之间充当中介作用的、有重要功能及心理影响的团体和结社。因为只有在这些小范围的社团领域，这些价值和目标才能既在个人生活中呈现清晰的意义，又为宏观的文化铺下根基。在我看来，正是中间社团遇到的问题，今天才是根本之根本。

直到最近，我们一直受到进步观念之欺骗性的影响，认为社会的基本的组织问题可以随历史之发展而自动得到解决，我们还认为人的爱群居的天性根深蒂固，所以它必然会产生新的中间社团形式。

事实好像在证明这个判断。我们看一看现代生活中出现的难以计数的正式组织，它的大量繁殖一直被视为美国历史的一个象征；还可以作为证据的是，在拥挤的城市生活里，每天的日常人际交往也达到了不可思议的地步。

然而，今天在这些地区大量出现的这类偶然的、非正式的关系，和以往提供了归属感、提供了激励、使个人产生身份意识的社会团体

之间，存在着深刻的区别。而且，根据一些社会学家，如沃纳 47
(Warner)、拉扎斯菲尔德(Lazarsfeld)，尤其米拉·科马洛夫斯基(Mirra Komarovsky)提供的非常有启发意义的证据，我们可以合理地怀疑，是否今天所有现代人都如我们想当然以为的，有那么丰富的社会团体和结社资源。

有一种常见的然而却经不起推敲的看法是，古老的亲属和邻里社团削弱后，会有新的志愿社团填补它们的角色。传统团体重要性的削弱固然是事实，但从目前的情况判断，新社团取而代之的迹象并不明显。一种陈腐的社会学观点认为，城市居民的归属感会越来越由各种老式的社会团体转移到各类志愿社团，这听起来倒也不错，可惜实际的进展恰恰相反：事实上，越来越多的人不再属于任何社团，而这个群体在大城市甚至占据了人口的多数。[8]

至于现在生活中大量存在的正式社团，如公司组织、政府机构、大规模劳工和慈善组织等，很明显它们在心理影响方面多数不能应对当代人对共同体的寻求。正如马克斯·韦伯所指出的，这类组织都不是以个人忠诚为纽带，而是围绕对职位或机器的忠诚而组织起来的。对救济、住院治疗、失业援助加以管理，一如对庞大的制造公司的管理一样，也许可以提高效率，减少物质不平等，但效率上的可能收益并未改变它们在个人生活中基本的非人格性。

当代社会的非人格化意识，相当程度地来自这些大组织的理性的非人格化。对技术、城市和政治自由的广泛反动，还有许多围绕城市乡村生活之优劣的争论中出现的怀乡症，都是因为社群或工业中现有的社会团体与现代的规划者赋予大型组织的远大效率目标之间，功能的联系日益消失。由此带来的个人意义感的丧失，为人们对科学技术的软弱而模糊的反抗，为个人在心智上无视文化整体而陷入的侵略性，提供了道德的理由。单纯从空间上看，在我们的大规模的住房计划中，在工厂里，我们已经不像祖辈那样与同伴隔绝；真正使我们被隔绝的，是与文化基本目标和意图之间有意义的联系。一种新的、在食品就业和住房方面相对完备地满足了人们需要的需求秩序开始建立，并专横地展示自己的权威，这最终会对精神信念和社会身份发生影响。

48 赖特·米尔斯(C. Wright Mills)曾经写道："我们时代的病症归因于如下事实：在我们的政治与经济、宗教与家庭生活以及在我们日常的一切领域，十八、十九世纪那些给我们确定性的事物，今天不是自行解体就是遭到了破坏；而与此同时，我们现在的，也是必然的生活程式，又不能得到认可或证明。在白领群体中这一病症尤其根深蒂固，因为他们缺乏任何信仰，所以作为个人，他们在道德上无依无靠，作为群体在政治上软弱无力。作为一个严酷的创世时代的新造
60 物，白领人群除了大众社会文化外别无依靠，而正是这个大众社会文化一方面塑造了他，同时又操控着他走向那些异己的目标。他为了得到安全感，必须把自己附着于某处，但现实中却没有任何社群、组织可以让他完全归属其中。"[9]

对共同体的寻求绝不会被放弃，因为它产生于人类天性中那些十分强大的需求：他需要对文化的目标、成员资格、身份地位以及连续性有明确的意识。如果我们的社会仅能提供物质福利而不能实现这些需求，它就无法抗拒日益增长的疏离感，无法阻止人们日益沉迷于对共同体的需求中。妄图用技术进步来解决问题是无济于事的；我们已经看到，一旦为我们所珍视的那些目标丧失了有效的实现手段，就会引起忧虑和挫折感，生活水平的提高、闲暇的增长事实上只会使这种感觉强化。熊彼特曾指出："人们认为理所当然地接受的世俗生活的改善，同时又伴随着人们强烈憎恨的不安全感的话，那一定是滋生社会动乱的最佳配方。"[10]

不过，曾经给予我们道德确定性和固有身份的古老事物的消失，只是问题的一个背景，即使怀乡症会始终萦绕在人们的想法中，但并不会有谁会希望恢复从前的旧制度；毕竟不管怎样，追寻过去和追寻未来同样都是徒劳无益的。

所以真正的问题不是古老的背景的消失，而是现在的民主和工业体制没有创造出新的结社和道德联系的背景，以使人们的小范围的忠诚纽带可以发挥制度的与心理的影响。那些削弱了旧结构的力量，似乎还在阻止新的结社渠道的产生。

那么，问题的症结又在哪里？人们常常指责技术、科学或者城市是罪魁祸首，它们造成了真空状态。对现代文化的这些组成部分的攻击其实没有多少道理，因为它们无论在逻辑上还是心理上与我们面临的问题都无根本的联系。事实上，现代人也可以有类似于过去的大家庭、教区、村落曾经为我们先人带来的那种社会关系和道德价值，它与科学、技术或者城市都是可以相容的。

这里，我们的问题不可避免地呈现出历史的向度，因为社会团体 49
在目前政治和工业社会中的地位，只有联系某种历史趋势才能加以理解，——这些趋势与权威和功能在社会中的处所有关，也与近代国家发展过程中极为根本的权威和功能之间的严重冲突有关。

注释

1 可喜的是，目前这种方法不像它在上一代人中间那么流行，像麦基弗(R. M. MacIver)、帕森斯(Talcott Parsons)、戴维斯(Kingsley Davis)和贝克尔(Howard Becker)这样一些学者对此贡献很多，他们的作品使家庭研究走上了正轨。

2 J. S. Furnivall, *Colonial Policy and Practice* (Cambridge University Press, 1948), 3.

3 这一关注的背后隐含了某种历史意识，因为社会的绝大多数公共的或宗教的领域，都反映了亲属符号与名称向非亲属关系领域的、有一定历史过程的转移。这可见于各种宗教、基尔特、村落共同体和工会的历史。亲属关系历来都是人类种种集体渴望的原型。

4 Joseph Schumpeter, *Capitalism, Socialism, and Democracy* (New York, 1942), 160.［译文引自熊彼特《资本主义、社会主义和民主主义》(绛枫译，商务印书馆，1979)，第 201—202 页，略有改动。——中译注］

5 诺曼(E. H. Norman)在其著作 *Japan's Emergence as a Modern State* (Institute of Pacific Relations, 1940)第 153 页中指出了大家庭在日本的价值：实现了相对较低的工资结构，由此带来了更大的利润和资本扩张。

6 Robert S. Lynd, *Knowledge For What?* (Princeton University Press, 1939), 83.

7 整个现代的经济社会，激励的问题始终明白地存在着，无论商业还是政府里的规划者都意识到困难所在：它们尽管在性质上属于经济性的，但却是始于一个非经济的动机结构。现代早期的经济思想，无论社会主义还是正统派，都完全忽视了激励问题；这本身也显示出，资本主义的制度框架和心理的次级结构已经发生了某些变化。

62

8 本段是对 Mirra Komarovsky 的精彩透彻的研究成果的一个复述，参见其 "The Voluntary Associations of Urban Dwellers", *American Sociological Review* (December 1946).

9 C. Wright Mills, *White Collar: The American Middle Classes* (New York, 1951), xvi.

10 Joseph Schumpeter, 145.

第三章　谁的守护者？社会科学和道德义务 51

艾伦·沃尔夫[①]

现代性的悖论

资本主义经济和自由民主政治为西方社会的众多公民带来了两件独特的礼物：独立于经济领域的自由以及独立于政治领域的解放。经济增长使人们摆脱了物质的匮乏，他们现在可以不用为生存奔波， 63
而专注于文化建设的思考。同时，自由民主政治使人们前所未有地从政治中解脱了出来，现在他们可以无视身边的权力斗争而埋头于自己的生活。西方社会的中产阶级，脱离了想象的或者现实的自然状态的限制，已经可以按照自己的愿望塑造社会的形态。

现代性虽然获得了很大的成就，但是却处于矛盾的境地，在成功的表象之下，我们总感觉自己缺少了一些东西，即使经济增长和政治自由也无法满足。马克斯·韦伯描述的没有灵魂的社会已经变成了流行的抱怨语。人们通常不会明白表达自己的不满，但是已经出现的各种各样的迹象——不稳定的投票模式、正统教义的回归、反社会行为的增加、对科学和技术进步的敌视、从公共事务到私人领域的退

---

① 艾伦·沃尔夫(Alan Wolfe)，波士顿大学社会学与政治科学教授，著有《谁的守护者？社会科学和道德义务》(*Whose Keeper? Social Science and Moral Obligation*)，本文即出自该书。——中译注

缩、非理性的抬头——无论是否合理，都显示出一种对进步的不满。资本主义经济和自由民主政治为善的生活(good life)奠定了基础，但是实现这种良善生活却遥遥无期。

这些对现代性的不满也许与自由民主国家的公民在日常选择中遇到的困难有关。由于割断了传统，割断了和地方的纽带，人们可以
52 不用再顾及他人的行为而自由地选择生活方式；但是，他们又生活在巨型国家和规模更大的经济系统组织起来的复杂社会之中，为了社会能够正常运转，他们必须相互依赖。解放(liberal condition)的本质是自由，然而一个只要自由的民族同时也是不受任何义务约束的民族，但是与此同时，经济增长、民主政府乃至自由本身都是普遍的、受到义务约束的相互依赖关系的产物。与卢梭所说的生而自由，却无往不在枷锁之中的自然人的情况相反，现代社会的个人生于相互依赖的锁链之中，却无时无刻不在呼唤自由。

资本主义自由民主社会中的公民理解自己拥有的自由，珍视它的价值，捍卫它的特权；但是，只要提到自由的先决条件，即社会义务的问题，他们就变得茫然无措。简而言之，他们并不清楚自己赖以生活的道德准则(moral code)。我们所谓的道德准则，是一系列确定人们相互义务的规则，但是自由市场和民主国家都忌讳讨论这些准则所加给人们的责任；它们都把社会责任当作个人行为的副产品，倾向于为了眼前的利益而放弃长远的价值，强调权利而不是责任，关注过程而不是目的。资本主义和自由民主的结合赋予了人们一种能力，人们可以自行决定确定对他人应尽的义务，但与此同时却并没有获得履行这些义务的有效指导。

尽管现代自由民主主义者不愿讨论道德义务的问题，但比起前人来说，这种讨论对他们而言更加必要。虽然我们可能夸大了传统社会和现代社会之间的差别，但是毫无疑问，同强调个人流动以及个

人政治、经济权利的现代社会相比，以世袭权威（handed-down authority）为特征的小规模传统社会可以从不同的视角把道德义务问题呈现出来。在传统社会之中，道德义务在人们心中印记更深，同时其适用范围也更加有限：一方面，规则需要严格地服从；另一方面，适用规则的人群有限——以血缘、地缘、种族或者政治为界。这里，从两个层面来说，道德义务都是“简单”的：首先，个体无须成为道德能动者（moral agent），因为各种权威结构已经制定好了交往规则；其次，通过这些规则联系起来的他者要么是熟人，要么和自己共享熟知的特征。

进入现代社会之后，道德义务的适用范围和明确性也随之改变。首先，组织模式极端复杂的现代社会创造了日益广泛的新型义务，这类义务超越了家庭和地域的限制。现在，自由民主主义者需要对素昧平生的人担负义务，对西方社会的官僚体制以及城郊生活区之外 65
的路人承担义务。进而，与传统社会不同的另一个转变是他们需要 53
对所谓的“一般化的他者”（generalized other）担负责任；一般化的他者，举例来说，可以包括那些受到这一代人决策影响的后代。作为现代人，意味着你要承受陌生人的决策的影响，同时也意味着你的决定将影响你一辈子也见不到的人，道德义务的范围——特别是诸如核战争的可能、经济增长的限制、生态的破坏成为公众话题之时——似乎并没有边界。

其次，如果说现代性扩大了义务的适用范围，同时它也削弱了这些义务的明确性。现代自由民主主义者不再服从小范围适用的、严格执行的、含义明确的规则，由此，他们发现自己正面对着前所未有的道德困境，难以达成稳固的共识：无论在具体的道德规则上，还是在道德规则的来源方面，都是如此。最明显的例子是，宗教已经不再被人们当作道德的根源。虽然有人可能根据宗教情感和信仰高涨的事实断言现代社会并不世俗，但是在现代社会中，基于上帝诫律的权威性道德准则已经不能指导人们的行为。无论在意大利还是在美国，天主教会都不敢声称自己的道德主张会被多数信众遵守；正统犹太教和非正统犹太教之间的分歧也清楚地表明该宗教的道德一致性不复存在；至于新教神学，它要么过于世俗，要么过于严格，甚至牧师都难以遵守它的清规戒律。

哲学也不能作为道德观念的充分依据。道德哲学，特别是英美道德哲学，已经发展成为一种确立理性规则、为正义寻找普遍标准的事业。（这种哲学探寻某种程序，探寻不仅规定我们当做什么、而且规定我们应当怎样做的规则，具有讽刺意味的是，结果它把道德变成了道德的中立。）威廉·沙利文（William Sullivan）已经指出了这种哲学带来的后果："是对传统、对偶然历史经验之中所蕴涵的道德意
66 义的不信任。"[1] 现代的道德哲学尽管成就辉煌，但它借助逻辑、论辩能力和普遍正义原则的抽象表述做到的，不过是在复述常识，要不就是有意混淆常识。罗伯特·古丁（Robert E. Goodin）的近著《保护弱者》（*Protecting the Vulnerable*）就是一例，该书试图在道德义务的密林里找到一条道路，以证明对弱者的保护是建立在一种特殊的责任基础上，他使用的方法是逻辑推理，然后与各派哲学家辩难，——他不屑于做的，恰恰是指出保护弱者本身就是一种我们应当担负的责任。

同样，我们也不能指望文学作为道德理解的指导。莱昂内尔·特里林（Lionel Trilling）曾经写道："我们时代的道德想象最有效的载体蕴藏在过去二百年的小说之中。"[2] 但是这种道德规范的小
54 说，这一从简·奥斯汀到 E. M. 福斯特、深刻探讨社会义务问题的传统，在今天已经变成了某种时代错误，就像约翰·加德纳（John Gardner）指出的，它已经被自省式的（如果不是自恋的）探讨

(introspective exploration)和内心世界所取代。在一篇政论文中，福斯特提到现代人应当“把新经济和旧道德结合起来”，但这恰恰是今天没人知道答案的问题。福斯特在其伟大的道德小说《霍华德庄园》(*Howard's End*)中对个人义务问题微观、细节的探讨，对于当代读者来说已经过时。这些读者就像该小说的批评者亨利·威尔考克斯(Henry Wilcox)一样，相信“伴随着文明的进步，旧鞋子会在某个部位变得夹脚，妄称应该有人对它负责是荒谬的”。[3]

最后，如同现代文学一样，现代政治也丧失了道德敏感性。左派曾经为自己的伦理意识而自豪，但是它已经不再理直气壮地使用道德义务的语言。它的伟大目标，“福利国家”，为现代人提供了物质利益，也创造了支持平等的重要设想，但是早期激励它的伦理力量已经衰退。福利国家在斯堪的纳维亚半岛最为成功，同样也是在这里，福利国家却无从表达一种令人信服的道德远景。世界各地的社会民主主义都处于防卫的心态，它紧紧抓住以往的成就，而不愿为未来的发展预留可能的空间。它通常可以较好地代表工人运动这一主要选民的利益，却谈不上促成阶级内部的团结，更不用说各阶级之间的团结了。

左派的道德枯竭对于右派来说本该是一个好消息，但事实并非如此。那些相信自由市场万能的自由至上主义右派，是现代社会所有政治意识形态中最道德无涉的思潮，它甚至不愿承认人们对自己之外的他者负有责任的可能性。这种道德虚无主义与原教旨主义右派(fundamentalist right)的主张形成了鲜明的对照。如果说市场理论提供的全部是选择而没有价值，那么“道德多数派”提供的全部是价值而没有选择。宗教右派的确拥有一个道德理想，但是这个理想要求人们无条件地服从传统的道德准则，以至于否定现代人获得的所有自由果实。最后，那些所谓的“新保守主义者”，对现代政治同样缺乏一套合适的道德语言，虽然他们本该有条件如此：作为曾经的社会主义者，他们了解社会联结纽带的不可或缺(不同于自由至上主义右派)；作为保守主义者，他们又强调传统和道德的重要性(不同于道德相对主义左派)。但是，虽然已经有一些新保守主义者试图在道德问题的丛林中探索新路，绝大多数关注的却不是社会应当怎样运行的道德问题，而是社会实际如何运行的实践问题。

现代人本来就不知道应该如何对待他者，但是讽刺的是他们却
55 要面对更多的他者，这使得现代社会的义务变得更加复杂。现代人虽然自由，但不知道承担义务的意义，所以他们有更多的相互需要，却只有更少的相互信任；他们还不知道如何感激前辈，却被要求尊重后代的利益；他们好像并不知道如何保存自己的小家庭，却要增强社会这个大家庭；地方性社群正在解体，却又呼唤一个世界性的社群；他们需要关心陌生人的命运，却不知道如何照顾自己心爱的人；他们需要更多的道德，道德却在人间蒸发。现代性的悖论在于，伴随着义务范围的增加，人们愈发地相互依赖，却愈发地不能在解释这些义务准则或道德体系的问题上达成共识。

道德调控的三种理论

传统道德义务观念(根源于基督教之爱的观念和对上层阶级美德的信任)的衰落，通常被人们，尤其是那些保守倾向的人当作现代性忧虑的根源。现代社会对道德准则的迫切需要和道德准则阙如的现实之间难以克服的鸿沟，使得我们即使不去指责，也难以去信任带来这些结果的现代性力量。从这个角度看，为现代自由民主国家带来财富和稳定的事物都缺乏价值，而对于人们来说有价值的事物又无益于社会的财富和稳定。看起来，我们正在走向前现代的怀旧，它

缅怀一种据称被现代性破坏的有机道德社群（或者说，走向后现代的解构意识，它不相信道德具有任何的约束力量，事实上也不相信所有对现代性及其困境的理性和知识的理解）。

但是，传统道德并非唯一的道德。正因为传统的道德准则限制个人自我发展的潜力，所以它并不适合指导维持现代西方社会运转的社会联系。经济增长和政治民主多半将会持续，而且只要它们继续存在，那些牺牲多数保护少数和要求大多数人抑制自己潜能的道德观念就不会有正当性和有效性。所以问题不在于现代性侵蚀了道德，而在于现代性将道德话语转变为新的——一种可能叫做现代的——形式。

在宗教、哲学、文学和政治中探寻道德义务法则，说明我们走错了方向；现代的自由民主主义者选择了另一个领域讨论道德义务问题，而且讨论得热火朝天。自由民主国家没有废除道德法则以及体 56

现这些法则的机构和惯例，对道德法则的需要和社会对道德依据的困惑之间的鸿沟，是由现代社会科学来填平的，无论这多么令人不快。即使那些以严格的道德中立自诩，坚持自己只是描述而非品评人们之所为的社会科学，都包含潜在的（通常也是明显的）关于人与人之间的相互义务的陈述。（在我看来，现代社会科学期刊普遍地对数据、统计方法、代数逻辑的依赖，并不是对道德哲学的替代，而是对霍布斯和休谟开启的系统化道德推理这一尝试的延伸和扩展，不过是得到了新的研究方法的支持而已。）现代经济学的奠基者亚当·斯密的职业是道德哲学教授，他的后继者虽然不愿意承认，但实际上和他拥有同一职业。

虽然社会科学的概念运用专业术语和抽象表达，但是在世俗的、缺乏文学的时代，它仍然是道德义务的最普遍的指导。（看一看米尔顿·弗里德曼的思想在电视和畅销书榜上有多受欢迎；再看一看大众传媒不断地邀请学者讨论一个个时尚话题。）此外，社会科学不仅包含人们应当如何相处的道德理论，同样包含大量关于人们实际如何相处的经验信息。正如《金赛报告》首先揭示、后来又被所有调查所证实的那样，在所有人都关心他人的行为方式，却没人能确信自己行为正确性的情况下，社会科学家就成了我们当中最接近智者的人。然而当代的社会科学作为一门预测性的学科并不十分成功——虽然它自己有时并不这么看——尽管如此，它们依旧繁荣，造成这种现象的原因在于它们是现代独有的特殊宗教形式，用它的独特语言处理着我们现代人到底是谁这一根本问题。

如果我们把社会科学当作现代社会道德争论的剧场，那么现代的自由民主主义者面对的问题就不再是道德指导的缺乏，而是过剩。他们现在不是有一个，而是有三个道德的依据：经济学、政治学和社
70 会学。（在这份清单中没有包含人类学。这并不是因为我轻视它，相反我很重视这门学科，只是因为它倾向于间接地关注现代社会。）人们将维系道德的责任赋予了与这些学科对应的三种机制和惯例：市场、政治以及市民社会。不同的社会科学理论观照不同的行为，由此产生了不同的解决我们对自己和他人的义务问题的途径。

57 经济学声称，只要存在促使人们理性地追求利益最大化的机制，社会就会最为有效地运转。但是，绝大多数经济学家不会满足于自利的道德收益，他们进一步根据这一逻辑讨论对他人的义务：追求利益会产生集体的福利（经济增长或者某种形式的福利最优化），所以我对你的义务就是做对自己最有益的事。这种考虑义务的方式在政治学看来近乎是天真的幻想，正如詹姆斯·麦迪逊曾经告诫我们的，人类不是天使，只要有机会就会逃避对他人的责任，所以，必须限制人们的欲望。如果个人对于作为整体的社群的责任不由政府调节，那么这些责任就根本不会得到履行。针对以上两种观点，社会学会

说：你们都太悲观了，人们所缔造的社会将赋予这些创造者非凡的能力，从而发展出一套合作和团结的规则，问题的关键在于提供一个途径给予他们信任，然后他们就会如此行事。（必须声明，不是所有的经济学家都运用经济学的方法，不是所有的政治学家都采用政治学的方法，等等。如果后文中经常用这些学科作为代称，那也是源于写作的便利而非知识的理由。）

为了比较三个学科处理道德义务的途径，一个容易想到的办法是看它究竟将个人权利还是集体需求置于优先地位。根据这一标准，将个人自由的伦理优先性置于所有其他价值之上的人会偏爱经济学的途径，而强调对集体的义务先于个人权利的人会重视结构社会学和保守主义政治理论。但是，社会理论中无休止的争论掩盖了一个重要的事实：所有这三种途径都试图揭示现代自由民主派的处
境，所以它们既是关于控制的理论，又是关于自由的理论。无疑，现 71
代人已经拥有了让他们极为珍视的自由，但是与此同时，他们也拥有复杂社会和大规模机构，后者并不为他们所珍视，也常常让他们感到沮丧，却为他们提供了工作、财富和商品。完全的自由和完全的管制都会摧毁现代性。在社会科学的发展过程中，对无政府的担忧一直不逊于对权威的担忧，所以就社会科学的发展来说，赋予说“不”的艺术以理性和赋予说“是”的愿望以正当性同等重要。

与现代社会的复杂性相关，所有道德义务的理论都必须回答：人们为什么需要考虑自己行为对他人的影响？经济学虽然强调自利，但是并不否认这种相互依赖的存在。它认为个体行动一般带有目的性，指向某个目标（比如说创造财富），而这个目标难以仅凭个人的努力实现。举例来说，米尔顿·弗里德曼指出，在生产单位只有家庭而
且只存在实物贸易的情况下，“功能的专业化和劳动的分工”就不会 58
发展。他写道：“在现代社会，我们已经走得更远。”现代经济迫使我

们必须依靠合作，弗里德曼指出："要把数不胜数的人的经济行为协调起来，从根本上说只存在两种形式。一种是运用强制性的中央指令——这是军队和现代极权国家的方法；另一种是通过个人的志愿合作——这是市场的方法。"[4]

然而，还有一些运用更加复杂的理论方法的经济学家，从来不认为市场是为他人建构义务的志愿机制。如同另两位市场的辩护士杰弗里·布伦南（Geoffrey Brennan）和詹姆斯·布坎南（James Buchanan）所说："只有浪漫的无政府主义者会奢望，人和人之间的'自然和谐'可以在没有规则的情况下解决所有冲突……规则确定了我们自主活动的私人空间。"依靠市场构造义务的一大好处在于，市场可以特别有效地保证这些规则得到人们的服从。加里·贝克尔（Gary Becker）曾如是说："价格等市场工具在一个社会中分配稀缺资源，从而限制参与者的欲望，协调他们的行为。在经济学研究中，这些市场工具承担了社会学理论中'结构'所具有的大多数（如果不是所有的话）功能。"[5]

从贝克尔的话推断，对社会学结构理论——这种理论对人的理解过于极端，认为人完全受制于社会，几乎没有自主性和判断力——的传统批评，同样适用于强调个人选择的经济学理论。事实上它的适用范围可以更广。经济学（大多数以理性选择和方法论个人主义为前提的道德假设可以说都是如此）对道德调控的研究告诉我们，我们可以自由选择最好的方式来履行对他人的义务。如果我爽约，一系列的支持机制——经济学中的价格、公共选择理论中的宪法、受到经济学影响的社会学理论中的大众社会——将确保我最终会去做。这些支持机制与社会学注重的结构和规范之间的主要区别在于：在我的个人需求和需求所受的约束之间，极难实现调和，因为这些约束在最理想的情况下也是模糊不清的，而最糟糕的情况则是它完全不为人所知。只要我是按照个人主义的道德准则行动，我就必须通过与一个看不见的权威的交流，以建构我对他人的义务，看不见的手变成了一只攥紧的、看不见的拳头。

那些将集体义务置于个人自由之上的道德调控理论面临相反的问题。在涂尔干的社会物化观、各种各样的结构主义和一些现代的政治理论中，个人对集体的义务通常会弱化个人的道德属性。举例来说，政府从我这里征税然后拿去再分配，这不仅是代为承担了本应 59
属于我的责任，而且也决定了我的义务的对象范围。于是对身边真实的个人，我不再承担义务；相反，我的义务是服从一些对我来说没有道德内涵的规则。义务由此而变得抽象、非人格化，于是我会想方设法逃避义务；同时，制定集体规则的权威对我的想法了然于胸，就会运用强制权力来加以阻止。如果国家只是代行社会的行政职能，以上那种情况也无关紧要，但政治学的道德调控理论的软肋恰恰就在这里：人们都怀疑国家并非如此。既然我是依赖国家来确立我的义务，其他人想必也是如此，而这里失去的则是自主的决定权。本杰明·巴伯（Benjamin Barber）早已指出，现代国家（即使自由民主国家也是一样）都不擅长对话，所以当依靠政府塑造我对他人的责任之时，我可以看到一个权威，但无法与之交流。

现代自由民主国家正面临大众的不满，因为它们要么依赖与市场相关的个人主义道德准则，要么依赖与国家相关的集体主义道德准则，而两者都不能解决社会面临的各种问题：老年人应当支持创建有利于年轻人的学校的国债计划吗？年轻人应该反对有益于老年人的社会保障福利的增长吗？母亲怎样才能最好地履行对孩子的义务——是待在家里照顾孩子，还是谋一份工作以提高自尊？为了更好地满足后代的利益，是应该保留公共用地，还是提高经济增长速度？是否应该保护农民的土地？如果因此造成许多效率不高的农场，也依然要保护吗？如果不保护那些效率不高的农场，谁来为那些市场表现阻碍了经济进步的农民买单，包括由此引起的自杀和精神疾病？公民应该按照合理的税率纳税以促进社会利益最大化，还是不择手段地最大化个人利益？政府是否应当为失业者负责，即使这可能带来他们永久性地依附于国家？公司选择在高失业率地区关闭分公司，给当地造成很大的痛苦，但同时它又在其他地方开设新公司，创造新的工作机会，这种做法对社会是否有利？文化——从歌剧和芭蕾一直到体育和重金属音乐——的生产和保护，应该基于充分需求的市场原则（这可能会让那些暂时没有流行的好作品就此销声匿迹），还是应当冒着官僚化和检查制度的风险将其置于政府的资助之下？为了提高水和空气的质量，我们是否应当停止经济学家查尔
60 斯·舒尔茨（Charles Schultze）所说的“关于社会责任的长篇大论”，

代之以向企业征收污染税，从而“利用‘基本’的自利动机来提高公共福利”？[6] 解决毒品危机最好的办法是使其合法化，还是制定禁毒的法律？有些社会更多地依赖市场来回答这些问题，另一些则更多地依赖国家，但是两者的共同之处在于，个人在道德抉择的过程中都无法产生与他人命运的关联感，所以最后的结果也往往令人惊奇地相似。

不妨以社会如何保证其成员接受共同防御外敌的义务为例，看看情况如何。在60年代，美国人依靠政府保证国家安全：为了补充越南战争的兵源，美国采用了强制性征兵制度和对逃避兵役的严厉惩罚。政府从来没有问过一般美国人对这场战争怎么看，是否为国家安全所必需。至于政治领袖们，他们的权力就在于对政府资源的控制之中，他们只要把年轻人征召入伍，号召他们为自己不能摆上台面的目标而去牺牲，全然不考虑这些年轻人的意愿。于是，正如后来的总统委员会证实的那样，逃避兵役变成了常规而不是

例外，强行征兵在军队内部引起了憎恶和低效率，这就不让人感到意外了。由于不信任人们自己对相互忠诚和义务的感知，一味依靠政府固有的强制性权力保护社会，只会激起越来越多的人彻底地拒绝义务。

在越南战争之后，关于军事义务的公共意见又回到了原点。查尔斯·莫斯科斯(Charles Moskos)在1984年写道："在军队人力资源政策中，过去十年的一个重要事实是经济人观念相对于公民士兵观念几乎全面的胜利。"[7] 军队开始采用米尔顿·弗里德曼和沃尔特·奥伊(Walter Oi)等经济学家的观点，运用物质激励体系，以保证人员和需求之间的有效均衡。事实证明，诉诸自利的动机同样会给社会义务带来问题：那些境况较好理应承担更多义务的人，反而逃避了义务，将军队留给了那些只能靠军饷维持生计的人。在很多人眼里，市场和国家一样，是仅有的招募人民保卫社会的现实手段；而运用市场的方法创造出一个与日常生活脱节的军事生活，也像依赖国家一样，会削弱人们对国家的义务感。总的来说，人们期望美国人民相信他们社会的生存能力，但是这两种意在增强他们信心的措施(因为任何现代社会都不会完全地依赖志愿军队)却产生了事与愿违的效果。

从以上的例子可以看出，道德义务的个人主义和集体主义的叙事都存在深刻的问题。艾米·古特曼(Amy Gutmann)也这样认为， 61
只是说法略有不同："大多数保守派道德家的道德抱负太小，容易走向对权威的盲从；而大多数自由派道德家的抱负又太高，容易走向道德的幻灭。"市场和国家作为道德义务准则的缺陷，正可以解释现代社会政治激情的一个特点，这就是阿尔伯特·赫希曼(Albert Hirschman)所说的"交替的参与"。[8] 在满脑子想的都是效率和成本的问题时，现代自由民主派就用市场来解决问题；一旦对效率和成本的过度关注带来了不平等和不正义，人们又诉诸国家。一个阶段的问题，必须另一个阶段来解决；但同时另一个阶段本身也带来了只有这个阶段才能解决的问题。

虽然市场和国家之间存在明显和重要的不同，但是它们的逻辑是一样的，这就是招募军队的例子中它们产生相似结果的原因。它们或是把人当作公民，或是将之视为机会，但就是没有将人当作人来考虑他的义务；它们都不重视人与人之间的联系纽带，但是实际上，人们期望获得彼此之间的纽带，不是因为眼前的利益，也不是因为外部的权威；最后，它们都不愿承认使得现代自由民主主义之所以现代的元素：人们有能力参与到为自己制定道德规则的过程之中。现代自由民主派之所以遭遇太多的挫折，是因为他们的经济和政治成就创造出的巨大潜能，却被他们道德准则的运作逻辑所否定。

既然上述道德调控的方法不再那样有吸引力，那么我们就要寻找新的思考义务的方式，在个人需求和集体约束之间建立一个更好的平衡。这种方法——就其倡导个人自制、人与人之间的纽带、社群的规范以及志愿的利他主义而言——可以从过去市民社会的讨论中找到根据。伴随着市场和国家的扩张，以前的三维讨论已经退化为二维；而社会学本身对这种选择范围的萎缩负有责任，因为它想当然地认为已经在市场和国家中为自己的道德困境找到了答案。道德义务的第三条道路并不能完全克服现代性的不满，但是它可以为人们提供一种新的道德准则：与那些要么强调个人主义，要么强调集体义务的准则不同，它丰富了常令现代人感到不满足的决策机制。复兴与市民社会相关的道德能动作用(moral agency)的概念，就是寻找一套适合于揭示现代性困境的语言，也就是要拒绝把道德义务视为纯粹的经济效率或公共政策的做法。

逝去的市民社会 62

掌握现代社会的行为规范是十分困难的，而且几乎没有可靠的路标为我们指明方向。没有人可以预知社会中某部分的行为将对其他部分产生怎样的影响，发生意外和反常的可能性如此之高，以至于人们将所有直接规划社会的努力要么看作乌托邦，要么看作自寻烦恼。我们每天所做道德决定的后果的不确定性增加了市场和国家的吸引力。（同时，这种不确定性使得经济学和政治科学显得远比社会学现实，也更加符合现代人对人性本质的理解。）

市场与人们的这样一种观念对应：凡事越少谋划，效果反而越好；而国家则是将属于个人的选择权拿走，转移到专家之手。所以，如果由于市场缺乏调控而导致住房和其他开支的增长，妇女就必须
外出工作以获得额外的收入，至于她们对下一代的抚养责任，似乎不需要任何人的专门考虑也就这样决定了。类似地，如果信誉可靠的专家提出为了避免社会保险基金破产必须增加税收，在这种情况下，我们对上一辈的义务也就由别人决定了，无论出现怎样的结果，都没有我们的责任。市场和国家简化了社会协调的复杂性，就此而言，它们让人看到一种希望，现代性悖论可以由它们悄无声息地解决。但事实上，它们都大大低估了整个道德规则事业的难度。

因为市场和政府对人们并不做太多的要求，所以它们最终被现代人当作可供使用的仅有的调控形式，涉及到经济组织时尤其如此。正如社会学家彼得·伯格所说："在现代的情境之下……选择范围被大大地缩小了，也就是说，基本的选择只有两种：经济过程要么由市场机制所支配，要么由政治分配机制来控制；用社会科学的说法，这就是市场经济和指令经济之间的选择。"[9] 但是，在现代化的初始阶

段，的确存在一种既非政府又非市场的选择，这就是“市民社会”。这个词含义丰富，而且也被用在不同的语境之中，所以我们在重新使用之前，必须做出一定的说明。

在十八世纪，当亚当·斯密、亚当·弗格森和大卫·休谟这些思想家使现代资产阶级意识得到释放时，他们相信市民社会是一个保护个人不受（君主或封建的）国家侵犯的领域。在他们看来，社会是一项珍贵却不稳固的创造，亚当·弗格森写道：“在这里，人忘记了他
63 的软弱、安全和生存问题，他按照激情而行动，激情让他发现自己的力量。”由于现代人已收到了弗格森所说的“社会带给人的礼物”，他们不再任凭自然摆布，[10]所有的进步，不管是商业进步，还是对激情的约束和人与人之间同情的产生，都取决于人们通过脱离自然状态而获得的相互依赖。涂尔干将社会当作世俗的神祇，这无非在复述在苏格兰启蒙运动中首先表达的概念。

像所有的神祇一样，社会也有很多要求，它提供了好处，也规定了义务。休谟写道：“将我们和政府联系起来的一般义务在于社会的利益和需要，这一义务是非常强有力的。”所以，作为自然义务——比如关爱孩子——的补充，休谟提出还有对正义（justice）和道德（morality）的义务，这种义务源自“我们考虑到社会需要时产生的一种义务感”。[11]但是，如果我们都像休谟临终那样地世俗，我们能否感知到这些需要呢？市民社会理论家的希望寄托在对社会运作机制的理性认知上——也就是我们今天所说的社会科学。举例来说，在被称为“第一位拥有社会学视角的道德学家”孟德斯鸠的作品中，我们可以看到这样一个观念，它认为关于社会的科学可以有助于利用现代知识来构建我们对他人的责任。受到孟德斯鸠深刻影响的苏格兰启蒙运动思想家相信，休谟所说的“人性永恒和普遍的准则”使得现代的道德秩序成为可能：

> 在所有的社会中，人与人的相互依赖性都是非常之大的，所以，人的任何一种行动都很少是完全自足的，总是不能不参考别人的行动。要使行动充分适应自己的意图，别人的行动是很必要的。……随着人们的活动范围越来越广，与别人的交往越来越复杂，与此相应，他们也就在其生活计划中常常包含了愈加多种多样的有意的行动，从适当的动机出发，他们希望这种有意行动与他们自己的动机相配合。[12]

对于苏格兰启蒙运动的思想家来说，市民社会与我们今天所说的“私人部门”有着共同的边界，它是一个自主的领域，人们在其中可以按照自己的方式进行道德计算。后来所称的资本主义在伦理上的优势在于，它承认应由个人对自己的行为负责，由此释放出巨大的道德能量。但这些思想家同样清楚的是，由于资本主义鼓励纯粹的自私，它也可能摧毁这种道德潜能。十九世纪末期和二十世纪早期创造的新经济秩序强化了个人自由，但它同样也使市民社会中人们的相互依赖变得更加显著。举黑格尔为例，他和弗格森、休谟一样，也主张市场释放的自利能量创造了“一个完全的相互依赖的系统，在其 64
中，一个人的生计、快乐和法律地位都与所有人的生计、快乐和法律地位交织在一起”。[13]由此观之，自由与社会并不互相排斥；进一步，市民社会正是通过迫使人们认识到人与人之间的相互依赖，才使得自由成为可能。自由不是一个自然现象，它是一个社会现象，我们只有承认自己对他人的义务，而不是否认这种义务，自由才能继续存在。

根据这种对市民社会和道德潜能之间关系的理解，十九世纪资本主义的发展——虽然对于包括马克思这样的理论家而言是一种进步的力量——同样存在破坏它所创造的市民社会的危险。在十八世纪，市民社会面对的最大威胁是由国家所体现的旧秩序，为了反对这个旧秩序，自由主义和市场结成了联盟。到了十九世纪中叶，旧的秩序已经瓦解，市民社会的道德自主开始受到了新的威胁，因为资本主义最伟大的成就——市场——用金钱来衡量所有的东西，在人们看来，它对个体发掘和保护那个独一无二的真实自我的能力越来越构成了损害。如果将一个十八世纪的公民社会理论家置于十九世纪中叶，让他去寻找个人得以创造自己道德规则的领域，那么无论在私人部门还是公共部门，他都将一无所获。

在十九世纪，这些进展使得市民社会的含义发生了改变，它不再是二元的，而变成了一个三维的观念，它处于市场和国家之间，体现的既非市场的自利，也非政府的强制权威。在黑格尔的著作中，这个概念已见端倪，只是表述不同，他将市民社会看作是从特殊王国到普遍王国的过渡。其他的思想家则将市民社会看作市场和国家的替
80 代。举例来说，对中央集权忧心忡忡的托克维尔，并没有寄希望于“工业的召唤”(industrial callings)——他担心这会重新创造出旧式的贵族阶层——而是关注于志愿性和地方性的概念。十九世纪晚期的自由主义者既排斥自由放任又怀疑政府的集体主义，于是在多元主义中找到了修正的市民社会。一些马克思主义者，特别是葛兰西，也钟情于市民社会的概念，认为它是列宁主义的替代选择。同时，社会学传统中的古典思想家都把市民社会作为他们批判现代性的突破口。埃米尔·涂尔干和马克斯·韦伯都受到了黑格尔的深刻影响，同时，像滕尼斯的礼俗社会(Gemeinschaft)、齐美尔对多数人影响的恐惧、库利的首属团体、芝加哥社会学派的罗伯特·帕克(Robert A. Park)对地区社群的强调，以及尤尔根·哈贝马斯诠释的生活世界
65 的概念，核心都是市民社会。社会学从来没有提出过像市场或国家这样有适应力的概念，如果说它的众多主题——有机团结(organic solidarity)、集体良知(collective conscience)、一般化的他者、社交性

(sociability)、礼物关系(the gift relationship)——的背后有一根主线的话，那就是市民社会概念。

市民社会似乎已经淡出现代政治想象的视线，但近年来又重新引起人们的注意。原因毫无疑问在于，人们愈发地感到现代性两个最基本的工具，“市场”和“国家”，已经变得问题丛生。在存在国家压迫的极端情况下，市民社会理想的力量也不容置疑。尤其在东欧，借用克劳德·勒福尔(Claude Lefort)的话说，“新社会使得代表对立利益的阶级或集团的产生成为不可能”，[14]与市民社会相联系的多元主义理想致力于保护社会领域的自治，使之不受政治权威的干预。格奥尔格·康拉德(Georg Konrad)指出：“市民社会是军事社会的对立面”，同时“反政治”(antipolitics)——这是他为道德起的名字——“是市民社会的气质”。亚当·米奇尼克(Adam Michnik)这样描述波兰的团结(solidarity)：

> 独立和自治的团结工会自发成长的本质在于社会纽带的修复以及旨在保护劳动利益、公民权利和国民权利而进行的自我组织。在波兰共产主义统治史上，“市民社会”第一次得到了重建，而且它正在和国家达成妥协。[15]

我们无须为了证明市民社会的三维理论既可以作为资本主义社会中市场的替代物，又可以作为社会主义社会中国家的替代物，而将东欧的压制和西方资本主义的缺陷画等号。现代资本主义社会与苏格兰启蒙时期的道德世界相去甚远，在由科层制企业而非自我激励的个人组成的现代社会，理性化的结果是驱逐了个人的义务，而非扩展了义务的范围；它们不是使更多的人意识到相互依赖的存在，而是干脆否认；它们声称资本主义不是社会的产物，而是由动物性本能决定的自然秩序。这些社会没有理解，只有在义务成为了已有道德秩序的一部分，经济利益才能实现，反而越来越多地用组织经济的原则去组织道德秩序。资本主义越是发展，保证资本主义成为可能的社会世界（social world）就越被视为理所当然，而不是一件需要精心呵护的馈赠。由市场组织的社会与国家组织的社会一样，都需要市民社会的理论，否则它们的社会生态将像自然生态一样遭到破坏。

66 既然市民社会的概念如此含混，那么该如何把握呢？鉴于市场和国家作为道德准则的缺陷，人们很容易对两者加以拒绝而倾向于古代的道德社群。事实上这种道德社群要么根本没有存在过，要么如果确曾存在，也是高度压迫性的，以至于成员唯一的愿望就是逃离。然而这种市民社会的概念绝非我们这里讨论的内容。一方面，期待现代自由民主制度运用某种手段停止对市场和政府的依赖并不现实；另一方面，要求现代自由民主主义者脱离这些组织结构而生存也不公平。市场虽然存在很多问题，但是它的确促进了个人选择，使人们能够根据自己制定的道德规则而行动；同样，国家的权威虽屡遭批判，但它不仅提供了现代生活得以可能的安全保障，而且从斯堪的纳维亚国家的情况来看，它在促进平等的同时，总体上为大多数人提供了更好的生活。我们不是要抛开市场和国家，这正是我的意思。

进而，市民社会的道德也绝对不比市场和国家的道德更加“道德”。对于黑格尔来说，家庭是市民社会的重要组成部分，但是在丈夫殴打妻子、父母虐待孩子的情况下，国家的干预就应该优先于家庭的自主性。市民社会理论家通常信任社群，但是社群也会实行种族隔离或者封闭边界，这时我们不得不承认市场对开放性的强调更为可取。甚至在市民社会的关系以互惠和利他为基础时，它们也仅仅是满足切近的团体成员的需求，而排除了对陌生人和假设的他者的义务。总之，我们变成了现代人是有原因的。

还存在另一种意义上的市民社会，它不是表达对过去秩序的怀念,而与现代自由民主主义者发生了前所未有的关联。它关注的主题是自治和责任,这在弗格森、休谟和斯密那里就已经十分重要,后来又在受美国实用主义影响的社会学家(特别是乔治·赫伯特·米德)那里得到阐发。我们要学习如何对待他人,因为市民社会将我们置于与他人的联系之中,我们不得不承认对他人的依赖。我们必须履行自身的道德义务,方式则是通过我们作为礼物馈赠给自己的、叫做社会的那套东西。简言之,我们之成为现代人,是因为我们能够表现自身的道德主体性。如果说亲密家庭和地方社群曾经教给我们相互依赖的道德准则,而现代性意味着这些机制的瓦解,那么我们作为现代人则需要更加努力地为自己寻找类似的规则;否则,我们就牺牲了我们身上现代的东西——而且往往还是以现代性自身的名义,这真是一个讽刺。

现代性的悖论是一个名副其实的悖论。这个悖论不能通过要么热情地拥抱市场和国家,要么完全拒绝它们而得到解决。现代自由民主主义者需要面对的问题是,他们是否可以一方面生活在由国家和市场组织起来的社会之中,一方面又比以前更加清醒地认识到,对国家和市场的依赖不仅没有免除他们对他者的义务;相反,这些义务变得更加不可缺少。这样一种认识曾经出现于弗格森和休谟时代,如果我们今天希望再度将它们变成现实,那些以理解社会为职业的人就必须提醒自由民主主义者,他们的义务在于保护这些社会规范,舍此,自由将不可能实现。

注释

1 William Sullivan, *Reconstructing Public Philosophy* (Berkeley: University of California Press, 1982), 95.

2 Lionel Trilling, *The Liberal Imagination* (New York: Viking Press,

1950),222.

3 E. M. Forster, *Howard's End* (London: Penguin Books, 1971), 179.

4 Milton Friedman, *Capitalism and Freedom* (Chicago: University of Chicago Press, 1962), 13.

5 Gary Becker, *The Economic Approach to Human Behavior* (Chicago: University of Chicago Press, 1976), 5.

6 Charles Schultze, *The public Use of Private Interest* (Washington, D. C.: Brookings Institution, 1977), 18.

7 Charles C. Moskos, "Citizen Soldiers Versus Economic Man," in *The Social Fabric*, ed. James F. Short Jr. (Beverly Hills, Calif.: Sage, 1986), 245.

8 Albert O. Hirschman, *Shifting Involvements: Private Interest and Public Action* (Princeton, N. J.: Princeton University Press, 1982).

9 Peter L. Berger, *The Capitalist Revolution: Fifty Propositions about Prosperity, Equality, and Liberty* (New York: Basic Books, 1986), 20.

10 Adam Ferguson, *An Essay on the History of Civil Society* (Philadelphia: Wm. Fry, 1819), 32.

11 引自 Michael Ignatieff, *The Needs of Strangers: An Essay on Privacy, Solidarity, and the Politics of Being Human* (New York: Penguin Books, 1985), 92.

12 David Hume, "*An Inquiry Concerning Human Understanding*", in *Essays: Moral Political and Literary*, ed. T. H. Greene and T. H. Grose (London: Longmans, Green, 1875), 2: 72-73. [译文引自休谟《人类理智研究》(吕大吉译,商务印书馆,1999),第 80 页。——中译注]

13 T. M. Knox, *Hegel's philosophy of Right* (New York: Oxford University Press, 1967), 123.

14 Claude Lefort, *The Political Forms of Modern Society* (Cambridge, Mass: MIT Press, 1986), 285.

15 Adam Michnik, *Letters from Prison and Other Essays* (Berkeley: University of California Press, 1985), 124.

第四章　好社会：我们通过制度而生活 69

罗伯特·贝拉[①]

近年来，肇始于十七、十八世纪欧美的世界民主革命，继经历二十世纪初期的严重退潮之后，在全球很多地区（比如东欧、苏联、南非等处）又进入了一个新的阶段。对此，美国人最初的反应差不多都是待在家里，通过电视了解一下事情的进展。然而，这一政治发展的最新进展却必定会在美国带来引人注目的反响：事实上，在美国新兴的民主转型运动就与此相关，它也是这场世界民主革命的一部分，只不过在方式上不同于我们最初的设想而已。为了使这一转型取得成 85
功，我们必须看清我们所面临的独特障碍，虽然和苏联比起来，这些障碍远没有那么恐怖，但就其本身来说也还是比较可怕的。

民主需要某种程度的信任，这在我们看来理所当然。民主社会的公民相信，即使政治斗争失利，自己也无须冒生命的危险；一旦赢得选举，对手又会和平地移交政权。[1] 相比之下，在中欧、东欧，建立这样的信任并不容易，破坏起来却很容易。但另一方面，我们美国也有自己的问题：美国人也已经开始对各种制度失去信任，——幸运的

---

① 罗伯特·贝拉（Robert N. Bellah），美国社会学家，代表作包括《德川宗教》、《心灵的习性》（与人合作）等，本文节选自他与其他作者合作的另一本书《好社会》（*Good Society*）。另，由于本文是从《好社会》一书的“引言”和“结论”各选取一部分合并而成，所以可能会给读者不连贯的感觉（“民主意味着专注”一节之前出自该书“引言”，之后则出自“结论”）。另外一个问题就是本读本的英文版也因此出现了个别编辑上的失误，保留了一些被删节部分的注释，如英文的注17、18、20，正文的相关内容都未收进本文，故翻译时略去，中文注释编号也因此与原文有出入，特此说明。——中译注

是，其中暂时还不包括更替政治权力的选举制度（虽然对选举的冷嘲热讽正在增多）。事实上，作为民主制稳定运转的基石，我们社会的信任传统正在受到侵蚀。[2] 虽然信任并非不可再生的资源，但却是破坏容易恢复难，所以就未来而言，这可以说是不祥之兆。

70 制度是共同生活的模式化的方式

今天，走在任何一个美国城市的街头，都好像置身在一场宗教仪式中，仪式的目的就是要完美地展示，在缺乏好社会的情形下，做一个好公民有多困难。人们受到昂贵美食、新潮服装和电子产品的诱惑而来到城市，但在一片繁荣——它的极度奢华甚至让人感到负疚——之中却出现了流浪汉，出现了带着孩子、恳求人们施舍食物住
86 所的母亲。无论给不给钱，我们知道都不是上策。我们可能会把这种情境下的茫然无措看成是个人面临的痛苦的道德困境，但实际上这是因为，我们共同生活所依靠的某些更为宏观的制度失灵了。

流浪汉问题，一如其他许多问题，都是社会选择的产物：单间居住的旅馆（single-room-occupancy hotels）在市场驱动下改造成更高档的观光宾馆；政府的城市改造项目让商业区日益繁荣，却导致房屋租金提高，穷人住处减少；经济变革造成精神病人无法住院治疗，以及地方社区卫生项目的资金遭到压缩等等，所有这一切共同导致了流浪汉问题。然而，一如在其他很多问题上那样，对此我们也束手无策，无从去塑造一种新的制度秩序，以使社会选择变得更有意义，或者更没有意义。[3]

在《心灵的习性》一书中，我们曾经问道："我们应该如何生活？我们又如何思考应该如何生活的问题？"当时我们专注于对思考共同生活有益的文化和个人资源；[4] 本书关注的是同一个问题，但焦点转

移到美国人共同生活的那些模式化(patterned)的方式，——社会学家称之为“制度”。[5] 世界正在经历技术、经济和政治的巨大变革，我们过去拥有的许多共同生活的固定方式，今天正在失效：有的与原有目的不相符合，有的则产生了当初没有想到的、让人警觉的后果，对人、对自然环境都造成了危害。

不同时期、不同环境下建立的制度需要经常加以更新，这没什么奇怪。我们的制度中，有些可以追溯到十八世纪，美国当时还是一个农业经济为主的小国，远离全球力量的主要中心，甚至可以说完全与之隔绝；另有一些制度可以追溯到战后，当时美国正在大肆扩充军备，以使“自由世界”免于共产主义的统治。——实事求是地说，这一阶段建立的某些制度，还不如十八世纪的某些制度有用。

人们总是会不由自主地想，从街头的流浪汉、第三世界的贫困，
到臭氧层的破坏和温室效应，今天的各种问题都可以借助技术专家、 *87*
用技术手段来解决。可是，即使抛开人生的空虚与无意义之类的问 71
题不论，着手解决上述问题也需要我们大大提高制度思维的能力：我们要理解多大程度上我们是在制度中并通过制度而生活，而如果我们希望过上更好的生活，制度的改善有多重要。我们审查现行的制度，是为了发现其中哪些部分仍是健康的，哪些需要修改，尤其是哪些制度破坏了不可再生的自然资源，以及几乎不可再生的人力资源，而后者正是制度的基石。

目前的形势要求我们在能力上有一个质的飞跃，从而可以把握道德和技术的新机遇，并使新技术的使用合乎道德。危机常常使人窒息，但它同时也是机遇，让我们可以在显著的道德进步的基础上，提升个人与集体的生活品质。但是对于信奉个人主义的美国人来说，最大的一个挑战就是理解制度是什么，理解我们如何塑造它们以及它们如何反过来又塑造我们，并设想我们可以把制度改造得更好。

《心灵的习性》描绘的是一幅美国中产阶级的画像，揭示了他们用以理解社会和生活的文化资源。书里描述了一套专注于个人成就和自我实现的语言，认为它无论在私密关系还是公共领域中，都难以成为道德义务的支柱；而美国人的另外两个传统（圣经宗教传统和公民共和主义传统），对个体只有进入共同体，并且通过共同体才能自我实现这一点，虽然理解得更加准确，却让当代的美国人感到隔膜，不能应用到自己的生活。我们呼吁要更深入地理解维系生活的道德生态（moral ecology），无论这种生态是不是我们自己的创造——“道德生态”在这里不过是健康制度的另一种说法。可是，个人主义文化却使很多人难以理解制度是什么。美国人都习惯于认为，我们需要的只是精力旺盛的个人，再加上若干保证公平的规则，其余的一切都只有表面甚至负面的作用，会带来腐败与压迫。正如《心灵的习性》里说的，美国人都把个人看成制度的对立面；[6] 要让他们把制度看成个体成长的必要背景，看成既是限制也是帮助，而不是塑造性格的险恶战场，这很难做到。其中的原因，部分在于我们的制度已经日益摆脱了控制，超出了我们的理解范围。所以结论只能是改造它们，幻想逃避只是自我欺骗。

《心灵的习性》与《好社会》两书关注的问题，根源都在于很早以
72 前开始的某些变革。几个世纪以来，现代科学与现代经济学的诞生为我们揭示出一个与过去截然不同而且日新月异的社会，这些变革不仅引起社会理论家，也受到了宗教和政界领袖的注意。近来的自由主义和社群主义的哲学论争，就是围绕如何应对新社会的种种问题而展开的，《心灵的习性》也被人们贴上了社群主义的标签。[7]

如果说自由主义哲学认为问题应该借助自主的个人、市场经济与程序国家来解决，而社群主义认为任何文明社会的运行，都离不开实质性的道德身份，离不开公民在民主政体下更积极的参与，那么我

们确实算社群主义。不过我们感到这个词也有可能引起误解,因为人们会以为只有面对面群体(比如家庭、邻里、宗教小团体)才构成社群,所以社群主义会敌视今天支配着我们生活的国家、经济以及其他一切宏观结构;但实际上我们的观点是,只有公民更多参与到经济和国家的宏观结构中,才能克服当代社会生活中那些日益加重的危机。[8] 为了避免误解,我们接下来会从二十世纪初期开始,对相关术语进行梳理,以便找到更有效的概念来表述我们的问题。

巨型社会就是好社会吗?

1914 年,格雷厄姆·沃拉斯(Graham Wallas)的作品《巨型社会》(*The Great Society*)[9] 产生了巨大的影响,这在两位重要的美国公共哲学家约翰·杜威和沃尔特·李普曼身上有突出的体现。沃拉 *89*
斯用"巨型社会"一词,指通讯和商业这一"看不见的环境",它越来越强制性地把整个现代世界连为一体,而且超出了人们的理解,更不用说管理;在沃拉斯那里,"巨型社会"是对现代性的一种中性的又让人惊恐的描述。1927 年,杜威在《公众及其问题》(*The Public and Its Problems*)一书中,对现代性的核心问题表达了自己的见解:"此刻我们希望指出,巨型社会得以形成的机器时代是如何侵入了从前的小规模社群并使之部分解体,与此同时相应的巨型社群却没有产生。"[10] 杜威并非对传统的小社群有所留恋,这类社群往往受到习俗的支配,禁锢了个人与社会进步的能量。至于杜威所用的"巨型社群"一词,多半出自乔西亚·罗伊斯(Josiah Royce)1916 年出版的同名著作,[11] 它要表达的含义并非单纯复兴传统的小社群(德语称为 Gemeinschaft),而有新的内容,即把公共精神和公共仪式注入那些具有巨型社会特征的、几乎无法看见的结构。杜威认为,通过我们的制度生活来扩大和提升民主，才是希望所在。

沃尔特·李普曼是二十世纪政治现实主义最杰出的支持者，在1937年出版的一本著作中，他采用了一个与“巨型社会”相对的术语“好社会”(Good Society)作为书名，[12]——本书之所以采用李普曼的术语及书名，正是因为我们担心“社群”一词可能会因为过于狭隘的解释而造成误解。李普曼始终在提醒那个时代的美国同胞，他们正处在一个漫长的、全球性的转型过程中，这是自定居农业(settled agriculture)以来最重大的一次转型；以劳动分工和交换经济为表现形式的巨型社会——讽刺的是，它也意味着越来越剧烈的国际暴力冲突——数百年来推动越来越多的人群走向一个相互连结的整体。由于各个单元(及其生活条件)的发展非常不平衡，这一过程并不平坦，一再引发各种道德和团结方面的危机，并造成严重的暴力冲突和破坏。

不过，同一进程也为人类提供了独一无二的机遇。李普曼在《好社会》里写道：“在分工使人类必须依赖彼此的自由合作之前，现实的政策选择都是弱肉强食，崇高的主张仅仅属于另一个世界。”不过李普曼又认为，随着相互依赖的出现和技术手段的日益丰富，“新的景象出现了，人们看到了好社会的希望。世俗与精神、自私与无私之间由来已久的分裂出现了消失的可能，这一人类发展的新方向已经可以从理论上来探讨，事实上也成为了客观要求”。[13]

在李普曼看来，这种客观要求突出体现在现代战争中。今天发生的战斗越来越不像是陌生力量之间的冲突，而像是“联系紧密、高度依赖的共同体内部的争夺”，李普曼如是说，“现代战争所做的，不过是把那些为了维持已有的生活水平(甚至可以说是为了生存)而日益相互依赖的庞大人群给撕裂开”。[14]很显然，核武器的发展进一步加强了李普曼的论据。

李普曼指出，好战分子在当代之所以要受到严厉的道德谴责，是因为战争越来越不是追求国家长远利益的理性务实的工具。这位战略现实主义者越来越感到，任何对利益的现实权衡，都会在道德上支持一种建立在公平基础上的全球安全秩序；好社会不仅仅是一个理想主义的规划，也是新时代在实践上的、从长远来看必然的要求。

现代世界里类似杜威与李普曼这样的观察分析人士还有不少，74 但我们只想把这两位引为榜样：他们都对身边的很多事情持批评态度，但又不是一味怀旧，同时他们也都对美国人民能够迎接这场巨大的挑战——从巨型社会转变为好社会的挑战——怀有适度的信心。不过，回头看看今天社会的现实，我们感到他们的制度改造建议虽然有所裨益，但对于这项有待展开的建设性任务来说，只是一个起点。他们（以及其他前辈）的工作可以成为我们建设的基石，但不可避免地，我们终将超越他们，进入他们未曾探索的领域。

现在，读者也许会好奇：我们说的"好社会"到底指什么，如何界定，碰面的时候又能否把它认出来？有些读者也许还会追问：这是谁的好社会？站在哪种立场上说的好社会？虽然我们也尝试勾勒出好社会的一些特征，但最终的结论是，好社会并没有一个固定的、人们能够一眼看清然后就照此实行的模式。我们的好社会概念里，极为关键的一点是，它是一次开放的探寻，所有的成员都可以积极参与其中，就像丹尼斯·麦凯恩（Dennis McCann）说的那样，公共利益就体现在对共享的利益的追求过程之中。[15]

在我们看来，多元主义与好社会的观念并不矛盾，因为好社会为多样性提供了足够的空间，同时它也从多元化的社群那里汲取资源，以便真正找到共同利益之所在。我们的定义还吸取了杜威和李普曼的部分思想，包括扩大民主参与，加强制度的责任；倡导相互依赖的繁荣，反对个人及群体间弱肉强食的关系，鼓励每个人都参与社会事务；最后，促进世界和平——没有一个和平的世界，追求好社会只能是一种幻觉。

多数美国人都会把自由列为好社会的一个核心部分，我们表示赞同，不过这个词也像对其他重要的道德术语一样，有必要更深入地探讨实际含义是什么。很多人抱着旧的看法，认为自由就是谁也别来干涉我的权利。对于每个人都在自己农庄里度过大半辈子的旧美国来说，这种看法还是有点道理的，但对今天的巨型社会，自由的含义不应该只是远离他人；它应该存在于制度之中，并得到制度的保证；它应该包括参与那些影响我们生活的经济与政治决策的权利。在今天，好社会的一些重要的、有代表性的原则，像和平、繁荣、自由、公正等等，必须进行新的民主实验、通过拓展和提升民主制度才能实现；有了这些新的制度，我们公民才能够更好地看清自己真正需要什么，而为了自己及子孙后代在这个星球上的长远生活，我们又应当追求什么。

75 为什么美国人难以理解制度？

为什么制度的观念让美国人如此不安？为什么克服这种焦虑，对制度抱更为创造性的看法，对美国人如此重要？这是接下来要说明的事情。社会学对制度的正式定义是，一套预期的、通过社会认可或制裁而得以实现的个人或群体行动模式。它可以是一些简单的习俗，比如社交场合的握手，[16]拒绝别人的伸手就会引起尴尬，就需要解释；它也可以非常正式，比如各种社会服务赖以维持的税收，不纳税会遭到罚款或监禁。制度通常都有道德含义，比如握手表示某种社会团结的存在，至少也是对他人人格的尊重；征税，尤其在民主国家，是为了实现得到大家认可的公共目标，纳税也应当公平。

信奉个人主义的美国人一直担心制度会限制自己的自由。当然从握手来看，这种限制很少会引起不安，但某些掌握权力的制度看起来就会对自由造成直接的威胁，所以古典自由主义认为，制度对于目标彼此不同的人应该尽可能地中立。这个观点非常有力，多数美国人都不假思索地接受，与自由主义者一起担忧如果制度不受适当限制、不保持中立，就会变成暴政。带着这种信念，人们往往就把制度看成效率有高有低、与车管局（Department of Motor Vehicles）同类的机制，人们可以学习和它打交道，让它服务于自己；或者，就把制度看成怀有恶意的“官僚机构”，用它的非人格化的车轮碾过我们。两种看法并非全错，在现代社会，我们确实需要学习如何来使用这些制度；与此同时，制度也在以我们无法理解的方式控制着我们的生活，所有的人，尤其是穷人和无权势的人，确实会发现自己完全受它支配。然而，仅仅停留在这样的制度观上，会让我们对共同的生活抱十分贫瘠的看法，其结果不仅无助于解决问题，而且还将使之恶化。

说起制度，有一个容易混淆之处，需要加以澄清。制度是一套规范性的模式，嵌在法律和风俗（如各种非正式的习俗和常规做法）之中，并由其保证实施；但是，制度通常也指代具体的组织。组织在我们生活中当然十分重要，但如果凡事只见组织而不见制度，就会把问题过于简单化。以公司来说，它已经成为美国人生活中的重要制度。从制度的角度看，它是一套由特定的历史所形成的、一定的权利与义
务及权力与责任相配合的模式，它也因此而成为我们生活中的重要 76
力量。但单个地看，公司就是一个在法律（及其他规定公司性质的）框架内进行运作的组织。如果对制度和组织不加区分，那么我们就会认为，今天公司的问题就是如何进一步提高效率、担负责任；但是，比如公司在美国社会如何制度化的问题，比如社会的基本权力和责任模式问题，都涉及公司的存在本身，仅仅对单个的组织加以改造是

解决不了的，而必须去改造制度本身。把组织和制度混为一谈，那么一旦遇到不公平的对待，我们可能就会选择退入个人生活的小天地，或者从一个组织跳槽到另一个组织（比如换一家公司、换一个配偶）。但是要找到问题的根源，就必须改变我们塑造组织的方式，改变组织运作的规范，换言之，必须改变制度。

同样的逻辑也可以应用到其他社会生活领域。比如家庭当然有好有坏，有的幸福和睦，有的则不是；但是美国社会是如何把家庭制度化的，它使家庭承受着哪些压力与诱惑，这本身就是很多严重问题的根源，所以劝告个别家庭要好好调整虽然重要，但并没有触及问题的核心。事实上，美国人思考社会的传统方式带有化约主义的倾向，凡事我们首先想到的是责任可能在于个人，不然就在组织。这种思考模式让我们看不到制度的威力，看不到制度既可以行善，也能够作恶。

这种社会观缺少了什么？就是缺少了这样的观念：在我们与他人的共同生活中，我们始终通过语言和行动，在不断创造着各种制度，有了这些制度，共同生活才成为可能。这个创造过程不是完全中性的，往往具有伦理和政治的含义，因为即使像家庭这种亲密关系的制度，存活与否也受制于我们的是非观、我们的善恶观。反过来，我们与他人合作创造制度的时候，制度也在创造我们：它教育我们，也塑造我们；而它的主要手段是各种具有社会效力（socially enacted）的隐喻。这些隐喻都是制度提供的，是对各种情境和行动的规范解释，它可能好也可能坏，但无论如何它都无法回避：地方宗教团体把自己看成"家庭"，公司的首席执行官（CEO）会说资方和员工属于一个"团队"；至于民主，与其说表示特定的制度，不如说是我们在思考制度某一面向时的一个隐喻。

简言之，我们并非一群自我创生的原子，单方面地操控着客观的制度（或者被其操控）。每一次的重要谈话，每一次出于某种角色（父

母或子女、学生或老师、公民或官员）而做出的行动，都会诉诸已有的 77
行动模式和是与非的隐喻；我们塑造制度，制度也在塑造我们。制度既是限制，也是帮助；如果我们希望与他人一起实现一个文明社会，那么制度是我们理解自身与他人之同一性的重要形式。

把制度看成纯粹客观的机制，可以与生活在其中的人们完全分离，这样的看法不过是需要支付高额道德和政治成本的意识形态而已。古典自由主义把“自主性”抬高为独一无二的价值，却看不到它依赖于特殊的制度结构，不能完全脱离制度而存在。古典自由主义设想了一个摆脱了制度也摆脱了他人的个人自主的世界，却忘了一点：自主性本身虽然可贵，却不过是众多美德中的一种；如果离开了责任、关爱这些必须借助制度来落实的美德，它就会变得像《心灵的习性》里所证明的那样，成为没有实质内容的空洞形式。

民主意味着专注

对于美国世纪（American Century）[①]的都市来说，首要的问题是缺乏对整体的足够重视，它留给后人的，是遭到严重破坏的环境、被遗弃的弱势群体、非常有限的可能性。就此而言，二十一世纪需要的不仅仅是数量更多、种类更丰富的基础结构（infrastructure），还需要由政府、第三部门及企业与非营利机构的公私合作关系（public-private partnerships）共同提供的焦点结构（focal structure），后者的任务就是通过拓展都市居民和制度的能力，以提高所有成员的生活品质。

城市邻里发展项目（urban neighborhood development）在 70 年

---

① 即指二十世纪，语出美国著名出版商、《时代》杂志创办人亨利·鲁斯（Henry Luce），以强调美国在这一世纪的重要影响。——中译注

代受到人们欢迎，80 年代引入公私合作关系、带来许多核心城市的复新之后，更是好评如潮，——当然另一方面，我们不应当忘记，这些措施多数都是富人获益，城市贫民的地位却显著地下降。环境政治在今天的出现，也为人们关注的社会正义、经济活力和环境保育(environmental integrity)等话题提供了一个广泛的联合阵线，对安全、多样且经济上有效的共同体的欲求，与生态的可持续性目标交汇到一起。洛杉矶的例子说明，这些努力有助于扭转“二战”以来都市恣意扩张的不良趋势，而代之以边界更为明确的都市环境。因此，提高人们在这方面的能力，应该成为民主公众的职责。公众生活中的那些制度媒介，会培养出一群拥有良知和远见的选民，这样的选民将是真正有创造性的母体，从中可以孕育各级(城市、州、全国)的政治
78 领袖；而他们最终的使命，是使现代生活的高度相互依赖，为本地的人们所理解，从而激发出负责任的行动。[17]

美国人把“开发”的逻辑推到了极致，这不仅带来了最高层次上(国家或都市)的危机，使得商业和政府的决策面临追求短期收益的压力，前瞻能力受到严重损害，而且在私人生活中造成了个人与家庭的挫败。我们不厌其烦地提出，应该有一种新的范式，这里我们称为培育模式(pattern of cultivation)。培育模式不是简单地回到十九世纪的生活方式，而是努力在目前的形势下，实现社会与自然的平衡，为共同的生活重新注入意义和目标，同时善待我们打算继续传给后代的自然与文化资源，避免重蹈过去曾经干扰我们的歧途。① 可以

---

① 歧途，原文为 distraction，它是本文的一个主要概念，与本节小标题“民主意味着专注”里的“专注”(pay attention)相对：专注意味着要集中于美国社会自身的问题，distraction 则意味着我们的注意力从这些事情上转移开，而去关注一些并非根本的问题，两者一褒一贬，本文大体译作“专注”与“分心”，但 distraction 有时也指那些吸引注意力、使我们分心的事物(如此处就译为“歧途”)。译者对该词未找到更妥当、更一致的处理方法。——中译注

说，以前曾被视为理想主义而弃之不顾的东西，今天看来是唯一可行的现实主义。

然而，所有这些问题怎么可能都得到关注？即使专家也不免感到，如果把注意力转移到一些简单的措施上，比如国民生产总值或者军事优势，他们就能够得心应手。对美国来说幸运的是，军事威胁今天已经大为缓和，在第三世界冲突也许还会持续，但像苏联那样的军事威胁已经基本消失。可是如果因此就拿出经济威胁论来代替苏联的军事政治威胁论，这同样是愚蠢之举。事实上，沉湎于日本、西欧的经济威胁，一如念念不忘共产主义威胁一样，都是在转移视线；同样地，争论美国是在衰落还是与过去一样强大，也都不着边际，而且严重分散了人们的注意力。未来我们显然会与很多成功的国家和地区经济体共存，值得我们关注的不是美国在其中的地位，而是我们能否创造出真正符合我们目的、具有人道性质的经济体，创造出符合全体人类利益的、健康的国际经济体系。瓦茨拉夫·哈维尔一再强调，要用信任的政治代替恐惧的政治：恐惧让我们分心，让我们追求巨大数量才能提供的安全保证，而信任则为专注提供了空间，无论需要专注的问题有多棘手。

财富和力量虽然是不可缺少的手段，但并非通向好社会、好世界的合适途径。除了衡量市场和国防体系的各种指标，我们需要更为丰富的语言来探讨我们的难题和未来。像“专注”与“分心”、“培育”与“开发”这些词汇，可以视为推动对话的起点，有了这样的对话，我们可以明确我们最想要的是什么，为什么必须强化现有的制度，并创造新的制度。

我们当然需要专家，需要专业意见，专家可以协助我们处理各种 79
重要的问题。但民主并非专家的统治，在民主的公民教育中，一项基本的任务就是让人们学会如何评估专家的意见；如果我们承认这就是教育的核心使命，那么现有的中学和大学教育，虽然为学生提供了很多帮助，但要做的还有更多。其次，无论如何，对专业意见进行评估只是一个开始，而非最后、最重要的问题，真正重要的是对不同选择的道德含义作出评估。最后，公民既然已经在家庭、在地方社群中学会了专注，在大问题上保持专注也就并非难事；一旦家庭成为民主的学校，学校成为民主的社群，事实上人们也就获得了这方面的基本智慧。

目前我们的制度运行不佳，亟须修补，甚至要做激进变革。如果我们的目标是一种培育模式而非开发模式，现行制度的法律地位就必须改变，我们看待制度的视角也必须改变，因为制度的变化包括了法律和习俗两个方面。这一切，而非什么财富、实力，才应该成为我们专注的焦点。

98

专注与分心

我们从个人心理学的层面开始讨论专注问题，随后又进入更宏观的社会和文化层面，从自我的培育（self-cultivation）走向对家庭的关爱，走向我们生活的地方社群和大城市，最后走到国家和全球层面的生活。专注和分心（对专注的打扰、破坏），在其中任何一点都可能出现：专注带来的是明确的意识，是对人的各种可能性和目的性的培育，而分心则是出自恐惧与疲惫而作的反应，它要么带来廉价的逃避主义（shallow escapism），要么就是戒心太重，于是全力以赴地争取在金钱和权力上压倒他人、支配他人。

专注与分心不仅是描述性的，也是规范性的术语。举例来说，去关注一个哭泣的婴儿是让人赞许的，但是，在麦当劳打工，然后把收入不用于学习，而拿来购买名牌牛仔裤，这对过一种完整的生活，对提高我们服务社会的能力,都没什么帮助;专注与关爱(caring)之间关系非常紧密。既然生活的很大部分都是被一些超出我们控制的进程决定的,很多人就不再关注那些需要关注的问题,而把注意力转移到一些简易便捷的措施上。什么是民主?有一个办法就是把它看成民众会积极地专注于重要问题的政治体系。

但是在今天的美国,专注是否成为了人们最优先的选择?这让人怀疑。现有的政治上的设计,多数倒是要让人们不去注意重要问题,让人们沉浸在一切运转良好的幻想之中。更糟的是,它提供的解决方案也只是进一步加剧这种状况。比如说到交通问题,人们想到 80
的唯一解决办法就是增加高速公路的车道;再比如一个更基本的问题,"增长"现在成了一个放之四海而皆准的万应灵药,但人们需要哪种类型的增长,增长的后果又是什么,却没有人关注。在这里,所谓关注就是要探求事物的长远意义,而不仅仅是短期回报,对眼前欢愉的追求或许诺;而所谓的分心,正是要追求或承诺眼前的欢娱。好社会的标准就是人们专心致志。

我们已经检视了许多宏观制度的问题,不过为了揭示我们关注的某些核心问题,最后还是要回到家庭。一个关键的问题是心理学家埃里克·埃里克森(Eric Erikson)所说的"繁衍"(generativity)。繁衍作为一种美德,埃里克森最早用于父母对子女的关怀,后来又拓展到家庭以外,于是这种美德也表示应当关爱托付给我们的一切人与事:我们会给子孙后代留下什么样的社会、什么样的世界和什么样的自然环境?现在,我们只是盯着眼前的物质福利("我比四年前更富有吗?"),念念不忘的只是要改善我们的相对收入和消费水平,这恰恰忘记了,生活的意义更多不在于我们眼下拥有多少,而在于我们是什么样的人,在于我们如何塑造我们的生活,去追求那些具有内在价值的未来的目标。

冷战的结束，或者说二十世纪的 75 年战争[①]——这么看冷战仅是其中最后的阶段——的结束，使我们有机会摆脱前述的偏见，对未来加以思考，——而过去我们也许曾经不自觉地怀疑过，我们是否还有未来？既然蘑菇云的威胁正在远去，我们会发现，有许多长期以来一直被忽视的事物应该引起关注。

这些已经暴露的重要问题，解决之道在于引入繁衍的美德，更确切地说是一种繁衍的政治。一个最明显的问题是，我们非常危险地忽视了美国的儿童。看看美国的婴儿死亡率和儿童贫困，看看学校教育的不足，这些方面我们几乎处在工业国家的最低水平。我们打响了“禁毒战争”，但是对于毒品背后人们对生活的绝望，我们又做了什么？显而易见，生活的意义是最好的戒毒药，生活看不到未来，也就失去了意义；然而，我们的政治喜欢的是戏剧化场景和男子气概，它给出的答案偏偏是：更多的警察、更多的监狱和更多的军事禁运。

我们社会的贫困与绝望日趋严重，不过它还是局限在一个相对较小的范围内；但在第三世界国家，贫困和绝望已经到处弥漫，很多国家这十多年来一直在倒退而非前进。它们的境况虽然不能归咎为
81 “我们的过失”，但美国的银行和政府脱不了干系，在外债问题的处理上尤其如此。我们不能越俎代庖解决它们的问题，但可以在辅助性原则[②]的指导下，在能起到作用的地方提供帮助。目前存在的国与国之间的巨大差距，如果听任其无限发展，全球性的冲突就会卷土重来，我们的一切希望就有落空的危险。

最后，生态环境也在面临越来越严重的威胁，如果对此掉以轻

① 75 年战争，应该是指从 1914 年一战的爆发到 1989 年的柏林墙倒塌。——中译注

② 辅助性原则(principle of subsidiarity)，与集权相对，指一个大型组织允许其成员单位在涉及自身的问题上自行决策，而不必由整个组织决定。可参阅第一章，第 24—25 页(原书页码)。——中译注

心，会使得我们的地球根本不能居住，从而一切努力全都白费。同样，如果仅仅做短期打算、着眼于眼前的收益，我们也不能真正面对问题，因为美国的环境问题与社会问题是分不开的，——虽然美国的中产阶级更喜欢去关心地球而不是自己地位更低的邻居。两者都促使我们思考：我们是否还可以在这个大陆上安居（settled）？所谓安居，并非静止不动、没有活力，而是要挖掘个人与集体生活的目的感，不被开发的大潮卷走。一个安居的民族会理解自己的栖息地，它知道自己需要城市，也需要荒野和农业，它会从整个区域的需求出发，而不会听任最有钱有势的人把所有资源都集中到一起；一个安居的民族会关注如何在家庭和邻里恢复信任，关注用来提升文化生活品质的学校、博物馆、音乐会和大讲堂，关注如何使这些公共物品被所有公民分享，如何使生活在恐惧中也使他人恐惧的底层阶级因此消失；一个安居的民族在我们看来不会骄傲自满，而是处处留心，会想方设法利用多文化的资源优势以丰富全体人民的生活。这样一种安居与培育的模式，不仅为记忆共同体中所有族群和种族的文化提供滋养，也为共同体之间的相互学习提供了开放的交流平台，提供了一种属于世界的地方主义（global localism）；一个安居的民族首要关注的是一种尽可能完整的生活，而非终日为生活奔忙和忧虑。贪婪、偏执以及它们在制度上的庞大化身，正是安居与培育之敌。 101

无须赘言，安居和培育正是美国人需要的东西，而且它的形式多种多样，可以满足受到不同问题困扰的全球所有民族的需要。不过，安居一词对我们来说还有更深的含义：它不会通过私人的决定来实现，而需要在一种制度背景中慢慢成形。个人思想觉悟的提高是一方面，创造各种新的、正式或非正式的、法律的或习俗的制度模式，也同样地重要。

制度变革只能是政治过程的结果。一种专注的民主政治不是与我们无关的事情，以忙碌、没有时间为借口而不加重视，或者出于“自由派的负罪感”(liberal guilt)才偶尔留意，都是不应该的。事实上我
82 们认为，如果我们打算成为自己希望成为的那种人，过上自己希望过的那种生活，那么至关重要的一点是专注而非分心。再有，最深挚的个人关注和最广阔的对世界的关注，两者其实密不可分：我们不可能一边成为子女心目中的爱心父母，一边却无视他们将要生活的那个世界；我们也不可能回避一个事实，如果没有有效的民主的干预、没有制度的建设，全球经济的发展将会更加撕裂我们的生活，损害我们的环境。道德话语对家庭、对世界都是不可缺少的。我们无可逃避，诗人艾略特曾经形容我们的处境“都因为心烦意乱而毫无意义”①，今天到了该专注的时候了。

繁衍的政治

102

我们在很多地方看到，美国的决策机制有多么短视。它的经济和政治，优先考虑的都是当下的回报；广告和公共修辞始终聚焦于个人：个人的收入、个人的住房、个人的轿车以及个人的枪支。政治领袖年复一年地使用着“自由”这个概念，即使短视的决策正在日益毁灭我们未来的自由时也不例外；除此以外，对正在走向的那个世界，对子孙后代将要生存的那个世界，他们并没有更多的关心。

今天的大众文化与政治，处处都体现着这种注意力的分散，它提供的无非是抑制焦虑的暂时麻醉剂，躲避变革的避难所，而我们迫切需要的却是一种新的繁衍政治。近年来民主党的表现只能称得上半个反对党，它的政策始终在摇摆之中，一会儿想在提供让人分心的事

---

① 原文为 Distracted from distraction by distraction，语出艾略特(T. S. Eliot)的诗歌《四个四重奏》，此处引用了汤永宽先生的译文。——中译注

物方面压倒共和党，一会儿又提出带有繁衍政治色彩的具体政策，比如无薪育儿假、全国公共卫生服务、教育补助等方面的立法。它的问题是，缺乏一套从代际相互依存出发的总体哲学，来克服狭隘的自利导向的个人主义，所以，它的这份自由主义政策清单常常是任由人们各取所需。

无论我们对过去 20 年国家的经济成就作出何种评价，这 20 年都是一个物质和社会资源完全遭到忽视的时代。在 1945—1968 年多元主义政治时代盛行的政府、公司和劳工三方非正式合作，于 70 年代宣告失败，由此引起社会信任的全面滑坡。这一倒退带来的物质影响极为深远，对私人和公共的基础设施的投资放慢了（公共部门尤其如此），经济生活受到了严重的冲击；与此同时，“人力资源”方面的“撤资”也已显现，这表现在社会自身的衰败之中，比如犯罪、毒瘾、
玩世不恭、不讲文明、教育滑坡等等，而其中最让人震惊的也许是年 83
轻人对身边世界的冷漠。[18]

在整个美国社会，都出现了这种责任心的消失，它削弱了我们相比于德国、日本等国的经济竞争力，也使人们没有精力再去关注政治与社会问题。这股只顾自己不管他人的风气，始作俑者是许多有钱有势的精英人士，并且按照政治分析家凯文·菲利普斯（Kevin Phillips）的说法，正是他们在大肆传播这种思想。他们信奉的是十九世纪自由市场的经济意识形态，对于泛滥成灾的不信任和利己心带来的社会倒退，他们遮遮掩掩，巧言辩护。[19]当然，在今天跨国金融的时代，无论过去个体企业家的世界对一些选民来说有多美好，自由市场论者也不可能让我们回头；所以，他们的倡议实质上就是让资本的所有者和管理者在捞取利润时可以自行其是，无须顾虑什么社会责任。在冷战终结之际，最为讽刺的莫过于洛克式的美国，居然变成一个在意识形态上比苏联还要刻板的国家。

众所周知，现代社会的相互依存既高度复杂，又极其脆弱。和过去相比，我们的生存更加离不开全体公民之间，以及公司、劳工、政府、职业阶层和第三部门之间相互的信任和善意。我们一而再地指出过，良好的相互依存关系要求各方既要在思想上理解这种依存关系，又要在实践上能把善良的意愿（不管什么制度都需要它）落实为法律；不顾一切地追逐个人或团体的利益，是我们政治生活中制度失灵的一个后果，它现在不只是一个病理问题，而且直接威胁到我们大家的生存。在今天的社会条件下，经济与社会发展关键取决于我们能否维持一套良好的制度，以实现相互信任与公民责任；而繁衍政治的核心主题就是把大家的注意力集中在这种能力上，大力发展它，并通过制度改革进一步推动它的完善。

在后工业的全球经济秩序中，像“物质基础”和制度的“上层建筑”这类范畴正在迅速失去意义。今天的经济发展取决于我们的投入比率，原材料所起的作用已经远远逊色于技术和制度创新的作用。十九世纪强调的矿藏和低收入已经不再适用，今天决定增长与繁荣的关键因素不仅包括物质基础设施，还包括教育水平、社会和环境方面可持续的共同体，以及政治和管理能力。

在繁衍政治中，社会的包容性和参与性成为核心的主题，这既是道德和社会的考虑，也是经济的考虑。无论国内还是国际，经济增长乃至某种可持续的竞争，都要求建立国际间的合作与管制制度。但
84 是美国由于固执坚持过时的经济意识形态，将无法参与到国与国的真正竞争中，也就无法通过竞争提高自己的政治学习能力。它的那套哈耶克—弗里德曼模式的、原始的、达尔文式的市场竞争意识形态，只能为公司和投资银行家带来短期的政治利益，但在国际商业中，在那些成功的贸易和出口国家，都已经被抛弃了。它保护本国银行在国外灾难性的、不明智的投资，为低工资辩护，但这一切却会给

国家并最终给公司带来灾难，而且这个日子并不会很远。

我们的社会，至今拒绝把公民的尊严和基本成员资格所需要的福利保障（尤其是医疗保险和养老金）给予全体人民，而仅仅局限在某个特殊群体，而我们的很多竞争对手却已经将之全民化了，在发达国家，也唯有美国的法律几乎允许雇主随意解雇任何职员。[20]美国的老板们，虽然偶尔也有一些振奋人心的例外，始终拒绝打破雇主和员工之间的鸿沟：前者可以享有自由决定权、信任以及不断升迁的前景，大多数员工却什么也享受不到，连稳定的退休金都没有。与此同时，美国公司却花费了巨额资金来激励士气，试图减少员工的跳槽。这种自相矛盾的社会学习（social learning）方式必然会失败，而繁衍政治正是要挑战、努力克服这一切。它不再把体现安居与培育精神的政策视为乌托邦，而会意识到这是对自身利益的明智盘算，同时，它会务实地考虑制度的公平与包容问题。总之，如果没有具有道德意义的制度革新，我们就不可能发展出相互的信任，而信任正是我们时代最有价值的社会与经济资源。 105

在历史上，一旦政党对重大社会现实问题反应迟钝，人们就会寄希望于新的社会运动，今天的情况可能依然如此。欧洲绿色运动的缓慢发展就是一个例子，但我们需要的不只是环保运动，繁衍政治倡导人与自然的和谐相处，也倡导国内社会及全球社会的和谐相处。繁衍政治可以在现有政党内部产生，也可以通过新社会运动产生，或者开始以社会运动的形式出现，然后被党派接受，但不管是哪种情形，它都无法轻易地纳入现有的意识形态谱系。它对大企业和大政府一视同仁，没有偏爱；它不会排斥人力财力雄厚的联邦与州政府提出的有效政治方案，但最终目的是要服务于基层和地区的各种方案和制度。这正是辅助性原则在实践中的含义。

更加重要的是，繁衍政治的前提是公民的积极参与和讨论，这包 85

括行政决策中的公共参与、公司决策对选民的开放、公众通过审查委员会和公共辩论来对立法活动实行更加严格的监督等等；而在内容上，它优先考虑的不是现行政策分析中所关注的那些简单事项，而是具有长远目标及影响的重大问题。它强调的是加强监管，为市场和资本力量、为不受审查的行政管理活动设立合理的范围，同时又着眼于长远的规划。

繁衍政治带来的结构变革，将会在关注公益和未来的公民道德话语中，为我们的经济和政治制度找到稳固的基石。从此以后，这些制度无法再高踞于民众之上发号施令，它所实现的将是罗伯特·达尔（Robert Dahl）所称的第三次民主转型。然而，如果我们不用一种新的道德范式，也就是培育的范式，来代替古老而过时的洛克式个人主义的范式，那么，什么变化也不会发生。

新的视角

我们的书名得自沃尔特·李普曼于1937年出版的同名著作《好社会》，在该书中，李普曼讨论了“高级法”问题。他认为，美国人把高级法仅仅理解为对个人绝对权利的保护，这是不确切的：高级法确实关注人的权利，但它的基础是把人看成本质上是社会性的。

> 人权的发展过程就是对高级法内容的表达：人们不可以用任意的方式对待彼此。有些糊涂的个人主义者认为，人权就意味着某些无菌地带，集体在这里碰都不能碰个人的事情。事实并非如此。我们处于一种相互的关系中，把社群和属于它的个人分离，把个人设想为独立的主权单位，彼此只存在外交关系，这样的哲学肯定不符合事实，只会带来道德的混乱。所谓人的

> 权利,绝不同于仆人星期五出现之前鲁滨逊一个人拥有的权利。[21]

而且,作为人权基础的高级法,在有些哲学家那里也并非意义自明的真理。“如果有人问哪里可以找到高级法,回答是,它是努力追求文明的人们的一个不断发现的过程,它的范围和含义始终在慢慢呈现,但从没有完成”。[22]不过,李普曼认为,古典哲学和圣经宗教为我们探索高级法的含义提供了最好的线索。这是他第一次在自己的作品中,把最深挚的对个性的自由主义信仰与西方的古老传统衔接在一起。

李普曼这部著作的最后一章,题目叫“设计一个新社会”,其中提到,我们未来的方向不应该是一个简单同质的体系,而是一个尊重和 86
鼓励多样性,并尽可能“调和因此而产生的冲突”的社会。而这样一个社会,需要人们具备美德:

> 为了完成这项任务,社会需要美德:它需要有追求正义的强烈愿望,实现正义的能力也应该越来越强;它需要对不同群体的特殊要求抱着既明察秋毫又理解同情的态度加以辨析,对于寻求特权、滥用权力的行为,则要有可以与之斗争的道德标准;它需要有抵抗专制与压迫的坚定决心和勇气,但在倾听他人的要求时,在争论、谈判和协商时,又能耐心细致,宽厚包容。
>
> 这些都是属人的美德,它们的要求虽然很高,但都还在我们所知的人性范围内,存在于真实生活之中,除了那些最不可救药的人,所有人或多或少都会具备一些。而且,这些美德还可以不断提升。而我们所讨论的这些美德,在人类历史进程中就曾产生过影响;这些美德,有人做得好,有人做得差,没有人做得完美,但相当多的人都做得相当不错,给不同时代、不同地方的人

们捎来了好社会的讯息。[23]

李普曼从圣经宗教与古典哲学中为新的远景寻找素材，这一做法对我们当下的境况也有启发。近来东欧的事变和我们过去的经历一样，都表明各种宗教社团(包括基督教、犹太教等等)可以成为一个孕育新希望的地方，人们会优先关注培育、繁衍而不是开发、分心。说到对局势的新思考，我们可以想到的一个例子是美国天主教主教联盟于1986年就美国经济致教友的公开信，[24]其中令人信服地指出，“人的尊严”是社会与经济生活的道德基石，这里，主教们所指的人不是抽象的个人，而是一个只有在社群中才能实现尊严的人。人人拥有权利，但权利来自你我同为造物而应当相互关怀这一纽带，它的根源在于“对神的敬畏和对圣约的忠诚”。正义始于我们承认，所有人都有必要通过相互的行为，并最终是相互的爱而团结一致地加入社群的生活，从而真正成其为人。

这封公开信对公共讨论的显著贡献在于，它突破了传统的党派分野，颠覆了两党的习惯思维，没有用个人的物质生活和消费水平来界定经济福利，用经济体的财富总量和人均数量的多少及效率的高低来作为成功的尺度。公开信的更根本的价值在于，它挑战了此前人们接受的一个假定：经济活动、经济规则和经济关系，都属于一个
87 与政治和道德无关的独立的社会领域。就此，主教们提出，应该对经济、政治和精神生活从道德的角度加以理解，看到它们之间紧密的、有机的联系，其核心是承认社群团结的不可缺少，其目的则是要实现所有人的尊严和神圣；判断经济制度的好坏，不应该看它生产了多少财富，而要看它用什么方式生产和分配财富，比如它是否有助于社群的全体成员都参与生产工作、学习和公共事务？至于普遍意义上的人权，以及具体的历史上的被排斥者加入好社会的权利，都孕育自一个道德母体，即由创世而产生的、并受到圣约约束的社群团结纽带，

而非出自个人私利及契约交换的审慎考虑。

主教们在表达上述观点时也承认，为了使人们再度拥有一个共同的好社会的理想，我们必须用一种批判的方式，在美国文化的不同道德传统之间建立关联，而不是强迫它们变得千篇一律。所以教会可以用圣经故事、神学和教会传统，为自己的成员提供道德指导，但它在公共辩论中也可以用理性论辩的方式发出自己的声音，努力说服与它信仰不同的人们。相信人们在公共事务中可以进行社会合作，相信不同文化来源的道德努力可以同时并存，这本身就是在表达一种信念："正是所有人之间都存在的人性的纽带使我们相信，我们国家可以拥有一个新的公共道德理想。"[25]

一个世纪以来的天主教社会训导(一如新教的社会福音运动)，与传统上一样，都强调必须通过对神与邻人的爱而成为善人，强调支持各项社会制度的改革，以使由于具有原罪而不完美的人类也能过上正义和人道的生活。离开了正义的人，就没有正义的社会制度，正义是首要的美德，它仅属于那些奉行了上帝诫命去关爱他人——包括关心他人的饥饿与疾病、保障健康人的工作权、努力推动公共的利益等等——的个人与制度。[26]

根据天主教的社会思想，为了促使真正的社群繁荣兴盛，相应的制度应当符合三个原则：其一，这些制度应当维护作为神之造物的人类所固有的神圣与尊严；其二，社会组织之间应该是相互依赖、彼此合作的关系，并接受自然的辅助性原则(natural subsidiarity)：更大更有力量的政治和经济机构应该去支持而不是支配那些小社群；其三，必须存在一些诸如家庭、教会、职业团体及公民团体这样的社会结构，它居于国家与公民之间，既不屈从于国家的意志，也不受个人利益的控制。[27]由此，国家的目的也就变成推进上述团体及制度之间的合作与福利，从而为整体的社会秩序服务。

88 辅助性原则支持在美国人的生产和政治生活中进行“参与民主的新实验”，把它作为社会合作和权力分散的具体形式，它的政府观念是服务于社群中的人、有助于他们的兴旺。这不禁让人回想起美国作为民主共和国的立国理想。辅助性原则并不是单纯地为进步分子或者新保守主义者效力，为他们提供一份带有党派色彩的政治经济蓝图；事实上，根据它的理解，国家最为关键的一项辅助性功能就是，对公共生活中超越了意识形态阵营的道德争论要加以鼓励、关注。

迄今为止，未见有哪个政党，也极少见到什么政治组织提出过像李普曼在《好社会》一书中所分析的那种整体性的远景。在一个我们已经陷入竞争的困境、而人们总是提出各种野蛮的资本主义版本作为解决方案的时代，出现一封主教的公开信，激起大家对现代经济生
110 活的根本问题的讨论，是一个有益的信号。

责任、信任与好社会

在我们的道德词汇中，另一个与专注有紧密关联、事实上也是与创造一个好社会的方方面面都有紧密关联的术语是“责任”。

责任首先离不开专注。我们在采取负责任的行动之前必须首先明白：到底发生了什么事情？有什么需要我们回应？神学家理查德·尼布尔（H. Richard Niebuhr）在《负责任的自我》（*The Responsible Self*）一书中提出，我们的一切行动，都是对施之于我们的行动所做的回应，因为所有人都陷身于一个无可逃脱的关系的网络中，关系的另一头可以是其他人、自然界，或者是涵盖万物也超越万物的终极现实——犹太人和基督徒将之称为“神”。其次，虽然有很多时候，对发生的事情，我们仅仅消极地接受，或者干脆拒绝考虑

它对于我们的意义,但是尼布尔认为我们应该去理解所发生的事情,尤其应该理解与我们打交道的其他人的想法。第三,责任关系到我的所作所为对他人的影响,尼布尔称之为“问责”(accountability)。一般来说,我们的行动并不是只和别人打一次交道,然后再也不加联系,而往往发生在已经模式化、与社会团结有关的背景中。对此,尼布尔总结说:“我们可以把责任这一观念或模式抽象地总结为,某个行动者(agent)根据自己对他人行动的理解,以及对他人随后之回应的预期,而对他人行动所进行的一种回应性的行动;这一切都发生在一个持续性的行动者共同体中。”[28]

就此而论,尼布尔可以称得上一个不错的社会学家,因为社会学家就是把人类行动放在关系背景中来理解的,实际上,在他们看来,制度就是行动者为了调节“持续性的行动者共同体”中的行动而创造 89
的。但是,尼布尔所说的道德生活就是负责任的生活,并不仅仅是一种社会学的描述,而是构成了他所称的“圣经道德”(biblical ethos)的一个关键因素,这一圣经道德“表达了基督徒生活的历史规范”。[29]尼布尔所说的责任,在两个方面都超出了单纯的社会学的描述:其一是信任,另一则是我们所要担负的责任的范围。

信任并非想当然就能实现的事情,对此尼布尔既表现了社会学的现实精神,又具有宗教的敏锐洞察。在我们与世界的关系中,信任与猜疑无时无刻不在对抗着。根据既往的经验可以判断,一定程度的猜疑通常总是更为实际;但如果完全把自己交给猜疑支配,我们就既不能充分地关注和理解,也无法负责任地行动,而我们所置身的社群的团结,也将被破坏而非加强。这么说来,怎么才能做到信任?埃里克·埃里克森指出,“基本的信任”(按照他的界定)存在于婴儿与母亲(今天也可能是父亲)最初的接触中,如果信任在这一阶段没有确立,大概终生都没有办法在人格中得到充分的确立。[30]而像尼布尔之类的神学家则提出，父母之爱固然重要，但在它之外有一个更为根本的问题：现实，也就是存在（Being）本身，值得信任吗？我们固然可以争辩说，信任（或信念）是正当的，作为一切现实之根本原则的神是善的，但这并不能被大家接受——基督徒和犹太教徒就不一定接受，虽然千百年来在大家眼里他们应该是相信这一点的；而生活在现实世界的人们也不一定接受。无论信任还是信念，如同父母之爱一样，都是一种馈赠，只有在某些时刻、某些地方，经由某些经历，它才降临到某些个人或群体身上。当然尼布尔没有说，只有犹太教徒或基督徒，或者那些认为自己是虔诚信徒的人，才能获得这种馈赠；但无论得之者是谁，它终归是一种馈赠，当它降临之际，会带来莫大的喜悦，会促使我们过一种对同胞更负责任的生活。

然而多数的时候我们拥有的只是猜疑，要相信存在就是善（或者如基督徒说的，神就是爱）并不容易；另一方面，生活中完全没有信任，就会变得偏执疯狂。于是，大多数人选择的是保留信任，但局限在一定的范围中，比如他们可以相信某个人、某份职业、某个族群、某种宗教或某个国家，别的什么都不信。然而，这种画地为牢的做法会损害我们采取负责任行动的能力。既然我们仅仅专注于我们信任的对象，那么对于拒之圈外的对象，我们就既无法真正地理解，无法承担责任，也无法与他们同舟共济，一起成长。这不是一个抽象的论辩，而是关系到我们能否创造出哪怕与好社会仅仅局部相似的事物。如果我们只是关注托克维尔所说的“家庭和朋友的小圈子”，或者关
90 注肤色相同的人，那么我们并没有以一种负责任的方式来创建一个全国性的好社会；如果我们只是关注自己的国家，这对于一个全球性的好社会并没有什么益处；最后，如果我们只是关注人类，事实上自然界就没有得到它应有的尊重。一旦现实本身变得空洞而了无意义，那么我们所做的其他更次一级的承诺，也就毫无根基、转瞬即逝

了。不过,理查德·尼布尔告诉我们:

> 在重大的历史关头,我们确实会去探求终极原因……会产生这样的想法:如果脱离了我们的生命活动赖以存在的总体环境,那么,我们的生活——作为对他人行动的回应,以及对他人对此回应之回应的预期——所存在的社会环境,也不可能在空间、时间或互动范围上,确定自己的边界。
>
> 负责任的自我,今天与过去一样,都是受到社会进程的驱迫而对一个全球性的社群作出回应,承担责任。[31]

不过,要我们就此抛开猜疑,负责任地投入到全球社群中,对任何一个人都非易事。它的出现只能是一种馈赠;而一旦它来临,我们应该怀着感恩与颂扬之心。

事实上我们可以进行一些尝试,去关注我们周围的世界,关注互动给予我们的意义;我们还可以希望,我们可以通过亲身经历去意识到自己是全球社群的一个组成部分,意识到我们与他人深切地相关,而使生活更有意义。随着我们关注范围的扩大,涵盖了自然的宇宙以及它所表达、它所产生的那个终极基础(ultimate ground),我们就会越来越多体会到一种感激与蒙恩之心,从而投身到这个既让人害怕又美轮美奂的世界。每当此时,我们在颂扬那种惊喜和神秘的同时,自身也成为了它的一部分。宗教,从最好的方面来说,可以帮助我们把注意力集中于那种颂扬的愿望,这等于囊括了我们所能体会到的全部意义。不过,这种渴望更深意义、感激和颂扬的愿望,和我们生活中其他一些重要的组织化倾向一样,必须体现为制度的形式,否则就会消散为纯粹私人的情感。

但制度化免不了带来问题。把“关注”加以社会组织的方式,同样会成为“分心”的社会组织方式,这方面最沉痛的教训也莫过于宗教。无论是面临世界历史的重大事件，还是在日常的世俗生活中，圣经宗教的信徒都有义务聆听神的教诲，听凭良知的指引去对这些事件所施加的道德要求做出回应；然而，人们也很容易每天重复一些古老的程式，沾沾自喜于一些习惯的做法，而不是尝试对新的环境做出新的回应。

我们如果足够走运，能够拥有新的信念，开始把自己看成一个全体人类构成的普世社群的成员，这时我们就尤其肩负着一种责任，应该把我们对新问题的看法贡献给公众的讨论。这不是因为我们在智慧上高人一等，而是我们可以像瓦茨拉夫·哈维尔那样看待自己的
91 角色：一个令人惊恐不安的世界里传递信任的大使。当更多的人有了足够的信任，可以负责任地行动，那么我们也就有了至少部分实现好社会的可能。与此同时，即使在目前的世界上，我们也有感激、颂扬的理由。意义是一种有生命的结构，它把我们与万事万物连接在一起；去分享意义，也就意味着去了解什么是人类真正的幸福。

注释

1　埃利·萨甘雄辩地论证了心理信任对民主制的重要意义，以及偏执狂对民主制度的危害。见 Eli Sagan, *The Honey and the Hemlock: Democracy and Paranoia in Ancient Athens and America* (New York: Basic Books, 1991)。

2　George Grant, *English-Speaking Justice* (Notre Dame: University of Notre Dame Press, 1984[1974]).

3　此书是伯克利的社会学家克里斯汀·卢克(Kristin Luker)向我建议把流浪汉作为例子，来说明对一个大家都知道是制度性的问题，个人要选择一个恰当的回应方式是何其困难。

4　Robert N. Bellah, Richard Madsen, William M. Sullivan, Ann Swindler, and Steven M. Tipton, *Habits of the Heart* (Berkeley and Los Angeles: University of California Press, 1985), p. vi.

5　附录中对于社会学上的制度概念，有更详细的讨论。[此处指贝拉《好社会》

一书原书的附录,不见于本书。——中译注]

6 尤其可参见 *Habits of the Heart* 一书第 144 至 147 页。

7 例如 Bernard Yack,"Liberalism and Its Communitarian Critics:Does Liberal Practice 'Live Down' to Liberal Theory?"and Jeffrey Stout,"Liberal Society and the Language of Morals,"in Charles H. Reynolds and Ralph V. Norman, eds.,*Community in America:The Challenge of "Habits of the Heart"* (Berkeley and Los Angeles:University of California Press,1988),pp. 147-69and 127-46. 还可参阅 Jeffrey Stout,*Ethics after Babel:The Language of Morals and Their Discontents* (Boston:Beacon Press,1988).

8 拉希(Christopher Lasch)在对《心灵的习性》的评论中指出,《心灵的习性》的主题是公众参与,而非仅仅涉及美国人传统意义上所称的社群,他的评论见于 *In These Times*,June 26-July 9,1985。在他的新著 *The True and Only Heaven:Progress and Its Critics* (New York:Norton,1990)的第四章"社会学传统和社群理念",拉希详细分析了美国人对社群的一般用法所存在的缺陷,而在该书第三章"怀旧症:记忆的弃权"中,则抨击了美国思想的另一个典型缺陷。

9 Graham Wallas,*The Great Society:A Psychological Analysis* (New York: Macmillan,1914).

10 John Dewey,*The Public and Its Problems* (1927),in Jo Ann Boydston, ed., *John Dewey: The Later Works*, Vol. 2: 1923-27 (Carbondale and Edwardsville:Southern Illinois University Press,1984),p. 314.

11 Josiah Royce,*The Hope of the Great Community*(New York: Macmillan, 1916).

12 Walter Lippmann,*The Good Society* (Boston:Little,Brown,1937).

13 同上,p. 194。

14 同上,p. 161。

15 Dennis McCann,"The Good to Be Pursued in Common," in Oliver F. Williams and John W. Houck, eds., *The Common Good and U. S. Capitalism* (Lanham, New York, London: University Press of America, 1987),pp. 158-78.

16 赫伯特·芬格莱特对握手在我们文化中制度性的一面做了很优美的分析,见 Herbert Fingarette, *Confucius: The Secular as Sacred* (New York: Harper and Row,Harper Torchbooks,1972),pp. 9-10。

握手就是一个说明仪式和制度之间存在普遍联系的例子。制度为了自己的存在，需要不断地在仪式上得到再现，但在我们看来，它并不因此就等同于非理性的习惯行为。良好的制度存在于理性反思和仪式这两极之间。

17 有很多努力使城市乡村的居住和变化模式变得容易理解、以便就此可以采取负责任的行动的例子，希斯对此做过介绍，他的事例主要得自新英格兰、纽约和西海岸。见 Tony Hiss, *The Experience of Place* (New York: Knopf, 1990)。至于旧金山湾区的问题，可见 Larry Orman and Jim Sayer, *Reviving the Sustainable Metropolis: Guiding Bay Area Conservation and Development in the 21st Century* (San Francisco: Green Belt Alliance, 1989)。

18 《纽约时报》(1990 年 6 月 28 日)详细报道了时代镜报公司(Times Mirror)当月发布的一项研究，其中指出，在 18—24 岁的青年人中间，对全国性与世界性事件的兴趣和知识都在显著减弱。和此前的同龄人比起来，他们阅读报纸甚至观看电视新闻的倾向都在降低。

19 Kevin Phillips, *The Politics of Rich and Poor: Wealth and the American Electorate in the Reagan Aftermath* (New York: Random House, 1990).

20 "工人除非经由个人的谈判、协议去争取，否则没有任何权利——这样一种随意的规则已经与其他工业化国家采纳的就业保护制度，也与国际规范脱节了。我们的欧洲竞争对手，还有加拿大，都有保护雇员的立法以免遭不公正的解雇，还为此设立专门的裁决法庭。联合国国际劳工组织的一份协约也呼吁所有成员国都采纳这类立法，然而美国几乎是工业国中仅有的例外，并不支持这份协约。就此而言，我们在国际社会上是孤立的。"见 Joseph Grodin, "Remedy Wrongful Termination by Statute," *California Lawyer*, vol. 10, no. 7, July 1990, p. 120。不过，这位作者十分乐观，认为不远的将来会有立法出台，来补救局势。

21 Walter Lippmann, *The Good Society* (Boston: Little, Brown, 1937), p. 348.

22 同上，p. 347。

23 同上，p. 363。

24 National Conference of Catholic Bishops, *Economic Justice for All: Pastoral Letter on Catholic Social Teaching and the U. S. Economy* (Washington, D. C.: National Conference of Catholic Bishops, 1986).

25 同上，第 27 段。

26 同上，第 123 段。

27 同上,第124段。

28 H. Richard Niebuhr, *The Responsible Self* (New York: Harper and Row, 1978 [1963]), p. 65; summing discussion on pp. 61-65.

29 同上, p. 65。

30 关于"基本的信任",见 Erik H. Erikson, *Insight and Responsibility* (New York: Norton, 1964)。

31 Niebuhr, *The Responsible Self*, p. 88.

95

第五章　社会的去道德化:市民社会出了什么问题?

格特鲁德·希梅尔法布[1]

政治会造成许多奇怪的同盟,其中一直让我感到困惑的是支持重建市民时候的联合阵线。但是,我必须坦率地说,当帕特·施罗德(Pat Schroeder)决定成为其中一员的时候,我的确大吃一惊:这个阵营还真是鱼龙混杂!

我这么说并不是开玩笑,而且带有个人感情色彩的话并不一定
118 都是错误的。如果立场如此不同的人都诉诸同一个概念,那么我们必须停下来思考一下这个概念的本质。事实上,的确有些概念,比如说热爱祖国,的确需要普遍的同意,但是市民社会并不是这种概念。市民社会概念源自对社会和政治的一种特殊观点,它在过去产生过特殊的政策性后果。所以,当自由主义者和保守主义者、自由至上主义者(libertarians)和社群主义者、民主党人和共和党人都热衷于这个概念的时候,我们必须坐下来问问自己,“我们支持的这个概念到底指什么?”

一开始,市民社会的概念是很简单的:它包括一系列的中介机构(家庭、朋友、邻居、社群、教会、公民组织和非正式的机构),这些机构在国家和个人之间发挥影响,一方面矫正过度的个人主义,一方面矫

---

① 格特鲁德·希梅尔法布(Gertrude Himmelfarb),美国著名女历史学家,著有《新旧历史学》、《社会的去道德化:从维多利亚美德到现代价值》(*The De-moralization of Society: From Victorian Virtues to Modern Values*)等书。——中译注

正过于自负的国家。这些都是市民社会的贡献，只要市民社会继续发挥这种功能，我都认为它是一个有价值的概念；不幸的是，这个概念现在已经不那么简单。

经常有人引用托克维尔著名的“志愿社团”来支持他们的观点：市民社会的本质就是自由。与国家机构的强制性和义务性不同，市民社会的机构是志愿参与的，所以它是自由的，至少自由是它曾经的特征。

但是，必须提到一个例外：市民社会的最重要的机构——家 96
庭——事实上却不是志愿的联合。家庭能够作为一个有效的机构的原因，恰恰在于它不是一个志愿的机构，至少它过去不是这样。正因为家庭不是志愿的，所以家庭才得以履行人们所赋予的功能和责任——根本上说就是照顾社会中最易受到伤害的、最为弱势的群体：孩子和老人。这种责任不仅为与家庭相关的、非正式的社会规范（比如各种惯例和风俗）所支持，同样也得到法律和政府的确认。如此看来，家庭绝对不是一个志愿机构。

然而，在过去的几十年中，家庭变得越来越“志愿”了，变成了我们任意塑造的东西。我们可以随自己喜好，组成或拆解一个家庭，这就是离婚、多次婚姻（serial marriages）、同居、单亲家庭以及同性父母这些现象的逻辑，一切都只是选择而已。家庭“志愿”化的程度越高，从它身上剥离的传统责任也就越多，获得自由的家庭不再是一个有效的、负责的、可靠的社会力量。

在家庭变得志愿的同时，市民社会的其他重要机构的志愿性特征却在日益减弱，虽有志愿之名，已无志愿之实。它们权势很大，有时处于半垄断地位，同时还得到政府的资助。这就是各种大工会和商会、慈善机构和基金会、教育机构和文化机构，等等。今天它们甚至具有了准官方的性质，比如，公立学校教育的质量和特征本来应该由地方政府和州政府负责，但是目前全美教育协会（National Education Association）和福特基金会却发挥了更大的影响。

有些市民社会的支持者试图通过调整其内涵、重新定义其概念来拯救它。他们说："好吧，这些庞大的和准官方的机构根本就不是我们讨论的东西。市民社会的核心在于小型的、地方的、个人之间的、面对面交流的机构。"这么说固然不错，但情况并非都是如此。举例来说，有些面对面的、地方性的邻里机构不过是帮会组织而已，我们提到市民社会的优点的时候，脑海中出现的一定不是这种帮会。

市民社会与自由

把这些志愿的和非志愿的机构都归到市民社会的名下，带来了
120 另一个问题：市民社会与个人自由之间是什么关系。人们提到市民
97 社会的时候，常常好像它已经解决了个人自由的问题：这个问题不复存在，因为市民社会自身就可以保证上述关系的本质是志愿的。

一位知名的社会学家声称，在市民社会（或者社群，这两个术语事实上可以互换）底下："我们可以重建家庭，而不需要回到 1950 年代的心态；我们可以解决犯罪和酒后驾车的问题，而不用增加警察的权力；我们可以遏制艾滋病的蔓延，同时不需要侵犯个人的隐私；我们可以降低离婚率，而不通过任何的限制性措施。"

市民社会和个性的协调并不那么简单。如果不能重建诸如"1950 年代的心态"——现在这是一个指向传统家庭的惹人反感的术语——这样的东西，就不能重建家庭。1950 年代的家庭，是由两个住在一起的、不同性别的、结婚的人组成的。当然，即便处在当时，人们也知道不是所有的家庭都是这样，还存在例外和反常现象。但是，例外与反常就是例外与反常，那时的"家庭"指的还是传统意义上

的家庭，因为只有传统的家庭可以履行家庭的功能。同时，个人也不能随意地进出家庭，他们的自由是受到限制的，丈夫和妻子没有正当的理由不能离婚，也不能采取“另类的生活方式”，因为这样会导致没有父亲的孩子以及没有丈夫和生活来源的妻子。

关于这位社会学家举的其他例子，比如犯罪、酒后驾车、艾滋病，事实也是如此。在这些例子中，赋予市民社会权力就意味着削弱个人在社会中的权力。

如果说有些市民社会的支持者不愿限制个人的自由和个性，另一些支持者则不愿限制国家的权力。对于后者——以及大多数支持市民社会概念的人——来说，市民社会现在已经变成了福利国家的一种委婉说法，那些支撑市民社会的公民和社群力量，因为同样的原因也在支持福利国家。就此来说，福利国家就变成放大了的社群和邻里，或者如希拉里·克林顿所称的“村庄”。 ***121***

福利国家并没有穷尽市民社会概念所包含的一切可能性，此外还存在一种自由至上主义版本的市民社会。可以肯定地说，有些自由至上主义者拒绝任何市民社会的概念，对于他们来说，市民社会就像国家一样是一种禁止性和强制性的力量。这种观念源于一个令人尊敬的传统：约翰·斯图亚特·密尔在他的《论自由》中说到，社会约束和法律约束一样，都会侵犯自由。但是，同样存在着接受市民社会概念的自由至上主义者，事实上他们不仅仅是接受，而是拥抱这个概念。查尔斯·默里（Charles Murray）的近著《自由至上主义者意味着什么？》（*What It Means to Be a Libertarian*）就是这种观点的代表。默里的自由至上主义不仅是一个经济学的信条，也是社会和道德的信条。对他来说，市民社会是一个有价值的概念，因为只有在市
民社会中，自由的个体在与他人的关系中可以合乎道德地行动，而且 98
这种选择是由公民自由决定的。

但是，这种自由至上主义的观点同样存在问题。首先，它忽略了市民社会有它自己的强制方式、社会压迫和社会制裁。单单鼓励人们合乎道德是不够的，必要的时候还可以采取羞辱的方式使人们遵守道德。

其次，市民社会的所有机构都广泛地限制了成员的自由。个人可以自由的加入任何机构，举例来说，加入一个教会，但是一旦加入之后，他就会受到该机构的习惯和规则的限制。总之，任何机构都会限制自由和个性。

更严重的问题在于，自由至上主义者有意无意地贬低了国家。他们可能会认为国家保卫领土的角色是正当的，然而，一方面期望足够的国防开支或者强硬的外交政策，另一方面又追求大幅度削减联邦预算和小政府，这二者是不可兼得的。同样，如果我们带着怀疑和厌恶的眼光看待国家，将难以产生民族自豪感。

当然，怀疑和厌恶国家是有根据的。国家已经做了很多事情来侵犯个人自由，削弱市民社会的机构，降低其合法性。它剥夺了家庭、朋友、邻居、慈善团体和社群传统的社会和道德功能，但更加隐蔽的是，正如我们目前看到的，国家自己的道德功能也被剥夺了，事实上，它已经去道德化了。

政府能做什么

的确有很多有力的理由支持我们怀疑国家。尽管这样，在自由至上主义者给予国家最低限度的功能之外，政府还是可以做一些积极的、正面的事情。就像恶法可以侵蚀市民社会所依赖的社会伦理一样，良法也可以支持这些伦理。我们甚至可以走得更远：如果我们明智地、节制地、合适地利用政府和法律，就可以有助于恢复市民社会并且重塑其道德。

为此，参议员丹·科兹（Dan Coats）最近提出了一系列的议案，试图通过税收法案的调节来支持家庭、社群和私人慈善。我无意去探讨某一个具体提案的价值，但是我愿意支持一个一般性的主张：政府和法律在培育市民社会所依赖的社会伦理方面可以有所作为。我们需要利用所有可能的资源来支持社会伦理，无论是公民的还是政府的、公共的还是私人的、宗教的还是世俗的。

我打算用肯定的语气来收尾，然而我所能确定的只有这么多。 99
如果我们不是奢望市民社会会成为解决一切问题的灵丹妙药，那么它就会成为一个强大、有效的概念，其原因在托克维尔那里都已经谈到。但是，挽救市民社会概念的努力目前走得太远了，对它的滥用和误用都很严重，我们需要另辟道路。我们可能应该采取更加实用、渐进、具体的方式来处理问题，而不是诉诸一个无所不包的市民社会原则。在这个问题上，我还在犹豫，很想听听其他人的高见。

101 第六章　审判民主：市民社会在支持民主价值中的角色

琼·贝丝克·埃尔斯坦[①]

生活在这样有趣的时代，不知道是祝福还是诅咒。一方面，曾受到前苏联控制的国家和民族，正在用启发和保卫过西方民主的语言表达他们的政治理想；另一方面，可怕的苏联体制解体后产生的俄罗斯等国，有的在摇摇晃晃地走向民主，有的则越来越远离民主制度。就美国的情况来说，民主则陷入了步履蹒跚的境地。本章我将以美
124 国为例子，分析这里出现的活力衰退、犬儒主义、机会主义以及悲观绝望等警示信号，说明困扰着民主的问题。美利坚共和国进行的试验以及它所经历的磨难，对其他民主社会有着示范作用——不论是好是坏，当然可能两者兼有。

这个时代的种种征兆并不振奋人心，而要清楚地解释这些征兆也不是容易的事情，除非我们预先采取或左或右的意识形态立场。让我们从古往今来的民主思想家都曾关注的一些普遍性问题说起。所有关心民主的人都会关注一个民族的日常行为和精神；的确，民主需要法律、宪法和权威机构，但是它同样植根于我们所说的民主倾向之中。这些倾向包括：愿意同他人一道为共同目标而努力；信念坚定，又认识到人生不可能事事如意，随时愿意与人妥协；尊重个性，又

---

① 琼·贝丝克·埃尔斯坦(Jean Bethke Elshtain)，美国政治哲学家，芝加哥大学教授，主要研究领域是女性、政治和家庭等，著有《妇女与战争》(*Women and War*)、《审判民主》(*Democracy on Trial*)等书，本文即节选自后一本书。——中译注

愿意为超越自我和小团体的社会总体善而奉献。但是环顾四周，我们看到了什么？看到的是犬儒主义的蔓延，是孤独、无聊、绝望这些 102
腐朽情绪的增长，换句话说，也就是民主的市民社会世界的瓦解，一个由团体、组织、关系连接起来的世界的瓦解。

许多美国政治评论家都谈到一种“不信任的文化”正在蔓延，各种丑闻、依靠丑闻为生的媒体以及对丑闻抱着持久兴趣的公众对之起到了推波助澜的作用。不信任文化导致了政治参与的降低以及针对政治和政客的犬儒主义。记者迪翁在《为什么美国人厌恶政治》(*Why Americans Hate Politics*)一书里描述了这些怪诞现象，认为自由派和保守派都让人失望。他指出，由残酷的文化内战所造成的美国政治中的两极化错误令人悲哀，它的一个表现是，自由派探寻市场逻辑的替代方案，同时却在文化和性生活中鼓励一种不受限制的自由放任；保守派则刚好相反，他们主张约束和控制文化与性生活，却拥抱不受束缚的市场。[1] 政客和公民都陷入了这两种逻辑的骷髅之舞(danse macabre)中无法自拔。正如迪翁指出的，对媒体来说，强化这种政治和文化中的对立，要比找到超越这种逻辑的观念容易得多。

另一部对美国政治的阵痛做出深刻分析的作品是托马斯·伯恩·埃兹尔(Thomas Byrne Esdall)和玛丽·D. 埃兹尔(Mary D. Esdall)夫妇的著作《连锁反应》(*Chain Reaction*)，书中讨论了“种族、权利、税收对美国政治的影响”，[2] 讲述了众多旨在改善黑人和弱势群体的政策如何失去了政治合法性。举例来说，差别性雇佣方案今天激起了怨恨，加剧而不是缓和了种族分裂；各种形式的福利措施却适得其反地鼓励了非婚生育，70%的城市贫民区母亲属于此类，其中很多还只是青少年，而且这个趋势正在朝着白人青少年蔓延。正如克林顿政府的政策顾问玛丽·乔·贝恩(Mary Jo Bane)和大卫·

埃尔伍德(David Ellwood)指出的，如果年轻的妇女依赖于福利救济，久而久之她们就会陷于“客户依赖文化”(client-compliance culture)之中不能自拔，而这一文化恰恰是与成年的公民身份不相容的。如果一个“顾客”表现得干劲十足，就会被当做“容易出错的人”——所谓“容易出错的人”是官僚内部的行话，用来描述那些比资格条例规定内容工作得更多的福利接受者。[3] 于是她变成了官僚的麻烦，而不是一个有勇气的个人。

在一个资源日益紧张的时代，人们对政府发起的各种项目不能按照预定设想(选民投票时，听到的是他们在签订社会契约，以帮助不幸的人)解决问题而感到越来越不满。人们承担了这些项目的大部分开支，却看不到它们对社会整体的好处，相反只有福利依赖的增加、城市贫民区犯罪的增长、非婚生育的流行等等诸如此类的现象。
126 103 由此他们感到这种再分配模式问题重重，它的援助对象本应遵守游戏规则，努力工作，而不是一心希望政府替他们解除负担，但这些受援者并没有做到。不管这是不是事实，至少大家都持这样的看法，于是更加助长了公众的怒火和困惑。所以，这些面向特定人群的政策已不再具有面向全体的政策(比如社会保险)所具有的合法性。然而，这些指向特定群体的计划虽然并不讨人喜欢，但是只要一经制定就难以变更，这就是所谓的“客户俘获”(clientele capture)现象。该术语指的是少数可以对政策表达意见的顾客——通常是执行项目的中产阶级官僚，而不是福利的接受者，由于既得利益会尽力阻止变化，即使这些政策经过很长时间以后已经丧失了绝大多数公民的支持。

这个问题表面上看，就是“福利体制的基本文化”(贝恩和埃尔伍德语)造成的麻烦，——这种文化需要民众的软弱无力，不能自主而只能由他人代为考虑他们的需求，——但是它还会引起更深一层的问题。例如,考虑一下那些努力工作的穷人,他们遵守游戏规则,尽力保持家庭的完整,尽管他们符合条件,但出于强烈的尊严感而拒绝接受援助。讽刺的是,他们成为了目前穷人中的最穷者,完全隔绝于各种服务和金钱的福利之外。这样的同胞有成千上万,他们随着低薪职业数量的萎缩以及薪酬的停滞而陷入绝境,他们遵守着规则而生活却越来越糟糕。这个事实使得我们更加难以坚持诸如节制、正直、勤奋、家庭和社区责任之类的公民美德。

民主的市民社会

上述对政府的不满,以及那些境遇不错的美国青年的黑暗之心灵,揭示出了更深刻的社会问题。从公民的角度看(当然绝非仅是这一方面的问题),这种绝望反映了市民社会的消失。这是一种更深意义上的虚空,是公民空间的荒芜,它构成了当前所有不满的背景;唯此才可以解释,为什么二十世纪临近结束,民主却在面临自我理解的严峻问题。只有在市民社会对结社的热情中,公民的民主风貌和精神才得到彰显。我所说的市民社会,指的是散布在民主大地上的各种形式的社群和结社,它们包括家庭、教会、邻里团体、工会、自助性质的运动团体以及扶助弱者的志愿服务(历史上,政党也曾是这幅图 104
景的重要部分)。这个网络存在于正式的国家权力结构之外。民主的观察者早就认识到了市民社会的重要价值,有些人把它称为个人和政府(或国家)之间的"中介机制"。举例来说,这些中介机制将孩子安置于他们的小天地,也就是家庭之中,而家庭又嵌入了一个范围更广而且相互重叠的、由支持性公民机制组成的结构之中,这些机制包括教会、学校、工会、互助组织(如工会和母亲协会)等等。这个为公民成长提供了细密的社会生态的巨大网络,把美国社会变成了一个蜂巢。

奇怪的是，美国宪法的创制者几乎没有公开提到包括家庭在内的这些机制，这可能是因为他们想当然地认为这些市民社会的社团生机勃勃，会万古永存。他们把希望寄托在社会不断积累下来的代际信任、邻里关怀和市民责任上。但是今天我们已经无法再寄予这样的希望，这就是为什么包括我在内的政治理论家必须明确地关注这个概念的原因。市民社会的消失造成的恶果已经无处不在。

如果你的心灵可以承受，不妨思考一下这个问题，越来越多的美国孩子无法从家庭、街道或者邻里找到安全的生长环境。美国的孩子在担惊受怕中成长，越来越多的孩子正在遭受校园和街头暴力的伤害，这方面的数据无可辩驳。我们知道，最有可能发生虐待儿童的家庭环境，一种是由未成年母亲和一群孩子组成的、面临巨大压力的单亲家庭，另一种则是家里的男人要么和孩子们没有关系，要么不愿为他们的福利承担法律责任的家庭。此外，处于监督下的寄养环境也会带来潜在的灾难。这不足为奇，因为这种环境缺少足够的社会交际（sociality），而外部世界——有时候仅仅意味着家门之外——对最成熟、最负责任的父母也会带来打击。进而，我们知道，稳定的双亲家庭不但可以保护孩子不受虐待，而且可以保证孩子将来不会成为一个施暴者。同样，这也不足为奇。在私人生活中能考虑公共责任的人，更能够托付责任和履行责任，更容易形成友好的关系网络，包括邻里、亲戚以及各种正式和非正式的组织。

州感化院收留的青年中，70%都成长于严重的“双亲缺乏”（parental deficit）环境——这是社会学家的术语，我指的是这样一种家庭环境：需要的时候没有人可以求助，在情感、经济和社会上也得不到足够的支持。除了家庭虐待，暴力（特别是枪击）导致的死亡人
105 数也到了令人吃惊的地步。枪击致死现在是15到19岁的美国白人

青少年的第三大死因，仅次于交通事故和自杀。对于相同年龄段的黑人青少年来说，谋杀则是第一死因。我们为什么会容忍非洲裔美国青年被大量杀害？我们为什么可以坐视白人青少年的自杀率在过去十年增长了200%？——相较于其他年龄段的人群，15到19岁的白人青年更容易走向自我毁灭。此外，孩子们独处时间的长短，决定了他们是否酗酒或者吸毒。从长远看，阻止家庭解体，是我们能够为孩子们提供的最好保护，这样他们就会远离暴力和贫穷。[4]

如果父母未婚、未完成高中学业，并且在20岁之前第一次生育，那么79%的孩子将会走向贫困。相较而言，如果父母已婚、有高中学历，并且直到20岁之后才生育，那么只有8%的孩子会沦为穷人。换句话说，结婚并且完成了高中学业的父母是让孩子免于暴力和贫穷之害的最好保障。[5] 但是，家庭并不能独立地完成这项任务，它还需要可以依靠的邻居，需要既给予安慰又提供实质帮助的教会，需要朋友的网络，需要在困难时期（比如长期罹患重病）伸出援手的机构。这个充满社会交际的世界就是市民社会的世界，而民主文化的维持，也必须依靠这个世界。在社会组织完全解体的地区，毫不奇怪，我们就会看到暴力、遗弃、青少年生育和完全丢给祖父母照看的孩子等等让人沮丧的丑恶现象。同样，我们也不必惊讶于67%的成年黑人认为家庭和教会将对黑人家庭提供最大的帮助，而只有14%的人认为政府可以将处于危机之中的社群重新凝聚。他们将日益渺茫的希望寄托于市民社会。

市民社会是一个既非个人主义又非集体主义的领域，它既是"我"，又是"我们"。这里我想到了曾经遍布于美国的简易旅馆、俱乐部和政党的基层选举组织。反联邦党人在辩论美国宪法的过程中，呼唤的正是一个由小规模的社会和公民团体组成的世界。对于这些团体能否长期健康存在，他们不像联邦党人那么有信心，所以期望采取措施来确保它们的持续繁荣。在反联邦党人的理想图景里，他们要的不是帝国，而是一个自力更生的共和国，他们试图按照古代公民美德和共同善的原则创造一个政体。正如宪法历史学家拉尔夫·凯特切姆(Ralph Ketcham)所说："反联邦党人看到了温和、草根、小规
106 模的政府与新宪法中的宏伟蓝图和过度自负之间的尖锐对立。……前者保证公民自由，并且培育共和主义必不可少的美德(无论是私人的还是公共的)；而后者很快会招致有损人类尊严，危及自治政府的税收、征兵、官僚和战争。"[6]

虽然反联邦党人的论证通常带有浪漫的色彩，但是我们都会承认，他们意识到了一些重要的事实。他们希望避免，甚至打破一种循环。这就是十九世纪托克维尔在其巨著《论美国的民主》中所警告的，在他所考察的健康的民主世界之外，还可能出现一个走向衰落的世界。他认为，美国的民主公民必须牢记，他们的生活存在被腐蚀的可能。他的最坏预期是，缺少社会生活中大量重叠的社团，仅仅关注自身利益的狭隘个体就无法得到必要的约束和滋养，从而越来越需要"来自上方"的控制，以便至少在某种程度上抵消极端利己主义带来的破坏性影响。

因此，托克维尔强调，民主的外围必须保持活力，我们必须珍视、滋养、激励国家层面之外或者居于国家之下的政治空间。在他看来，地方议会和委员会可以抵制中央集权的趋势，因为过于集中的权力和无政府一样有害。只有小规模的公民团体才可以培育公民的民主美德，促使他们在民主舞台中扮演重要的角色，同时这类团体又会开启有意义的社群生活。如果权力过多地在上层运作，排斥了公民的积极参与，那么将会破坏公民的尊严，给民主自治带来灾难。我们可以看到，反联邦党人对权力集中的恐惧预示了后来托克维尔的忧虑：借助武力建立的伟大帝国"能够迎合民主人民的想象"，因为它闪耀着"生动而且突然、无须劳作、只需冒险的光芒"。[7] 虽然这条道路需

要以鲜血和财富为代价，但是总比民主公民履行日常责任要省力得多。

政治和社会理论家对托克维尔的忧虑已经做过很多讨论。与托克维尔同样想法的人们相信，美国民主的确将个人从旧的不民主结构和义务中解放出来，但它又为一种奇怪且狭隘的个人主义解开枷锁。不过，与那些反民主的哲学家不同，托克维尔担心的不是这样的发展会招致无政府主义，而是贪婪的商业共和国中的个人主义会产生新的社会和政治支配。他将这种有害的个人主义称为“利己主义”，以区别于人类尊严和自我责任的概念，而后者正是民主生活方式的核心。曾经保护公民不受侵害的社会网络已经解体，人们发现 107
自己处于孤独、无力、面临危险而不受保护的情境。这个权力的真空，很可能由一个头重脚轻、机构庞杂、权力集中的国家来填补；或者，我们将蜷缩于“私人生活的封闭堡垒”之中，防止他人进入。正如政治理论家迈克尔·沃尔泽所说：

> 当前可能是人类历史上最个人主义的社会。与旧时代的社会相比，我们所有人都极端地自由。我们可以自由地谋划前程、自由地规划生活、自由地选择职业、自由地挑选和更换伴侣、自由地信仰或者不信宗教、自由地选择政治立场或者反政治。总之，我们可以自由地选择所有的生活方式。这种处理个人事务的自由，尽管看上去充满活力而且令人兴奋，同样会带来严重的原子化：个人难以获得社群的稳固支持，社群也难以指望成员的负责任参与。它把相互隔绝的男男女女置于同一种因素，也就是商业文化的影响之下。它反对致力于更大的民主联盟，反对构成我们多元文化的各种文化团体的团结。[8]

必须牢记，欢呼激进的个人自主，排除人的一切属性，只剩下孤立、悬空的自我这个核心，那么就意味着对一切互惠义务和相互依赖纽带的怀疑。在这种情境下，唯一重要的就是个人及其选择。如果个人选择是绝对的，区分个人选择和社会义务会带来的一系列问题就不复存在，只要把一切屈从于个人主义那一极就够了。从理想的层面上说，民主的个性绝非是“毫无限制的主观主义和追逐私利的个人主义”，但是我们担心，这已经变成了现实。[9] 托克维尔深刻描述的民主生活的好处——特别是平等的精神，也就是不同身份人群的相互融合——已经日益消失，取而代之的是某种恐惧、封闭、怀疑和犬儒的习惯和气质。没有遮蔽的我们又无法长时间地一个人站立在风中，结果，讽刺的是，这里描绘的个人主义将逐渐腐蚀民主自由，自由将不再祝福我们和我们的子孙。

在《真实而且唯一的天堂》(*The True and Only Heaven*)中，历史学家和文化批评家克里斯托弗·拉什(Christopher Lasch)用另一种方式讲述了这个故事：在十八世纪，现代自由主义的奠基人认为，人类需求是不断扩张的——事实上，它几乎是无法满足的。需求的不断产生和满足这一永不停歇的循环，只有借助经济生产力的不断增长才能得到维系和推动。这种叫做“进步”的意识形态，在拉什看
108 来，它的与众不同之处在于使自己的世界不受时间的审判，由此导致一种毫无理由的盲目乐观：我们的生活方式将永不褪色、永不变形，它最珍视的原则也永远也不会受到威胁。[10]

各种自由主义和保守主义——进步意识形态在二十世纪的供应商——的共同之处在于，都支持一个无限增长的世界，而在实践中它意味着更多、更好的消费主义。从赞扬生产者到吹捧消费者是一个根本性的转变，因为人们认识到，消费不足会导致投资的减少。我们需要更多，而且就在现在！市场入侵了生活的方方面面，市场的意象也无处不在。所以，我们大概也就不必为以下现象而惊奇：在美国的老城区，年轻人为了获得昂贵的运动鞋和首饰而抢劫、斗殴甚至杀人；在郊区，那些家境较好的年轻人，仅仅为了购买父母不愿额外提

供的商品，而逃避了学习和社区服务，干起了兼职。

我认为拉什的观点和教皇约翰·保罗二世在“论社会事务关怀”(Sollicitudo Rei Socialis)通谕中对“自由资本主义”的批判类似。约翰·保罗拒绝了骄矜自大的进步神话，进而批评了他所称的“过度发展现象，它意味着为了社会某些特定团体的利益而过分地供给各种商品”。过度发展“让人们成为‘占有’和短暂满足的奴隶，他们专注于购买更多的东西，不断用更好的新商品替换自己的旧物件。这就是人们所说的‘消费’或‘消费主义’文明，它就是要不断地‘丢弃’和‘浪费’”。[11]

约翰·保罗认为，“对纯粹消费主义的盲从造成的恶果”是物质主义和永远的不满足，因为“一个人得到的越多，欲求的也就越多”。而那些更深切的，直接关系到一个彼此共存的世界里的人类尊严问题的渴望，则遭到了扼杀。约翰·保罗将这种欲求命名为“团结”，它
不是“一种模糊的同情，一种对众人承受苦难的肤浅忧虑”，而是一种 *133*
坚定意愿，“愿意为共同善而献身，为共同体和所有个人的福利而献身，因为我们对所有人都承担着责任”。约翰·保罗说道，通过团结，我们把“‘他人’……不是看成某种工具……而是作为我们的‘邻居’，一个‘帮忙的人’……他将和我们一样，共享基督为大家准备的生命的筵席”。[12]

约翰·保罗的话在我们听来会显得幼稚虚幻，但这正好说明我们已经失去了市民社会，至少社会学家艾伦·沃尔夫在《谁的守护者？社会科学和道德义务》一书中这样认为。沃尔夫就是当代版的
托克维尔，他指出，我们正在以飞快的速度滑向坏的个人主义，而为 109
了我们能够继续沉溺于自我的小王国，不得不借助更高程度的管理、控制和政治经济的集权。沃尔夫认为，在现代社会的所有成就背后，蕴藏着一种有时近于绝望的意识：一切并不那么好，有些方面则走上了一条可怕的歧路。在沃尔夫看来，作为自由民主社会中的公民，虽

然我们理解而且珍视我们的自由,但是“只要提到自由的先决条件,即社会义务的问题,就变得茫然无措”。[13]这种茫然渗透到了所有层面,市场、家庭、学界,无一幸免。

这种茫然与在过去几十年中在美国生根的新的权利意识有关。长久以来,美国人言必称权利,它和苹果派一样成了我们独有的珍贵遗产。权利的首次亮相是在美国宪法的权利法案部分,主要涉及公民的自由(集会、出版和言论自由)和政府权力的限制(禁止没有理由的搜查和逮捕)。这些权利的规定最初是作为一种保护,以使公民不受过分的政府权力干预,而不是作为某种福利待遇①。拥有权利的个人是一个公民,一个社群中的成员,一个家庭的一分子,他始终生活在市民社会之中。但是随着时间的流逝,拥有权利的个人变成了一个孤零零的存在,变成了“我和我的权利”,好像权利就如财产一般。随着权利的公民含义的萎缩,人们越来越多地用个人主义的术语来理解它们。正如法学家玛丽·安·格伦顿在其著作《权利话语》中所说的那样,如果一个用权利来定义的自我变成了一个孤零零的自我,社会交际和责任这些维度也就消失了。[14]一套由权利构成的体制不能仅仅靠权利来维持。

这些思想有助于我们更好地理解“权利话语”带来的后果,正是它把民主制度推上了被告席。为了说明这个问题,请允许我更多地展开先前的观点。一方面,我们看到了道德枯竭的左派,他们拥抱市场的逻辑,将需求转化成权利。虽然政治左派继续主张在经济方面驯服市场,但是在社会关系的问题上,他们却追随市场的模式,认为所有针对个人“自由”和“生活方式选择”(这是今天的说法)的限制,

---

① 原文为 entitlements。一般可译成“权利”。在美国的政策讨论中,尤指某种与物质利益相关的福利,一般是政府对符合某方面条件的群体或组织给予的财政津贴。这里为与 rights 区别,暂译成“福利待遇”,后文视情况也译成“政府津贴”。感谢朋友林垚、陶林就此与我的讨论。——中译注

都是对权利和表达自由的不能接受的侵犯。另一方面，许多政治右派赞成经济生活中不受限制的市场（或者限制越少越好），但是他们却呼唤一个由国家实施的传统道德的重建，包括在性生活和社会交往方面对人们日常生活的严格限制。沃尔夫认为，这两派要么依赖市场，要么依赖国家来“制定道德义务的法则，而他们真正需要的是市民社会——家庭、社群、朋友网络、和睦的工作氛围、志愿主义以及各种自发团体和运动——所有这些都不是为了拒绝，而是为了完成现代性的规划”。[15]

为了尽快达到这个目的，恢复市民社会，必须更加全面地从社会 110
角度理解权利：它是传递的（transitive），同时涉及我们和他人；它不能够独立存在，不能一切都回归到自己。如果，用“权利话语”来解释为什么有人整夜地照顾生病的孩子、为出院的邻居端上一碗热汤、为遭受自然灾害的人提供帮助，则必然会严重地曲解这些体现社会责任感和同情心的行为，对这一点，我们确信无疑。但是，每当我们在政治上需要赋予某些东西以合法性之时，总是不由自主地使用权利语言，把它当做自由民主的“第一语言”，从而使我们的主张带有比它原本更多的个人主义和非社会色彩。[16]

前述的思想家中，没有一个赞同用扩大国家权力的办法（包括我们所知道的福利国家）来解决托克维尔的忧虑。十九世纪欧洲最发达的福利国家是俾斯麦的“福利—战争”混合体国家，政府公开地利用社会福利吸引穷人，使他们成为国家的忠诚的依附者。福利只是策略，社会控制才是目的。对于我们现代西方人而言，福利国家的出现，是源于市民社会屈从于市场而引发的一系列道德关怀和情感。这些关怀使人们产生了一种信念，认为国家是“市民社会道德纽带的唯一替代品”。但是美国半个世纪的经验已经清楚地表明，国家供给及创造出来的这个长期的依附者阶级，会进一步腐蚀“使得统治成为可能的社会纽带”。[17]

必须谨记，如果市民社会的观点认为应当终止“我们所知的福利方式”，这并不意味着要毫无同情心地把穷人推上绝路。相反，它主要担心福利使得关爱和忠告变成职业，公民变成顾客。在加拿大广播公司播出的“社群及其仿制品”(Community and its Counterfeit)的系列讨论中，学者和社群活动家约翰·麦克奈特(John Mcknight)指出，现代制度就是一些重新界定人类的机器，它把我们当做系统中的实体，而不是在某个地方生活的人群。如果专家到某个社群去“解决”问题，由于当地人的“需求”必须由外来的权威来界定，结果只是加强而不是减弱了当地人的无力感。麦克奈特宣称，“社群焕发出来的热情，在政府规章的迷宫中烟消云散。有限的资源投入到人们并不需要的社会服务项目中，而人们真正希望的是自食其力。”

进一步，需求变成了“现代服务部门的资源，正如铁矿石之于钢铁工业一样，需求也成为了那些试图满足需求的人的资源”。在麦克奈特看来，这种“无止境地寻找新的需求……通常都以削弱公民身份
111 为代价。随着这些服务体系日益殖民化了我们的生活，声称我们不过是需求的载体，而各种满足我们需求的制度化服务将使我们变得更加完整、真实，事实上我们却变得越来越无力”。

我并不会天真愚蠢到相信我们可以脱离国家而生活。事实上，国家如果得到适当的约束，可以在民主社会中扮演重要的角色。确切地说，我所忧虑的是国家主义的逻辑，它把国家看成是“解决问题”和回应要求的唯一单位。这个逻辑的问题在于，国家角色的扩张，通常以削弱地方性机制的能力为代价。此外，我还担忧所谓的国家主义意识形态，它虽然不流行于北美，却多见于卢梭想象的公民政体。近代以来形形色色的公民活动家都试图将之付诸实践，而十八世纪的法国革命者是其滥觞。

国家主义者试图削弱市民社会的纽带以及由此产生的多元化忠诚和不同要求。对国家主义者而言，公民应该毫不迟疑地忠于国家，

时刻将国家和国家的目的置于首位。国家主义者将我们——作为公民的我们——主要定义为可以任由强大的集权机制动员的生物，而不是家庭、邻里、兄弟团体的成员、女权主义健康互助协会的成员、保护濒危非洲大象的活动者、读书小组成员、浸礼会教徒、天主教徒等等。国家主义者希望对我们加以限制，用强迫命令的方式使我们循规蹈矩、千人一面。

但是民主市民社会中的公民都知道，政府不能取消实在的道德义务；它可以破坏，也可以滋养具体的道德义务，但是不能取而代之。随着我们对代际网络、朋友圈和邻里的责任感——这是一种带有具体指向的、以道德为基础的责任感——的衰落，国家乘虚而入以克服种种混乱现象，但它只能对特定的问题提供暂时的解决方案，时间一长只会更加削弱义务的链条。终于，人人感到秩序的危机，感觉受到伤害，于是怨恨不断增长，对国家本身的支持也开始突然崩溃，于是我们看到越来越多的偷税漏税、针对人身和财产的暴力、包括家庭在内的各种社会纽带前所未有的断裂、政治犬儒主义以及绝望情绪的蔓延。

许多当代社会的观察家（包括我提到的几位）都认为，那些历史更加悠久的西欧和斯堪的纳维亚福利民主国家也存在这类公民和社会问题，比如老年人的孤独、年轻人的冷漠、教会和社群组织的萎缩、家庭联系的解体、家庭仪式和内涵的丧失等等，对此大家都已经耳熟能详。我并不是说福利直接导致了这些现象，我只是想说，如果一个头重脚轻的官僚政府把根据“需求”定义人民也作为自己的目标之一，进而根据这些“需求”为人民定制各种政策，它不可避免会走上
“社会工程”(social engineering)的道路，而这将与民主自由、公民交 112
往(civic sociality)和个人自由这些价值相矛盾。

毫无疑问，处于支配地位的个人主义修辞和犬儒主义文化，并不能代表我们事实上作为家庭、社群、教会、邻里成员的真实行为。但

可以肯定的是，我们的社会习俗已经承受了巨大的压力，民主自身也受到了压迫。在今天的美国，心怀恐惧的人们开始自己武装自己，相信安全要靠自己的威风；感到愤怒的人们希望把所有的政客都赶下台，但是又对新来者不抱希望；感到焦虑的人们害怕邻居的孩子用不正当手段超过自己的孩子；绝望的人们不仅毁灭自己的生活，也毁灭了周围人的生活；粗枝大叶的人们忽略了自己的孩子，却指责那些替他们收拾残局的教师和社会工作者，一面却还在叫嚣“每个人都应该管好自己的事”。当然，很多的人类问题都难以解决，所有人类也都一直生活在这种无声的绝望的边缘，所以我们时不时地需要力量来帮助我们摆脱恐惧和悲哀。上述这些绝望、犬儒主义和暴力，在我看来是这个时代的不祥之兆，它警示我们，民主不能满足它所释放的对自由、公平和平等的向往。

把异常行为常态化

我经常在各个学校演讲，与年轻人交流。1994 年 4 月，我在一个研究机构做报告，它距离最近的机场有两个半小时的路程。接送我的学生告诉我，他们都感到迷惘，看不到自己的未来。我印象特别深的是一个看上去很聪明的年轻人，他因涅槃乐队（Nirvana）——一般认为该乐队最好地代表了“X 一代人”（Generation X）——主唱库尔特·科班（Kurt Cobain）的自杀而烦恼。出身不错的他认为这一代人过于玩世不恭：“如果你的想法不那么玩世不恭，那么你也必须对自己的这一面抱着玩世不恭的态度，这样你就可以安安稳稳地再次成为玩世不恭者中的一员，不会被认为是傻瓜或乐天派。”他的私人世界动荡不安，“一开始父母不和，后来家庭就破碎了”（这是他的原话）。他很有思想，却没有方向，他嫉妒上几代人，因为他们似乎生活中有“目的”。我告诉他，这和“目的”没有什么关系，不过是我们这些中年人在成长的过程中身边有一些坚毅、能干、正直的成年人做榜样，但是这样的人越来越少了。这次旅行让我受益匪浅。

让我们进一步考察这个问题。对绝望的人提出忠告通常毫无裨益，而且很容易蜕变成虚伪和自我放纵。民主制度受到审判的标志 113
是民主主义者放弃了自己坚定的信念，即相信以权利为基础、并由选举保障的民主的平等，可以长久地作为民主文化的稳固基础。政治理论家乔治·凯特布(George Kateb)对“民主个性”的赞美是这种信念的典型例子，民主个性由“选举程序和一套规则”来体现和保护，这些程序和规则(包括作为普选权的权利)表达了“给予每个人以同等尊重的重要价值”，释放出远远超越正式规定的“强大影响”，将某种尊严感灌注于人们心中，并始终对政治权威发挥着制约的作用，使之不至于变得傲慢。[18]凯特布提醒我们，有害的个人主义不同于民主传统中对个体的尊重，对独一无二、不可替代的自我的尊重，后者是一种高贵的力量。

但是我们时代的一个引人瞩目之处在于，上述这些权利，以及民主和平等的术语，如今已经名声不佳。立宪民主的各种规则、规范、程序及前提不再是支持民主个性的框架性权利，以使真正的自我可以通过民主法治文化中的辩论和对话得以长成相反，我们听到的是前所未有的愤世嫉俗的看法。例如，由于肆意夸大妇女遭受的暴力侵害——媒体的歇斯底里在这一点上毫无节制——人们提出了种种主张，而其前提不外乎一个看法：各种繁复的民主程序，包括无罪推定原则，实质上都是中产阶级的伪善。我们本来应该看到，如果有朝一日我们自己被传唤到法庭正义的审判中，无罪推定和原告承担举证责任的原则也会保护我们；但是现在充斥的都是各种轻视甚至否定证据要求的论调，而它们恰恰是法律面前人人平等这一理想的核心。

一项正在美国参议院等待通过的称为《针对妇女的暴力法案》

(Violence Against Women Act)的法案，明确地体现了这种对尊重被告权利的厌烦、对根据事实量刑的不满。对民主的公平理念和正当程序来说，这是一个危险信号，预示了一种还会持续一段时间的思维模式。法案中出现了“性动机”一词，这等于从强奸这种特殊的暴力犯罪形式中，发现了男权主导地位的标准化和规范化的表述。这就是莫伊尼汉(Daniel Patrick Moynihan)参议员所说的“把异常行为常态化”(defining deviancy down)在立法上的体现，异常行为一下子变成常态。民主司法的指导原则是必须根据受害者的不同遭遇和施暴者的具体行为来甄别个案，在这里遭到了抛弃。但是，法案辩护者的态度是，存在一个同质的施暴阶层(男性)和一个同质的受害阶
114 层(女性)，于是是否有罪就不是根据性侵犯的事实，而是根据模糊的“对受害者性别的敌意”。这种动机观，来自于激进女权主义的陈词滥调，他们的社会观和道德观用凯瑟琳·麦金农(Catharine MacKinnon)的话说，就是“强调卖淫、婚姻、性骚扰之间的无差别性”。[19]按照这种逻辑，性就是男人施之于女人的事，所以男人不过是一群强奸犯，只是有些干了有些没干而已。新上任的最高法院大法官鲁丝·巴德·金斯伯格(Ruth Bader Ginsburg)认为，这种看法违背了事实，“对男人和女人做这样的抽象概括……并不能指导我们对具体的个人进行判断”。[20]上述现象暴露出的令人不安的地方在于，人们借助这种过分的受害者意识形态而肆意攻击公民自由。[21]

政治哲学家查尔斯·泰勒(Charles Taylor)很正确地指出，美国政治中大量可见的活动事实上只是无休止的喧闹；同时，他把美国的政治景象描绘得十分沮丧，部分原因在于美国社会越来越严重的碎片化：“在一个碎片化的社会，个人难以对政治社会有认同感。认同的缺乏反映了一种原子化的视角，人们把社会当成纯粹的工具；同时，认同的缺乏又会进一步加剧原子化，因为缺乏有效的共同行动，人们不得不又返回自身。”[22]我们被赶回到自身，扔进了过度消费的

大潮,要不就是寄居在更加集权和电子化的官僚系统的冷漠服务之下。

我想到了今天用来描述美国政治的词汇:僵局、阻塞和犬儒主义。乌烟瘴气笼罩着美国政治,这是许多专家、记者和普通公民的共同看法。犬儒主义的增长导致了去合法性螺旋(a spiral of delegitimation)。一个去合法性螺旋,又如何凝聚一个社会呢?久而久之,我们看到了“不信任文化”的增长,还有我前面提到的种种现象:公共丑闻;更好讼和充满怀疑的社会;无视他人遭遇而“索取属于自己的东西”的心态;病态地窥探公共人物的私生活,一方面我们欢呼他们的跌倒,同时又加深了对政治领袖品性的不信任和犬儒心态。[23]

这是一个困境,但这并不仅仅是美国的困境。值得一提的是,美
国人日益增长的犬儒心态,使他们的不满越来越带有普遍性而不是
特殊性。其他社会的多数民众,包括生活在西欧民主制度下的公民,
对自己的政府也都抱着犬儒的态度。正如政治学家詹姆斯·威尔逊
(James Q. Wilson)指出的,我们美国人“相比以前更加悲观和缺乏
信任。如果有一天华盛顿政府声称,应该依靠它教育孩子、保护环境
和调节经济,我们都会抱怀疑态度,只有傻瓜才会相信”。[24]在威尔逊 115
看来,问题在于最近三四十年来政府变得越来越没有效率,这与其归
咎于政府本身的规模,不如说是因为它越来越多地处理它解决不了
的问题,举两个最棘手的例子:堕胎和种族关系。

大量的这类问题的产生——权威人士和战略家将这类问题称作“制造分裂的问题”——多数情况下不是愤世嫉俗的煽动家带来的,而要由六七十年代那些好心肠的法官负责。他们对涉及整个文化领域的问题做出裁决,却并不考虑如何使公众支持这些裁决。有些问题,比如在学校废除种族隔离,这个崇高的道德命令符合我们一贯的原则。最高法院的明确表态虽然会导致激烈的政治斗争。但是,因

为内战之后的整个美国史都站在了包容和平等一边，所以在这些方面问题不大。但是，许多“文化”和“道德”的问题并非如此。

举例来说，堕胎是一个伦理和价值上都有争议的话题，完全不同于修建州际高速公路和废除学校中的种族隔离制度。和堕胎问题类似的，还有家庭价值、毒品、后民权时代的种族关系等等文化问题，所有这些问题都在挑动公民内斗，而且由于政府用司法判决的方式来处理争议，所以这些内斗还会继续存在。最高法院在 1973 年饱受争议的“罗伊诉韦德案”[1]（Roe v. Wade）中的判决，终止了一场全国范围的堕胎大论战，在很多州都激起了轩然大波。当时，放宽堕胎法限制的草根政治正在如火如荼地进行之中，有 16 个州修改了堕胎法案，减少了对堕胎的限制。正如历史学家迈克尔·巴隆（Michael Barone）指出的：“到罗伊诉韦德案的判决生效之时，70％的美国人距离拥有堕胎法的州只有 100 英里，开车只需 2 个小时。就在最高法
142 院做出裁决的时候，几乎所有的州立法机关都将进入会议期，如果最高法院没有行动，许多州也会放宽它们的堕胎法。”[25]

无论对堕胎抱有什么样的观点，这个判决都是司法行动冻结公民讨论的显著例子。司法政治非黑即白，赢者通吃，它首先由自由派发起，之后又受到保守派的推崇——因为他们两者都可以参与这个游戏——从而抑制了民主的辩论以及崇尚尊重和改良的政治。面对一个充满争议且民众意见不一的问题，最高法院将所有的分量都压在一方，这从一开始就会给反对派带来强烈的刺激：最高一级的政府
116 居然批准在生命最脆弱的阶段可以毁灭生命，这怎能不让他们感到绝望？法庭是用法官的辩论代替了民众的讨论，这最终助长了一种怨恨的政治。

---

①　罗伊诉韦德案，是美国联邦最高法院做出的引起广泛争议的判决之一。在该案的判决中，最高法院确立了“妇女具有选择终止怀孕”（有选择的）权利的宪法原则，划分了可以自由堕胎，可以被允许的堕胎和不得堕胎的时段规定。——中译注

公民表决式的民主?

可悲的是,这样的例子还有很多,重复这些故事只会令读者厌倦。这里我只打算考察一些人开出的药方,看看它们是否有助于重塑民主。那些对民主市民社会的调解妥协感到不耐烦,对政府的不作为(或者在他们不喜欢的方面太多作为)感到泄气的人,把直接民主而非代议民主作为解决问题的灵丹妙药。“让民众说话”这一平民主义主题在美国政治中不断再现,只不过过去人们呼吁的是削减政府规模,以使权力回归社群;而今天,平民党人利用的是人们的不信任和反精英主义,所有的政府官员不幸都成了他们泄愤的对象。

在1992年的美国总统大选中,平民主义者的激情通过德克萨斯亿万富翁、候选人罗斯·佩罗(Ross Perot)展现了惊人的力量。这
里重要的不是佩罗本人,而是他助长的平民主义现象。事实上,佩罗 143
提出的某些治疗民主疾病的方案,与他自己的政策目标并不吻合,反倒是符合左派人士的口味。这些平民主义者,或者自称强势民主主义者的人,希望扫除人民直接表达意志的障碍,从而使得民主更加完美。在所谓的“电子市政厅”倡议的背后,我们可以看到直接民主的影子。

直接民主的支持者认为,美国民主的困境在于公民不能直接表达他们的意志,而借助技术手段(电视直接对话和电子民意测验)可以实现即时的公民投票,从而拯救民主。我们应该在卫生保健计划中加入有控制的竞争么?请按下同意键或者否决键。萨达姆正在筹备另一个十恶不赦的邪恶计划,我们应该轰炸巴格达么?请选择你的按钮。但技术万能派没有看到的是,公民投票的多数决定并不等同于基于辩论和判断的民主政体。公民表决式的民主常常被反民主政权利用,比如说阿根廷的庇隆政权。

即使可以发明一种方法“准确抽样”出美国1.2亿个家庭的政治态度，用公民表决来克服民主的幻灭也不可取，不管这种主张出自哪
117 一派别。民主体制和公民表决体制之间存在根本的区别。在公民表决体制之下，多数派的观点可以轻易地压倒少数派和不流行的意见，这与一些打着多数意见旗号，或与多数意见合谋的威权政权是相容的。既然意见已经在形式上得到了表达，所以再重要的问题也不必讨论了，需要的仅仅是意见的加总。

真正的民主，林肯所说的“地球上最好和最后的希望”，是一个完全不同的命题，它需要由社会责任心激发的公民协同参与。公民表决式的参与同这个民主理想之间存在明显的矛盾：看电视和按按钮只是私人的经验，它们诉诸我们的消费者身份而不是公民身份。

政府征询人民的意见，而且人民可以立即表达他们的意见，这乍看上去好像是民主的，但是在这种情况下的个人并不是一个公共的公民，而仅仅是封闭于自我小圈子里的私人。人民意见的汇编并不是公民文化，公民文化只能通过商谈的程序产生。如果我们把按按钮当作一项充满意义的行为，将其等同于游说、开会、给报刊编辑写信、参与当地学校委员会、为候选人工作、就某项政策组织联盟，那么我们就是在粗劣地复制经济学中叫做“偏好理论”的东西。

偏好理论认为，在自由市场中，个体消费者选择的加总在满足个人需求的同时也给社会带来最大的福利；它所蕴涵的假设是，每个人都是“偏好最大化者”。这一理论不仅过于简单地考虑了人类的动机，而且混淆了某些重要的区别。在偏好最大化者看来，根本就不存在社会善这种东西，只存在私人商品的聚集，而通过电子市政厅收集我们的意见，正是这种粗糙而流行的观念的变体。它虽然承诺治愈民主的疾病，却给我们带来更大的痛苦。在完美的民主选择的旗号下，我们也成了破坏商谈、理性、判断和善意的共谋，而正是这些东西保证了选择的真实性，使得民主成为可能。按照这种理论，我们将会

把代表变成差役，变成传递由电子技术产生的意志的喉舌。这是一个噩梦，而非民主的梦想。

新社会契约？

有没有办法可以斩断不信任和犬儒的螺旋？有，但非常困难。有些人采纳了新社会契约的概念，我也自视为他们中的一员。但是，除非美国人或者任何生活在民主困境中的人民，都再一次意识到他 118
们都处于这个契约之中，除非民主的公民知道公民意味着公民身份，而非私人的闲职，除非政府可以找到某种途径回应人民的最深刻的关注，否则，新的社会契约就难以在社会中生根。同时，如果我们希望避免分裂性的问题，使公民免于我赢你输的零和博弈，免于我前面提到的司法政治模式，那么我们也必须让它生根。社会契约并不是和谐大同的梦想，而是一种希望：尽管彼此观点不同，但我们仍可以依照共同的原则行事。

让我们设想新社会契约怎样在美国的问题城市中发挥作用。一个办法就是，改变公共讨论的术语，使黑人和白人都回到共同关心的街道和邻里安全的话题上。立约人将鼓励那些在生活上不愿受到限制的自由派，更多地包容保守派的价值和关怀——特别是家庭和宗教信仰。

我采访过积极投身于社区反黑帮和反毒品活动的年轻母亲和老祖母，她们的观点与通常的教条形成了鲜明的对比。后者拒绝正视住房保障计划和街道中存在的暴力乃至混乱，而社会供给无法处理这个问题，因为它完全是由家庭、教会和邻里的退化和失序造成的。这些机制必须得到重建，同时，暴力必须得到制止。我采访的母亲希望更多的警察巡逻，更多的邻里权力，更少的持枪青年胡作非为的自由，以及对惯犯更加严重的惩罚。

写作本文时，人们正在讨论警察是否可以随时闯入犯罪高发的保障性住房以搜缴武器，因为威胁和杀害自己兄弟姐妹的现象在美国时有发生，令人恐怖。住在这些地方、勇敢地保护着自己孩子的人们——除了英雄主义，我想不出别的词汇来形容他们——都欢迎警察的主动作为，它们的确可以带来切实的好处。《波士顿环球报》的专栏作家迈克·巴尼克尔(Mike Barnicle)给我们讲述了一个母亲的故事。她有三个孩子，数月来经常报警，因为那个街区的孩子“每日与枪支和毒品为伍，营造了令人恐惧的气氛，使得正常的生活成了不可能的奢望”。[26]她把墙壁和窗户都用垫子遮挡起来，这样便于隐藏，而且还可能起到防弹作用。当警察开始实施“停止和搜查”的政策时，母亲们都为此而欣慰：也许，情况最终会慢慢变好。

但是，按照巴尼克尔的话说，“该政策几乎是一出台就夭折了，因为律师和评论家都认为它严重地违反了宪法”。人们否决“宵禁这样
146 119 的简单法令”，因为它被认为天然就带有强制性，结果暴力横行无忌。巴尼克尔列出了那个年轻母亲和她的三个孩子丧失的权利：

> 坐在公园长凳和操场上的权利；在所有合适时间步行去商场，而不必担心陷入枪战的权利；在自己的公寓中度过平静夜晚的权利；从窗口向外眺望的权利；自由结社和交往的权利；突发奇想随处荡秋千的权利；在公开场合当面谴责流氓的权利；在前厅和走廊远离吸毒者的权利；最后还有生活的权利。

现实则是这样，孩子拥有持有9毫米半径，或者更大的手枪的权利，而“三个孩子的母亲，只能在公寓的窗户前放上垫子”。

社会契约的立约人认识到，对贫穷老城区居民真正关注的事情，市场策略难以做出直接回应。他会对赞成持枪者和自由至上派说，的确是杀人犯杀人，但他们毕竟用的是枪。你们肯定同意，应该没收危险人群手中的枪支，那么，一个14岁的吸毒成瘾的辍学生难道不

是危险的吗？禁止他把枪支带到学校、操场和超市，他的自由就被过度限制了吗？自由至上派可能会认为，这样做违反了未成年人有权持有枪支的法律，但是意志坚定的社会契约者会这样回答："是的，我懂你的意思。但事实是美国老城区的孩子们都为了防范对方而持有武器，我们应当开始解除他们的武装！"

再举一个例子。有些人试图把抢劫、掠夺、焚烧、斗殴等暴力行为看成是"对社会不公的愤怒表达"而加以原谅，但是社会契约的订约人的看法是，我们需要就事论事地看待这些现象。在1992年洛杉矶暴乱之后，我读到所谓的激进杂志的标题"洛杉矶起义"或"洛杉矶反叛"，感到了真切的失望。拒绝认为公民应当为自己的行为负责的父权制观点，对于民主信仰来说简直是一个诅咒。这些随意的暴力，不同于游行、组织、散发传单、提出政治诉求，而是残忍地侵害人身和财产。为这些行为开脱或者宽恕它们，就是延续对暴力的病态迷恋，好像流血本质上就是政治行为，是一种激进模式的政治一样。

沉迷于暴力不仅会伤害居住在骚乱发生地附近的受害者，而且会强化在政治哲学家汉娜·阿伦特看来一种最普遍、最具危害性的观念——她同时控诉左派和右派，因为他们曾在不同的时间，不同的
地点为这种观念着迷——善可以由恶产生，从枪支、刀锋或者汽油炸 120
弹那里，流淌出的是真正的政治。用法学理论家斯蒂芬·卡特(Stephen Carter)的话说：

> 我们不能失去判断力，特别是判断自身和人民的能力……道德的标准和优秀的标准同样重要。有些黑人犯下了十恶不赦的罪行，但不都是因为饥饿和疏忽，不都是因为他们是种族主义社会政策的牺牲品……我们不是机器人。理解也许意味着宽恕，但是当理解的能力取代了判断的能力，任何文明都不能持续。否则，等待我们的将是一堆废话：希特勒并不邪恶，仅仅是精神病而已。[27]

通过促进社群机制的融合，政府可以有效地减少老城区中的谋杀和恐怖活动。为了达到这个目标，我们不需要废除权利法案。我们要做的第一件事，就是突破犬儒主义和道德失范，扭转合法性丧失的螺旋。民主社会契约奠基于这样的假设，我们的同胞是友善的，渴望共同的生活，而不希望通过种族、阶级和意识形态的鸿沟来打量彼此。为了完成这个逆转，我们必须诉诸前面提到的已经支离破碎的市民社会。

这是一项艰巨的任务，但是它值得我们为之付出。随着二十一世纪的即将来临，我们就会发现，林肯对美国民主表达的期望，会不会成为民主美国和世界的悼词。因为如果美国的共和制陷入困境，这将在世界范围内造成不利的影响；我们在其他国家的朋友，特别是那些年轻和脆弱的民主制中的朋友，可能会动摇甚至失败，因为只有美国这样强大而且致力于民主的国家能够为他们保驾护航。这就是
148 美国民主在下个世纪的光荣使命。

一次，正在为加拿大广播公司的《观念》(*Ideas*)节目准备一个“今日美国”系列广播节目的主持人杰米·斯威夫特(Jamie Swift)问我：“对你来说，作为一个美国人意味着什么？”我沉吟了一会儿，给出了我的回答：

> 它意味着个人可以与他人共享一种政治可能，也就是说，一种民主的梦想；它意味着个人的意见可以得到关注；它意味着个人成就和责任感的结合；它意味着一种手足般的关系，虽然像兄弟姐妹一样也会存在摩擦，但仍然是团结的，包含着更多的友善而非敌意；它意味着个人都打上了历史的标记，但又不完全是历史的产物；它意味着个人可以预期人们会牢记和发扬公平竞争这一基本精神。我认为，美国人都抱着一种简单实用的对公平竞争和社会平等——如果你愿意，也可以叫它行为方式的平
> 121 等——的信仰。我想，这就是我能给出的最好答案。

注释

1 E. J. Dionne, *Why Americans Hate Politics* (New York: Simon and Schuster, 1991).

2 Thomas Byrne Edsall and Mary D. Edsall, *Chain Reaction* (New York: Norton, 1991).

3 Mary Jo Bane and David Ellwood, *Welfare Realities: From Rhetoric to Reform* (Cambridge, Mass.: Harvard University Press, 1994), p. 6.

4 本段中的数据引自 Jean Bethke Elshtain, William Galston, Enola Aird, and Amitai Etzioni, "A Communitarian Position on the Family," *National Civic Review* (Winter, 1993): 25-35. 该书的数据取自于 the U. S. Justice Department's Bureau of Justice Statistics, the U. S. Labor Department, the Centers for Disease Control, and *The Kids Count Data Book* (Greenwich, Conn.: Casey Foundation, 1994)等权威来源。

5 这方面的证据有目共睹,否认或者掩盖这一事实,只有靠违反学术和政治规范的不正当行为才能实现。但是,这种行为正见诸所有学术讨论和许多政治辩论之中。长久以来,养尊处优的中上阶级学者都为生活方式的"多样性"欢呼,然而老城区的孩子们却过上了未婚生育的生活,这种生活绝不像电视剧《墨菲·布朗》(*Murphy Brown*)里说的那样炫目光鲜。唯此我对这些学者越来越感到不安。更多对数据总结的论述,参阅 Barbara Dafoe Whitehead, "Dan Quayle Was Right," *The Atlantic*, April 1993, pp. 47-84; the special issue of *Fortune*, "Children in Crisis," August 10, 1992; and Daniel Patrick Moynihan, "Defining Deviancy Down," *The American Scholar* (Winter 1993): 17-30。

6 Ralph Ketcham, ed., *The Anti-Federalist Papers and the Constitutional Convention Debates* (New York: New American Library, 1986), p. 18.

7 Alexis de Tocqueville, *Democracy in America*, trans. Henry Reeve, rev. Francis Bowen, ed. Phillips Bradley (New York: Vintage Books, 1945), vol. 2, p. 293.

8 Michael Walzer, *Citizenship and Civil Society* (Rutgers, N. J.: New Jersey Committee for the Humanities Series on the Culture of Community, October 13, 1992), part 1, pp. 11-12.

9 George Kateb 为个人主义欢呼,而且认为我们的担忧是过度的。这里的引

文来自于他的 *The Inner Ocean*（Ithaca, N. Y.：Cornell University Press, 1992), p. 31。

10 Christopher Lasch, *The True and Only Heaven* (New York: Norton, 1991).

11 Pope John Paul II, "Sollicitudo Rei Socialis," *Origins* 17, no. 33 (1988):650.

12 Pope John Paul II, "Sollicitudo," pp. 654-55.

13 Alan Wolfe, *Whose Keeper? Social Science and Moral Obligation* (Berkeley: University of California Press, 1989), p. 2.

14 Mary Ann Glendon, *Rights Talk* (New York: Free Press, 1992).

15 Wolfe, *Whose Keeper?*, p. 20.

16 关于公民和反公民的话语，参阅 Robert Bellah, Richard Madsen, William Sullivan, Ann Swidler, and Steven Tipton, *Habits of the Heart* (Berkeley: University of California Press, 1985)。

17 Bellah et al., *Habits*, p. 30.

18 Kateb, *The Inner Ocean*, pp. 103-4.

150 122 19 麦金农(MacKinnon)和她的支持者们对民主平等和程序正义等规范方面产生了破坏性的影响，这种影响怎么评价都不过分。对于她来说，甚至表达这种关切都成了某种色情小说家的“刻意打扮”。麦金农甚至因为强奸被国际法划归为一项战争罪而沮丧，因为这明显不符合她“从工厂的媚眼到波斯尼亚的强奸”这一最简单的连续谱。她的这种“受害意识形态”最为讽刺的一点在于，它要么把女性当作可怜、无助、颤栗的受害者，要么把女性看成激烈的复仇者。这二者都不符合民主公民身份和互相妥协的民主政体中的女性形象。但是麦金农“不会被这些事实所扰”，因为她喜欢“宏大的隐喻”。参阅 Kenneth Anderson, "Illiberal Tolerance: An Essay on the Fall of Yugoslavia and the Rise of Multiculturalism in the United States," *Virginia Journal of International Law* 13, no. 2 (1993): 385-431. 同样可参考我的文章 "Let's Finally Right the Wrongs: Rape Is a War Crime," *On the Issues* 2, no. 3 (Summer 1993): 36-39。

20 引自我的文章 "Trial by Fury," *The New Republic*, September 6, 1993, pp. 32-36。

21 并不只有美国正在奔向以“妇女解放”为名义的新型锁链。在加拿大，法案C-49隐含的看法是，只有在男人的阶级和职业地位与女人完全一致的情况下发生的性行为,才是基于女人的同意,而其他情况下的性行为,都会存在一种定义上的"权力遵从"。一个加拿大学者发现,法律对女性故作姿态,否认"女性身上的自主独立",他坦承:"有些人自认为是女权主义者,却支持这种对女性的虚伪态度,我不能不为之感到惊奇。"这不是一个暴力的问题,它会使得任何男人都不能在法庭上为自己辩护:"我和这位女伴的性关系不是攻击,而是基于同意的行为。"于是,看起来矛盾的是,强奸这种恶劣的罪行,却在性别敌视和谴责男性的迷雾之中消失。参阅 Robert Martin, "Bill C-49: A Victory for Interest Group Politics," *UNB Law Journal Revue de Droit de L'Un-B* 42, tome 42 (1993): 371。

22 Charles Taylor, *The Malaise of Modernity* (Concord, Ontario: House of Anansi Press, 1991), p. 117.

23 在有关1992年美国总统选举的一篇论文中,我第一次使用了"合法性丧失的螺旋"这一说法。参阅"Issues and Themes: Spiral of Delegitimation or New Social Covenant?" in Michael Nelson, ed., *The Elections of 1992* (Washington, D.C.: C.Q. Press, 1993), pp. 109-25.

24 James Q. Wilson, "The Government Gap," *The New Republic*, June 3, 1991, p. 38.

25 Cited in Elizabeth Mensch and Alan Freeman, *The Politics of Virtue* (Durham, N.C.: Duke University Press, 1993), p. 128.

26 Mike Barnicle, "A Plea for Family Rights," *Boston Globe*, April 22, 1994, p. 21.

27 Stephen L. Carter, *Reflections of an Affirmative Action Baby* (New York: Basic Books, 1991), pp. 244-45.

123 # 第七章　社群主义和道德维度[*]

阿米泰·埃兹奥尼[①]

最近威廉·加尔斯通（William A. Galston）和罗伯特·乔治（Robert P. George）之间的温和争论，凸显出一个概念的重要价值，这就是好社会的概念——虽然两人都未使用这个概念。[1] 加尔斯通诉诸亚里士多德，主张必须把好公民和好人区分开来，他认为前自由主义国家关注的是好人，而自由主义国家则将目标局限于培养好公民。乔治坚守社会保守主义的立场，认为在好公民和好人之间作出
152 明确的区分既不必要又没有令人信服的价值。在我提出第三种观点之前，需要做一些背景说明。

加尔斯通是古典自由主义思想社群主义变体的代表，自由主义者将自己限制于这样的目标：保证个人可以发展出自由国家好公民的必要美德，比如说批判性的思维。[2] 相反，社会保守派则声称国家的责任不仅在于提升公民身份，而且要促成好人，不仅在于提高参与政治的技能，而且要促进社会美德，也就是那些能够带来好社会的东西。

---

* 作者特别感激 Robert George 关于文章草稿的评论。Andrew Wilmar 提供了研究协助和编辑方面的建议。作者另外还要感谢 Andrew Altman，David Anderson，Bruce Douglas 和 Thomas Spragens Jr. 对这篇文章草稿的评论。Barbara Fusco 和 Tim Bloser 同样给予了作者极大的帮助。

① 阿米泰·埃兹奥尼（Emitai Etzioni），政治哲学家，社群主义运动的代表人物，著有《道德的维度》（*Moral Dimension*）、《社群的精神》（*The Spirit of Community*）等书。——中译注

乔治·威尔(George Will)支持后一种观点,他认为人从本质上来说都是自我放纵的,如果可以自行其是,他们就会滥用自由,变得挥霍而懒惰。因此,人们需要一个“强大的中央政府”来塑造公民,帮助他们克服人性的弱点。威廉·克里斯托尔(William Kristol)[3] 和 124
大卫·布鲁克斯(David Brooks)认为,仅仅以反政府为主题,不足以构建一个有说服力的意识形态政治议程,因此,保守主义者需要将自己建立在美国的伟大和美德的理想之上。[4]

宗教的社会保守派长久以来都希望依靠国家权力来培育他们认可的道德行为,他们赞同的方式包括禁止堕胎、禁止绝大多数的色情文学、增加离婚的难度、限制同性恋活动以及制度化公立学校中的祈祷等等。此外,在犯罪惩罚方面,无论是宗教还是世俗的社会保守派都强烈地支持对更多的人、更多的罪行规定更长时间、也更艰苦的刑期,尤其赞成不得假释也不会转为死刑的终身监禁。这些惩罚主要应用于那些行为被国家禁止的人(监狱中的很大一部分人是由于非暴力的、与毒品相关的犯罪),而不是那些没有履行公民责任或者危害公共安全的人。从表面看来,这不是好公民的问题,而是好人的问题。

对这种立场的准确概括应该是“好国家”。它不认为国家一经扩大就必然削弱和腐蚀人民,而认为可以将培养好人的任务托付给国家。它没有说国家从本质上就是好的,只是说国家可以是好的——倘若它是为了培养美德而行动。

在继续讨论之前必须指出,正如所有庞大而广泛的思维和信仰流派一样,社会保守派内部也存在重要的分歧。尤其和我们的讨论相关的是,很多社会保守派带有较多的社会导向,而国家导向并不显著,比如说迈克尔·奥克肖特(Michael Oakeshott)以及与传统基金会(Heritage Foundation)相关的公民复兴国家基金(National

Foundation for Civic Renewal)。虽然社会保守派内部的立场有强有弱，但他们仍然具有共同的特征，换言之，根据我的定义，那些主要依靠社会和劝说来促进道德的思想家不是社会保守派，而带有明显的社群主义特征。

自由主义和社会保守主义的立场都有丰富而且为人熟知的历史，都深刻地植根于社会哲学和政治理论之中。但这里我不准备回溯它的智识基础，这方面已经有很多的研究，[5] 只打算做一知识社会学的考察：这两种立场分别针对着一组独特的历史现象。自由主义针对的首先是威权主义、教条主义的环境，洛克、斯密、米尔是它的第一批思想家，其次还有二十世纪的极权主义经历。它的核心是对强大的国家和国教的深切忧虑；而它最为担心的，就是这些机构不仅拥
125 有涵盖一切、压倒一切的物质力量，而且事实上还成功地披上了意识
154 形态的道德外衣。自由主义立场的兴起就是为了反对好国家，它认为应该拒绝所有针对善的社会性表述(social formulations)。

与之形成对比，当代社会保守主义处理的则是现代化和平民主义造成的美德的失落，反映了对正在出现的道德无政府主义的深刻担忧。这种担忧虽然在现代化初期(如果不是在现代化之前)已经产生，但从 70 年代开始再度强化，各种宗教原教旨主义者——无论他们属于穆斯林、正统犹太教徒还是美国的宗教右翼分子——都希望改变这种道德无政府的局面。

第三种立场，关注好社会的社群主义，处理的是与社会保守派者相同的社会历史问题，但提供了完全不同的答案。与它的自由主义表亲一样，社群主义的立场反对国家对道德行为的调控。但是，自由主义支持这种立场是因为他们支持道德多元论，也就是说他们持有一种宽泛的宽容概念，它甚至包括“做错事的权利”。用迈克尔·桑德尔的话来说，就是他们“为捍卫他们所反对的东西而骄傲”。[6] 相

反，社群主义者支持限制国家是因为他们相信社会应当承担起促进道德行为的责任。所以，虽然我在这里提出的社群主义在某种程度上类似于社会保守主义和自由主义，但必须明白它所关注的好社会在概念上与这两者存在区别。

核心而非全部

与简单的多元主义不同，好社会试图表述并促进共同的道德认识，所以它远非价值中立。但是，这并不意味着好社会将建立无所不包甚至是“沉重”的道德安排。我将首先讨论一个社群主义社会对善的表述属于何种性质，进而探讨其限度。

关于善的社会性表述在社会学上是否有必要，在道德上能否得到证明，这方面已有很多文章。前面已经指出，这一讨论涉及的是公
共领域，也就是指导整个国家的表述，也就是说这种表述将会强加于持不同意见的人。[7] 我所说的共同接受的表述，是社会成员通过道德对话而产生的，这一对话通常由世俗或宗教的知识分子、道德权威、社群领袖以及其他意见领袖所倡导，而由媒体所推动。[8]

好社会的形成和维持的确会触及私人领域，也就是属于个人的领域。（事实上，可以说私人领域“是”社会的最初形态。）比如，一个好社会培育其成员之间的信任关系不仅仅是为了，甚至主要不是为 126
了提高他们对政府的信任，或者减轻公众的负担（比如诉讼的问题），而是为了培育出一个更好的社会。（至于什么是更好，既可以用功利主义的术语来说明，比如可以说，一个成员互信更高的社会白领犯罪会减少，也可以用道义论的术语来说明，在本文中我不想对这一点过多讨论。[9]）再比如，好社会颂扬一些具有实质内容的价值，比如保护环境、扶助弱者、鼓励婚姻、倡导生育、敬老爱幼等等。在所有这些方

面，好社会都会通过它的各种社会机制，倡导某些行为比另一些行为更加可取。举例来说，当代美国社会都认为保护环境是一项重要的善，具体做法上出现分歧是合情合理的，但忽视甚至敌视环境的需要，则不应该成为一种价值立场。

但是，建议缩小私人领域的范围，并不等于支持将全部或大多数的私人事务置于社会的监督和控制之下。事实上，社群主义与各种集权主义、威权主义、神权政治和社会保守主义——后文将之统称为整体型政府(holistic governments)——的主要区别在于，好社会虽然触及到了个人，但是它只希望培育有限的几项核心美德，而不是要扩展到一切领域。在许多次要的问题上，好社会不会禁止道德多元论。举例来说，美国社会倾向于信仰宗教而非无神论，但是对于个人应当信奉何种宗教的问题上它保持了相当的“中立”。类似地，美国社会期待它的成员一定程度上忠于美国的信念，但是只要人们对自己族群遗产的珍视不影响到对国家的忠诚，这种感情也是可以接受的。此外，与极权主义政权不同，美国社会并不扶植一种音乐而压制另一种音乐(纳粹和共产主义国家都试图取缔爵士乐)，没有指定的衣着形式(比如没有统一的毛式衬衣)、没有应该生几个孩子的正确数额、没有指定的居住地，等等。总之，好社会的一个关键特征是，它追求一种共同接受的善的表述，从而区别于自由主义国家，但是这种善的范畴又远小于整体型政府。

作用机制：依靠文化

除了限制道德安排的范围之外，好社会与其他社会的不同还在
127 于培养美德的主要手段。好社会试图解决的一个基本难题是，如果
我们认为国家本质上是一个强制力机构，不适于承担培育美德的重

任,那又该如何培育美德?

就此,有必要说明的是,培育美德不仅仅指甚至主要不是指遵守相关的法律,而涉及法律管辖范围之外的广泛的个人和社会行动领域,以及虽在法律管辖范围内,但是如果我们不希望执法者疲于奔命的话就必须很大程度上借助人们志愿执行的行动领域,比如父母对孩子的义务、孩子对年老父母的义务、邻里之间的义务、社群成员之间的义务以及社群成员对其他社群的义务,等等。[10]

好社会培育美德的主要手段可以都归结到"文化"这个词。具体地说,这些手段包括:第一,把价值灌输给社会新成员的各种社会化机制(家庭、学校、同辈团体、信仰场所和一些志愿社团),由此形成一种内在的、指导人们向善的道德声音;第二,在社会心理学意义上支持社会成员已经获得的价值的社会强化机制(特别是人际纽带、同辈关系、社群纽带、公共榜样和领袖),它们可以提供外在的道德声音;第三,已经建构为社会机制(比如婚姻),并在其间得到培育的价值。我将首先探讨内在和外在的道德声音,进而讨论它与自由是否兼容,最后探讨好社会的社会机制与市民社会的社会机制在角色上的不同。

道德声音和自由

好社会的主要工具,也就是"文化"的支柱,是鼓励人们做出亲社会行为的道德声音。虽然人们往往强调内在声音的重要性,进而强调好的父母,强调道德或人格的教育,但是社群主义者认识到一个基本的事实,即:没有持续的外部强化,良知就容易腐蚀。他人的意见,尤其是拥有共同家庭和社群纽带的人的意见,发挥着重要影响,因为人们天生需要获得并保持他人的认可。[11]

现在的问题在于，服从道德声音是否与自由选择相容，或者说一个人的自主是否就意味着免于所有政府控制和社会压力的权利？这一难题突出表现在，应该如何理解密尔《论自由》中一段经常被人引
128 用的话，密尔在书中写道：“这篇文章的目的是维护一个非常简单的原则，这个原则可以统辖社会对个人的强制和控制行为，无论这种行为体现于法律惩罚中的身体强制，还是作为公共意见的道德压制形式。”[12]有些人根据这段话的字面意思，认为道德声音和政府一样具有压制性。而在密尔之前，托克维尔有一段类似的话：“大众不需要任何法律来压制那些与自己意见不同的人，公开的谴责已经足够，孤独和无力会压垮他们，并将他们推至绝望的边缘。”[13]如果拘泥于字面的意思，那么社群强化机制和政府强化机制之间的不同就失去了意义。但是，必须注意到，托克维尔之所以闻名遐迩，同样因为他强调社群在限制国家方面的重要性。在我看来，我们应该认识到，社群的道德声音和政府强制之间存在着深刻区别，而且在某种程度上道德声音是矫正国家压迫的最佳手段。

问题的核心在于我们对于人类本性的假设。[14]如果相信人类本质上是善的而且外部力量只会带来腐蚀，那么理所当然应该拒绝所有社会输入；于是人们越是不受外部的压力，个人和集体的境况就会越好。如果假设人类身上含有对自己和他人都会造成伤害的弱点，那么怎样促进亲社会行为（或者说“社会秩序”）的问题就会浮现出来。对此，古典自由主义者的解决办法是，利益互补的理性个人会主动支持某些秩序安排，以此消除自由和秩序之间的张力。社群主义者主张，理性个人不能脱离社会秩序而存在，理性决策和自由的能力都以个人嵌入社会结构为前提。进而，社群主义者认为社会秩序和国家压制之间表现出反比的关系：社会结构萎缩，暴政才会兴起。道德声音是社会结构的发言人，并有助于它的良好秩序。

道德声音是秩序的前提，因而也是自由的前提，另一方面，相对于政府强制，道德声音与自由选择也更为相容。内在的道德声音是个人自我的一部分，就像促使个人做出选择的那部分是他身上的一部分、让个人体会到各种欢愉的味觉是他身上的一部分一样。而外在的道德声音，也就是社群的道德声音，将如何行动的最后决断权留给了个人——这是使用强制手段时明显不会出现的情形。社会虽然劝说、哄骗、谴责和教育，但是最后的决定权依然掌握在行动者之手；国家同样地劝说、哄骗和谴责，但是行动者先验地意识到，如果不听从国家，它会用强力来迫使你听从。

有些人会质疑道德声音是否从来不带强制色彩；从某种程度上 129
说，这是一个定义的问题。当道德声音为法律或者经济制裁所支撑时，我们必须小心地指出，具有强制性的不是道德声音本身，而是那些附加上去的元素。再者，在西方早期历史上，人们终其一生生活于一个小村庄，社群拥有绝对的权威，即使不用严格意义上的强制手段，众口一词的道德声音也会产生压迫性的效果。（在当今西方的一些地区，而且几乎可以肯定还有世界上的其他地区，情况仍是如此。）但是，绝大多数生活在现代自由社会中的人们，在很大程度上能够自由地选择自己心理认同的社群，而且能够利用一个社群限制另一个社群的说服性权力；同时，道德声音也远非只有一种。事实上，社群主义的一个重要论点乃是，从总体上说当代西方社会的道德声音完全不具有压迫性。事实上，这些道德声音往往充满矛盾、犹豫不决、缺乏力量，不足以服务于一个好社会。[15]总之，拥有巨大权力的道德声音大部分存在于其他的地区和时代。

可以通过一个对比来更好地说明这个问题。一个是美国政府与使用管制药物的斗争，这场与毒品的斗争主要依靠有强制力的机构。另一个是美国社会对父母承担养育责任的鼓励，与前例相反，看护孩子则主要依靠各种远亲近邻、朋友街坊和社群成员的道德声音。毫无疑问，国家偶尔也会干预，但是多数父母履行义务不是因为害怕入狱，而是因为他们认为这是正确的行为方式，而这种观念是在他们周围的社会结构中得到强化的。

还有更多的对比可以说明社会和国家在培育价值途径上的区别：通过慈善还是税收来实现财富转移？志愿入伍还是强制征兵？参加嗜酒者互戒协会（Alcoholics Anonymous）还是将滥用酒精者逮捕入狱？

道德声音的志愿本质，深刻地说明了为什么好社会很大程度上与自由相容，而培养好人的国家却不能与自由相容；同样它还说明了，为什么一个好社会需要清晰的道德声音来表达一系列共享的核心价值，而一个公民社会和自由主义国家却没有这种需求。

160

社会机制中的美德

好社会的另一个主要工具就是社会机制。道德声音因为并没有写入法律，而是融入到个人的人格，融入到人与人的互动之中，所以它经常被视为是“非正式”的，[16]而社会机制则是正式的、具有结构
130 的。机制是体现特定社会和社群之价值的社会模式。[17]正是由于存在了行动者可以诉诸的社会模式，才产生了大量的交往和交易行为。契约就是一个很好的例子。个人不仅是在利用契约的文本，而且他们还能体认到契约的实质概念，体认到契约所要求的相互义务，以及已经在文化中生根的“契约必须得到遵守”这一道德观念。虽然这些机制会随着时间而改变，但是任何时刻都会存在很多指导社会生活的机制，一个运转良好的社会更是如此。[18]

对于区分好社会和其他社会而言，社会机制具有重要的意义，因

为绝大多数机制既不是单纯的程序，也不是价值中立，而是若干具体价值的体现。比如，家庭作为一个主要的社会机制，从来都不是价值中立的；相反，它体现了一系列的特殊价值，这可以从天主教徒不愿意和离异者结婚，从一些宗教团体鼓励人们为婚姻生活做出更充足的准备（比如，通过婚前咨询）或者巩固婚姻（通过咨询、休假和更新誓言），得到证明。所有这些制度化的努力都反映了社会试图维护的婚姻，而且是一种特定形式婚姻的价值。

同样地，社会提供公立学校的目的不仅仅是将其视为传授知识和技能的中立机构。公立学校通常有助于培育一系列的价值——虽然最近的趋向是否认这一事实——比如，对穷人的同情，跨种族以及其他形式的相互尊重（不仅仅是宽容），对科学的高度尊重，世俗主义，爱国主义以及环境保护等等。认识到社会通过各种机制培育特
定的价值，对于我们理解市民社会的局限性具有非常重要的意义。 *161*

市民社会和好社会

将市民社会和好社会做一对比可以为两个概念提供更加清晰的分野。首先必须指出，这两个概念并非对立。好社会是一个更加宽泛的概念，它不是要推翻市民道德，而是要在市民道德之外培育更多的美德。换句话说，这两个概念就像同心圆，内圈代表市民社会的领域，外圈代表好社会。[19]

虽然学者对市民社会的定义并不一致，但是大多都会强调它的
两种制度特征和价值：第一，大量的志愿社团，它不仅可以抗衡国家，
同时为公民提供民主政治必需的技能和训练；第二，市民社会通过维 131
持话语文明抑制激情，促进商谈、理性的民主。

在《布鲁金斯评论》（*Brookings Review*）的一期市民社会专刊

中，主编迪翁认为市民社会有两个特征：首先，它是一个人们相互之间怀着善意和尊重的社会，这里没有 30 秒政治广告和电视争吵带来的不快；其次，它是一系列志愿社团的集合，比如男女童子军、少年棒球联盟、老兵团体、书友会、狮子会和友麋会、教堂以及邻里犯罪守望群体[20]等等。多数的讨论都关注第二个特征，“独自玩保龄球”已经成了这种思维方式的象征。罗伯特·帕特南认为，和朋友一起（这也被他定义为独自地）打保龄球，相比于加入保龄球俱乐部，对市民社会的促进作用更少，因为后者是市民社会需要的志愿社团的核心部分。[21]

从目前的讨论来看，这些概括最重要的问题在于，它们没有根据一个社团（保龄球联盟、书友会、少年棒球联盟或者其他志愿社团）培育的实质性价值，来对志愿社团加以区分。我并不是暗示这些社团没有具体的规范倾向，比如，少年棒球联盟可能珍视运动或竞赛行为（或者——不惜代价取得胜利），书友会培育对学习、文化等价值的尊重。但是，如果讨论它们对市民社会的贡献，市民社会的支持者认为这些社团都是同等的；从规范的角度说，任何社团相比于其他社团都不具有内在的道德优越性。就此而论，我们是以价值中立的方式来看待它们的。

市民社会的支持者当然会认识到这些志愿社团之间的不同，但是这些不同仅限于它们作为市民社会元素的功能，而非它们的规范性内涵。比如，人们会更喜欢那些能够有效地培育公民技能的志愿社团，但是人们使用这些技能为哪些价值服务，这些社团又体现了哪些实质性价值，则不在考虑之列。所以，市民社会的确肯定了一些价值，但是它肯定的只是一层浅薄的程序性和重复性的价值；从根本上说它只是在肯定自己。因此，市民社会（以及那些作为其支柱的社团）珍视理性的（而不是具有价值内容的）论辩、相互的宽容、参与的技能以及志愿的精神。但是如果我们仔细地审视这些价值，就会发现它们并不需要对善的任何社会性表述，它们没有告诉我们，个人参加社团的目的是什么，个人应该志愿地支持什么，或者我们应当支持或者质疑公共话语中哪些规范性的结论。

晚近人们对寻求共识和文明商谈的呼吁，就是特别有说服力的例子，——人们只要一讨论市民社会，就会提到这两点，这是两项没
有实质内容的市民礼仪。只要是共同的，就应该赞美；只要遵守了参 132
与的规则（不妖魔化对方，不提高自己的声音，等等），市民礼仪的倡导者就会满意；只要论辩是文明的，具体讨论什么并不重要。[22]

对于市民社会而言，一个桥牌普及组织与全国堕胎法律废除协会（NARAL）和手术营救组织（Operation Rescue）具有同等地位；友麋会的成员和守约者组织（Promise Keepers）的成员享有相同的地位；同样，保龄球联盟和北美男人/男孩爱情组织（North American Man/Boy Love Association，简称 NAMBLA）没有任何区别，而后者的目的是为了交流引诱 8 岁以下男孩的经验。事实上，除了保龄球联盟（和桥牌协会）之外，帕特南还把意大利的观鸟协会和合唱团列为社会资本的主要支柱，它们比其他社团更加文明和民主。[23]鸟类观察协会让人们敬畏自然，合唱可能培育某种文化（或者将某种文化置于其他文化之上），但这不是帕特南赞扬它们的理由。正如帕特南所说，他称赞它们是因为“参与合唱团或观鸟协会可以教会人们自制，感悟成功合作带来的快乐”。[24]如果不是全部，至少对其他大多数志愿社团而言，情况也是一样。

总之，从市民社会的基本立场来看，不同的志愿社团在原则上具有同等的价值。[25]但是，从好社会的角度看，因为不同社团体现了不同的价值，所以它们之间存在着巨大的差异。美国社会珍视族际整合观念，所以它认为城市联盟（Urban League）和全国有色人种促进

会(NAACP)比起全美伊斯兰联盟(Nation of Islam),里彭协会(Ripon Society)相对于雅利安团体(Aryan groups),更符合它们自己的观念——虽然这些都是志愿社团。[26]

好社会概念与市民社会概念的差别在于,它不仅强烈支持志愿社团(丰富而强大的社会结构以及话语的文明),而且试图找到某些具体的关于善的社会性观念。正如我已经指出的,好社会关注一套独特的实质性价值。比如,不同的社会拥有不同的价值观,不同的价值观在不同的社会受到的重视程度也不同,因此,奥地利、荷兰和瑞典赋予社会和谐以特殊意义,在行动之前必须达成深度和广泛的共识;欧洲大陆相对于英美社会则更重视福利国家、平等以及社会团结,同时更少强调经济成就。

类似地,是否废止国教也不仅仅是一个程序性的问题。拥有统一教会的民主社会(比如,英国国教、斯堪的纳维亚国家的路德教)相
133 比美国而言,对是否允许宗教进入体制持更加开放和包容的态度。巴伐利亚的公共学校的十字架,英国学校存在的例行基督徒祷告,都说明了这一点。促进这些宗教价值是我们设想的好社会的必要部分。

我必须做一个补充,并不是说上述社会已经是完美的好社会。但它们都在倡导某些社会价值,就此而论,它们都在追求好社会。至于它们做得成功与否,该社会倡导的价值又如何评价,则不在本文的讨论范围,我另有专文论述。[27]这里我所主张的是,好社会希望形成一种特定的和实质性的对善的看法,它由一组有限的核心价值构成,并借助道德声音而非国家强制力来培育。至于什么样的环境能够培育出我们称赞的价值,本文并不过多讨论。

好社会和市民社会关于志愿社团这一核心机制的差别在于,虽然两种社会都诉诸这些社团,但是它们在两种社会中扮演了不同的

角色。在市民社会，志愿社团作为国家与公民之间的中介而存在，帮助培养公民技能（获得公共事务知识、组建社团以及表达政治意见等等）；可以说，它们发展并且锻炼了民主的肌体。而在好社会，志愿社团还会为成员引入特定的价值，强化公民的价值信念。所以，从市民社会的角度看，一个志愿社团就是一个志愿社团；但是从好社会的角度出发，没有任何两个志愿社团是等价的。这里所说的志愿社团既包括被社会肯定的社团（它培育了好社会所期望的美德），也包括价值中立的社团，以及那些虽然志愿，但是偏离或者反对好社会美德的社团。

各种定义的含义

为了进一步强调市民社会和好社会之间的区别，我将简略地考察一些学者提供的对市民社会的定义。

迈克尔·诺瓦克（Michael Novak）对这一概念提供了直截了当而且价值中立的定义：

> 描述所有非国家主义（nonstatist）形式的社会生活——它植根于人的社会性，并受到理智的支配——的术语就是市民社会。这个术语包括家庭这种自然结社，也包括教会和各种各样 134
> 的私人结社，兄弟的、种族的和爱国的团体；类似于童子军、红十字会和鲸鱼保护组织的志愿团体；以及各种艺术、科学、体育和教育的委员会。[28]

在一本市民社会讨论中经常提到的书里，伯杰和诺伊豪斯将中介结构作为市民社会的核心要素，并做了如下定义：

> ……那些处于个体的私人世界和现代社会庞大的非人格化

> 结构之间的机制。它们将个人的信条和价值传输到宏观机制而发挥中介的作用。所以它们是“双面”的机制，既面向“上方”，又面向“下方”。它们的调节作用同时有益于社会生活的两个层面：从个人来说，他从中得到保护而不会受到现代社会的“异化”和“失范”的影响，而从包括国家在内的宏观机制来说，也因为与支配普通人现实生活的价值发生了关联而获得了合法性。[29]

这是一个本质上价值中立的定义，因为它没有根据明确的规范性价值来对中介机构进行区分。所以就中介功能来说，工会联盟和企业家协会、宗教团体和无神论联盟、集邮者组织和山峦协会(Sierra Club)都是等价的。伯杰和诺伊豪斯比这里提到的其他作者更直言不讳地提出了价值中立问题。他们明确指出，中介结构与价值无关，无论它们多么邪恶、违法、令人反感，但都属于中介结构的范

畴。事实上，在这本书的修订版中，伯杰和诺伊豪斯完全承认了他们概念的局限性：

> 但是，对这些机制的热忱可能把我们引入了歧途，导致我们忽略了一些机制明显有害于社会的事实。所以严格地说，按照我们的定义，黑手党、三K党以及试图劝说政府与来访的UFO谈判的社会组织都属于中介结构之列。它们的确在个人和宏观的社会之间起到中介作用，但是它们所传达的正好是违法的、不道德的和明显荒诞的价值。我们现在的看法是，(用大白话说)存在着好的和坏的中介结构，社会政策必须根据它们所传达的价值而作出区别。[30]

伯杰和诺伊豪斯应该被看成社会保守派，罗尔斯则被大多数人视为自由派，但就这一问题而言，双方的观点是相容的。事实上，罗尔斯似乎更进了一步，不但暗示各种中介机构都是道德等价

的，而且还认为整个市民社会——不仅仅是自由国家——差不多就 135
是一个中立的区域，不同的美德在此相互竞争，社会政策不应预设或者偏好任何一种美德。（用"似乎"这个词是为了表明我不想参与关于罗尔斯说了什么、真实的含义是什么以及他的思想在不同著作中如何改变的冗长争论。）以下的引文在我看来与我们讨论的问题直接相关，这就是我要在这里讨论的罗尔斯：

> ……所有的讨论都从市民社会文化中的公民出发，也就是哈贝马斯所说的公共领域。在那里，我们作为公民讨论作为公平的正义的含义，讨论它的某些方面是否可取……我们也以同样的方式考虑理想的话语以及它关于民主机制的程序观念。必须牢记，这一背景文化包含所有内容广泛的学说，只要社会仍然具有活力和精神，这些学说就会无穷无尽地得到传授、解释、争
> 辩和阐述。这就是日常生活的文化，它还有各种联盟：大学和教 167
> 会、知识团体和科学协会等等。到处都在不断进行着各种观念和学说的政治讨论。[31]

这段引文与我们所说的市民社会不等于好社会完全一致，因为市民社会并不倡导某一种"内容广泛的学说"，而仅仅是为不同的志愿社团提供"无穷无尽"地辩论各种学说的场所。市民社会因其承担并支持无穷无尽的辩论而令人向往，同时它也排除了关于善的共识的可能，这种善得到整个社会的赞成，社会也试图把它灌输给公民。从这个角度来讲，"无穷无尽"不是一个无足轻重的词，而是它的基本特征。

虽然迈克尔·沃尔泽通常被人们认为是社群主义者，但是他也明确地支持这种观点：

> 我的看法是，市民社会是对上述四种意识形态的修正，而不

> 是与之并行的第五种意识形态；它反对它们的单一视角，却并不提出自己的单一视角。“社会存在”(social being)这个词可以包括公民、生产者、消费者、国家成员以及其他身份的男男女女，而这些身份没有一个是天然的或者最理想的。市民社会的社团生活提供了演练场，各种版本的善在这里产生、检验，并暴露出褊狭、局限以及最终的令人不满……从理想上说，市民社会是背景中的背景：一切都在其中，一切都一视同仁。[32]

沃尔泽明确地区分了市民社会和好社会。事实上，他曾在某处嘲弄地提到市民社会的一个潜在口号“按自己的选择加入社团”，[33]
136 称它所提供的远景缺乏道德和动员的号召力。市民社会的反意识形态特征使其无法鼓动公民，沃尔泽为此感到遗憾，但他同时暗示，这个特征可以防止我们将国家理想化。这一点具有重要的意义，它反

映出在沃尔泽的评论中隐含着的一种恐惧：对善的社会性表述会走向威权主义，——如果不是极权主义的话。[34]

威廉·沙利文强调，广为征引的“市民社会”概念所指的，就是既不属于市场也不属于国家的社团组织领域。[35]他指出这些机构并不是独立的，而是与国家和市场“交织”在一起，这个说法切中要害。[36]但是沙利文同样也不认为有必要对市民社会的各种志愿社团做出道德的区分，他曾总结了社团组织有助于培育的几项公民美德，很好地说明了这一点：“公共参与、互惠合作、相互信任以及共同目标之下的宽容。”[37]这些价值虽然非常重要，但它们的作用仅限于支持好公民、支持公民社会的运转，而不是促成好社会希望培育的、具有特定内容的道德远景。

必须重申，市民社会并无一个确定的定义。有一些评论家——大部分是社会保守派——将我赋予好社会的元素加入市民社会的概念之中，如格特鲁德·希梅尔法布认为，只有一个恢复了活力、恢复

了道德意识的市民社会才可以有效地控制吸毒、非婚生育、忽视老人等不道德行为。[38]

但是市民社会概念本身似乎并不欢迎这种广义的解释，正如前面所讨论的，评论家通常都是在非常有限的意义上使用这一概念。事实上，希梅尔法布等学者所做的概念扩展的努力，正好说明我们需要一个新概念来体现这种新的规范性元素，而好社会正可以担此大任。

对于社会政治理论而言，通过考察它预设的理论对手，也有助于我们加深对它的理解。(例如，马克斯·韦伯的比较宗教研究明显是在与卡尔·马克思的经济决定论对话。)市民社会论题所反映出来的是对国家的恐惧，担心国家会把某种社会性的善强加于所有的领域，为此它支持严格地限制公共领域，反对集体性地培育美德——只要这些美德不是直接从属于市民社会或自由国家。从上一代人开始， 169
现代社会越来越需要认真面对的一个危机是道德的真空，不然宗教原教旨主义就会乘虚而入。这个挑战有很多种表述，比如意义(或道德)的丧失、文化的危机或者价值的败坏；无论如何，我们的精神不能永远停留在空虚状态。我们需要通过共同道德对话产生的新的价值来填满它；否则，就会像我们在世界大部分地区所看到的那样，人们 137
就会求助于各种神权统治。民主社会当然要始终警惕世俗的压迫性政权的复活，无所不在的市民社会网络就是为了抵御这种威胁；但是，我们还面临着穆斯林世界和以色列的原教旨主义以及各种基督教右翼运动的挑战，因此仅仅关注市民社会是不够的，还必须关注好社会是什么样子。如果社会必须拥有一些实质性的价值，除了市民社会目前提供的狭隘的程序性价值之外，还能有别的吗？这是下一代需要面对的问题，而好社会的概念——它努力培育一组范围有限的核心价值，主要依靠道德声音而不是国家强制——正是为了解决这一问题。

注释

1 这个争论发生于大卫·布兰克霍恩(David Blankenhorn)在美国价值研究中心(Institute for American Values)举办的一场会议上。

2 加尔斯通与他的自由主义同行(比如艾米·古特曼)的不同在于,当国家培育公民美德的行为有可能侵犯社群价值时,公民美德的范围应该受到哪些限制。加尔斯通会尊重阿米什(Amish)文化,反对强制他们的孩子进入公立中学,但是古特曼则会以自由主义国家的公民条件为理由反对他的立场。自由的社群主义和自由的自由主义所争论的当然不止于此,但是我仅仅希望指出,争论双方都假定国家对美德的关注应该局限于与公民身份相关的范围。他们的区别仅在于对好公民身份所要求的个人美德的范围有不同看法。参阅 William Galston, *Liberal Purpose* (Cambridge: Cambridge University Press, 1991) and Amy Gutmann, *Democratic Education* (Princeton:Princeton University Press,1987)。

170 3 威尔的观点得到了很多人的支持。美国企业研究所(American Enterprise Institute)的沃尔特·伯恩斯(Walter Berns)认为,不能将保守主义者的理想缩小成"自由"的概念,艾略特·柯亨(Elliot Cohen)也认为"虚弱的政府"是美国国父们排在最后的一项价值。参阅 George Will,"Conservative Challenge,"*Washington Post*,17 August 1997,c7。威廉·本内特(William Bennett)强调大政府有很多让人失望的地方,但是保守主义者"在修辞上越来越无所顾忌地攻击政府本身"还是让他深感困惑。他诉诸本杰明·富兰克林,因为据说富兰克林懂得"一个民族的力量依赖于公众意见对政府的信任程度",不过这不是经济保守主义者喜欢引用的话。参阅 William Bennett,"Rekindling Our Passion for America;Cynicism About Government Programs Cannot be Allowed to Quell Our Love of Country,"*Los Angeles Times*, 28 October 1997,7。

4 参阅 David Brooks and William Kristol,"What Alis Conservatism,"*Wall Street Journal*,15 September 1997。

5 参阅 Amitai Etzioni,*The New Golden Rule*:*Community and Morality in a Democratic Society*(New York:Basic Books,1996)。

138 6 引自 William Lund,"Plitics Virtue,and the Right To Do Wrong:Assessing

the Communitarian Critique of Rights," *Journal of Social Philosophy* 28 (1997):102。

7 参阅 Lund,"politics,"108-9。

8 Etzioni, *The New Golden Rule*, 85-118.

9 参阅 Etzioni, *The New Golden Rule*, 217-57; Robert Bella, Richard Madsen, William M. Sullivan, Ann Swidler, and Steven M. Tipton, *The Good Society* (New York: Vintage, 1991); and Walter Lippman, *An Inquiry Into the Principles of the Good Society* (Westport: Greenwood Press, 1943)。

10 令人吃惊的是国家和社会的区别经常被人忽略。社群主义理论译成德文时,"member"一词通常译成"Bürger"。但后来有人指出,Bürger指的是公民,是国家而非社会的参与者,于是德文里就找不到能体现这种区别的词了。"Mitglieder"的含义更多是费用承担人或集体一份子,不像社群主义的"membership"概念能唤起内心丰富的情感。

11 参阅 Dennis Wrong, *The Problem of Order: What Unites and Divides Society* (New York: Free Press, 1994)。

12 John Stuart Mill, *On Liberty*, ed. David Spitz (New York: W. W. Norton, 1975), 71.

13 Alexis de Tocqueville, *Democracy in America*, trans. Henry Reeve, ed. Phillips Bradley (New York: Alfred A. Knopf, 1991), volume 2, 261.

14 这里虽然涉及这一宏大主题,但并不能详尽阐释。为了进一步理解作者关于该问题的观点,参阅 *The New Golden Rule: Community and Morality in a Democratic Society* (New York: Basic Books, 1996), 160-88。

15 如欲进一步讨论,参阅 Etzioni, *The New Golden Rule*, 85-159。

16 举例来说,可参阅 Robert Sampson, Stephen Raudenbush, and Felton Earls, "Neighborhoods and Violent Crime: A Multilevel Study of Collective Efficacy," *Science*, 15 August 1997。

17 对这些机制及它们在好社会中角色的详尽讨论,参阅 Bellah et al., *The Good Society*, op. cit。

18 法学界近来对这一主题关注很多,通常将之置于"社会规范"(social norms)的概念下。参阅 Richard Epstein, "Enforcing Norms: When the Law Gets in the Way," *Responsive Community* 7(1997):4-15。

19 参阅 Avishai Margalit, *The Decent Society*, trans. Naomi Goldblum: (Cambridge: Harvard University Press, 1996)。

20 E. J. Dionne, Jr.,"Why Civil Society?"*The Brookings Review* 15(1997):5.

21 Robert Putnam,"Bowling Alone, Revisited,"*The Responsive Community* 5 (1995):18-33.

22 参阅 James Davison Hunter, *Culture Wars: The Struggle to Define America*(New York: Basic Books, 1991)。

23 参阅 Robert Putnam, *Making Democracy Work: Civic Traditions in Modern Italy*(Princeton: Princeton University Press, 1993)。

24 Putnam, *Making Democracy Work*, 90.

25 其间的差别只是工具性的,而非原则性、规范性的(比如说规模的大小,公立教育的水平等等)。

139 26 参阅 Suzanna Sherry,"Without Virtue There Can Be No Liberty," 78 *Minnesota Law Review* 61(1993)。著名的公民理论家本杰明·巴伯也提出了相似的观点。尽管巴伯总体上支持志愿社团,但是他也提醒人们提防有些社团的"利己主义、地方主义和特殊主义",这会危及民主。他写道:"地方主义通过将自己同外来的'他者'区分开来,加深了邻里之间的密切关系,但是它抛弃了民主所需要的更为广泛的纽带——这种纽带需要我们超越狭隘的宗族或宗派观,拥有更开阔的视野,才能培育出来。"参阅 Benjamin Barber, *Strong Democracy: Participatory Politics for a New Age*(Berkeley: University of California Press, 1984), 234-35。

27 参阅 Etzioni, *The New Golden Rule*, 217-57。

28 Michael Novak,"Seven Tangled Questions," in *To Empower People: From State to Civil Society*, ed. Michael Novak (Washington, D. C.: American Enterprise Institute, 1996), 138.

29 Peter L. Berger and Richard John Neuhaus,"Response," in *To Empower People: From State to Civil Society*, ed. Michael Novak (Washington, D. C.: American Enterprise Institute, 1996), 148-49.

30 Berger and Neuhaus,"Response,"149-50.

31 John Rawls, *Political Liberalism* (New York: Columbia University Press, 1996), 382-83.

32 Michael Walzer,"The Concept of Civil Society," in *Toward a Global Civil Society*, ed. Michael Walzer(Providence: Berghahn Books, 1995), 16-17.

33 Walzer,"Civil Society,"25.

34 更多关于该市民社会观念的讨论和批评,参阅 Jean Cohen,"Interpreting

the Notion of Civil Society,"in *Toward a Global Civil Society*, ed. Michael Walzer(Providence: Berghahn Books, 1995)。

35 William Sullivan, "Institutions and the Infrastructure of Democracy," in *New Communitarian Thinking: Persons, Virtues, Institutions, and Communities*, ed. Amitai Etzioni (Charlottesville: University Press of Virginia, 1995), 173.

36 Sullivan, "Institutions," 173.

37 Sullivan, "Institutions," 173.

38 参阅 Gertrude Himmelfarb, "The Renewal of Civil Society," in *Culture in Crisis and the Renewal of Civic Life*, eds. T. Williams Boxx and Gary M. Quinlivan(New York: Rowman & Littlefield, 1996), 67-75。

第三部分

作为社会资本创造者的社群

第八章　赋权于民：从国家到市民社会 143

彼得·伯杰和理查德·约翰·诺伊豪斯[1]

在当前美国公共政策领域，有着两股相悖的思想潮流。一方面人们不断欲求现代福利国家为他们提供公共服务，只愿就欲求的方式和程度进行认真讨论；另一方面则对政府和官僚机构等大型组织怀有强烈的敌意，矛头不仅指向华府，也包括所有级别的政府。尽管本文针对的是美国的情况，但这种对现代福利国家的暧昧态度，也存在于其他民主社会，尤其是西欧。 177

如同历史上反复出现过的那样，这种态度再次证明，人们不仅希望能够分享蛋糕，更希望不用为此付出代价。政客们也曾多次利用这种暧昧态度，在缩减开支的同时，承诺更多的服务。现代国家过于夸张的修辞，以及庞大到难以想象的税收体系，激起了人们不切实际的期望，期望这两种相互矛盾的政策可以并存。只要还有人还会在某些时候被愚弄，政客们就会继续借此上位。

但这不是故事的全部。更多政府服务和更小政府规模之间的矛盾也许只是表面现象。更确切地说，我们认为，现代福利国家固然应该提供更多的服务，**但有些服务可以由其他机制取而代之**。

---

[1] 彼得·伯杰(Peter L. Berger)系美国经济文化研究院主任、波士顿大学经济学教授；理查德·约翰·诺伊豪斯(Richard John Neuhaus)系美国宗教与公共生活研究院主席，是美国宗教与社会议题的领袖人物。本文选自二人的合著《赋权于民》(*To Empower People*)。——中译注

当前的反政府、反大型化情绪并不是非理性的。人们抱怨政府没有人情味、不作为，或过度干涉自己的生活；抱怨公共服务在涨价的同时，品质却愈发糟糕——这些都得到广泛的经验证据支持。纽
144 约市的危机已经超越了简单的财政层面，它是整个国家为近几十年的政策而感到不安的一个缩影。与此同时，公众对扶贫、教育、医疗、住房等基本人类需求和重大社会问题给予了广泛的关注和支持。这些要求乍看起来相互冲突，但同样是正当的。公共政策所要做的，是在表达人类需求的同时，不煽动更多的针对福利国家的敌意。

当然，世上没有灵丹妙药。但我们相信，我们提出的替代性机制可以解决一部分问题。如果受到重视，它们能为更深远的公共政策革新提供基础，至少也能为现代福利国家的某些领域创造一种新的范式。

178 中介结构(mediating structures)是我们的基本概念。这一概念由来已久，并有着不同的表现形式。我们的创新之处在于将其全面转化为特定的公共政策。在本研究中，中介结构指的是**介于私人生活中的个人和公共生活中的宏观制度之间的某些机制**。

现代化前所未有地将公共生活和私人生活割裂开来。现代社会结构中最重要的宏观制度，乃是现代国家本身。此外，还有各种大型的经济混合体，它们由资本主义企业、大工会和日益膨胀的科层机构组成(社会中的许多部门，诸如教育业及其他组织化的行业，都受到科层机构的管理)。所有这些制度都属于巨型结构的范畴。

私人生活则是一种现代特有的现象，它是一片处在各种宏观制度之外的奇特领地，支持它的仅有一些脆弱的制度，但它却展现出了让人困惑的多样性。

对现代社会中的个人来说，生活就是不停摇摆于公共领域和私人领域之间。一般说来，巨型结构会使人异化，也就是说，它无法为

个体存在提供意义与认同；而在私人领域中，意义、成就与个人认同才能实现。这两个领域在许多方面相互影响，但大体说来，个人在私人领域中大部分必须依靠自己，因而它充满了不确定和焦虑。因此，现代社会“刚性”的一面（如那些巨型结构）让人不满；而“软性”的一面（如私人生活）又不可依靠。通过比较雇佣劳动和婚姻的社会现实，我们便可以得出这一结论。

公共生活和私人生活的断裂造成了一种双重危机，这既是个人的危机——他必须兼顾两个领域的平衡，又是政治的危机——巨型结构（尤其是国家）则因为不能体现个体意义而变得虚幻，甚至充满恶意。每个人经历危机的方式也不同。有些人能相对成功地度过危 145
机，因为他们可以通过某些中介结构来**调和**两个领域，这些机构既有私人的一面，赋予私人生活以稳定性，又有公共的一面，可以将意义与价值转移至巨型结构。如此，中介结构从两方面缓和了现代社会的双重危机。而中介机构的战略意义就在于，它既可以使脱离社会的个体不再感到迷惘与不安，也使公共秩序远离了异化的危险。

我们关注四类中介结构：邻里、家庭、教会以及志愿社团。这一名单并不完整，入选的理由有两个：第一，它们在多数美国人的生活中占有重要的地位；第二，它们与我们关心的福利国家的各种问题密切相关。我们的观点是，如果公共政策能创造性地认识到这些机制的作用，个人便可在社会中找到“回家的感觉”，而政治秩序也将更加“充满意义”。

如果在制度上缺少可靠的中介，政治秩序将与个人生活的价值和现实相脱节，而失去道德基础的政治秩序也就“丧失了合法性”。这样一来，政治秩序就必须依靠强力而非认同来维持，民主将不复存在。

极权主义（无论打着左派还是右派旗号）的魅力在于，它将一种全面的、具有意义的秩序强加于生活，从而克服了私人存在与公共存在的断裂。尽管已有的极权主义体制深深辜负了其缔造者和臣民的期望，但根据历史经验，它们几乎是不可战胜的。虽然大多数人（包括统治者）以犬儒心态生活于其中，但这种体制仍保持着极高的效率。

由于无法承受制度内意义的流失，民主“失效”了。犬儒主义威胁着它，全盘的犬儒主义更能摧毁它；这就决定了中介之于民主的重要性。这种中介不是零星或偶然的；它必须在结构内制度化。我们选择的四种结构在应对环境的变化方面展现出强大的适应和创新能力，更重要的是，它们构成了日常活动的场所，因此也就成为了合理公共政策的出发点。

对中介结构的这一解读，与埃德蒙·柏克的著名论断异曲同工：
180 “隶属于社会的某一分支、热爱自己的小分队（little platoon），是公共情感的首要原则（也可以说是起源）。”同时，它也与托克维尔对美国人的观察相得益彰：“在民主国家，结社的学问是一门主要学问。其余一切学问的进展，都取决于这门学问的进展。”马克思也为社群的解体感到担忧，他对后革命社会的描述充满了柏克“小分队”式的怀
146 旧；而无政府工团主义（anarcho-syndicalist）更加强调了这一点。

埃米尔·涂尔干在其经典的自杀研究中指出，现代化“风暴”扫除了社群曾赖以为生的“小集团”，只留下国家与一大群“如分子般流动”的个人。许多社会学家也用不同术语对这一困境进行了分析——其中包括斐迪南·滕尼斯、马克斯·韦伯、格奥尔格·西美尔、查尔斯·库利和托尔斯坦·凡勃伦。罗伯特·尼斯比特同样雄辩地指出，社群的解体威胁着美国民主的未来。

在政治实践层面，中介结构似乎也得到了普遍的支持，使得反家庭或反教会的主张无法在政治上立足。但现实并没有那么简单。作

为美国政治核心元素的自由主义(无论其是否认可这个称谓),对中介结构的政治功能(区别于它的私人功能)视而不见。自由主义(根据我们的用法)的主要特征在于,坚持在现存体制内通过政府行动来实现更多的社会正义。(当然,对革命者来说,这不过是“改良主义”,但在美国这样的环境中,革命从来没有成为一个备选项。)自由主义对中介结构的忽视可以追溯至启蒙运动。启蒙运动崇尚普遍抽象的思想,执迷于柏克所谓的社会政策“几何学”,这一自由主义的花园自然不会为具体而又特殊的中介结构提供友好的土壤。它全身心关注的,是个人(“人的权利”)以及公正的公共秩序,处于“二者之间”的存在物则显得与社会的理性秩序相去甚远,有时甚至是一种羁绊;所以只要有可能,就要把它们贬斥为迷信、偏执或近来流行的所谓文化滞后(culture lag)。

美国的自由主义强有力地捍卫着个人的私人权利,并回避有关 *181*
私人行为之公共后果的争论;而私人权利的一大敌人就是各种中介结构,比如儿童相对于家庭的权利,性变态者相对于不友好的邻里或小镇居民的权利,等等。同样地,美国的自由主义亦完美无缺地坚守着个人的宗教自由,但这往往仅限于私人化的宗教自由,因为它狭义地理解政教分离原则,敌视宗教机构的公共权利和功能。这种“几何观”的后果是,自罗斯福新政以来,抽象结构在成倍增长,但对它带来的异化作用,自由主义却无能为力。这也许就是当今自由主义国家的阿基琉斯之踵。

被认为是社会主义翻版的左派,对中介问题给予了更多的关注, 147
毕竟,异化这一术语来源于马克思主义。但左派的弱点在于,它仅仅关注被其视为罪恶之源的资本主义经济,而事实上在已有的社会主义国家中,异化远较资本主义国家严重。尽管某些新左派的理论家借助无政府工团主义的思想来解释这一问题,但大部分社会主义者却将中介结构留给了未来的后革命社会,认为眼下它们只会分散人们的注意力,使之无法集中于建设社会主义的斗争。因此,在我们寻找问题的实际解决方案时,左派无法提供很多帮助。

可是在右派那里,我们也找不到多少有益的东西。诚然,欧洲的古典保守主义非常重视中介结构,但从十八世纪起,这一传统已被一种试图取消现代性的浪漫主义冲动破坏(尽管我们认为新的远景既不现实,也没有吸引力)。另一方面,今天所谓的美国保守主义,实际上就是从前的自由主义,是新政之前被称为自由放任主义的意识形态。正是从新政开始,自由主义才开始从信赖市场转为依赖政府。但不论是从前对市场的信赖,还是后来对政府的依赖,继承的都是启蒙运动的抽象思想模式。此外,今天的保守主义有着与左派恰好相反的弱点:它对大政府的异化作用高度敏感,却毫不关心大企业的类似影响。无论是左派还是右派所表现的片面性,都无益于我们。

正如目前广泛承认的,我们需要摆脱陈旧的意识形态包袱,寻求全新的方法。中介结构范式超越了当前的意识形态或政治的分野,它激起了大多数人的兴趣;有人指责它左,有人指责它右,但这一事实本身却令人振奋。尽管该范式会使传统政治标签陷入混乱,但我们希望,在度过被某些社会科学家称为“认知冲击”(cognitive shock)的最初混乱之后,它的全部内涵会得到实事求是的评价。

本文的观点,同时也是我们试图引入的研究项目的中心内容,可以归纳为三点。第一点是分析性的:中介结构是一个有活力的民主社会不可或缺的。另外两点则是宏观的纲领性建议:公共政策必须保护和培育中介结构;公共政策应该尽可能地利用中介结构来实现社会目的。我们希望,通过严格的审查,我们的研究项目能检验这些观点能否成立;如果成立,它们又如何转化为更加具体的建议。

上述的分析性观点认为,中介结构是社会中制造和维护价值的机构。没有它们，价值生产会沦为巨型结构（尤其是国家）的一项功能，而这正是极权主义的特征。在极权主义中，理应作为主体的个人，成了社会价值宣传的客体。 148

两个纲领性观点分别代表了我们的最低和最高要求。作为底线，公共政策应使中介结构免遭破坏。过去的许多破坏都是无心之失，我们因而必须更加小心。既然我们已经开始关注政府行动对少数族裔或环境的影响，我们也应该去关注公共政策对中介结构的影响。

作为最高要求的观点（“利用中介结构”）则更加冒险，因为我们强调的是“尽可能”，但中介结构范式并不适用于所有政策领域。此外，在急于与政府合作的过程中，这些结构面临着被政府“收编”的风险，这会破坏其独特的功能。譬如，未来政府控制家庭的前景就恰好与我们的意图相反。利用中介结构的目标在于，在增加政府服务的同时，不产生更多的政府压迫。总之，这一目标实现与否，将是民主面临的一大严峻考验。

值得注意的是，以上这些观点并不等同于政府职能的分权（decentralization），它们只是在表面上相似。分权仅仅意味着政府结构**内部**的变化，而我们考虑的是政府与个人**之间**的结构。我们也无意于政府职责的下放（devolution），那带来的无非是福利国家的解体。我们希望的是重新思考政府履行职责的制度手段，这不是要废除新政，而是用更为民主的方式来实现新政的理想。

最后，“小即是美”的意识形态日渐流行，我们在情感上与其有共鸣之处，但不同意其系统地对抗现代社会的基本特征。我们并不攻击巨型结构，只是想寻找更好的方式来促进它们与日常生活中的“小分队”的联系。

本文的主题是**赋权**。现代化的一个消极后果是，在面对各种制度时我们越来越感到无力，因为它们控制在我们素不相识、也没有共同价值的人手里。为了不致引起疑问，我们可以明确我们的信念是：无论是谁，每个人都比别人更了解自己的需要，至少99%的情况如此。本文讨论的中介结构，是人们的真实价值和真实需要的最重要代言人，它们通常是一些为人们量身打造的制度。公共政策应当承认、尊重它们，并在可能的情况下，赋予它们更多的权力。

149 该说说贫穷的问题了。高收入者有办法免于巨型结构的侵害：他们的孩子不会任由冒牌儿童专家摆布，他们的健康不会受到各种既得利益的伤害，他们的邻里也不会沦为规划者的乌托邦试验品。他们虽然也会陷入被动，但只要选择反抗，就总有办法脱身，而穷人鲜有这样的能力。中介结构范式的目标在于，让穷人拥有与富人相同的能力，并将这种能力扩展到更多的领域，尤其是那些涉及自己生活的重要事务。有些人认为这是平民主义，但这个概念已被乌托邦思想和怨恨的政治所玷污。因此，我们更愿意称其为赋权于民。

邻　　里

米尔顿·科特勒(Milton Kotler)在《邻里政府》(*Neighborhood Government*，Bobbs-Merrill 公司 1969 年出版)一书中写道："邻里在什么地方，最明智的方法是去问瓜分地盘的帮派、留意新面孔的老人、计算住宅与学校之间安全路线的儿童以及极少往远处遛狗的人，因为他们大量的时间都是在确定邻里的边界。"

乍一看，人们维护邻里是出于母爱的天性。邻里是一个相对完整和安全的场所，保护我们远离"外面"那个支离破碎、充满凶险的大世界。邻里观念让人们滋生温暖的思乡之情以及对社群的向往。邻里虽然不是真正的家，但除了家以外，它最能带来家的感觉。

虽然受到上述情绪的影响，但今天人们对邻里的兴趣早已超越了纯粹的感伤，而将其视为重塑国民生活的关键性中介结构。正如族群纯洁性或邻里完整性之类的表述让人感到恐惧和迷惑，对邻里的关注也触及了社会政策中最急迫、最敏感的某些议题。事实上，有不少人指责所谓邻里的“再发现”，认为不过是稍加粉饰的种族主义宣言。

面对非议，许多肤色不同但却致力于种族平等的人与我们站在了一起。我们认为，强大的邻里能为所有美国人带来更多的平等和正义。所以，纯粹的黑人邻里必定是弱小邻里的说法是不对的；否则，美国黑人只能对生活彻底绝望，要不就幻想不切实际的社会革 150
命。简而言之，真正的社群应立足于实际的生活，如果我们希望创造的是一个没有族群优越感和偏见的理想社会，那将注定失败。

合乎道义的社会政策必然与穷人（在美国，特指贫穷的黑人）的需要相一致，但生活于邻里、并珍视邻里价值观的，并非都是穷人。本文讨论的邻里，既包括大城市郊外非全天候的、人烟稀少的睡城（bedroom communities），也包括族群和经济形态杂糅的纽约东村（East Village），以及宁静而同质的得克萨斯州西斯科市（Cisco）东郊。总之，我们的邻里定义是，只要当地居民自己承认是就可以。

从公共政策的角度看，我们无法给出好邻里的明确定义，但能指出坏邻里的共性。很少有人会选择住在犯罪猖獗、房屋破败、垃圾丛生的地方。我们反对这类现象，并不是想把中产阶级的价值观强加于穷人，毕竟所有人（至少是所有穷人）都不会排斥以下这些“中产阶级”价值观：安全、卫生和随富裕而来的选择自由。针对所谓的坏邻里，我们有三种基本的公共政策选择：我们可以忽视它们；或者赶走它们，让全社会来承担它们的问题；或者，我们可以将坏的转变成好的。第一种选择虽然常见，但并不可取；第二种选择给穷人以外的人带来了严重威胁，因此只有借助革命才可能实现；第三种选择则拥有最广阔的前景，能够获得美国人民的支持。并且，如果我们不从贫富对抗而从实际结果来看，第三种选择也将带来最深远的影响。

社会科学家和计划者偏爱为所有情况给出统一的定义，因此纠结于寻找好邻里应具有的共性。我们的研究认为，这种癖好应当适可而止。譬如，一个有活力的邻里并不一定要创造强大的社会内聚力，或增强个人的集体认同感。事实上，许多人希望邻里能够尊重结社的自由选择权甚至匿名权，不会因为这种类型的邻里（通常位于市区）缺少社会内聚力而不称其为邻里。内聚要求牺牲个人自由，自由则必须离群索居，人们可以选择自己希望的邻里类型，但都必须付出相应的代价。邻里理念的提出，就是为使人们能够进行这样的选择，而现实生活中的许多邻里已经践行了这一理念。问题在于两种好处不可兼得，人们无法在不破坏原貌的前提下，将新英格兰小市镇的内聚力与纽约东村的匿名性整合于同一个邻里。

151 另一方面，从内聚的邻里发展为自由选择的邻里并不必然意味着一种进步。对公共政策拥有强大影响的文化精英，总以为他们已经脱离了老式邻里狭隘地域观念的束缚，从而为大城市注入了源源不断的活力，但他们所信奉的解放，并不是普遍接受的规范。譬如，吸引了大量文艺、学术和政治人士的纽约市上西区（Upper West Side）有着自己的地域观念、禁忌和限制，以及公认的信仰和行为模式。这些城市精英对个人自我实现和宽容的坚定信念，使他们无法容忍密歇根州汉翠克市（Hamtramck）美国退伍军人协会圣达义分部（St. Stanislaus American Legion branch）的信仰和行为，正如那里的居民也不能容忍纽约精英们的解放理念那样。

卡尔·马克思曾生动地描绘过“乡村生活的愚昧”。然而，对我们的研究来说重要的是要认识到，表面上的愚昧事实上可能是一种我们无法应对甚至不希望面对的复杂性。从内聚的社群转向世界主义(cosmopolitanism)、从乡村走向城市邻里，并不必然是一个从简单转变为复杂的过程。事实上，转向世界主义的人会退出主宰乡村生活的各种复杂社团(家庭、教会、俱乐部等等)，从而过上简单的生活。相对多数小城镇而言，一个外人更有机会在纽约取得政治和社会成功，因为在大城市中，几乎所有人都是外人。换句话说，在城市移民的世界里，每个人都能拥有一片属于自己的小天地。针对社会思想中存在的对都市性和普遍性的偏爱，中介结构范式要求我们认真看待邻里内部调节人们生活的各种结构、价值和习惯，而不论这些邻里位于哪里，也不论它们是内聚的还是个人主义的、是可供选择的还是世袭的。相比生活圈子仅限于地方教堂或联合堂(union hall)的邻里，围绕自由的民主党俱乐部活动的邻里并没有天然的优越性，它们也不是其他邻里的最终标准。公共政策应着眼于保持邻里的多样性，使得人们可以按照自我的理解和愿望来自由迁移和居住。

赋权于邻里并不能解决所有的社会问题。被赋权的邻里可能会以强力和残忍的方式将它们的价值观强加于个人，这时，为了保护基本人权，邻里之上的政府必须进行干预。然而，公共领域和私人领域的分野再次扮演了至关重要的角色。近年来，对个人权利的过分强调已经严重腐蚀了社群，使其没有能力维持公共领域中民主决策的 152
价值。一个具有讽刺意味的现实是，一些支持标志性建筑保护委员会进行美感审查(aesthetic censorship)——譬如，在没有法律许可的情况下，禁止标志性建筑的所有者频繁更换哪怕台阶或窗台——的人，却反对控制色情、卖淫、赌博等“无被害人犯罪”(victimless crimes)。可是比起纯粹的美感，这些犯罪侵害的反而是邻里中更基础的价值观。事实上，这一表面矛盾的背后，隐藏的是一种强大的阶级因素：那些住宅位于建筑遗产范围内的业主，通常也是珍视建筑遗产价值的人，而他们所处的邻里并不会被色情、卖淫和毒品买卖所困扰。总之，握有权力的人可以召唤警察来捍卫其价值观，而没有权力的人则不行。

这种有害于邻里的个人主义偏见，也被法院判决所强化，因为它们没有学会区别对待不同的邻里。也就是说，法律倾向于假定一个单一的国家社群，而不是一个由成千上万社群组成的国家社群。于是，因为加利福尼亚州伯克利市或时报广场确定的先例支持了公开的色情宣传，所以在印第安纳州科科莫市（Kokomo）也必须如此。当然，如果科科莫市禁止现场色情表演，那么想在市中心观看表演的人的权利确实受到了侵犯。但更为显而易见的是，现在科科莫市的居民被剥夺了民主决定本社群事务的权利。如果不希望公民自由成为公共价值观之敌，不希望法律成为人们的生活自主决定权之敌，我
188 们就应该更仔细地厘清公共与私人的关系，必须更加尊重公共与私人行为之间的差异。

目前人们把个人权利和公共权利混淆起来的一个原因是，旨在化解美国种族问题的某些政策，被不假思索地应用到了既不可行也不公平的其他领域。在经受了漫长而又曲折的痛苦之后，我们作为一个国家庄严地承诺，任何有种族歧视色彩的公共管制措施都将被取消。这一国家决定必须得到彻底的遵循，但同时，我们也必须强调美国种族史的独特性。公共政策应当区别对待各种歧视现象，歧视的背后是特殊主义，而特殊主义的背后是多元主义。为了安抚受侵害的少数族裔或个人而过度泛化的反歧视政策，会产生两种必然后果：其一，它将进一步侵蚀地方公共权威；其二，它使美国少数族裔曾遭受的委屈和不公正失去其历史意义而变成一堆细枝末节。

153 从公共标准和许可角度看，越轨行为总是要付出代价。但是，如果没有这些标准，也就不会有所谓的越轨。一个在肯塔基州帕杜卡

市(Paducah)涉嫌公开场合越轨行为的人,可以选择为行为付出代价,也可以选择说服市民接受他的行为,甚至可以搬到纽约。但有一件事他不可以做,那就是通过报警来阻止当地价值观对他行为的苛责。(当然,这些越轨行为并不是指表达不受欢迎的政治或宗教观点,因为后者就像禁止宗族歧视一样,受到国家法律和全民共识的严格保护。)城市——有人视其为藏污纳垢之地,也有人视其为解放的乐土——在历史上曾是顽固越轨分子的避难所。我们这里说的"他可以搬到城市",听起来有点像最近十年反战人士的批评者所说的"你不爱这个国家可以离开",这当然不是我们的意思,但这里真正的问题在于国家与邻里的巨大差异。我们都是国家的公民,享有这个国家赖以建立的各种权利;但与此同时,这个国家里还有无数的社团(比如可以自由选择的邻里),而社团内部则需要亲密的关系。这个国家建立在多元主义之上,是由许多个"众"(plures)合成的"一"(unum)。如果国家政策消除了科科莫、盐湖城、旧金山或新奥尔良之间公共价值观的差异,我们的国家也就抛弃了"合众为一"(E Pluribus Unum)[①]口号引导之下的社会实验。

从这个角度看,合众的目的并不是要摧毁,反而旨在强化特殊性,其中也包括了邻里的特殊性。但是,否认"众"和"一"之间的某些冲突也是幼稚可笑的。众所周知,形成邻里(尤其是在市区)的一个决定性因素,是深深烙印在美国人生活中的种族主义。但问题在于种族歧视往往与其他类型的歧视密不可分,后者则由人们的态度、行为模式和不平等的经济地位决定。人们固然同情那些百折不挠、坚持与种族歧视作斗争的人,同情他们最终不得不诉诸政策以扫除种族歧视残留。然而事实上,包括黑人和穷人在内的几乎所有美国人

① 美国国徽上的一句箴言。——中译注

都反对此类平均化政策，他们（且不问对错）将“自由企业制度”视为自己的利益所在。所以更公正可行的做法是，按照邻里居民的意愿，为邻里发展提供大规模的政策性支持。随着贫困邻里的居民实现更多的“中产阶级”目标，种族歧视就会自然而然减少，或者越来越不得
154 人心，那时再由法律出面就会事半功倍。取得成功的穷人也不需要搬走，从而把难以翻身的穷人永远抛弃和“隔离”在贫困的邻里中。人们常常忽视的一个现象是，许多中产、富裕的黑人选择生活在哈莱姆[①]，努力地将这个被抛弃的、没有希望的地区改造成“好邻里”。这种拯救邻里的方式，值得人们进行更深入的研究，并给予更多的尊重。

白人普遍的种族偏见使得黑人无法借着经济上的流动而自由选择居住地点和方式。媒体、教会、学校、政府等掌握道德权威的制度
190 必须不断加大努力，教育人们摒除种族偏见，如果某些种族歧视事件证明与别的因素无关，当事人就必须受到严厉追究和惩罚。不过，克服种族主义的关键，最终还在于中产阶级的经济条件与价值观，因此，公共政策必须集中关注人们所在社群的发展。有些人会反对这一观点，认为它将黑人和穷人束缚于现有的隔离制度之中。但我们的回答是，如果把进步寄托在美国种族观或经济制度的革命性改变上，那无疑会将数百万美国黑人推向绝境。毋庸讳言，忽视邻里或走向革命都不是邻里发展的替代选项。忽视邻里是不道德的，或者即使可以接受，长期来看也会让整个社会的生存发展付出巨大的代价。另一方面，革命则完全不可能发生，让穷人指望于它则过于荒谬和冷酷。

我们认为，对现有居住和区域管制模式的攻讦在许多方面存在

---

① 位于纽约曼哈顿的著名黑人居住区。——中译注

错误。如果这些管制没有被完全废除，讨论这些攻讦并不是当务之急；而如果它们真的被废除了，非但穷人得不到承诺的好处，会遭受更多的不公正待遇，其他抵制变化的人也一样。有人提议让各地平摊穷人的数量以消除贫困，但他们不曾想过，当穷人被迫迁至新邻里、感受到强烈的贫富对比时，是不是会增加他们的负担。比如将芝加哥南城接受救济的家庭迁至这个大都市的其他地区，即便有后勤和政治上的保障，我们也很难保证，让规划住宅中的穷人与繁华郊区年收入达八万美元的人比邻而居，能给他们的生活带来改善。生活在郊区的居民面对这一问题时十分谨慎，他们害怕贫困会带来各种社会问题；如果按带有种族主义色彩的流行说法，他们不欢迎会带来那些问题的少数族裔。让美国人为种族主义感到羞愧是一回事，而让他们为自己的中产阶级价值观感到羞愧则是另一回事（这些价值也受到穷人的热情追捧），这种想法是不当和徒劳的。除此之外，通 191
过遣散穷人以消除贫困的巨大错误还在于它剥夺了穷人（无论是黑 155
人还是白人）自己的社群。同样，许多出于好意的社会舆论都暗含某种观念，认为纯粹的黑人邻里或学校必然是不好的，这其实是一种逆向的种族主义。而随着贫困的黑人逐渐接受这种主张，它也就成了一个自我实现的预言。

总之，从邻里与种族的联系中，我们可以总结出“指令”型（prescription）社会与“禁令”型（proscription）社会的显著差别。我们作为社会整体，承诺在公共领域禁止种族歧视，无论过程中遇到什么困难，这一禁令都必须坚持不懈地执行。但指令型社会又是另一回事，它制定政策，规定并平衡人口与财富的分配，而如果走得太远，它非常容易引发革命性的反动，而且最可能的是右翼的反动。而就目前的发展状况而言，它已然开始侵蚀社群的权力，不但使人无法专注于邻里的发展，也使许多美国人对国内公共政策的大方向感到疏远。

邻里发展要真正起到作用，就必须与分权的做法区别开。从檀香山到马萨诸塞州的牛顿市，美国人在过去的十年里见证了邻里议会的迅猛发展，城市地区涌现了许多“小市政厅”。但是，巨型结构的分权进程，并不等同于有活力的中介结构的产生，事实上情况可能正好相反。分权能使邻里居民感到自己的意见得到了倾听，甚至感到一种参与感；但仅仅感觉还不够，人们获得的权力还必须成为现实，才谈得上真正的发展和治理。在教育、医疗服务、法律执行、住房管制等领域开展邻里治理，就是让居民民主地决定哪里是他们的利益所在、哪些东西符合他们自己选择的生活方式和价值观。

目前的邻里政府运动热潮有着许多不同的来源。这场运动有时贴上了“新杰斐逊主义”的标签，但在历经两个世纪的大规模移民和
192 城市化之后，我们已经无法像杰斐逊那样设想一个由乡村和小市镇组成的美国，正如我们无法沉浸在某些群体一味追求“小型化”的中世纪幻想之中。我们相信，公共政策的一个前提应该是，现代的技术工业社会会是我们可以预见的将来。我们的观点不是反对现代性，而是赞成寻找更多的途径，使得现代性更具人情味。譬如，就邻里政府而论，半个世纪前的人们普遍认为现代性要求城市政体“理性化”。
156 这是当年“改革”和“好政府”运动的前提，它试图加强城市治理的行政管理而非党派政治色彩。这种方式的局限性在今天已经广为人知。

比如，行政管理模式的城市治理，即使出发点再好，都是在为某些既得利益服务。一些黑人作家和政治家就曾很公道地指出，这一运动除了革除地方管理制度的非理性成分外，也包含了明显的种族因素。随着城市中黑人数量的增多，一些改革者开始强调区域规划和控制的重要性，试图剥夺黑人控制城市权力的机会。在 1976 年纽约市的财政危机中，——当时越来越多的权力已经转移给了州政府、

银行和华府，——一种广泛存在的悲观论调认为，政治掮客们已经准备选出第一位有权在庆典上剪彩带的黑人(或波多黎各裔)市长。

此外，今天还有成千上万的公职人员、政客、计划者和理论家，他们借口社区管理的混乱，而一心维持着国家组织的华丽外表，这也是他们的利益所在。为了邻里政府的前途，我们必须设法不去触动这些中央集权的寄生虫，尽可能满足他们的合法利益，这样邻里政府才能告别抗议运动，而真正在公共政策中得到承认。譬如，我们应当区分工会化的职业人士和职业化的工会分子(unionized professionals and professional unionist)，在考虑邻里等中介结构在公共政策中的角色时，不应当损害前者的利益。事实上，一旦把目标确定为更好地满足人民的需要，真正的职业想象力反而有了更大的用武之地；有了公共世界里其他制度选手的配合，职业人士更可以从容不迫地进行
创新。所以，通过工会等社团实现的对职业利益的保护，不必一成不 193
变地沿用那种大一统的行政管理模式。

激发人们对社群管理和邻里政府热情的另一个因素是，他们逐渐认识到地方可能无法分到公平的税收拨款。一些研究表明，即便是贫困邻里，在把所有东西计算在内之后，所得的返还也远少于所交的税收。我们的建议并不是将所得税之类的税收交由地方管理，但值得进一步研究的是，如果调整分门别类的政府开支，将税收拨款公平地返还给它们的来源地，联邦和州政府的征税职能是否还能继续存在。当然，这一建议超越了当前所谓的收入分成制度(revenue
sharing)，不过它也没有否认诸如交通或国防之类无法由邻里履行的 157
职能需要大量的资金。但我们认为，对卫生教育福利部(Department of Health, Education and Welfare, HEW)[①]提倡的各种活动来说，只有社

① 该部门已于1979年被拆分。——中译注

群居民才最了解其中哪些有助于社群的维护和发展。

如果邻里是公共政策的关键所在，那么政府就必须行动起来，资助邻里的改善。众所周知，给衰落的邻里画红线的做法非常流行[①]。强迫私人金融机构将资金投向改善贫困邻里住房之类的项目，这大概是做不到的；除非直接将矛头对准自由企业制度，否则人们总是可以找到各种托辞而将资金投向最安全、收益最高的地方。为使邻里更好地发挥中介功能，我们可以寄予希望的，是类似于曾在"二战"后新兴郊区建设中发挥重要作用的联邦住宅署（Federal Housing Administration）援助计划那样的东西。我们相信，这类计划既然在过去成功地用于建立新社群，同样可以用于老社群的维持和复兴。比如，尽管近年来出现了腐败和混乱局面，但城市不动产计划（urban homesteading）[②]的大方向依然是正确的。在一个非常基础的层面上说，我们应调整房产税，鼓励而不是抑制修缮住宅的行为。特别是在大都市中，哪怕是最大幅度的税收优惠政策，不需要太长时间就会看到它比现行体制带来了更多的岁入。毕竟，很多地方都可以看到的废弃建筑说明，现有的征税标准太高，反而不利于征税了。总之，我们应对整个税收结构进行改革，以鼓励租房的人拥有属于自己的房子，并使得现有的房主乐于修缮自己的私宅。

加强邻里功能的另一种方式是鼓励邻里的居民为法律的执行承担更多职责，特别是在打击恐怖犯罪方面。在这一领域，我们以往过于倚重专业队伍，又害怕居民保安委员会滥用私刑，从而忘记了社群

---

① 为了预防过高的借贷风险，美国的一些金融机构会将部分地区列入贷款或保险的黑名单，它们的最初做法就是把那些地名在地图上用红线画出。——中译注

② 该计划是指政府将市区被弃房屋赠送或以极低价格卖给低收入家庭使用，但该家庭须在三年内将其整修至合乎法令要求的水准，并只有在居住五年之后，才能获得所有权。——中译注

的价值观只有在居民的具体实践中才能实现。我们的思路不应局限于社群对传统警察活动和人事安排的控制，而更应该重视每个社群都会有的非正式“法律执行人员”——经营糖果铺的妇女、遛狗的行人、在公园长椅上休息或在家瞭望四周的老人。他们的存在，可以为住宅、学校等处设计“防卫性空间”(defensible space)提供新的思路。我们建议由公共基金出资，为家长和其他社会人士提供一份兼职工作，以维护学校等公共空间的治安。从熟悉法律执行的资深人士那 158
里传来的消息给我们留下了深刻印象，他们说虽然遍布全城、部门齐全的专业警察已经被默认为城市的必需品，但在大多数情况下法律执行并不需要这样一支队伍。事实上，虽然绝大多数的邻里居民都希望法律能够得到执行，但他们往往对此感到无能为力，进而整个邻里在对付犯罪时束手无策。我们必须检讨引起这种无力感的公共政策，并寻找替代的方案。

最后，任何有关邻里的讨论都不能忽略大众媒体在制造共同文化时的同化作用。我们怀疑并且衷心希望，大众媒体对美国社会地方特色的破坏作用被高估了。当然，具有巨大力量的电视制造了一种针对流行事件和价值观的全国性话语。但我们并不想要关闭国家电视网络，而是认为在科技手段业已成熟的情况下，公共政策应着眼于开放更多的未被使用的频道，以供各种地区性、族群性或选举性团体使用。同样，我们也应重新审视税收政策、邮政监管制度等因素，以促进邻里报纸和其他出版物的发行。

以上所有的内容都是在说，如果我们想要生活变得更加人性化，使社会维持在一个符合人性需求的规模，就必须懂得，地域观念不是一个丢人的词汇，正如教区(parish)一词由希腊语的 para 和 oikos 组成，意为“屋子旁边的地方”或“邻居”。由于我们都想获得选择的权力，都与居住地的利益休戚相关，因而，赋予我们自己和邻居更多的权力，是大家的共同利益所在。

家　　庭

在有些地方——城市更为常见——人们过着一种基本上与家庭没有多少联系的生活。诚然我们乐意见到人们过上了自己选择的美好生活，而且类似的选择确实使城市变得更加丰富多彩、充满活力，更加迷人。不过，鉴于选择这类生活的人为数不多，将他们的生活方式向全国推广，就很不明智、不民主。对大多数美国人来说，邻里和社群与家庭这种机制是紧密相连的。

由于家庭观的巨大变化，家庭看上去危机四伏，但没有证据表明它因此走向了衰落。譬如，较高的离婚率也许并不意味着家庭的衰
196 落，反而是由于人们提高了对婚姻和家庭生活的期望，这一点可以用较高的再婚率来证明。而值得注意的是，对中产阶级家庭持批评态
159 度的反文化，也使用家庭之类的术语来构建它的新社会，而发誓忠于"姐妹情谊"(sisterhood)的激进女权主义者在这方面也不例外。对大多数美国人来说，中产阶级家庭(哪怕变得面目全非)仍将是社会的主流。

当然，现代化给家庭带来了巨大的冲击，在很大程度上剥离了家庭早先的教育和经济功能。但从另一个角度看，现代化也使家庭的重要性比以往更为突出。家庭是私人领域的主要机制，是许多人生命中最珍贵的东西，他们的道德承诺、情感投入、未来规划，甚至不朽的渴望，无不发生在这里。

但矛盾的是，一方面，政府、商业、媒体等巨型结构为家庭留出了空间，使其成为满足个人愿望与成就的自治领域。到目前为止，这个空间一直受到家庭的法律定义的很好保护。而另一方面，巨型结构

却总在侵入家庭。我们无法也不应去完全消除这些侵害，毕竟，家庭存在于一个共同社会之中。不过，我们可以采取积极措施来保护和扶持家庭制度，使其能够抵御现代性的冲击。

这就意味着对**作为一种制度**的家庭的公共认可。仅仅从个人出发，从个人和家庭这一制度的偶然联系入手去关注家庭是不够的。对家庭制度的公共认可是一种绝对的命令，因为每个社会都无法逃避儿童的抚养和价值观的传承问题。极权主义政权一直试图（至今未见成功）取代家庭的这一功能，民主社会则因其自身性质决定而无法越雷池一步。总之，民主社会必须抵制任何取代、弱化家庭制度的企图，无论它的出发点多么善良。

公众对家庭的关心，并不意味着他们会漠视个人权利。相反，如果个人想在成长过程中获得并保持强烈的认同感和价值观，就必须要有一个强大的家庭。个人无法在弱小的家庭里找到根基和方向，就会对权威产生渴望，从而成为威权运动的理想人选，走到民主社会的对立面。

即使是自由至上派所主张的成年人私人生活不受任何公共干预这一观点，与对家庭制度的忠诚之间，也是可以调和的，——虽然会有些棘手。公共利益在家庭中主要关系到儿童，而不是成人；即便关系到成人，也只是因为他们在看护儿童。这里，公共利益在性质上是制度性的，即，国家是把儿童作为家庭的成员来保护的。家庭对儿童拥有"主权"；但正如现代世界中的其他主权一样，家庭主权也有其限制，如法律对虐待、构成刑事犯罪的疏于看护行为（criminal neglect）等等的规定。当然，这些方面的举证责任不在那些保护家庭自治的制度，而须由那些助长国家干涉的政策或法律承担：这一点秉承了我 160
国最重要的法律传统。

换个角度说，我们反对一切略过家庭中介作用、将儿童置于国家直接干涉之下的政策，并对当下有关儿童权利的讨论表示怀疑，尤其是那些用来对抗家庭的权利。儿童的确拥有自己的权利，其中一项就是生活在强大而健全的家庭中。如果有人在宣传儿童权利时，试图将他们的看护权从家庭转移至一个由专家组成的群体（“我们最了解儿童”），那样的花言巧语一定是在掩饰某些既得利益——其中一定有意识形态利益，以及更赤裸裸的工作、金钱或权力利益。

我们之所以偏爱父母而非专家，不仅仅是民主信念的问题，我们也并不否认专业知识是必需和有益的。这种偏爱出于一个简单而又总被人们忽视的事实，即几乎所有的父母都爱他们的孩子，而极少有专家会爱他们看护的孩子。专业知识不仅难以处理情感问题，其本身就须做到一定程度的情感抽离（emotional detachment）。此外，与专家不同的是，父母对孩子的看护是长期性的，甚至永远不会中断。因此从根本上说，父母比专家更了解孩子的性格、经历和需要，而专家只能为孩子提供一般、抽象的培养方案。这些方案有时是合理的，但更多时候不是。

198

我们无意鼓吹中产阶级的家庭模式。无论是养父母、同性父母，还是观念开放的家庭，只要能像传统家庭一样为孩子提供关爱与永久性的结构，都是可取的。事实上，几乎任何结构都比国家派来的专家更有利于孩子的成长。

在很大程度上，家庭被现代社会逐出了关键的教育领域。它至多只是国家的辅助机构，因为在大多数情况下，后者以强力（义务教育法）垄断了五六岁之后的儿童教育。现代社会也有私立学校，但只有上层阶级才能享受，所以在子女教育权利方面受害最严重的是低收入的父母，他们对学校为其子女安排的一切几乎没有发言权。这种歧视侵犯了一项基本人权，也许是最最基本的人权：即为孩子选择一个环境的权利。

我们无意剥夺高收入家庭已有的选择权。当下对英国私立学校（英国人称为公学）的攻讦并非我们所乐见。我们的目的，是想让没有决策权力的人获得更多的选择。在这个有人挨冻、有人却在享受温暖火堆的世界里，我们的出路不是浇灭所有火焰以达到平等，而是要让挨冻之人也能享受到温暖。

然而，教育界还存在一种更严重的阶级歧视。由于出身或社会 161
流动，教育机构的职员多来自中上层阶级，他们对机构的规章制度和文化氛围施加着巨大的影响。这意味着，从入学的第一天起，来自非中上层家庭的儿童就面临一个陌生的环境。在某种程度上，这也许是无法避免的。毕竟，现代世界属于中产阶级，要在这个世界获得成功，就必须掌握他们的技巧和行为模式。我们不像某些人那样，认为教授下层阶级儿童标准英语是一种文化强奸。不过，教育机构仍会通过许多方式，系统性地轻视非中上层家庭的生活。然而，有上百万美国儿童与他们的父母生活在这样的家庭中，因此，学校在教会这些儿童鄙视父母的同时，也在教会他们自卑。

一些大城市的教育机构已对这些问题做出了回应，有些做法甚至是创造性的。不过，希望拥有强制权力的垄断机构主动变革，这并非易事，最好的办法用外力引入变化以打破这种垄断，比如让人们可**以自由去其他地方购买教育服务**。我们相信，相比目前控制着儿童教育的专家，低收入的父母能为他们的孩子做出更明智的决定。如果人们否认父母的这种能力，就犯下了最严重的阶级偏见，在许多场合甚至与种族主义无异。

反对国家监护、支持赋权于民（而不论其经济或社会地位）的立场并不十分激进——之所以会对某些人显得过于激进，恰恰说明美国社会的官僚化和职业化造成的精英主义和反民主主义影响。

与怨恨的政治不同，赋权于民不是一个零和博弈。也就是，在赋予低收入者更多的权力时，无需剥夺他人现有的权利或财产。但这一过程以低贫困率为前提，如果贫困率过高，再多的赋权也是徒劳。任何人道而有效的社会政策，必须让每名社会成员过上最低限度的体面生活。收入维持计划（保障收入、负所得税等等）的相对优点不在本文的讨论范围，但本文全部立论的基础就是承认人们必须获得这种体面生活。它不仅是一个道德命令，也使人们不再依赖现行混乱的福利制度，从而增强中介结构的作用（尤其对贫困家庭来说）。

我们的政策理念可以在以下三个议题的讨论中清楚地显现出来：教育券、日托以及残障人士的看护。教育券的设想由来已久，在几度兴衰之后，它仍是教育改革领域最引人注目的激进方案之一。按照教育券的初衷，公共教育拨款的对象，应由学校变为个人。父母
162 （或满足年龄条件的子女）自行择校，并用教育券支付学费，这样一
200 来，学校也就获得了国家的补偿。从本质上说，这一设计是将《军人复员法案》(GI Bill)[①]模式运用于处在教育早期阶段的年轻学生；它打破了当前教育制度中的强制垄断，使个人从充斥着官僚和专家的巨型结构中获得更多的权力，为低收入者提供了特殊的救济。此外，它还有助于培育带有自己价值观的特色社群——无论这种价值观体现为生活方式、意识形态、宗教信仰还是族群归属——从而丰富了美国社会生活的多样性。它不会增加，甚至可以减少纳税人的负担；因为有证据表明，至少在小学教育中，规模效应是不成立的。

在政治上，分别以米尔顿·弗里德曼和克里斯托弗·詹克斯(Christopher Jencks)为代表的右派和左派都有人支持教育券，他们的主要分歧在于发放的范围：高收入的父母是否有权利在收入之外

---

① 该法案旨在为美国的复员军人提供教育、职业培训、住房、健康等方面的财政援助。——中译注

再获得教育券。弗里德曼认为应该,因为他们有权利享受纳税的收益,同时不必牺牲对自己收入的自由支配权。詹克斯从平等的角度认为他们不应该获得。对此,我们倾向于支持弗里德曼的立场,原因有二:其一,资助学校的目的在于教育孩子,而不是平均收入;其二,正如前文所述,赋予低收入者更多的权力,不会牺牲他人的利益。——无须多说,后一种原因主要是为了便于在政治上推行教育券,便于其他政策领域推行中介结构范式。

目前仅有少数地方,如西雅图、加利福尼亚州明矾岩市(Alum Rock)和印第安纳州的加里市(Gary),在公立学校体系内试验了教育券。试验的效果还有待进一步分析,但人们已就出现的问题发出了警告。其中最为迫切的是,教育券无论如何都不应用来补助那些在招生时存在种族歧视的学校。而另一项警告则指出,目前的教育券试验有失公平,除非将公立学校体系之外的学校也纳入试验范围。 201
(当然,这又会牵扯到教会与国家的关系,我们将在下一节讨论这个问题。)

尚待解决的问题还包括:国家是否应发放统一额度的教育券,还是按收入水平划分等级?国家是否应制定一个核心课程大纲,并如何确保其执行(现场检查还是考试)?现有的教师资格认证手段,是否应扩展至私立学校?将所有学校在事实上变为公立学校,还会产生什么后果?以及,教育券制度会对教师工会带来什么影响?尽管到目前为止,教师工会反对这一设想,但我们相信,在教育券框架内,他们的基本生存权益和职业利益都会得到保障,并且是比现在更好的保障。

我们显然无法在这里回应所有的问题。但让我们震惊的是,几乎所有反对教育券的意见,都**不是出于教育上的理由**。但教育才是 163
学校的本职所在。

现在让我们转到第二个例子。我们注意到，由于幼儿母亲不断地进入劳动力大军，由于许多受到女权运动影响的人主张，职业女性应该享受到针对她们特殊需要的公共服务，于是日托成为了一项公共议题。由于这两个因素还会继续存在，所以日托在可预见的未来仍将为公众热议。

目前，针对国家的日托政策，人们有三种不同的立场。其一认为，政府应很自然地远离这一领域。因为从财政上说，有关计划将耗资巨大，而从意识形态上说，政府应约束自己，避免如此大规模地侵入人们的幼年生活。第二种立场则支持建立一个由联邦出资、附属于公立学校的综合性儿童看护制度。持有这种观点的，包括全美教师联合会(American Federation of Teachers)。第三种立场与第二种类似，区别仅在于，它反对公立学校加入这一国家计划。这一立场的代表是蒙代尔—布拉德马斯法案(Mondale-Brademas bill)，后者由福特总统于 1976 年否决。与"抢先起步"(Head Start)项目类似，这一计划依靠一些重要赞助者的支持。这些赞助者既可以是私人的，也可以是公立的；它们可以是志愿社团、邻里组织，也可以仅仅是筹资开办日托中心的父母们——只要其本质是非营利的，谁都可以赞助这项计划。

我们赞成第三种立场，这想必不会让人惊讶。我们的出发点在于，社会确实需要一个国家日托计划，而这一计划必须尽可能地节约成本，并避免对私人领域的侵犯。中介结构理念完美地符合后一要求，并有可能促成前一要求的实现。至于上文的第二种立场，我们对教师工会的要求表示同情；毕竟，他们需要在教育资金紧缩的情况下创造更多的就业机会。但我们再一次强调，创造就业机会不是教育和儿童看护的目的所在。

在日托中，我们可以更方便地引入教育券方案，因为到目前为止,这一领域还没有出现中小学教育中那样强大的既得利益。教育券能将小型的、非专业化的日托中心置于父母的控制之下,从而增加其多样性。政府的干预应当严格限制在财务、安全和健康监管之上(当然,这对某些州来说已经是异想天开)。教育券方案还可以节约为数可观的资金,因为从根本上说,日托中心无法产生规模效应。同时,类似于代理祖父母(surrogate grandparents)这样的新点子应得到提倡。值得一提的是,这一做法将为社会中日益增多的老年人提供有意义的工作。(上文提到,就业不是教育的目的,但这里的情况不同。因为教师除了教学,大概还能从事其他职业,而代理祖父母的工作则限制在行使祖父母的职责之内。)

第三个议题涉及残障人士的看护,尤其是所谓的特殊儿童问题, 164
它指的是那些不是由于身体原因而在教育过程中出现障碍的儿童。近年来,特殊教育发展迅速,这个领域的许多问题(医疗、教育、法律)超出了我们的讨论范围,唯一有关的是一个反复引起争论的重度残障人士的看护问题:应该把他们交给专业机构还是家庭?

除了某些普通家庭无力看护的严重残疾外,专业机构尚无法替代家庭的作用。毕竟,父母在这方面有着先天的优势,而专家的既得利益、专业机构傲慢的治疗态度又使人望而却步。由于这些机构的治疗方案无法让人放心,费用又昂贵,许多人只能另辟蹊径,尽可能地将家庭作为治疗场所。这意味着专家只是家庭的补充,而不是替代。同时,看护残障儿童的家庭应获得资助,以使父母亲中有一人减少工作或不工作,或雇得起帮手。更重要的是,有充分的证据表明,把儿童放在家里,或者放在模仿家庭生活氛围的治疗机构,才能收到最理想的治疗效果。(我们不想重复之前说过的爱与专业知识的相对优点。)当然,我们也没有理由阻止这一方案用于残障成年人的看护。

需要再一次强调的是，我们十分清楚目前对传统家庭的疑虑，这主要来自(但不限于)女权主义者的压力。凡是涉及成年人的生活方式问题，我们都支持给予人们尽可能多的选择权。公共政策的主要利益，在于家庭中的儿童而非成人。所有社会都存在这样的利益，但民主社会还有一项额外的、更加急切的利益要求，即培养出能保障个人自主的社会化模式和价值观。这一要求意味着，我们必须加强对家庭的保护，减少国家的侵入，并信赖人们能在自己创造的世界里为孩子担负起责任。

教　　会

宗教机构组成了美国社会迄今规模最大的志愿社团网络。然
204 而，由于意识形态和历史原因，有关社会政策的讨论往往会看轻、甚
至完全忽视它们的作用。无论人们如何看待有组织的宗教，这一盲
165 点必须被视为公共政策探讨中的严重缺陷。就有价值的社会分析来说，美国的基督教会和犹太教会堂是和它的大型工会、商业公司以及媒体一样无法忽视的。宗教机构不仅是公共领域的重要参与者，也是人们安排生活、形成价值观的依靠力量，在最贴近人们具体生活的地方发挥着非常重要的作用。因此，它们是理解家庭、邻里以及其他具有赋权功能的中介结构的关键所在。

有一种观点将公共领域视为政府或正式政体的同义词，从而非常有效地将宗教排除在公共政策之外。我们将在之后讨论某些反映并支持这一观点的关于教会与国家关系的争论；这里只需要明确，我们的所有建议都是希望以一种更复杂、更细微的方式理解公共领域，而不认为它应该仅指国家。此外，很多由启蒙思想发展而来的现代社会理论，建立在个别贬低宗教作用的假设之上：其一认为，教育和

现代化必然使得人们减少了对制度性宗教的效忠,也就是说,现代化和世俗化之间存在着必然的联系。其二认为,即使宗教保持了繁盛,它处理的也不过是私人领域的事项,从而与公共政策无关。在我们看来,这两个假设都值得商榷。

至少在美国,没有充分的证据支持第一个宗教必定衰落的假设。虽然衰落一词被反复提及,有人欢呼也有人哀伤,但宗教作为一种制度,同其他主流制度一样(如高等教育)保持了稳定。值得一提的是,近年来所谓的宗教衰落,是相对于 50 年代末的宗教繁荣而言的;而把那个空前的制度繁荣时期作为标准来与现在比较,结论必然是歪曲的。而且即使按照这种标准衡量,过去几年宗教生命力的各项指标也重现出现了攀升。许多指标(如参加教会活动、宣布皈依、经济捐助等)都表明,50 年代末以来的宗教衰落趋势已得到遏制,甚至出现了扭转。以下的数据对我们理解美国社会也许是有益的:一是在星期日参加教会活动的人比全年观看职业体育赛事的人还多;其次,全国还有近 50 万所由民众志愿资助的地方基督教会和犹太教会堂。

我们不在这里详细讨论各种世俗化理论,同时我们也清楚地知道,各种宗教机构不能等同于宗教本身在社会中的变化,但我们的方案足以对上文的第一个假设——在现代世界对制度性宗教的效忠势 166
必衰减——提出有力的挑战。公共政策如果仍然尊奉这一高度可疑(即使不是全然错误)的假设,它就将继续远离成千上万美国人生活中最重要的一个维度。

对第二个假设——宗教处理的不过是私人领域的事项,从而与公共政策无关——也需要质疑。虽然具体的宗教活动已高度私人化,但该假设的前半部分忽视了宗教价值观的复杂作用,它在根本上渗透并影响了我们的公共思想。而且,即使前半部分成立,也不能推导出宗教与公共政策无关的结论。譬如,家庭与宗教机构关系紧密,家庭又是主要的中介结构之一（可能也是最主要的一个），这就使得教会与公共政策也密切相关。我们不是要把生活中的一切都政治化，而是说诸如家庭、教会和邻里之类的结构都属于公共制度，都必须在政治体制中得到认真的对待。

教会（这里指所有宗教机构）不仅对于信教的家庭非常重要，也会影响到邻里和其他社团中的家庭与个人。譬如，要理解过去和今天的黑人社群，都无法撇开黑人教会；类似地，人们议论纷纷的族裔社群主要也是根据宗教来界定，大量的美国犹太人社群就是这样（当然，它们吸纳成员的标准并不总是根据族群标准）；宗教在小城镇或乡村社群中的作用更是不言而喻。所有这些例子都推翻了宗教影响力式微的观点。除了宗教外，鲜有哪个制度曾经并将继续展现出强大的力量。宗教影响力的式微，不过是世俗文化和政治偏见编造出

的谎言。上述这些观察都是客观的事实，与我们如何看待宗教对美国社会的影响无关；我们确信，在公共政策话语中，存在一种深刻的反民主偏见，忽视了宗教机构在大多数美国人生活中的作用。

在健康、社会福利、教育等与本研究密切相关的公共政策领域，各种规划、理念和机构的历史均与教会密不可分。在这个国家的某些地方，尤其是东北部的老城市，大部分的社会福利项目都离不开宗教的支持。但这些服务机构的宗教特色正遭到剧烈的破坏，其原因
167 我们将在下一节展开讨论。政府如果不是直接接管这些宗教机构所从事的领域，就会以融资、认证或许可的方式，将这些机构转变为准政府性质的机构。此外，这一宗教和文化独特性的流失还有其他的原因，如宗教机构内部的专业化趋势，教会无法给予足够的支持，无法让公共政策尊重其独特性，等等。我们反对政府职责必须要由政府履行的观点，因为它必然将公众置于宗教派性的对立面。而在公共政策话语中，宗教派性已经成为了一个恶意的标签，指代任何与宗

教沾边的事务。我们认为，这一用法及背后的偏见，阻碍了多元主义社会最基本的对独特性的礼赞。

目前的融资、认证和许可模式带来的同质化结果，在税收政策的"寒蝉效应"(chilling effect)之下进一步加剧，打击了宗教机构参与公共领域活动的热情，明证之一就是，它们惧怕因过多的"政治活动"而丧失免税待遇。而新的税收支出理念又使得情况进一步恶化(详见下节)。近年来所谓的税收改革试图将严格意义上的教会与其附属机构分离，在财务披露和会计责任方面对后者提出了更多要求，以将其置于更严格的国家控制之下。我们认为，这样的改革方向犯了根本性的错误，如果继续走下去，将很有可能引起公众的强烈反抗，他们不会容忍任何冒犯宗教的行为。因此，公共政策的决策者不应等到那时才想起纠正眼前的错误，而应懂得，公共政策的利益，恰恰就在于采取积极措施来保证教会成为一种关键性的中介结构。 207

显而易见的是，所有这些问题都触及复杂的教会与国家分离问题。我们(包括许多法学家在内)认为，今天教会与国家问题的法律状况充斥了概念上的混淆和实践上的矛盾。"在教会与国家之间筑起一道隔离之墙"(语出杰斐逊，而非宪法)是一个早就应该彻底反思的神话。我们坚定地维护第一修正案的宗教条款[①]，但它不应被理解为绝对的分离主义(separationism)；绝对的分离主义不仅在理论上说不通，实践上也与教会和国家之间始终存在互动的事实相矛盾。许多宏大的抽象概念会削弱社会机构之间的联系、扰乱人们实际的生活安排，绝对的分离主义就是其中之一。

简言之，"不确立国教"指的是，国家不应给予某宗教机构相比其

① 美国宪法第一修正案的宗教条款为：国会不得制定确立国教或禁止信教自由的法律。——中译注

他宗教机构更多的支持。“信教自由”指的是，信仰或实践宗教应基于个人意志，而不能强迫。只要国家没有偏袒和强制，教会与国家分
168 离的原则就没有被违反。当然现实情况远为复杂，法官们也需要时间才能挣脱这些观念的陷阱，我们只是希望，公共政策能在总体上更加符合“库尔兰规则”(the Kurland rule)的要求。这个规则以芝加哥大学菲利普·库尔兰(Philip Kurland)的名字命名，内容为：如果一项政策旨在达到合法的世俗目的，那么是否有宗教机构参与其中，就不应成为法律关心的问题。显然，该规则能对教育、儿童看护和所有一般性的社会服务领域产生广泛的影响。

今天，教会取代国家的危险已不复存在，一个更现实的危险是国家将取代教会的职能，只允许其保留最狭义的宗教活动，如礼拜和宗教指导。这不是危言耸听。我们必须严肃地认识到，后一种情况正
208 是各种左右翼极权主义模式的特征，而多元主义，包括宗教多元主义，是这种模式的一个强有力阻碍。诚然，人们多半是出于无意而助长了这种模式，但只要不是过分天真都不会看不到，有不少人(各色专家、官僚和政客)可以从国家的扩张中获得巨大的利益。这种利益的主要表现形式是意识形态利益，但也体现为很实际的职业和权力利益。

在本文的开头，我们曾强调过中介结构对于生产和维护价值的重要作用，也讨论了家庭在这方面的职能。而在家庭内部以及家庭和社会之间起着代理作用的，主要是教会，它承载并传递着我们社会的各种操作性价值。之所以这么说，既是因为多数美国人都把虔诚视为最重要的价值，同时也是因为影响我们公共话语的那些价值都与特定的宗教传统密不可分。虽说少了教会或其他中介结构的作用，社会也不会丢失其操作性价值，但国家会因此攫取更加牢固的垄断地位来生产和维护价值。不消说，这对我们是非常糟糕的。

至此,我们所谓的最低要求(公共政策不应有损于中介结构),其含义已经逐渐显露。前面提到的税收和管制问题,留到下节作进一步讨论,因为它们影响的不仅是教会,还包括所有的志愿社团。对宗教机构来说,更直接的影响在于社会上对“权利平等”的要求。这种要求不但无益于、反而会损害特殊主义,它不能对不同性质的“歧视”加以甄别,换句话说,就是无法区分歧视与个人的自由裁量。如果一名年迈的罗马天主教妇女选择住在由罗马天主教徒开办的养老院
中,我们都会觉得无可厚非,去挑战这种合理的欲求显得非常不近情 169
理。但事实上这种挑战正在发生,而且这位妇女的愿望会越来越难以实现,因为这些“派性的”或“歧视性的”机构无法享受公共基金的资助,——对循道宗信徒、无神论者、人本主义者和黑穆斯林来说,情况同样如此。公共政策的合法世俗目的,在于确保老人能够得到适
当的护理,同时这种护理应该尽可能符合人们对自己或亲人的愿望; *209*
它唯一必须禁止的是种族歧视。(如果借口说因为黑人罗马天主教徒或白人“黑穆斯林”都为数不多,所以这种专门的罗马天主教养老院就构成了种族歧视,这是对社会抽象概念的愚蠢滥用,但今天的政策思考恰恰深受其害。)

公共政策损害宗教中介结构的一个不幸例子,是眼下旨在禁止收养和寄养机构引入宗教标准的诉讼案。有人提议,如果这些机构接受了公共基金的资助(事实也确实如此),它们就不能以是否信仰犹太教、新教或天主教为标准来收养儿童,否则即是非法行为。这一提议的不近人情之处主要有三:其一,父母将孩子交至收养或寄养机构时,就失去了在孩子的抚养方式方面最基本的发言权。正如最后一节会提到的那样,这种发言权属于最基本的人权之一,只有在最急迫的情况下才能被剥夺。如果父母并非完全出于志愿而交出孩子时,就尤其如此。其二,该政策会严重打击这些机构中职业或志愿工

作者的积极性。在许多(哪怕并非全部)情况下,他们的动机就是要实践和传播宗教信念。其三,也是影响最为严重的一个后果,是孩子会因此丧失接受宗教训练的机会。这可以理解为对信教自由权利的剥夺;国家没有正当的权威去决定这种剥夺是严重或者不严重。孩子应该接受怎样的抚养方式,必须交由父母或其他关爱他们的人来决定。除非发生构成刑事犯罪的疏于看护行为或其他伤害行为,国家就没有权力加以干涉。这就是我们反复提到的,公共政策的合法世俗目的在于确保孩子受到关爱。

人们也许会反对将如此多的社会服务交由宗教的或其他的志愿社团,担心这样做会使得这些团体之外的人无法享受到应得的服务。这种意见其实似是而非,因为事实上各种团体只要满足公共政策的目的,都可以获得公共基金的资助。这些团体可以是支持某一教派
210 170 或所有宗教,也可以是非宗教的;几乎每个人都可以让自己隶属的团体在公共基金的资助下,推动公共政策在社会服务领域的实施。但事实上值得注意的是,如果我们真的关心那些生活在夹缝中的人,就会发现其中最失败的群体——如贫民窟的居民——只能获得来自志愿社团(通常是宗教性质的)的帮助。从根本上说,政府机构以及一切官僚机构都无法帮助那些不属于任何团体的真正的边缘人群。救世军无需国家来告诉他们,如何在对世人的同情心中不要夹带教派的色彩;但如果禁止其成员向照顾对象进行布道,那它的存在理由将被严重削弱。

就我们的最低要求而言,中介结构范式还反对愈演愈烈的以合法手段禁止宗教象征出现于公共空间的企图。市镇公地中的圣诞树或光明节蜡烛就是一个很好的例子,还有公立学校中的自愿祈祷,以及硬币上镌刻的“我们信仰上帝”字样等。它们也许都是小事,但正是在无数这样的小事中才形成了我们的公共精神。耶稣受难日

(Good Friday)在加利福尼亚州是一个州立节日,近来却被当地的一家法庭愚蠢地判为违宪:既然这一节日的世俗目的在于为全州的劳动者多提供一天休息,想必没有人会反对在星期五提前一天放假。但是,当世俗目的混合了宗教色彩时,结果就超越了宪法许可的范围。

我们认为,所有人都没有权利免于受到自身所处社会环境的影响。在第二节中,我们谈论过个人权利与公共权利之间的张力。如果有人赤身裸体地走在大街上,公民现在有权报警并要求警察制止这一无礼的举动。当然,有关社群价值的管制规则在许多地方都在逐渐变化。规则的变化本身是常态,但规则制定者在面对公共场合中的越轨行为时,总是愿意表现得比绝大多数人更多的自由至上派色彩。我们的观点是,个人也应受到一定的限制,不能随意报警来阻
止符合社群价值的行为,如市镇公地中的圣诞树。拒绝接受宗教象 211
征出现于公共空间并不是一项合法的权利,人们不能将自己的好恶强加于喜爱宗教象征的社群。如果社群喜爱的各种象征都能出现于公共空间,这就不存在某一宗教凌驾于其他宗教之上的问题。但目前的公共政策在此问题上有失偏颇,造成了市镇广场的象征空白(symbolic nakedness)。抽象的社会概念再一次地导致了反民主的后果,它们不但拒绝人们在公共场合欢庆自己文化和信仰的民主意愿,还使得国家有机会垄断公共空间、垄断在其中传播的价值。

在纽约布鲁克林区,来自哈西德派犹太社群(Hasidic Jewish)和
西班牙裔社群的领袖就一项公共住宅项目私下达成了交易,保证各 171
自社群能租到相对集中的公寓,以或多或少地维持社群的完整性。乍看起来,这是一项具有种族和宗教歧视嫌疑的非法交易。但在这个特殊案例中,它又显得极其合理、公平,从而应当被法律认可。没有人受到伤害,只有"严格的分离主义者"(strict separationist)或"主

张以简单的几何规划来实现种族平等的人”(geometrical integrationist)才会因其理念被践踏而恼火,但这些人并不需要租住公共住宅。我们强调“在这个特殊案例中”,是为了让公共政策更加尊重特殊的情况,尤其是在宗教和公共价值观方面。

最后,就我们的最高要求(公共政策应尽可能地利用中介结构)而言,本文想要表达的东西同样适用于教会。我们建议除去束缚宗教机构的枷锁,让它们为公益做出尽可能多的贡献。在某些社会服务和教育领域,此做法意味着这些机构可以继续自由地开展它们一直以来就进行着的工作。

而为了实现最高要求,我们希望能有更多的公共基金进入各种政策领域,以满足人类的需求;我们尤其认为,中介机构(包括宗教机构)应当被视为政策目标的执行工具而尽可能多地加以利用。与当今某些公共政策和法律思维相反的是,更多的基金并不需要更多的政府控制,也不会危及多元主义。就教会等中介结构而言,当我们的政策不再以顺从和压制为代价来推动公众的同情心和责任感时,新政的理想才能更完整地得以实现。

志愿社团

有关教会的讨论会合乎逻辑地转到志愿社团这一主题。教会(无论它还有哪些其他属性)显然是一种志愿社团。但在社会中起到关键中介作用的许多其他结构,也属于志愿社团范畴。

关于志愿社团是什么的争论由来已久。对我们当下的讨论而言,志愿社团就是人们为了追求一些特定目标而志愿结成的组织。(依照惯例,我们在这里排除了商业公司等主要追求经济目标的社团。)志愿服务是我们讨论的核心。在许多志愿社团里同时存在着受薪和志愿的职员。对我们来说,问题的关键在于人民可以为了某些集体目标而自由结社;他们为此而雇佣某些个人并不影响志愿社团的性质。

至少自托克维尔以来,志愿社团对美国民主的重要性已得到广 172
泛认可。美国的志愿主义比其他任何一个西方社会都要兴盛,使得我们有理由相信它也影响着美国的政治制度。社团制定法令,选举官员,辩论事务,表决行动,此外还充当了民主的学校。尽管我们会觉得某些社团的目标微不足道、顽固甚至荒诞,但无论如何,它们还是发挥着这一重要的功能。

除了政治功能外,志愿社团一直以来都是重要的社会服务提供者。在现代福利国家诞生之前,几乎所有的社会服务都由志愿社团操办,而这些社团通常带有宗教性质。直到今天,全美国还有约1900所私立大学或学院、4600所私立中学、3600家志愿医院、6000家博物馆、1100支管弦乐队、5500座图书馆以及不少于29000家非政府福利机构。当然,并不是所有的社团都会被视作重要的中介结构。管弦乐队、集邮社、老爷车博物馆之类的社团,尽管在各自领域都很重要,却不是我们关注的焦点。在众多的志愿社团中,我们只对其中一类感兴趣,即那些提供的社会服务与公认的公共责任相联系的社团。

对志愿社团的攻击来自许多方面,其中既有左派,也有右派。一些人斥其为低效、腐败、分裂甚至颠覆的势力;很多人把"公共服务不应由私人控制"视为自明的公理;极左派甚至予以根本的否定,认为这些社团提供的只是镇静剂,灌输给人民的是慈善理念,并操纵人民接受现状。

这些攻击并非只是一些言辞,而是反映了一种趋势,要让国家垄断所有的组织化活动(只要这些活动超越了纯粹的私人目的)。各种明目张胆的禁令、抑制性的税收、严格的登记制度和和运行规范，所有这些对非政府机构带来致命影响的措施，都是这一趋势的成果。

志愿社团中的确存在一些腐败和低效的例子。然而，用这些标准将政府提供的与非政府提供的社会服务进行比较，并不能成为支持政府垄断的理由。显然，政府官僚在政府垄断的维持与扩张过程中有着既得利益。相类似地，政客也醉心于在提供服务的过程中创造政绩，借机还能捞取权力。总之，现代福利国家中的社会服务是政治分肥项目(pork barrel)[1]的必然组成部分。

对政治民主而言，分肥项目也许是不可或缺的。摆在我们面前的问题在于，各种可疑的既得利益集团会动用国家强力来压制个人
173 的自由、主动性与社会多样性。有一种观点认为，因为志愿社团和政府机构往往在职能上有重叠，所以此类压制是不可避免的。对此我

们不以为然，事实上，职能的重叠也可以带来创造性的竞争、精益求精的表现，并为人们提供更多的选择机会。我们更反对“任何公共事务都要事实上交由政府管理”这样的观点，它有悖于美国的政治传统，而就其结果来说则是反民主的。按照此类观点培养出来的，只能是国家的附庸，而非自由的公民，因为它扼杀了政治生活不可或缺的主动性与责任心。

我们面临的问题还与专业化趋势的冲击密切相关。无论是在政府还是非政府机构中，专业人士都在攻击所谓的不规范服务，而这里不规范往往就是指不专业。专业人士正努力通过组织渠道和院外活动，游说政府为各种标准和资质——尤其在志愿者雇佣方面——订立法案，从而打击志愿社团。最终的结果将是上述两股趋势——对

[1] 分肥项目，亦称分肥拨款，一种议员为争取选票而促使政府拨款给所属地区的发展项目。——中译注

社会服务的政府垄断和专业垄断——的合流,但这种合流与实际的服务质量是什么关系,则是大可提出疑问的。

专业标准在某些领域自然有其重要性,但当专家们宣称对人们的生活方式拥有所谓的管辖权时,这些标准就必须接受严格的质疑。我们的观点始终是,普通人是他们自身事务的最好专家。劝说人们接受有资质的专家的监护,已经十分糟糕——比如有些家长因为听说自己不能带好孩子,非找专家帮助不可,于是十分泄气;而强制要求接受专家监护,则是错上加错。而且,在专家的垄断地位确立之后,最容易丧失原有抚养权利的,还是那些低收入的人。

今天,专业人士的工会化倾向进一步推动了专业化的发展。在理论上,非政府机构的雇员与政府机构的雇员一样可以毫无困难地加入工会。但在实际操作中,大型工会更偏爱与大型、单一的政府管理部门打交道。各种标准和资质成了工会与管理部门谈判的内容, *215*
从而进一步加强了专业垄断的趋势。此外,工会对志愿工作似乎有着一种天然的敌意,它们宣称志愿者是没有报酬的劳动者,因而受到了剥削。这一观点近来又被某些女权主义者推动,毕竟许多志愿者都是妇女。

我们不反对工会或女权主义,但必须指出,他们的论调掩盖了某些机构的强制垄断地位,掩盖了人们在管理自己生活时遭受的权利剥夺。事实上,谁可以界定剥削?我们相信人们依靠自己就能辨别是否受到了剥削,而不需要专业人士、劳工组织或女权主义作家的指导。只要志愿工作真的出于自愿——来自人们的自由选择——那它 174
就应当受到赞扬而不是诽谤。志愿工作的巨大价值在于,志愿者一方面从事了对他们自己有益的活动,另一方面又为社会提供了实际服务。此外,由于相对独立于官僚控制,志愿社团成为了重要的社会服务创新实验基地;当然,它们也维系了美国人生活中深厚的多元主义文化。

对志愿原则的攻讦还助长了认为一切都要以金钱来衡量、有价格的东西才有价值的资本主义思想。我们认为，生活（包括公共生活）中总有一些地带是不带铜臭味的，这也是正常的、符合人性的。如果我们认为只有私人生活才受制于人道的非金钱动机，其他领域都是在损人利己、相互竞争，那将削弱我们自己对政治的认同感。

在这里，我们还想额外关注一下专业辅助领域（paraprofessional fields）的发展。毫无疑问，任何从事对社会有益工作的人应当获得社会的尊重，并得到体面的报酬。但事实上，这一领域的发展大多也是专业及工会垄断者扩张自己势力的结果，他们把地位较低的职业纳入自己的等级王国。就某些场合来说，描述这一现象的最恰当词汇莫过于剥削，比如，家长或其他外行因为被专业人士吸纳，融入了他们的既得利益，于是无法再要求专业人士担负责任。

现代社会中知识与技能空前增长，使得专业分工有其存在的必要，而它们通过组织和工会来捍卫自身的利益也是无可厚非。这一发展进程不能也不应当被逆转，但可以改变方向。各种职业的目的是服务社会，而不是相反。但太多的专业人士将他们的服务对象——委托人（clients）——按照这个拉丁词汇原有的不好的意象来理解和对待。罗马贵族的门客（clients），其社会地位仅略高于奴隶，与今天卑屈地依附于专业人士的某些人群不无相似之处。民主社会绝不会容忍这种观念的存在。

专业人士应当成为他们所服务的人民的仆从。高收入阶层常常将“我们的”或是“我的”医生挂在嘴边，对他们来说，无论哪种形式的依附关系都是他们自己选择的结果。我们应当使低收入阶层在提到专业人士时，也能使用同样的物主代词。

我们的政策提议也涉及非营利基金会在社会中扮演的角色。从技术上讲，基金会有多种不同的形式：完全私营的、接受公共资助的、经营性的等等。无论哪种形式的基金会在当前都遭到了攻讦。已故的赖特·帕特曼（Wright Patman）对这个问题的观点颇具代表性。他曾发起过反对基金会的运动，而1969年《税收改革法案》的第一章内容便脱胎于此：

> 今天我向大家介绍的法案，将会宣告为这个国家及其公民 175
> 再也无法承受的一种严重不平等的终结：这就是所谓的私人控制的慈善基金会的税收豁免权，以及它们主宰商业、积累财富的嗜好……直言不讳地说，慈善——这一人类最高贵的天性之一——遭到了滥用，成为一种制度化的、蓄意的逃避对国家的财政和道德责任的工具。（《国会记录》，1969年8月6日）

诚然，某些基金会曾滥用过它们的权利，这一现象必须得到约束；而如果不想给社会造成严重伤害的话，这些试图约束基金会的人士所表现出来的怨恨和敌意也应受到同样的约束。这些人士结成了一个诡异的同盟：右翼势力敌视基金会，是因为基金会支持的社会试验（如福特基金会支持的老城区黑人项目）；而其他势力敌视基金会，是因为基金会受到了大企业（如所谓的"既得利益"）的资助。1969年法案危害性最大的部分在于，它赋予国家税务局（Internal Revenue Service）能够监控基金会活动的新权力，取消或威胁取消税收豁免权便是其中一种非常有效的工具（近年来，这项权力曾被用来威胁那些反对越南战争或支持各种不受欢迎行为的宗教组织）。与某些百万富翁借基金会逃避税收相比，政府随意操纵或否决项目的权力让人觉得更加可怕。

与这种担忧直接相关的，是近来出现在公共政策领域的一个新概念——税收支出（tax expenditure）。若按这个概念来衡量，一所私立学院拥有的税收豁免权会导致政府收入的损失。这种收入上的损失就叫做税收支出。乍一看，这只不过是一种无关痛痒的记账方式，但“支出”暗示着这所学院实际接受了政府的补贴（税收支出是政府支出的一种形式），因而必须受到政府的控制。这种主张从一开始就是极权主义性质的，但却得到某些官僚的明确支持。其逻辑是，社会财富本就属于政府，从而政府就应该有能力决定这些财富（包括因免税而获得的财富）该如何使用。税收支出这个概念，最好还是保留其原有的、简单的会计意义，而避免有任何规范性政策含义。

大型基金会看上去与我们讨论的中介结构相去甚远，但在实际上，它们在基层，尤其是在教育和健康领域对这类结构影响重大。如果这些机构全部都被政府接管，它们就会面临比眼下更严格的规范标准和更大的财务责任（尽管各类政府的社会服务项目暴露出的大
218 量腐败现象让人无法对其抱乐观态度），但这样做的代价也会很高。
176 这包括过度的官僚化，复杂法律程序带来的公众的不满与律师的商机，朴素的人性动机的退化以及疏离感的增多。鉴于志愿精神减少了现代性带来的各种损失，在最低限度上，公共政策应当鼓励志愿主义的发展，使其能在一定程度上弥补现代性的成本。

在这个问题上，我们的最高要求（志愿社团要成为公共政策的工具）的实现同样有着更多的不确定性。譬如，寄养家庭（foster homes）和中途之家（half-way houses）被用来治疗和干预瘾君子、少年犯与精神病患者的行为。我们有理由相信，这些方式比官僚化的巨型结构（以及它们的地方分支机构）来得更经济而有效。又譬如，在 1975 年有超过十万名越南难民得到了妥善安置。这一壮举并不是由某个新成立的政府部门完成的，其实现全靠志愿机构（主要是宗教志愿机构）的努力。这一利用志愿社团服务于公共政策的案例值得仔细地研究。妇女健康运动的兴起是另一个活生生的例子，该运

动在某些领域有效地挑战了医疗领域的既得利益。伊万·伊里奇(Ivan Illich)和维克多·福斯(Victor Fuchs)这类人的观点值得重视,它试图让人民重新担负起自身健康事业的责任;而现有医疗服务体系内部的分权试验也应得到鼓励,目的在于让分权走向真正的赋权。

我们都知道有关社群参与的方案由来已久,其中最知名的例子就是社群行动计划(Community Action Program,CAP),它是60年代"向贫困开战"计划的一部分。但该计划的理想最终还是破灭了。一些人谴责它是以此为幌子来扶持那些与地方权力精英作对的人,从而使社群组织无法发挥应有的作用,并沦为政府的附庸;在政治光谱的另一端,则有人谴责这项计划资助了煽动和颠覆分子;还有人指责该项计划唆使社群组织对抗代议制政府机构。从某种程度上说,这些批评都是互斥的,它们无法同时成立。但毫无疑问的是,在60 *219*
年代这些批评在不同的地方同时存在过。

但社群行动计划的失败并不能证明社群参与理念的无效。首先,60年代的特殊历史使得该理念几乎不可能付诸实践(同一时期,社群管理学校的试验亦面临同样命运)。其次,更为重要的是,用来促进社群参与的机构并不是社群里原有的机构,相反都是由计划负责人凭空创造的。这一现象在老城区的黑人聚居区(也是该计划的关注重点)尤为突出,在绝大多数场合,那里原有的宗教机构遭到了忽视,甚至蓄意的打击。黑人社群的家庭组织在某种程度上亦面临同样的情况。总之,该计划的失败,直接源于它没能利用现有的中介 177
结构。

中介结构的优点我们已经谈过很多,但它也存在不少风险,比如会被政府渗透,会成为想要破坏而不是革新美国社会的某些人的工具,会削弱正式体制中的各种机构等等。正是由于它利弊并存,所以才对我们的政治想象力提出了重大挑战。

通过多元主义实现赋权

多元主义的主题在本文中反复出现。最后一节的任务很简单，就是把一些松散的目标集中起来，考虑一下对我们方案——一种通过中介结构来维系多元主义的公共政策——可能提出的反对意见，并补充强调一下美国社会的某些事实，这些事实关乎到我们方案的潜力，也关乎到它的局限。

首先应当明确的是，我们所说的多元主义，除了各地方言、圣帕特里克节(St. Patrick's Day)、各种主旨不同的黑人荣耀日(Black Pride Days)外，还包括其他许多重要的方面。多元主义带来的不仅是丰富多彩的肤色、服饰和习俗，还造成了不同意义世界(worlds of meaning)内部的以及相互之间的张力。这些意义世界都在以一种独特的方式把现实拼贴起来；它的参与者不论自视属于主流文化还是亚文化，在体制内还是算革命者，都是整体文化不可缺少的一部分。但矛盾的是，人们正是通过他所归属的那个局部，才体验到这种整体性的。这就涉及了前述柏克有关"小分队"的洞见。用当代心理学的术语来说，这一矛盾与大众社会"同一性扩散"(identity diffusion)引起的"认同危机"(identity crisis)密切相关。人们在自己所隶属的团体中(无论是种族、民族、政治还是宗教团体)找到了"我是谁?"这一基本问题的答案，并依靠这个答案来支撑自己的生活。在心理学和社会学中，我们愿意承认"不管什么认同总是都优于没有认同"是一项公理；而在政治学中，我们认为，只要每个团体都遵守使多元主义社会成为可能的那些最低限度的规则，公共政策就不应该对各人选择的认同做价值评判。公共政策不应阻碍、反而要帮助美国人民拥有更多的认同选择。——这里贯彻始终的,是我们的最低和最高要求。

我们的方案表明,以“合众为一”为象征的政治进程并不是一个零和博弈,“一”的形成并不以牺牲“众”为代价;或者换用肯定的方式来说,由“一”代表的国家目的就是为了维系“众”。当然这一过程中会出现张力,需要一些适应性的调节,——如果我们不得不维持一些关系到国家存亡的机构的话。不过,在多元主义的政治安排中,这类 178
张力非但不会被消除,反而会受到欢迎,因为它们能催生更加巧妙的妥协方案。我们认为,面对多样性带来的张力,本文讨论的公共政策在近几十年中的反应过于负面,在解决全国性社会问题时急于采用单一的方式。在这种情况下,多元主义被视为社会政策制定的敌人,而不是多样化的解决办法的来源,可是这些有待解决的问题在原因和表现形式上恰恰是多种多样的。

我们通篇都在强调,我们对负责政策设计和执行的人并无恶意,也不是要质疑他们的用心。这些挖多元主义墙角的政策眼下频频出台,有一部分原因要到现代化、理性化和官僚化这些概念所暗指的那些进程中寻找。巨型结构的管理习惯——无论是卫生教育和福利部(Department of Health, Education, and Welfare, HEW)、西尔斯·罗巴克零售公司(Sears Roebuck)还是劳联—产联——都倾向于寻求单一的解决方案;然而,凡是简单概括的解决方案总是不愿考虑各种“非理性”的特殊情况,只有遇到经济市场的消费者需求或者政治市场的组织化特殊利益集团力量的抵抗,它才会被迫把方案加以细化。公共政策面临的挑战在于对抵抗行为作出预判,此外还要消除对特殊主义的敌对态度,将与社会总体福祉相关的各种特殊利益的实现作为自己的目标。因此,我们的方案远不是在诋毁社会规划,而是向政策制定者提出了一个更加复杂却振奋人心的任务。类似地,如果一个社会服务领域的专业人士将专业目标限定在帮助人民、辅助人民，而不是创造权力垄断并使人民沦为附庸，他们的自尊也会得到提升。

当然，某些批评者会将我们的方案斥为“巴尔干化”、“再部落化”或者“地方化”等等。撇开与巴尔干地区的关系不谈，坦白地说我们并不赞同把部落和地方当成贬义词。这两个概念沦为人们的笑柄，还要归咎于十八世纪晚期出现的某种世界观。简单来说，这种世界观认为自然的法则由人民的政治意志体现，而人民的政治意志则由理性的人来决定和执行。一百多年来，无论是心理学、社会学还是物理学，几乎所有学科都已彻底摒弃了此类有关自然、意志和理性的幼稚论调。但讽刺的是，尽管很少还有人相信这些神话，但许多社会思想和规划仍继续将它们奉为真理。结果，特殊主义(“部落主义”)的
222 敌对者本身结成了一个精英部落，试图对真实世界里貌似非理性的
179 地方强加一种秩序；而他们所依据的前提，在大多数美国人看来却是不真实的，是有悖于他们的价值观的。社会思想遭到质疑，政策面临失败，这都是因为我们尚未发展出一套多元主义范式，以代替那些名誉扫地的十八世纪的想象。我们希望我们的方案能成为迈向这种范式的第一步。

我们通篇都提到了民主价值观，并警惕威权主义和极权主义所提出的替代价值。我们十分清楚，所谓“人民”在公共政策中进行统治(*kratein*)的说法所具有的局限性；进而，我们也意识到在展现民主理念的可能性方面，美国的政策是多么地失败。政治操纵、媒体歪曲报道以及民众政治冷漠造成的后果，是绝大多数美国人在重大的国内国际政策上毫无政治意志(就这个词在民主理论中的含义而言)。这些问题当然可以在民主政体的正式制度框架内，由高度政治化的精英来回答；然而，如果问题涉及中介结构，多数人民确实拥有

最严格意义的政治意志。像家庭、教会、邻里、业余爱好、工作场所和休闲娱乐这些事情，多数人非常清楚自己的利益之所在。如果我们真的忠实于民主程序的话，那么公共政策的制定就应该向人民的政治意志赋权。许多美国人在美（国）巴（西）关系上缺少政治意志这一事实也许让我们感到悲哀，但对于如何教育子女，他们却有非常明确的政治意志，这种意志绝没有理由被忽视。事实上，在存在政治意志的地方却不理会它，也就阻止了它在暂时还不存在的地方生长出来，结果就是进一步削弱了民主程序，从而为民主的各种竞争对手打开了大门。

各种理性的利益无法汇聚于一点，或者，至少没有可以判断利益理性与否的统一标准，这一点可能让有些人难以接受。这意味着各种矛盾将长期存在，而公共政策必须适应这一事实。我们不必完全接受那句常常当反话来说的格言："政治是创造可能的艺术。"事实 223
上，政治是发现"什么才是可能"的艺术。然而，有待我们去发掘的可能性，并不是如何想方设法去推进单一性的政策，尽可能减少特殊利益的抵制，而是如何借助于推动大量特殊利益的实现，而推动公共目的的实现。这要求社会政策的规划者表现出更多的谦逊精神。这里说的谦逊，并不是指在满足人类需要、创造更公正社会的过程中不断降低我们的目标，而体现在我们对需要和公正的认识上。这个社会中的每个圈子，无论它们称呼自己是亚文化、超文化（supraculture）甚至是美国文化，事实上都是一种亚文化，都只是整体文化的一部分。那些主导了公共政策制定和执行圈子的人必须牢记这一事实。

认为自己的价值和风格具有普世意义的亚文化也还是一种亚文 180
化。纽约上西区的一场鸡尾酒会展现的部落模式，与布鲁克林区绿点镇（Greenpoint，Brooklyn）的一场波兰舞会表展现的部落模式相比，在部落性上毫不逊色。前者源自人们试图超越特殊主义而进行的互动，其结果却只是创造了一种新型的、却不一定更有意思的特殊主义。鸡尾酒会上的人也许认为自己获得了解放，毕竟，他们选择将某些特殊主义留在了他们出生的地方。但实际上，他们选择的是一种新的特殊主义。解放不是逃离特殊性，而是去发现适合自己的特殊性。特殊性有两种，有的是可以选择的，比如生活方式、意识形态、友谊、居住地等等；有的则是继承的，比如种族、经济环境、地域、宗教以及（大多数情况下）政治。多元主义就意味着继承的特殊性与通过选择而演化出来的新特殊性之间生机勃勃的互动。多元主义社会的公共政策目标，是要尽可能地维系众多的特殊性，以期望大多数人能接受、发现或创造适合自己的一种。

也许有人会说，我们想要纠正公共政策走向的方案是幼稚而又不切实际的。他们认为，在巨型结构，尤其是现代国家的帮助下，现代性的发展就像一个巨大的利维坦或压路机，无情地碾碎着一切妨碍大众社会诞生的绊脚石。这个观点很雄辩，而且得到足够的证据支持。尽管无法预知结果，但我们决不能屈服于这些所谓的必然性。从更乐观的角度看，有迹象表明，美国人民的政治意志已开始懂得在“大众化”趋势（massification）面前说“不”。譬如，社会分析人士描述的大众传媒不可抵抗且同质化的力量并未出现，相反有强大的证据表明，媒体传播的信息遭到了无数世界观的批判和抵制，从而使大众操纵者的意图落空。（同时，幸运的是，媒体的信息也经常相互矛盾和抵消。）新的“埃德塞尔”（Edsel）依旧受到人们的排斥（尽管埃德塞尔牌汽车本身是一种收藏品）。[①] 研究显示，反战新闻传播的对越南战争的偏见（我们都有这样的偏见）经常发生偏移，结果在客观上

① 埃德塞尔（Edsel）是美国福特汽车公司于50年代末推出的一款新型轿车的名称，但因种种原因销量不佳，在三年后停产。现在该词被用来比喻那些失败的创新事物。——中译注

帮助了官方的政策；五花八门的性解放和生活解放运动并没有在现实中对家庭理念造成实质性破坏；三十年的电视英语（更不用说此前三十年的广播）也未能消除方言。总之，令政治界、文化界以及商业界的新事物提供者错愕的是，美国人民十分不信任当代的新事物兜售者，而明显倾向于相信他们自己的判断。我们不希望夸大这些充满希望的现象，因为毕竟还有许多反例存在。但我们确实认为，我们没有理由屈服于常用来描述今天美国的那种"大众化"趋势。

今天，美国，这两个关键词对我们的论述非常重要。尽管我们希 181
望我们的方案能适用于一般性的现代工业化社会（无论是社会主义还是资本主义），但它的适用性主要体现在美国。（我们也想说是北美，包括加拿大，但该国特殊主义的某些方面——例如说法语的加拿大人和说英语的加拿大人之间的跨文化、跨语言联邦体制——超越了本文的讨论范围。）对旨在促进中介结构及其造就的多元主义的公共政策来说，美国社会具备至少五个方面的特点而成为理想的实验场。其一，美国社会的移民性质。这一事实对多元主义的影响无需赘述。其二，一个相对富裕的社会，使我们有足够的资源来试验一种更具人性的社会秩序，譬如，让每个美国人都享有经济上的体面生活。其三，一个相对稳定的社会，我们既不面临革命，也不面临确定无疑的高速衰退，因而不会发生严重的危机，也不需要对社会问题给出总体性的或决定性的解决方案。其四，民主理念、宽容心以及公平竞赛的意识有效地贯穿于美国社会之中，使得民主过程成为可能，也使我们的社会在意识形态上乐于接受多元主义的存在。其五，不管受到多么严重的削弱，我们仍拥有相对强大的政治、经济、宗教和文化制度，在一定程度上抵消了社会政策制定过程中的危险趋势，垄断的野心至少在理论上会遇到挑战。而我们的历史表明，理论最后常常会转化成实践。

最后，还有一部分人声称，不论以上这些特点对美国来说是多么美好，美国实际上伤害了世界的其他国家。他们认为，美国民主多元主义试验的成功以伤害其他国家为代价，尤其是穷国。这是一个复杂的议题，公正的概念并不适用于此。我们可以反过来质问，如果我们去掉上述五个特点中的任意一个，美国会在某种程度上对世界更有益吗？如果美国人更加同质，如果他们和危地马拉的农民一样贫困，如果他们的制度变得不稳定，如果他们的民主倾向不是根深蒂固的——以上这些情况会为一个更公正的全球秩序带来实质性的好处吗？我们认为不会。

另一方面，我们也不像某些人那样笃信美国是人类历史上——至少是现代工业化世界中——的“高级社会”。它也许是，也许不是。我们能够确信的是，美国有着独特的机遇来检验一个大众社会必将到来的预言，来检验是否个体会变得迷惘、疏离和无力，并被排除在不再属于他们的政治秩序之外。同时我们还确信，中介结构会成为新一轮赋权于民的工具，服务于焕然一新的民主多元主义试验。

第九章　专业化服务：对社群和公民的负帮助 183

约翰·麦克奈特[1]

现代社会的标志性商业是服务，而社会服务在现代社会也成了一种商业行为。

今天人们使用的语言反映了这一现象。专业人士和他们经理嘴边挂着的，是教育"产品"、健康"消费者"以及法律"产业"；他们将委托人界定为"市场"；技术官僚（一个全新种类的职业）则借助商业会
计体系来开发"市场"服务工具；计算机被用来测算并储存心理层面 227
原材料的"投入"以及家庭层面的产品"产出"；社会分成"被服务的单元"和"提供服务的单元"；老练的经济学家、统计学家和计划者按照实物商品的生产、消费和保修过程，分析着社会服务的生产与消费。尤为重要的是，每一个现代社会（无论是社会主义的还是资本主义的）都以国民生产总值中服务业的增长为标志。这里的服务业，不仅包括邮政、公共食品提供和汽车修理，也包括婚姻指导、生育控制咨询、教育、法律仲裁，对社会中所有儿童、成人和老人的照料，以及所有挂在社会服务名下的行业。

当前经济发展的特点，是具有无穷的发展潜力。因为服务产品

---

[1] 约翰·麦克奈特（John L. McKnight），美国西北大学城市事务与政策研究中心社群研究项目主任，同时兼任该校教育与社会政策学院教授。本文选自他的著作《粗心的社会——社群及其仿制品》（*The Careless Society: Community and Its Counterfeits*）。——中译注

的提供并不像实物商品那样，受到诸如自然资源、资本或土地的制约。从而，正如人们对服务的需求是永无止境的那样，社会服务这一行业的扩张也具有无穷的发展可能。

184 因此，现代国家可以被准确地界定为服务型经济体。它们是服务型的社会，并由服务的生产者和消费者（专业人士和委托人）组成。

服务型社会中的政治问题也日益凸显。公共预算在为服务业提供资金的压力下变得捉襟见肘。许多国家和地方政府发现他们正身处前所未有的政治漩涡之中，必须在各类相互竞争的服务产品中进行抉择：是否应该增加教育拨款，而减少医药拨款？同样，在同一服务部门中也存在着类似的难题：是否应该把补贴堕胎的资金削减下来，而用于提供免费的流感疫苗？

这些难题通常可以由去政治化的服务型意识形态来破解。根源
228 于商品经济的传统政治，是通过公民辩论来决定国家需要小麦还是钢铁、汽车还是住房；而崭新的服务型政治，则是一场关于是否需要更多医生、教师、律师或社会工作者的论战。这个问题的政治意义在于，我们是否应该牺牲健康来换取学习机会，或是牺牲公正来换取家庭福利。这种选择带来了一种传统框架无法容纳的政治。

尽管我们的政治传统能在小麦和钢铁的议题上做出选择，却无法在健康和教育之间这么做，因为我们无法在二者之间只选择一种。它们都属于服务。总之，对于服务的分配不受党争的影响，使得许多政府可以用如下方式来解决这一难题：他们用小麦换取教育服务，而用钢铁换取医药服务。

但这里并没有暗示这些政府的选择正确与否，更没有说他们为类似的选择提供了合理标准。这里想表达的观点是，由于服务的本质被普遍认为是去政治化的，公众和政策制定者很难认清以下事实，即服务的生产和分配其实是许多现代经济体的中心政治议题。

服务的非政治性体现在服务的符号标示上：

服务是人们付钱购买的东西。

人们为此购买的“商品”是关心(care)。

关心是一种表达爱的行为。我们常说“我对她的关心胜过任何人”或“我关心我的父母”。

因此，服务就是关心所爱之人(物)，而爱是一种普世的、非政治的价值。

从而在象征的意义上，服务的非政治性脱胎于其与爱的无限普世性的联系。当我们询问任何一位服务提供者他的工作究竟让他得到了怎样的满足，回答往往是“希望关心和帮助众人”之类的话。如果继续追问原因，回答也通常是因为他“爱着众人”。

既然爱不属于政治议题，关心也不属于政策范畴，从而服务便成了一种不受限制的、无可挑剔的和非政治的“商业行为”。

如果以上分析看上去过于抽象，那我们可以考察美国政治中社 185
会服务用语的使用情况。当首个由政府担保的大型医药供应计划面世时，它并没有被描述成一项旨在使人们有更多机会和收入来获取医药服务的政策，而是称为“医药关心”(Medi*care*)计划。

全美教师联合会的主席曾在某次演讲中承认，在数以千计的教师失业的情况下，教师培训机构还在向市场输出大量的毕业生。而他解决这一经济难题的方式，是强调社会上仍有许多人群需要教育服务，包括学龄前儿童、成人以及老年人。为了满足这一“需要”，他呼吁政府出台一项新的计划以保证所有美国人的终生学习权利。他称其为“教育关心”(Edu*care*)计划。

美国法学院在读学生的数量占到了全美在职律师数量的40%。一项近期调查就此询问美国律师界的领袖们应该采取怎样的措施，才能保证新律师在这一就业大潮中能够获得为他人提供服务的机会，并取得足够的收入。对这一问题最常见的答复是，启动一项公共财政支持的计划，以保证全体人民获得法律服务的权利。通常，这类计划也会被称为“司法关心”(Judi*care*)。

以上事实清楚表明，“关心”一词是一个强大的政治符号。只是人们还没有看出来，这个词掩盖了服务提供者的政治利益，而真相则由于关心和爱之间的符号联系而更加模糊不清，结果导致关于服务的政治—经济议题被隐藏在了爱的面具之下。

隐藏在这一面具之下的，是服务的提供者，以及他的整套体系、方法与技术。这是一种需要市场的商业行为，是一个寻求新增长动力的经济部门，同时也是一群需要收入的专业人士。

需要我们理解的关键一点是，这里说的面具并不是虚假的面孔。事实上，服务提供者无法区分自己的面具与真实面孔，这一点展现了服务型意识形态的力量。服务型意识形态不是虚伪的，因为虚伪是
230 对真实面孔的掩饰。在提供服务的同时，现代服务提供者更相信他提供了关心与爱。他的面具就是他的真实面孔。服务型意识形态也不是群体的共谋。因为共谋是群体为了达到自私目的而做的决定，而事实上现代服务提供者从心底认为他是为了公益而与同伴合作。这里，面具就是真实的面孔。

为了区分他们的面具与真实面孔，我们必须引入另一个符号——需要。

我们通常说，爱是需要，关心是需要，服务也是需要；服务提供者满足需要；人们是一系列需要的集合；社会也有需要；而经济的发展就是为了满足需要。

政治的现实是，保证专业的服务提供者获得充足的收入，并由他们推动经济的增长，是一个以服务业为主的现代社会的中心“需要”。关心与爱的面具让这个现实变得模糊不清，以至于公众无法察觉这

种职业利益的存在,而正是这种利益创造出需要,将服务型的经济模式合理化。“医药关心”计划、“教育关心”计划、“司法关心”计划、“社会关心”计划(Socialcare)以及“心理关心”计划(Psychocare)被描绘成满足社会需要的种种体系,从而掩饰了服务提供者和他们所支撑的经济体的需要。

如果没有爱的面具,一群需要收入的服务提供者和一个需要增长的经济体的真实面孔便暴露无遗。在这一框架里,与其说委托人是一个有需要的人,不如说他是一个被需要的人。换用商业术语表达,与其说委托人是一个消费者,不如说他是服务体系的原材料。而如果用管理术语表达,委托人则同时成了产出品和投入品,他的基本功能在于满足服务提供者、服务体系和国家经济的需要。在这里,中心政治议题变成了服务提供者是否具备创造需要的足够能力,以扩大整个服务型经济体的规模。

当然,这一分析性框架并不含贬义色彩。毕竟,一个基于服务的社会支撑了一个经济体,一种社会组织所需的结构,以及一群由关心与爱的伦理价值所感召的社会工作者。如果这些服务体系的需要是正当的,那么委托人就可以被看成是被需要的人,而不是有需要的人;进而,我们就不必把职业需要伪装成公民需要,可以心安理得地把服务当成商业来研究、开发、制造和营销。于是,我们可以不假借与政治无关的爱的面具,而以政治和经济手段满足服务提供者的需要。

但政治现实却使得这个政治方案碰了壁。许多现代社会中的公民提出了一个棘手的问题,用流行的表达方式来说就是:

为什么在医药上投入了巨大的资源,却未能改善我们的健康?

为什么在教育上投入了巨大的资源,孩子们却似乎越来越学不到知识?

为什么在犯罪司法体系上投入了巨大的资源，社会却变得更加不公正和缺少安全感？

为什么在心理健康体系上投入了巨大的资源，我们却似乎患上了更多的心理疾病？

如果以上这些问题还不够棘手的话，一群新的服务体系批评者则更加尖锐地问道，我们是否在投入了更多资源的同时，却产出了与计划截然相反的结果？在医药领域，医源病(iatrogenesis)[①]最清晰地反映了这一问题。新批评者的问题不在于我们是否用更多的资源换来了更少的服务，而在于我们是否得到了与服务体系理应“生产”的产品截然相反的东西。伊万·伊里奇(Ivan Illich)将这个问题表述为，这些体系是否已成为反生产作用的(counterproductive)。我们是否因为更多的医药服务而患上了更多的疾病？我们是否因为更
 187 多的律师和警察而受到更多不公正和犯罪的侵害？我们是否因为更多的老师和学校而变得更加无知？我们是否因为更多的社会工作者而导致更多家庭的解体？

这是对之前非政治的服务体系最大的挑战。我们可以将这种服务视为爱与关心的体现而将其作为政治的纲领，可以在它越来越低效的情况下仍然作为一种政治可行方案，甚至在政治上我们还可以剥掉它的爱的面具，意识到它也是一套有资源需求、同时有益于经济增长的体系。然而，如果公众认为这种服务体系给他们造成的伤害大于帮助，那么在政治上想要维持一个服务型经济体就变得**不可能**。一句话，专业化的服务变成了一种负帮助(disabling help)。

---

① 医源病(iatrogenesis)一词派生自希腊语，由 iatros(医生)和 genesis(起源)组成，指的是病人在治疗过程中受到的医疗伤害。下文提到的 Ivan Illich 在 *Medical Nemesis* 一书中，将其分为临床医源病(clinical iatrogenesis)、社会医源病(social iatrogenesis)和文化医源病(cultural iatrogenesis)三种。——中译注

最近几年，服务业中具有革新意识的领袖们已经意识到了这种反生产作用的威胁，并制定了相应的新战略：引进另一种专业技术——经理阶层及其管理手段。他们的设想是，尽管专业的服务提供者无法控制他们造成的伤害，但经理阶层能成为当代的改革者，在确保服务体系增长所需的政治支持的同时，控制和引导这些体系，消除其中的反生产作用。

新的服务经理们引入商品生产部门的管理手段，提出用于服务体系合理化的四种方法：预算、人事、组织结构和科技。因此，他们忙于架构成本控制系统，开发职工培训系统，重建配送系统，以及引入新的科技手段。

他们中最具革新意识的人则利用先进的市场营销手段，发展出第五种方法，即制造委托人。他们意识到，即使人们对服务没有需要，他们也可以为人们创造出需要；即使人们对需要的认知不符合服 233
务业的期望，这些社会服务经理也有先进的营销手段来劝说人们符合期望。

这些专业的管理手段真的能够消除反生产作用，从而稳定服务业吗？现代管理体系的能力毫无疑问是令人印象深刻的。人们可以合理预测，在非政治的服务意识形态的促进之下，服务提供者和他们的经理能够联手成为一股不可抗拒的力量，在今后引导现代经济体经济政策的走向。

另一种相反的观点则认为，这股力量面临着无法克服的障碍，即一种新型的、求助国家来弥补伤害的意识形态。

这种目标存在于人类想成为行动的发起者而非对象的需求中，
也存在于其想成为公民而非委托人的需求中。人类的需要导致了即 188
使是受到最良好管理的服务体系，也无法改变大众对现代专业服务带来负帮助的看法。

本章的余下部分，试图区分现代服务体系的负帮助，并指明由不可抗拒的制造委托人的力量和公民行动的客观目标之间冲突而导致的政治后果。

专业化视角中的"需要"

专业化的"需要"假说造成了三种负帮助。

其一是将需要解释为一种缺陷(deficiency)。需要可以是一种条件、欲求和权利，也可以是他人对己的一项义务、一种幻觉甚至是一个无法解决的问题，但专业服务的实践却始终将其界定为一种不幸的有待外力填补的匮乏状态。

这就好比孩童时代的那个难题——该怎样描述盛有半杯水的玻璃杯，它是半满，还是半空？当今专业主义的基本功能就是承认有些人有资格将自己的邻居视为半空状态，而专业化的研究也更多地致力于不断提高这个玻璃杯的上缘，以确保即使在"有效服务"的帮助下，人们也无法将它盛满。

在服务型经济体中，大多数人依靠提供专业化的"帮助"服务来获得收入，国民生产总值也是根据被提供的服务来进行统计，国家因此需要更多的个人缺陷的供应。从而，一个声称要满足因个人缺陷而造成的需要的社会，可以被更准确地理解成是一个需要"需要"的经济体。这样的社会出现了一种戏剧化的扭曲，邻里必须互相寻找对方缺陷来获得收入，它带来的政治后果是，邻里无法转化为有行动力的社群，无法发现或解决那些有待解决的问题。

对需要的专业化界定的第二种负帮助特征，是将观察到的缺陷归于委托人的专业实践。尽管大多数专业人士都会认同以下事实，即个体问题的产生有其社会经济—政治背景，但通常他们的补救措施却将个体与背景割裂开来。这种个体化的方式甚至扭曲了专业人士对自身背景的理解。他的补救措施和技术往往诉诸个体间的互动，因此对需要的解读也必然变得个体化。我们从而可以认为，是工具决定了问题，而非问题决定了工具。

一项有关国家监管的儿童研究可以说明这一过程。这些儿童因
父母被判定无法充分照顾他们而被依法从家里带走，安置在专业服 189
务机构中。不过，大多数专业案例却将重点放在儿童身上。虽然毫无疑问的是，政府官员意识到问题的根源在于家庭贫困，但他们显然没有资源来解决贫困问题；而拥有许多资源的专业化服务机构，却有意识地用个体化的方式来解决经济贫困问题。由此带来的负面效应是，由于专业的“关心”服务消耗了大量资源，势必造成那些家庭经济状况的恶化。套用反生产作用的术语，这种服务体系“生产”了破碎的家庭。

这种对需要的个体化、治疗性（therapeutic）界定已经遭到某些“解放”运动的抵制，例如民权运动和妇女解放运动。它们对意识形态的重要影响在于使少数群体和妇女们相信，自己既不是有缺陷的人，也不依赖某些声称要通过个体化的专业服务来满足他们“需要”的体系。这些运动通过肯定个人能力和集体行动的价值，奋力抵制着由专业服务意识形态传播的个体化的、以缺陷为导向的“意识”。

对需要的专业化界定的**第三种**负帮助源自专门化。我们都知道，专门化是先进科技体系的主要“产品”，它创造了高度分工、错综复杂的服务体系，并为新兴的服务经理们提供了大量的组织问题。巨大的人力和财力被用于这些体系的合理化过程，因为通过服务部门带动经济增长是普遍接受的政治准则。

但不为人所知的是，这些体系把自己的特点投射到公民身上。既然这些体系是由一系列受到管理的部分组成，它们的委托人也必

然被认作和处理成一系列可管理的部分，每个部分都有各自的服务技术人员。这种复杂的服务体系容易使人想起一种饭店桌布的图案，一头完整的牛被分为几个部分，以标示肉排、烤肉、肋骨肉和牛舌取自的位置。

专业化服务以类似方式将人“肢解”来界定需要。我们需要足科医生来照看我们的双脚，需要五官科医生来照看我们的脸部。我们最亲密且私人的活动，如精神状态、婚姻、子女关系等，都被切割为一小块一小块独立的部分。

现代专业人士甚至在时间上也把我们切割开来。如今，他们使我们相信不同年龄段有不同的需要。他们“发现”了从出生到死亡的七大生活危机（此前称为生命的七个阶段），每一种危机都需要专业人士的帮助。更有甚者，伊丽莎白·库布勒-罗斯（Elizabeth Kubler-
236 190 Ross）将死亡划分成五个阶段，每一阶段都为许多新的帮助提供者提供了工作机会，而且到时候还需要另一批专业研究人员出来解释，为什么某些人能跳过第二阶段或第三阶段死亡。

如果说个体化的需要将人与社会背景相剥离而造成了负帮助，那么把人零件化（compartmentalization）就更剥夺了个体行动的能力。人只是时空中有需要的零件的集合，必要时加以重新组合，就可以一定程度上恢复运行。

总之，专业化服务将需要界定为一种缺陷，并与此同时将这些缺陷个体化和零件化。服务体系会将以下三个命题转达给委托人：

- 你是有缺陷的。
- 你就是问题所在。
- 你有一系列问题。

若考虑服务体系以及它们自身需要的利益，这些命题其实就是：

- 我们需要缺陷。

- 我们需要的经济单位就是个人。
- 我们需要的生产性经济单位就是有多重缺陷的个人。

专业化视角中的“需要满足”

对需要的专业化界定在逻辑上必然导出三种需要满足假说，每一种都有其内在的负帮助的可能。

第一种假说是对需要的个体化界定的翻版。这种假说认为，正如你是问题所在，我，专业服务提供者，就是答案。你不是答案，你的伙伴也不是答案，政治、社会和经济环境都不是答案。但不可能没有答案。我，专业人士，就是答案所在。此假说的核心在于，服务是一种单向的过程。我，专业人士，生产；你，委托人，消费。

当然，敏锐的服务提供者发明了许多巧妙的专业处理手段，以掩盖专业服务的单向性质，其中包括团体导向服务、伙伴导向服务、委托人导向服务以及社群导向服务。这些修辞手法都反映出服务提供者的焦虑，他们急于掩盖单向的服务关系。

尽管我们知道，有许多人道主义专业人士试图诉诸民主方式来 191
界定自身的角色，但我们实在难以发现，这种关系除了委托人的付款外（无论是直接支付还是通过税收支付）还包含有其他双向联系。毕竟，“不专业行为”的基本定义是“与委托人发生联系”。专业意味着距离，以确保在这种关系中，委托人能明白谁是真正的被服务者。

尽管披着民主的外衣，单向专业服务的一个隐秘逻辑也会造成负帮助，那就是“你会变得更好，因为我，专业人士，懂得更多”。

这是一切反民主政治体系的核心逻辑。依赖单向专业服务经济体的社会，可能会系统性地将自己的人民出卖给反民主政客。专家和专业服务提供者教导人民“他们会变得更好，因为我们，专业服务提供者，懂得更多”，却不想他们创造的这种依赖性会被反民主的力量利用。

专业化的需要满足假说的第二种负帮助表现在，需要由满足需要的手段界定。专业服务体系创造的光鲜、体面的手段和工具越多，强制消费的压力也越大。

这些漂亮、光鲜、复杂而又专业的手段和工具的问题在于，它们的“好处”难以被公众直接理解。既然委托人不明白自己需要什么，就需要新的职业、新的内部逻辑和公共营销体系来保证手段和工具的使用。因此，如果委托人要享受专业服务带来的好处，他就必须明白，专业人士不仅了解他需要什么，也了解他的需要该如何满足。

就这样，复杂而专业的需要满足工具为专业权力提供了界定需要的正当理由——不仅决定合适的需要满足手段，也决定问题本身。
238 专业人士越来越认定，为了弥补缺陷，他们必须有权界定什么是缺陷。

没有什么权力能比得上可以界定问题的专有权利。这一权利也就决定了问题的答案：如果服务提供者能证明这一权利，那他就有权力决定而不是去满足邻居的需要。

这种权力不但允许专业人士使用其光鲜、新颖的满足需要的工具，也将公民界定为“不清楚自己是否存在问题、更不清楚该怎么做的人”。

如今，在现代社会里充斥着各种界定需要的研究。专业人士近来“发现”了一些可以使用工具进行干预的需要，包括虐待儿童、学习障碍以及“迁移型创伤”（这种创伤需要理疗师对儿童进行治疗，后者
192 的创伤源自他们被强行从所谓的不良家庭带走）。布里吉特·伯杰（Brigitte Berger）在近期的一篇文章中指出，秃发将在不久之后被界定为一种疾病，因为失业的皮肤病专家会如此宣布。这一制度化过

程的最极端案例，是美国一家知名诊所发起的计划：让那些没有感觉异样的人花费巨资来检查身体，期望找到自身的问题，以满足新工具的需要。

当界定问题的能力成为一项专业特权，公民也就不复存在。这种特权剥夺了公民成为问题界定者（更不要说问题解决者）的权利。它将政治职能转化成了技术问题。

一旦专业服务提供者可以界定需要及需要的满足手段，第三种负帮助就产生了，那就是问题的界定及其解决方案的提出使用了公民难以理解的加密语言。

当你被告知你无法决定自己是否存在问题，也无法决定该如何解决问题时，你就明显受到了伤害；而与此同时，专业规则更是宣称你无论如何都无法理解问题及其解决方案。现代专业服务语言将问题及其解决方案神秘化，使得公民无法对其进行评估。唯一"有能力"判断服务过程优良与否的人，是专业人士的同行，他们互相确认着对方的基本假说。 239

尽管服务业同行之间会就势力范围问题产生争论，但这些冲突极少会破坏业内规矩：只有专业人士才懂得如何界定问题和提出解决方案。所谓的内部冲突仅限于专业人士间的主导权之争。谁打破了规矩，谁就会受到其他同行的指责，并被排除在成功之外。现代专业权力的政治围绕着同行评议展开，那些支持公民能力、用公民可以理解的语言从事专业服务的专业人士，则会被视为当代的异端。

对专业化加密语言的批评在于，它影响了公民处理事情起因和结果的能力。如果我无法理解问题和答案（需要以及满足需要的手段），我就不得不依附于专家体系。我的世界不再是我可以采取行动的地方，而是一个超越了我的理解和控制能力的秘境。只有专业人士才熟悉这块地方，他们懂得它如何运作，懂得我需要什么，以及如何才能满足我的需要。我成了客体而非主体。我们的生活与社会不再成为一个政治体系，而仅仅成了技术问题。

专业服务提供者可以单向界定需要以及满足需要的手段，并加密服务过程，导致了第四种负帮助的产生：服务提供者有能力根据自己对结果的满意程度来界定他们服务的产出。这第四种能力的产
193 生，与公民转变成全然挑剔的依赖者有关。

越来越多的专业人士宣称自己有权判断其“帮助”的实效性。专业服务一项重要的、有价值的、经过检验的产出，就是专业人士对自身效率的评估。委托人既然是有缺陷的人，就没有能力知道自己是否得到了帮助。

这种日渐盛行的专业假设受到了消费者运动的挑战。那些丧失权利的公民勇敢地背水一战，要求对专业服务的效果或“产出”有最
240 终的评估权。

这场运动的基本假定在于，因为公民已成为有权力的消费者，所以他们也具备相应的权利。这种假定使得运动成了服务型社会的婢女，其内在逻辑变得与服务型意识形态完全一致。只有他们消费时，他们才成为公民，公民福利则通过合理而有效的消费界定。服务体系是一种既成事实，公民的作用只是评估其产出。公民也许仍然不理解服务体系，但消费者运动假设他们知道是否受到了产出的帮助或伤害。

今天，由专业人士管理的服务体系开始着手将这些残余公民变成消费者，开始更多地关注如何操控消费者对产出的认知。托马斯·德沃(Thomas Dewar)在《委托人的专业化》(“The Professionalization of the Client”)一文中描述了服务体系对公民的训练过程，目的在于让这些公民懂得，他们的满足感在于成为一名高效的委托人，而非问题得到解决的普通人。

学校是这一过程的模范代表。与多数服务体系不同,学校公开地对委托人的角色进行制度化界定。学校的委托人按照其讨好老师的能力而获得评估。该体系的最显著产出,在于对行为和表现的专业化认可。

今天,这种专业需要正在学校的意识形态中得到普及,传播了“成为一名高效委托人”的价值观。现代专业服务甚至取消了委托人对“产出”的评估,越来越多地用“成为一名高效委托人”的价值观来证明体系的效率。

一旦高效的“委托人身份”成为社会的核心价值观,那么今天我们熟知的消费者运动必将萎缩和消亡。

服务型意识形态的顶峰,在于全体公民都相信他们无法知道自己是否有需要,无法知道满足需要的手段是什么,无法理解满足需要的过程,以及在专业人士表示满意之前,无法知道需要是否得到了满足。服务型社会的最终标志,在于专业人士说:“我对你所做的事情感到高兴。”而死去的公民权则回答道:“谢谢。”

倘若专业人士可以对公民说出以下言论,现代服务社会也就发 194
展到了极致:

- 我们是你们问题的出路。
- 我们知道你们有什么问题。
- 你们无法理解问题及其出路。
- 只有我们才能判断你们的问题是否得到了解决。

考虑到专业服务体系自身的需要,这些命题反过来变成:

- 我们**需要**解决你们的问题。
- 我们**需要**告诉你们:它们是什么。
- 我们**需要**用我们的方式来处理它们。
- 我们满意自己的工作,同时**需要**你们尊重这一事实。

理解服务提供者的需要、理解他们的体系的运作机制，是现代社会最重要的研究课题之一。这些体系显然有其重要性，它们为大多数人提供了工作，支撑着国家经济。不过众所周知的是，尽管投入了大量的财力和人力，它们一直无法实现自己的目标。与生产“服务”相比，它们更像是在制造敏感而又失意的专业人士，这些人无法解释为什么他们的爱、关心和服务无法重塑(re-form)社会，更不能帮助个人重新过上正常的生活。

因此，我们应该将研究重点转向服务提供者的需要。毕竟，他们产生于现代社会，人数众多，并不断有新的成员涌入；但他们也在日渐成为一个被疏远的、黯淡无光的阶层，需要支持、尊重、关心和爱。现代社会需要决定我们该如何帮助这些专业服务提供者，同时抑制他们对公民的负帮助，使得后者有能力理解并处理政治方面的议题。

242 如果无法做到这一点，我们也至少要理解，对需要和满足的专业化界定在本质上是一种负帮助，并有其政治影响。

专业服务所表达的世界观，将我们的生命和社会界定为一系列的技术问题。这种技术性定义打着关心和爱的旗号，掩饰了服务提供者的经济利益，以及他们活动的负帮助特征。

第十章　文化、激励与底层社会 195

詹姆斯·威尔逊①

无论是自由派还是保守派的政策精英，都用不当的激励来解释城市底层社会存在的问题。比如，自由派将底层社会的贫困与依赖性归咎于救济与工作机会的不足，而保守派则将其归咎于缺乏对应义务、过于慷慨的救济：他们的焦点都在于救济问题。再比如，自由派将犯罪行为归咎于贫困或失业，而保守派则将其归咎于模糊或宽容的惩罚措施：他们的焦点同样都在于奖励和惩罚措施。

但普通公民却不这样看问题。尽管他们承认底层社会缺乏足够 243
的教育和工作机会，刑事审判制度也不是那么有效，但却倾向于强调问题在于底层社会自身对永久性贫困和习惯性犯罪的态度，并将其看成是最重要的原因。这些态度一般形成于家庭之中（如今更多地受到非家庭因素的影响）并被文化所强化，它们的特点是，只享受权利而不履行义务，只强调“我”而忽视“我们”，只贪图眼前蝇头小利而不重视将来的收益，只希望通过运气和小聪明不劳而获。

公众相信的是，不论一个家庭受到怎样的激励、面临怎样的问题，它都有机会来选择回应的方式，良好的家庭会选择培育孩子良好的习惯和得体的操守。但近些年来，由于家庭的影响力日益减小，以电视和电影为代表的竞争对手却日益强大，于是这些习惯和操守变

① 詹姆斯·威尔逊（James Q. Wilson）在哈佛大学担任政府管理教授长达二十六年，目前在加州大学洛杉矶分校教授管理学和公共政策。他曾多次成为总统顾问，并曾担任美国政治学会的主席，其代表作包括《论性格》（*On Character*）等。——中译注

得越来越少见；同时，又有越来越多的孩子依靠单亲（多为十几岁的女孩）抚养。这些都在总体上导致了父母与孩子相处并管教他们的时间变得越来越少。绝大多数的美国人认为有一位家长全职在家会更有益于孩子，即使这意味着收入的减少。[1]

但精英的意见，而非大众的想法，往往能左右公共政策。这是因
196 为前者具有明确的政策意涵，而后者的则较为模糊；前者的改变并不挑战个人的自主性，而后者的改变却需要借助布道或攻击；我们可以整理出无数与激励话题相关的事实，而与文化相关的却不多。我们可以通过测算失业率、贫困线、犯罪趋势、福利开支以及被拘捕的概率，并将这些数字代入方程，来论证激励的作用。与此形成对比的是，我们只能通过大声喊出口号、搬出奇闻轶事以及解释历史现象来论证文化的作用。

 我希望在本章中完成两件事。第一，我试图论证这些通常所称的“底层社会问题”，有相当一部分原因不仅仅在于这一群体的成员受到不当的激励，还在于他们不自我控制、不关心他人的生活态度；第二，我试图找寻可行的办法（如果有的话）来改变这种习惯化（habituation）模式，从而使得他们不论受到怎样的激励，都将表现得更加合乎道德。

在展开讨论之前，我得先澄清某些术语，承认某些不确定情况的存在，并回应某些先发制人的评论。**习惯化**这个术语，指的是这样一种过程，人们借以获得某种稳定的（往往是无意识的）行为方式，形成一种有规则的行为倾向，它既可以是冲动的，又可以是冷静的；既可以是放纵自我的；又可以是尊重他人的，既可以是得体的，又可以是粗鄙的。诚然，并不是所有的行为都是习惯性的，但提到某人有一个“好的”或“不好的”性格，其含义即是只要条件允许，那个人就会表现得好或者不好。

我并没有想否认诸如工作、惩罚或机遇等激励的重要性，但我的确想提醒人们注意以下事实，即当受到相同激励时，不同性格的人往往表现得不同，这是因为他们已经习惯了以自己的方式做事。这种习惯主要由人们早年受到的激励所塑造。"激励"和"文化"在任何时候都是对行为的不同解释，但如果追溯某人的一生，我们一定会发现现在称之为文化的东西，其实是通过激励来灌输的（比如，父母的告诫或同伴的预期）；而某人之所以受到这些激励，在某些程度上是因为文化的影响。反过来，他们之所以想要这么做，是因为在更早之前，他们受到了某些激励，如此一直循环下去。不管激励与文化之间的传统区分对当代的政策争论有多大的重要性，一种对个体发展的完备的解释，如果存在的话，将使得这种区分变得相当模糊。从政策制定的目的出发，我仅主张（至少在短期内）通过改变激励来改变人们的不良习惯并不像我们想得那么有效。

我不会怯于描述"道德上正确的"或"有道德的"行为。在本文中我只是想说，有道德的人不会撒谎、欺诈、偷盗、强奸、施暴或吸毒，而不道德的人则常常做这些事，从来没有感到愧疚。

尽管我在这里强调文化的重要性，但我在别处曾强调过激励的 197
重要性。我曾在 1975 年出版一部著作并与犯罪学家展开争论，他们基于对犯罪根源的理解来制定控制犯罪的政策。[2] 当时，这些根源被认为是罪犯的态度、价值观与渴望，简单地说，就是他们的文化。而我的意见则是，由于我们对于这些文化因素理解太过贫乏，我们通过计划来改变它们的能力又太过弱小，从而任何基于这些文化因素减少犯罪的政策都注定要失败。反之，我则基于那些潜在的罪犯都是理性自利者的假设，提出了另一项政策：对于犯罪最有效的回应是增加惩罚的确定性与工作机会，减少犯罪相对于合法工作的净收益。

为了避免有的读者认为本文否认了我之前的观点，我想提醒他们在那本书的结尾我曾提到，如果一项基于激励的反犯罪计划能够使严重犯罪的比率降低20%，那么已经是相当走运了。这个比率已经达到极限，因为在惩罚变得更加不确定的同时，犯罪也变得更加没有羞耻感，而犯罪羞耻感减少（换句话说，就是更不可能受到内在约束的抑制）的原因之一，则是家庭的弱化。[3] 自从那本书于1975年出版以来，基于某次逮捕而入狱的概率增大了（除了1985年以后与毒品相关的被告外），监狱也越来越多地留给重犯和累犯，而非轻罪或初犯的被告。这些变化也许是80年代初以来受害率下降的原因，但在刑事审判制度变得略微强硬的同时，家庭单元却变得更加弱小。这就解释了相比50年代，今天的年轻人更有可能犯罪的原因。[4]

激励无法解释的部分

246

福利救济的支出水平无法解释非婚生育数量上升的现象，也无法解释有那么多的人参与曾经的“未成年儿童家庭援助计划”（Aid to Families with Dependent Children，AFDC）①。据埃尔文·加芬克尔（Irwin Garfinkel）与莎拉·麦克拉纳汉（Sara McLanahan）的估计，1960—1974年间未婚母亲的大量出现，其中仅有14%与政府救济支出的增加有关。[5] 罗伯特·墨菲特（Robert Moffitt）在查看了有关工作和家庭结构的财政救济效果的证据后指出，尽管救济带来了一些变化，但也只能在一定程度上解释工作水平的衰退或单亲家庭的增加。[6] 有些人不愿意接受福利救济，因为这在他们看来是一种耻辱。
198 对失去自尊或体面的恐惧解释了为什么在1970年所有符合AFDC

① AFDC是一项由美国卫生和公共服务部管理的联邦援助计划，起讫时间为1935年至1996年，这项计划旨在为低收入家庭中的儿童提供财政援助。——中译注

条件的家庭中，只有 69% 进行了登记。而这个比例今天超过了 90%，原因可能是人们的耻辱观发生了变化。

今天我们早就习惯了在老城区看到男性在街头晃悠，而不去上学和上班。但过去并不总是如此。不论是对于黑人还是白人，50 年代青少年的失业率要远低于 80 年代。之后，无业的或主动报告无收入的年轻城市男子的比例却显著地提高了。[7] 而这种提高发生在了一个收入和教育水平总体上升的时期，未能完成高中学业的儿童的比例也在同时下降，[8] 工作岗位的增长超过了人口的增长。尽管如此，老城区居民中还是有一大群人离开了劳动大军。

一些学者，比如威廉·朱里厄斯·威尔逊（William Julius Wilson）通过空间错位理论（the spatial mismatch theory）来解释长期就业增长过程中老城区失业率上升的悖论。按照这个理论，工作机会被转移出老城区，而生活在那里的人们却无法一起跟着转移。这种错位可能使人们丧失参加劳动的积极性，如果当这种状况持续好几代，就尤其如此。[9] 但支持错位理论的证据却不够确凿。克里斯托弗·扬克斯（Christopher Jencks）和苏珊·莫耶斯（Susan E. Moyers）得出的结论是，尽管支持错位理论的证据证明了其有一定的作用，但“这种支持过于模糊，没有哪位审慎的政策分析师会采信”。[10] 威尔逊进而以一种对证据的不同解读方式有力地回应了这些批评。[11]

在我看来，错位理论可能只解释了失业增加的部分而非全部原因。尤其是，它无法解释在有了较高的最低工资之后，老城区的许多工作岗位反而出现空缺这一事实；[12] 也无法解释为什么比起黑人来，拉美裔（包括新近的移民）反而更成功地在老城区找到并维持工作，毕竟两个族群都倾向于住在贫民区，而拉美裔接受的正式教育比黑人还少。[13] 黑人与拉美裔的对比还有另一个引人注目的地方。尽管加利福尼亚拉美裔的贫困率较高，但拉美裔的儿童却比黑人儿童有更多的机会生活在双亲家庭之中，拉美裔的成年人也比黑人更有可能待在劳动大军之中，而贫困的拉美裔家庭获得救济的机会只有黑人家庭的五分之一。这个对比差距之大，使得报告这些结论的学者质疑，是否应该将加利福尼亚拉美裔归于城市底层社会之中。[14]从全国的范围来看，1977—1991 年间，当白人和黑人无收入男子的比例上升时，处于相同困境中的拉美裔男子的比例却下降了。[15]

最后是有关犯罪的情况。我并不打算对个人或社会在犯罪率上的差别做出详尽的解释——理查德·赫尔恩斯坦（Richard Herrnstein）和我尝试过给出这样的解释。[16]我也不去谈论枪支拥有
199 权、电视影响、同伴压力以及其他可能影响犯罪率的因素。忽略它们的部分原因在于，习惯化这个概念已经把大多数情况包含进去了：成
 千上万的人都看电视、持有枪支或交朋友，但其中的绝大多数却不会经常性地犯罪。

犯罪的增多无法用客观环境因素的变化来完全解释。今天，街头犯罪的比率远高于 50 年代末和 60 年代初，达到了三四倍之多。尽管人均收入和平均学历有了显著的提高，高中辍学学生的比例有所下降，用于预防少年犯罪和控制犯罪的政府支出也出现了实质的增长，但犯罪率还是上升了，有些人甚至还会觉得以上现象是犯罪率上升的原因。犯罪的增加也无法用人口年龄结构的变化来解释。许多专家认为，半数新增的犯罪并不是源于年轻人数量的增加，他们估计其中可解释的变动的比例仅占四分之一。[17]如果 60 年代至 70 年代之间特定年龄的犯罪率（即某一给定年龄的人均犯罪数，比如 18 岁）保持不变，暴力犯罪则将增加 8%，但事实上却翻倍了。[18]一项对于由官方记录的两组费城男孩（一组出生于 1945 年，另一组出生于 1958 年）犯罪行为的研究发现，后者比前者暴力犯罪的可能性高出三倍，抢劫

的可能性则高出五倍。[19]

犯罪成本的降低在一定程度上导致了犯罪的增多。在 80 年代，惩罚的力度因为实施惩罚的可能性下降而打了折扣，反而不如 60 年代。在犯罪激增的最初几年里，某起犯罪经指控而判刑的总体概率减小了。1960 年时，每 1000 起严重犯罪中有 62 起最终被判入狱。[20] 这里“严重”犯罪是指那些被联邦调查局收录进《统一犯罪报告》(uniform crime reports，简称 UCR)的犯罪行为，包括了谋杀、强奸、施暴、抢劫、偷窃和盗车。囚犯刑期的中值也从 1960 年的 21 个月缩短为 1981 年的 17 个月。[21] 监禁数量的减少和刑期的缩短，一并导致了每起 UCR 犯罪的预期刑期从 1959 年的 93 天缩短为 1975 年的 14 天。我认为，监禁的威慑与剥夺犯罪能力的作用的下降，在一定程度上导致了犯罪率的急剧上升。

自 1974 年以来，监狱囚犯的绝对数量开始加速增长。1974— *249*
1989 年间，这个数量超过了原来的三倍。与许多人的想法恰好相反的是，这一数量的增长并不是犯人获刑时间变长的结果(平均而言，他们的服刑期一直在缩短)。直到 80 年代末，囚犯人数的增长通常是用 70 年代中晚期以来的事实解释，即嫌疑犯有更大的可能一旦逮 200
捕就被判入狱。在 1974 年，一个被逮捕的抢劫犯有五分之一的概率进监狱；而到了 1986 年，其概率大于四分之一。[22] 截至 1986 年，每起 UCR 犯罪的预期刑期为 19 天，比 1975 年时延长了三分之一，但仍然比 1959 年时缩短了五分之一。与此同时，根据对受害者调查的有限测算，1974 年以后大多数犯罪的发生率出现了持平甚至下降的现象。

这些全国性数据与如下观点完全吻合(尽管不算证明)，即在 1960 年至 1974 年之间，整个社会无意识地鼓励了犯罪有利可图的观念。这个观点也许有助于解释这一时期特定年龄犯罪率的上升。

但自从 1974 年以来，尽管不太成功，整个社会一直在试图抛弃这一观念。

我们尚不清楚，也可能永远不会清楚，对于任一青年男子，其犯罪率与受惩罚概率之间是否存在联系。即使整个社会愿意为每起犯罪的预期刑期的进一步延长买单（这是一个大胆的猜想），我们也只能推测这是否能够降低特定年龄的犯罪率，尤其是我们最希望影响的人不是少数的惯犯和累犯，而是更大多数的轻微犯罪者。我们希望影响后者，是因为他们人数更多，而那些惯犯和累犯平均每年都要在监狱里度过大部分时光。据一项研究估计，在某一代表性年份里，加利福尼亚、密歇根和得克萨斯的一个抢劫惯犯平均需在监狱里待上 216 天。而在剩余的自由时间里，他能每年抢到 9500 美元作为补偿。[23]这显然不是一笔有吸引力的买卖，但却正是我想表明的：惯犯
250 的自制能力过差，导致了他们既不能理性地生活，也无法注意到犯罪成本的细微变化。这也许有助于解释为什么失业率和商业周期的变动与犯罪率的关联甚微。[24]

加入了相关客观因子（年龄、收入、失业率、惩罚的概率和程度）的横截面回归方程仅能解释一部分的犯罪率变动。[25]无法解释的那部分未知变动（我怀疑占了大多数）则可以被归因于对风险的偏好与态度的变化。

对此类变化，我们更加缺乏直接证据。在仅有的几次对冲动变化的测试中，其中一次比较了 1959 年和 1974 年两组罗德岛少年犯的时间偏好（即对推迟获得报酬的接受程度），结果得出后者更加注重现实的结论。[26]这一发现尽管指明了一种变化，却深陷样本选择偏见与其他问题的责难之中。对于犯罪的文化解释很大程度上必须借
201 助推论，尤其是以下这个推论，即高犯罪率和吸毒率无法用假定人们

最大化自己收入的理论来轻易解释。如果监狱里的罪犯就像是我们在街头看到的那些人，那么犯罪获得的收入也太少了。如果要解释惯偷现象的话，就只能认为，即对于有的人来说，眼前的蝇头小利胜于长远的收益；与此相似，吸毒者迟早会走到是否洗心革面的十字路口，但无论继续这种吸毒生活的成本有多高，对他们来说，毒品的诱惑往往会压倒戒毒带来的好处。[27]总之，许多罪犯和吸毒者都非常冲动，并且（就犯罪来说）不尊重他人的权利和福利。在我们的社会里（以及在大多数工业化社会里），冲动很有可能已经在最近几十年成了普遍现象。

有充分证据表明，犯罪行为与自制力的薄弱和同情心的缺失相关。[28]如果冲动和自利是犯罪行为的重要前兆，如果犯罪率的上升远不是物质回报的预期效用可以解释，那么我们只剩下一个推论：习惯性的自制和同情在我们生活中的支配地位发生了或多或少的改变。 251

家庭教化

家庭教化（习惯化）是社会引导其成员的最主要手段，以使他们能自我克制，并合理地尊重他人的偏好。发展心理学家普遍同意，最有可能达到以上目标的父母，会恩威并施，既保证孩子对其强烈的依赖性，又使他们能清楚地理解日常行为准则，并一直遵守。[29]作为人类社会基础的这一重要的社会化任务，其实现依靠以下两个事实：从生物学角度出发，婴儿渴望对父母的依赖，并先天倾向于社会化；而父母都会爱护孩子，并会不计得失地抚养他们。

但不同个体会拥有（或显露）不同程度的亲社会性。因此，有些婴儿会对社会化过程感到困难，有些父母则会难以胜任本职。不幸的是，既然性情在很大程度上受基因控制，那么问题婴儿会有更大的可能拥有不胜任的双亲。曾几何时，自然选择通过较高的婴儿死亡率来淘汰少量家庭中的不良遗传趋势，然而没有人想过用婴儿的死亡来纠正社会化的失败。但如果这些失败不能被纠正，那么将产生更严重的后果，犯罪、酗酒、冲动及寻求感官刺激的行为就会在这些家庭中产生。

202 如果家庭解体或转变为伪家庭(pseudofamily)①，情况就会变得更糟。在今天，贫困已经成为儿童所面临的问题之一，这主要是由于越来越多的儿童长期(有些甚至是整个童年)生活在单身母亲家庭之中，而其中大部分是贫困家庭。越来越多的证据显示，就孩子的成长环境而言，单身母亲家庭不及双亲家庭。[30]举例来说，卫生和公共服务部于 1988 年就家庭收支结构和个人问题调查了美国各地的 60000 多名儿童，结果令人震惊：在所有收入水平上(除了最高一档，
252 即超过 50000 美元一年)，无论是男孩女孩，白人、黑人还是拉丁裔，与从未结婚的母亲生活在一起的儿童的情况远糟于生活在双亲家庭中的儿童，他们更有可能被学校除名，更容易表现出感情上的问题，或出现反社会的行为。[31]

普林斯顿大学的莎拉·麦克拉纳汉和威斯康星大学的加里·桑德福(Gary Sandefur)对手头可掌握的最好数据进行了分析，这些数据来自全美青年纵向调查(the National Longitudinal Study of Youth)、收入动态追踪调查(the Panel Study of Income Dynamics)、全美高中及高中毕业学生调查(the High School and Beyond Study)和全美家庭和住户调查(the National Survey of Families and Households)。他们发现，即使对种族、收入和教育变量进行了控

① 伪家庭(pseudofamily)指的是那种没有血缘关系，但出于情感、经济或受保护的需要而组织起来的行使一定家庭功能的组织。——中译注

制，生活在单身母亲家庭这一因素还是会使儿童从高中毕业的几率变小，使女孩成为未成年母亲、男孩变得无所事事（既不工作又不上学）的可能性增大。[32]

如果这是一个母亲年龄仅为十多岁的单亲家庭，那么风险将更大。相比成年母亲，未成年的黑人母亲所抚养的孩子的自制能力和对挫折的承受能力较弱，并更有可能出现多动症状，无法适应学校生活；如果是男孩的话，则更有可能变得好斗、武断和任性。[33]如果这位未成年的单身母亲还大量吸毒或酗酒的话，那后果将是灾难性的。

普通美国人不需要科学研究的帮助就能完全明白这个道理。正如丹尼尔·扬科洛维奇（Daniel Yankelovich）指出的那样，绝大多数美国人认为家庭衰落了，这严重威胁到了人类的福祉；大部分人认为这一变化的产生是由于家长花在孩子身上的时间太少了。我们可以推论，单亲家庭的家长在这方面不如双亲家庭的家长，而一对工作的 253
双亲则不如一人工作、另一人持家的父母。[34]

什么是文化？

如果说，一些不好的行为（诸如犯罪、吸毒、依赖救济、非婚生育）是文化因素的产物，因而在问及文化是否能被改变这个问题时，我们必须首先弄清我们想通过“文化”来表达什么含义。这个概念至少有三层含义与以上这些行为相关。首先，文化指的是一种广泛传播的 203
综合性世界观或看法，人们通过它来诠释自己的经验，它是一种依靠戒律、神话和仪式代代相传的观念，并被社会的大多数成员（即使不是全部成员）所接受。在这个意义上的文化使一个特定的社会有了身份和意义；它的变化，即使有的话，也是非常缓慢的，从不受计划控制。当提及“美国的”、“南方的”或“洋基”文化时，我们便默认使用了这层含义。

其次，文化也可以指人们对生活环境的主观适应。如果一个人家中几代贫困，他就可能会以宿命或悲观的想法来适应这个环境，或者只看重眼前利益而牺牲长远收益。当提及“贫困文化”时，我们便默认使用了这层含义。一般认为，如果客观环境发生了改变，那么这种文化也会变化，尽管速度是缓慢的。

最后，文化可以是一组由某些占有金钱、权力、名望和相貌的社会精英持有并珍视的标准和价值。这些价值是精英对于某些行为和思考方式的认可，他们由于人们对这些行为和思考方式的仿效而获得非正式的权力。由于精英有时候是分化的，这种文化便可能不止一种。自60年代以来，资产阶级文化和反文化之间就一直存在冲突。前者强调得体、所有权和进步观，而后者强调真挚、自发性和自我表达。此类文化因为包含流行因素，从而有可能相对较快地发生变化。

对底层社会进行文化上的解读牵涉到对以上三层文化含义的甄选。如果人们认为底层社会主要包含懒惰、冲动、依赖毒品和寻求刺激的边缘人群，那么底层社会在他们看来将永远存在，它将永远是整个社会中的一小部分（因为底层社会的人们处于冲动克制能力分布的末端），问题只在于防止它失控。[35]我们身边总是存在名声不佳的穷人；今天他们之所以受到更多的关注，是因为他们生活在社会的中心地带，携带有武器，并对一些机构（比如现在穷人也在享受学校教育）造成威胁，而人们只能医治他们的表层症状：住所、武器以及制度性参与。按照这个观点，社会应该隔离或驱散他们，使得其人数不足以构成威胁；然后解除他们的武装或监禁他们；最后将他们排除于主流之外，而给予特殊的制度安排。

支持贫困文化论的人对此自然有不同的观点。如果环境改变了，那么文化也会发生变化。持有不同程度激进主义立场的人，对此的看法不尽相同。有些人觉得只需提供工作和教育，并减少歧视；而另一些人则要求经济体系发生全盘和根本性的改变。[36]

那些将责任归咎于精英文化的人指出，由法官、政客、大众媒体 204
和流行娱乐所传达的道德观念已经发生了巨大的变化。人们疏远了注重自力更生、自我克制的得体谦逊的社会伦理，转而趋向依赖社会、表现自我、崇拜另类生活方式的观念。持有这种观点的人将底层社会看成是我们社会中最容易受到虚假预言伤害的群体。用麦伦·玛格奈特(Myron Magnet)的话来说，在底层社会文化特殊的变调(inflections)中仍然保留着精英文化的"腔调"(dialect)。这种精英文化崇尚个人自由，对遵守传统习俗的做法嗤之以鼻，重视前卫，并将共和国的核心传统视为对压迫和贪婪的掩饰。精英文化是富人施加在穷人身上的一个诅咒。[37]

改变文化

我们不太能确定以上哪个理论是最准确的。文化解释天生排斥实验或数理检验。我们唯一能做的，是询问自己在按照某一理论行动时能学到什么。

如果按照这一标准，那么情况相当严峻。第一个理论暗示文化变化是不可能的。第三个理论也认为文化变化几乎是不可能的，其逻辑是，假如精英是问题的所在，他们喜欢自己的文化，(根据定义)又控制着社会和政治资源，那么这种文化就很难被改变。第二个理论则相对容易检验，但结果并不让人振奋。底层社会在空前繁荣时期的继续扩大，并没有否认激励对行为的引导作用，但却使人对任何旨在改善他们生活的计划感到悲观。既然社会只能从总体上操控激励，并通过说教和示范，以一个整体来处理文化问题，那么在面对长期的、强大的反动力量时，通过计划来改变个体偏好的可能性微乎其微。如果底层社会文化在繁荣时期逆势成长，那就只有通过经济和社会秩序的根本性改变才能阻止它；然而根据定义，这种根本性的改变又是不太可能的。但持有此观点的人也许忽视了文化和贫困之间的相互作用：尽管贫困会制造属于自己的文化，但那种文化却会使贫困长期存在下去。我们需要做的是，通过协同努力来改变穷人所持的宿命论或自我放纵的生活态度，使得他们能更好地利用一切可能的机会。

从原则上讲，这一观点没有错；毕竟，它作为一种权威的假设，影
205 响着一切宗教的、许多世俗的努力，以期帮助那些社会的弃儿，譬如
酗酒者、吸毒者和辍学者。关于这些精神的和世俗的努力，人们可以
256 找到数不尽的成功故事。但现在竟然有人试图通过计划和平庸的管
理人员来为大量的人群实现这一理应属于个人的救赎，这必定会带
来问题。

从总体上说，我们无法验证通过官僚程序大规模地实施这类救赎取得过成功。尽管有不少前景乐观的项目，但那些试图恢复大量少年犯和成年罪犯正常生活的努力，更多地以失败而告终。[38]

用军队来改善弱势人群的性格，其前途也不乐观。1966 年国防部长麦克纳马拉启动了一个名为“十万人工程”(Project 100,000)的项目，以加入“向贫困开战”①计划。在第一个五年内，三十二万名天资不高的人被应召入伍。1976 年到 1980 年间，由于测试失误，又有一些天资不高的人被不慎召入军队。以上两起事件提供了一次天然

① 向贫困开战(the War on Poverty)是由时任总统约翰逊提出的一项旨在减少美国贫困率的法案。——中译注

的准实验机会,来检验高强度的训练和严格的纪律是否能作为增强问题男孩的自我克制能力以及尊重他人能力的手段。

为了评估这些准实验的结果,调查人员研究了来自“十万人工程”和误判事件中的退伍老兵,将他们的经济、教育和家庭现状与那些同样天资不高但却从未服役的人员进行比较。在接受面谈时,大部分天资不高的老兵都强调服役的经历对他们有益,因为他们学到了纪律,并变得更加成熟。但不幸的是,这一看法与现实并不吻合。相比那些被假定同样天资不高但却从未服役的人员,来自“十万人工程”的老兵在工作、教育以及收入方面的情况都更加糟糕;而那些因误判而入伍的老兵的情况,也没有比未曾当过兵的同伴更好。这些退伍老兵的离婚率也高于社会上的同伴。(当然,此处没有两组人员的犯罪数据。)研究的作者最后得出结论:“对于痛苦挣扎的年轻人来说,军队似乎并不是一剂万能药。”[39]

如果等到孩子长到十多岁或接近成年,再想要改变他们的时间偏好,或是改善性情乖戾、天资不高孩子的状况,就变得比较困难了。来自罪犯改造项目以及服役经历的都是些让人失望的证据。虽然一些低龄儿童项目出现过鼓舞人心的证据,但却非常零碎,有时还相互矛盾。

人们熟知以上事实,从而怀有强烈的冲动想要为家庭看护找到合适的补充,比如日托或学前教育。在目前政府提供的项目中,“抢先起步”(Head Start)①最受到欢迎,当然,它也夸下了海口。这里并不是说“抢先起步”或类似的针对三四岁儿童的学前教育项目没有效 206
果。但自从“抢先起步”被证明对儿童的认知能力(尤其是智商)没有

① “抢先起步”是隶属于美国卫生和公共服务部的一个全国性项目,目的在于为学前儿童,尤其是低收入家庭的儿童提供全面的教育、医疗、营养和社会保障,以促进他们的社会和认知能力的发展。——中译注

长效的改善作用后，人们就转而关注其是否能为儿童进入幼儿园或一年级提供帮助。答案显然是肯定的。[40]

然而学前教育的长期影响并不那么明朗。支持学前教育的最有力证据来自密歇根州伊斯兰提(Ypsilanti)的“佩里学前教育项目”(the Perry Preschool)，但它不属于“抢先起步”项目。这项计划招收了 123 名来自贫困家庭的黑人儿童，其中一半生活在单身母亲家庭之中。这些儿童被随机抽中接受学前教育，剩下的则进入控制组，并被长期追踪。结果显示，接受过学前教育的人相对不太可能在高中毕业之前辍学、依赖救济金生活或蹲监狱，而更有可能在毕业之后找到工作。[41]

其他的学前教育项目却没能为如此戏剧性的长期影响提供证据。对多个“抢先起步”项目的评估(这其中很少有像佩里项目做得那么细致的)显示，这些项目的高中毕业率并不如佩里项目那样高，而它们对早孕、救济和犯罪的长期影响也缺乏证据支持。美国国会财政立法委员会(the House Ways and Means Committee)成员罗恩·哈斯金斯(Ron Haskins)在一份 1989 年发表的对“抢先起步”项目评估工作的评论文章中写到，他只找到了一堆有关如何测算这些项目在青少年犯罪、早孕和救济依赖方面的长期影响的研究，但它们都不关注影响本身：两个关注早孕的研究发现这些项目不产生任何影响；两个关注犯罪的研究只找到了一些影响；而两个关注救济的研究竟然得出了不一致的结论。[42]

为什么佩里项目(也可能包括其他一些项目)能够如此成功？其中一个原因是，它们是由受过广泛训练、握有充足资金、有很强能力的人来主持的示范性项目。在佩里项目中，每五六名学生就配有一位教师。另外一个原因是，佩里项目并不仅限于要求学生每周在学校待 20.5 个小时，它还包括了一个广泛的家访计划，教师每周都会登门对单亲母亲进行半小时的家访。有证据显示，这样的家访有益于儿童的成长。[43]

迄今为止，只有“婴儿健康与发展项目”（the infant Health and Development Program）的结果接近于佩里项目，并只限于短期影响。此项目为八个城市近千名早产、低出生体重的婴儿提供一系列强化的服务。因为人们认为这些婴儿可能会出现智力发育迟缓、行为异常以及学习障碍等问题。如同在伊斯兰提，这些婴儿被随机分为治疗组与控制组。治疗实验组里的婴儿与家长可以获得三种服务：每周（一段时间后变为两周）都有受过培训的顾问上门家访；当婴儿一岁之后，儿童发展中心提供每周五天的托养；两周一次的家长会对家 207
长进行指导，家长们也可以分享各自的经验。到了三岁时，相比控制组，实验组中的婴儿有着明显较高的智商值，行为异常情况也较少；尤其是那些条件最差的母亲的婴儿，他们取得的进步最多。[44]但我们
还需要花上很多年，才能知道这些进步是否是可持续的。

假设这个早产婴儿项目的长期结果与佩里项目相一致，我们可以获得什么启发呢？最明显的结论（对某些人来说可能也是最困惑的）是，这些干预型项目插手的程度越深，它们带来的好处也更多。对于那些危险边缘的儿童来说，这些项目越是取代家长的职能，或调整家长的行为（通过家访、家长培训和近距离的学前教育监督），它们就越能给儿童带来好处。[45]

另一个可能的结论是（尽管目前只有零碎的证据），长期性的干预行为比短期干预影响更大。[46]我们不能像对付天花一样，通过接种来使儿童获得抵抗异常行为的免疫力。政府在儿童五六岁时，才开始将学校作为干预他们的唯一手段。这样一种状态直到他们参加工作、因犯罪被捕或应征入伍之后才会终结。

学校所起的中心作用，使其被许多美国人寄予了培育孩子良好

性格的厚望；许多研究都支持，学校不仅是教育儿童的最佳场所，同时也必定是控制他们行为的最佳选择。[47]因为当学生们变得更加有秩序时，学习也就变得更加轻松了。但是在过去，改善反社会人格的工作，从来没有完全交给学校，有很大一部分被托付给了家访，以及专门指导如何抚养孩子的母亲扶助协会。[48]我们不知道这些努力对于家庭生活能有多大的影响，但我们确实知道，那些当代最成功的旨在帮助儿童的项目都包含有家访及家长培训的内容。密苏里州已经根据这一观点建立起"把家长培训成教师"计划（Parents as Teachers），使得针对家长和孩子的居家培训成为可能。其他的州也陆续效仿。

拥有足够财力的家庭总是仰仗寄宿学校来对付难以被社会化的儿童或藉此逃避家长的责任。当下的潮流使得家长们在学校问题上
260 有了丰富的选择，并应对许多教育问题，但哪怕是最好的公立学校，每天只有六个小时，一年里也只有一半的日子，可以用来看管孩子。

学校是培育良好性格的机构，设立公立学校最初以及最重要的目的在于道德教化。但即使是最好的学校也无法抵消混乱的街头给孩子造成的威胁，无法弥补缺席的家长造成的对孩子的忽视，以及失和家庭所带来的不幸。不是每个孩子都适合寄宿学校，但对一部分孩子来说这是一个更好的选择。

208 如果建立寄宿学校是为了塑造良好的性格，那么该怎么做？我的脑海中已经有了一个轮廓。在小学阶段，寄宿学校让孩子花更多的时间在学校而不和家长在一起就可以了。全日制的学校还为学生提供早餐和晚餐，并在常规教学之外为学生提供受到监督的课外活动机会。对于家长完全不称职的极端情况，学校还为这类学生提供住宿。当孩子长大一些（比如上了初中），他们将完全寄宿在学校，并根据双方的协议定期回家。我希望这些学校最好由私人来运作，尽

量避免公立机构的介入；同时，入学也是自愿的，但鼓励那些危险边缘的孩子入学。学校的目标是要为教化孩子提供一个安全、稳定和快乐的环境，要给他们灌输常规的美德和礼貌，养成自制的能力，并学会良好的社交技巧。在这样的学校里，教什么知识是次要的，重要的是要有一套用来支持教学的通用规则。良好的性格养成于习惯之中，而非背诵训诫。

寄宿学校对那些成长在没有父亲的家庭中的男孩尤为重要。有关这些孩子所承担的经济和心理成本的讨论不胜枚举，但他们的社区成本也是同样突出、必须关注的。母亲们负责制定与邻里交往的规范，父亲们（至少是家庭中的成年男子）则以此来处理邻里关系。如果没有父亲，那么这个社区中就没有男人能够并且愿意去对付不良少年，驱赶流氓，并责备那些失职的父亲们。梅尔赛尔·沙利文（Mercer Sullivan）研究了纽约的贫困社区。他指出，缺失的父亲角色使社区无法履行非正式的、但往往有效的职能来控制街头男孩的行为，这在黑人聚居区尤为突出。[49] 261

我不知道有什么途径能使这一代失职的父亲们担负起他们的责任。现在的法律比以前覆盖了更多的领域，但我们无法乐观地认为母亲们将获得更多的家庭生活补助，父亲们将更加关心他们的孩子。我们的目标是要减少下一代人中失职父亲的数量。为了达到这一目标，我们可以根据历史推断，动用公共资源来鼓励底层社区的家庭自愿将幼龄孩子送往寄宿学校的做法是有价值的。这些学校因而必须确立某些目标，或将学生送入大学，或通过学徒项目（apprenticeship program）使学生获得就业的资格。[50]

也许我们还应该去营造较优质的家庭，来避免将事情完全丢给运气或人们的自愿参与。比如，要求申请救济的未婚母亲们必须接受如下安排：作为接受财政资助的条件，这些母亲们必须选择或和自

己的父母生活在一起，或住在集体家庭（庇护所）中，在那里她们会获
209 得育儿方面的指导，受到常规的教育，并遵守涉及个人行为和集体责
任的纪律。[51]这一理念包含三个方面的关键因素：政府救济不应当被
用于独立但却功能失调的家庭，低龄孩子的母亲不应当外出工作，最
重要的是，给下一代孩子一个经过最优规划的生命起点。

一些启示

在自由社会里人们对自由的优良实践，需要公民有较好的性格
品质，但如何鼓励这些性格品质的发展，却是自由社会里的一大谜
题。我们的宪法以及国父们的讨论，在大多数情况下都对此保持沉
默。作为启蒙时代的产物，这些人理所当然地认为人民拥有的美德
262 足以使一个自由的政府成为可能；他们自认为是政府过度集权的受
害者，于是无意在此地建立一个强大的中央政府，更不会赋予这个政
府能够塑造人民性格的权力。

从建国时期直至二十世纪，他们的设想一直被认为是明智的。因为有着日常的规则和面对面的接触，村庄生活曾经足以支持正常的家庭教化过程；当缺少家庭教化时，村民们也能找到足够的途径来激励懒汉、惩罚犯错之人。当大城市形成时，村庄生活中非正式的却又亲密的纽带被城市生活正式且匿名的关系所替代，以至于年轻人能更轻易地逃脱社会的控制，或找到臭味相投者一起肆意放纵。但社会并不是没有能力来面对这一变化过程，也不必总是把政府作为主要解决手段。除了 19 世纪中叶各州纷纷实施禁酒法令之外，大部分培养人们自制能力的努力，都是自愿性质的。

这些努力（戒酒小组、儿童看护计划、家庭访问以及基督教青年会等等），涉及大量的成人和儿童。由于那时还没有掌握现代项目评

估技术，我们只能大致估算它们的效果。正如我在其他地方强调过的那样，如果否认这些努力在引导人们的自制能力上确实产生了影响，那么在面对迅猛的城市化、大规模的工业化以及大量的移民时，我们就很难对酒类消费以及犯罪率的下降做出解释。[52]

显而易见的是，今天许多这样的项目仍在运转，尽管当初给予它们动力的宗教热情已经不复存在。大城市里也还存在着邻里组织，一些曾经由小城镇承担的教化任务，如今被城市社区非正式的社会控制手段所取代。家长们不仅要承担起对自己孩子的个体责任，还 210
要为所有孩子承担起一定程度的集体责任，至少当他们在公共场所游玩时是如此。

一个不争的事实是，我们早已将许多一度由家庭和邻里履行的责任转移给了市场或政府。家庭作为曾经履行生产、教育、自卫、保健和救济职能的主要组织，今天已经沦为生育抚养孩子、维系感情纽带的实体；即使履行这些最基本的职能，家庭的地位也在变得岌岌可危。[53]社会从家庭的衰落中得到了许多收益，譬如更多的个人自由、更大的经济流动性、妇女地位的改善以及由劳动力分工所带来的好处，但也失去了一些东西。

这些失去的东西清晰地反映在家庭结构的根本性变化中。曾几何时，孩子需要父母的感情、照看和养育，父母也需要孩子进行农耕或放牧，或在他们年老体弱时得到孩子的照顾。如今，孩子仍然需要父母，但是从物质角度看，父母却不再需要孩子，这弱化了某些父母照看孩子的激励（这些激励之所以没有完全消失，是出于最基本的爱的力量）。当孩子会带来经济收益时，这本身就可以成为照看他们的有效动机。既然孩子在经济上是一个净负担，家长便失去了照看他们的物质激励。

当然，相比女人，这种转变更多地影响了男人的行为。母亲对于孩子强烈的依恋感情（可以称之为母性本能）足以确保一定程度的照看行为，但父亲对孩子却没有这样强烈的感情。绝大多数单亲家庭都是由女人当家的事实足以证明这一点。

公共政策和私人努力应着眼于强化家长负责任地看护孩子的义务，这些义务一度由经济需要所支撑。但我们却不知道如何实现这一目标。1988 年的《家庭支持法案》(the Family Support Act)和一些相对应的州法律清楚地表明政府站在母亲一边，支持她们从缺席的父亲那里获得资助。但是，尽管钱很重要，更重要的是让孩子获得更多的关爱和监督。

我们必须寻找使得年轻人社会化的更好手段。我的基本观点是，既然一些事情迟早是要做的，那最好在人生的最初十年里（也许更早）完成。我们需要知道，将家长培训项目、家庭访问、学前教育、寄宿学校、家长责任法、母亲—孩子式集体家庭以及犯罪惩罚等手段组合起来，是否能带来显著的、最终是持续的改变，使一个危险边缘的孩子变为得体的公民和负责的父亲。

211 为这些人提供工作也很重要的，但我无法让自己相信，制定几个计划来创造更多工作岗位就足够了（假设政府能有效地开展这些计划——这当然是政府的弥天大谎）。在自由市场中，不是所有可靠的工人都能找到工作，但我的基本观点是，合适的人总是少于合适的工作。

我们的目标是要增加结过婚并且不离婚的城市年轻人的数量。在人们要经历的所有机构中（学校、雇员、军队），婚姻所具有的影响力最大。不论种族和年龄，已婚的人总是比未婚的人活得更长，凶杀、自杀、事故和心理疾病的比例也较低。毒贩结婚的可能性要低于不是毒贩的年轻人。[54] 相对已婚的女人，未婚女人的婴儿死亡率更高，这对于黑人和白人都一样，并且与收入和医疗条件上的差异无关。相比连高中都没有毕业的已婚女人，受过大学教育的未婚女人的婴儿更可能夭折：这种区别具有实质的意义。[55]

尽管以上一些差异可以由女性的择偶能力解释，但我怀疑其不能解释全部。婚姻不仅能鉴别配偶的自制能力，还能出于扶助配偶、照看孩子、维持家庭的要求，来诱导配偶增强这种能力。

自古以来，能够有效地将男性社会化的机构都是私人而非公共的。今天我们则期望靠“政府计划”来完成那些一度由家庭、村庄和教会承担的任务，这种期望的结果哪怕不使人丧失斗志，也会十分让人失望。政府计划，不论是针对农民、教授还是接受救济的母亲，都会让人产生依赖性，而不是培养自力更生的人。如果同意这一点，那么我们的政策应确认、评估并鼓励那些地方性的、私人的努力。它们似乎在许多方面做得很好，譬如减少吸毒、引导人们结婚、劝说家长（尤其是父亲）承担对孩子的责任以及在街坊中实践非正式的社会控制。 265

联邦政府是一个强大却又笨拙的巨人，并不擅长对需要帮助的个人进行确认、评估和鼓励。它擅长的是批准法律、转移资金和加强管制。这些都是必要的功能，但对于个人救赎领域来说，却显得格格不入。一项促进个人救赎的政府计划带给我们的是：标准化预算、国内采购（buy-America）法案①、对少数人群的补贴、按季汇报以及环境影响声明等等；十有八九它还会包含一种几乎不加掩饰的成见，反对诉诸教会力量。

我们也许可以找到更好的方式，将公共资金拨付给私人基金，让私人基金去完成确认、评估和鼓励工作。这一切可以以经过细致谈

① “Buy-America”法案要求美国各级政府及交通部门在进行大于十万美元的涉及交通建设的政府采购时，必须购买生产于美国国内的产品。——中译注

判的特许状的形式出现，从而使得这些中介组织免于大部分的政府
212 约束。对此我没有现成的例子，但想要认真思考改变贫困文化的读
者最好还是去自行实践。

注释

1　这些想法的验证可以参见相关民意测验数据，如"Public Opinion and the Demographic Report," *American Enterprise*, vol. 3 (September-October 1992), pp. 85-86。

2　James Q. Wilson, *Thinking About Crime* (New York: Basic Books, 1975), chap. 3.

3　Wilson, *Thinking About Crime*, pp. 199, 204-7.

4　入狱可能性上升的估算，参见 Patrick A. Langan, "America's Soaring Prison Population," *Science*, March 1991, p. 1572。青年男性群体犯罪案件增多的观点，来源于 Paul E. Tracy, Marvin E. Wolfgang, and Robert M. Figlio, *Delinquency Careers in Two Birth Cohorts* (New York: Plenum, 1990), p. 276。

5　Irwin Garfinkel and Sara S. McLanahan, *Single Mothers and Their Children: A New American Dilemma* (Washington: Urban Institute Press, 1986). 另见 William A. Galston, "Causes of Declining Well-Being among U. S. Children: Data and Debates," *Aspen Institute Quarterly*, vol. 5, no. 1 (1993), pp. 52-77.

6　Robert Moffitt, "An Economic Model of Welfare Stigma," *American Economic Review*, vol. 73 (December 1983), pp. 1023-35; Robert Moffitt, "Incentive Effects of the U. S. Welfare System: A Review," *Journal of Economic Literature*, vol. 30 (March 1992), pp. 1-61; and Robert Moffitt, "The Effects of the U. S. Welfare System on Marital Status," *Journal of Public Economics*, vol. 41 (February 1990), pp. 101-24.

7　Douglas J. Besharov, "Poverty, Welfare Dependency, and the Underclass," paper delivered at the Conference on Reducing Poverty in America, University of California at Los Angeles, January 1993.

8　1960 年至 1988 年间，人均可支配收入（按固定价格计算）从 6036 美元上升至了 11337 美元，完成学业年龄的中位数从 10.6 岁上升至 12.7 岁，16 至 24 岁人群高中辍学的比例从 1967 年的 17.0%下降至 1988 年的 12.9%。见

Bureau of the Census, *Statistical Abstract of the United States* (Washington, 1963), p. 119, and (1990), pp. 428, 133; and National Center for Educational Statistics, Digest of Education Statistics, 1990 (Washington: Department of Education, 1991), p. 110。

9 William Julius Wilson, *The Truly Disadvantaged: The inner City, the Underclass, and Public Policy* (Chicago: University of Chicago Press, 1987).

10 Christopher Jencks and Susan E. Mayer, "Residential Segregation, Job Proximity, and Black Job Opportunities," in Laurence E. Lynn, Jr., and Michael G. H. McGeary, eds., *Inner-City Poverty in the United States* (Washington D. C.: National Academy Press, 1990), p. 219.

11 William Julius Wilson, "Public Policy Research and The Truly Disadvantaged," in Christopher Jencks Paul E. Peterson, eds., *The Urban Underclass* (Washington D. C.: Brookings Institution, 1991), pp. 460-81.

12 Richard B. Freeman and Harry J. Holzer, eds., *The Black Youth Employment Crisis* (Chicago: University of Chicago Press, 1986), p. 16.

13 W. J. Wilson 承认黑人与拉美裔之间的差别. 见 Wilson, "The Plight of the Inner-City Black Male," *Proceedings of the American Philosophical Society*, vol. 136 (September 1992), p. 321。 213

14 David E. Hayes-Bautista and others, *No Longer a Minority: Latino and Social Policy in California* (Los Angeles: UCLA Chicano Studies Research Center, 1992). 另见 Aida Hurtado and others, *Redefining California: Latino Social Engagement in a Multicultural Society* (Los Angeles: UCLA Chicano Studies Research Center, 1992)。

15 Besharov, "Poverty, Welfare Dependency, and the Underclass," p. 15.

16 James Q. Wilson and Richard Herrnstein, *Crime and Human Nature* (Simon and Schuster, 1985).

17 Jan M. Chaiken and Marcia R. Chaiken, "Crime Rates and the Active Criminal," in James Q. Wilson, ed., *Crime and Public Policy* (San Francisco, Calif.: Institute for Contemporary Studies, 1983), pp. 18-21; James Alan Fox, *Forecasting Crime Data: An Econometric Analysis* (Lexington, Mass.: Lexington Books, 1978); Theodore N. Ferdinand, "Demographic Shifts and Criminality: An Inquiry," *British Journal of Criminology*, vol. 10 (April 1970), pp. 169-75; and Darrell J. Steffensmeier

and Miles D. Harer, "Is the Crime Rate Really Falling? An 'Aging' U.S. Population and its Impact on the Nation's Crime Rate, 1980-1984," *Journal of Research in Crime and Delinquency*, vol. 24(February 1987), pp. 23-48.

18 Christopher Jencks, "Is the American Underclass Growing?" in Jencks and Peterson, *The Urban Underclass*, p. 81.

19 Paul E. Tracy, Marvin E. Wolfgang, and Robert M. Figlio, *Delinquency Careers in Two Birth Cohorts*(New York: Plenum, 1990), p. 276.

20 Robyn L. Cohen, *Prisoners in 1990* (Washington: Bureau of Justice Statistics, 1991), p. 7; Mark A. R. Kleiman and others, "Imprisonment-to-Offense Ratios," Working Paper 89-06-02, Program in Criminal Justice Policy and Management of the John F. Kennedy School of Government (Harvard University, 1988). 感谢 John J. DiIulio, Jr. 和 Charles Logan 提醒我注意本段引用的数据。

21 Stephanie Minor-Harper and Lawrence A. Greenfeld, *Prison Admissions and Releases*, 1982(Washington: Bureau of Justice Statistics, 1985).

22 Patrick A. Langan, "America's Soaring Prison Population," *Science*, March 1991, p. 1572.

23 James Q. Wilson and Allan Abrahamse, "Does Crime Pay?" *Justice Quarterly*, vol. 9(1993), pp. 359-78.

24 Wilson and Herrnstein, *Crime and Human Nature*, chap. 12; and James Q. Wilson and Philip J. Cook, "Unemployment and Crime: What is the Connection?" *Public Interest*, no. 79(Spring 1985), pp. 3-8.

25 例如，当 Barbara Boland 与我一起估算三十五个城市中社会经济条件与警方逮捕比例对抢劫犯罪发生概率的影响时，我们只能解释 74%的变动情况。见 James Q. Wilson and Barbara Boland, "The Effect of the Police on Crime," *Law and Society Review*, vol. 12(Spring 1978), pp. 367-90。

26 Anthony Davids, Catherine Kidder, and Melvyn Reich, "Time Orientation in Male and Female Juvenile Delinquents," *Journal of Abnormal and Social Psychology*. Vol. 64(March 1962), pp. 239-40; Anthony Davids and Bradley B. Falkof, "Juvenile Delinquents Then and Now: Comparison of Findings from 1959 and 1974," *Journal of Abnormal Psychology*, vol. 84 (April 1975), pp. 161-64.

214 27 例如，见 Richard J. Herrnstein and Drazen Prelec, "A Theory of

Addiction,"in G. F. Lowenstein and Jon Elster, eds., *Choice Over Time* (New York: Russell Sage Foundation, 1992), pp. 331-60; and Thomas Schelling,"The Intimate Contest for Self-Command,"*Public Interest*, no. 60 (Summer 1980), pp. 94-118。

28 相关证据见 Wilson and Herrnstein, *Crime and Human Nature*, chap. 7; Terrie E. Moffitt, "Juvenile Delinquency and Attention Deficit Disorder: Boy's Developmental Trajectories from Age 3 to Age 15," *Child Development*, vol. 61 (June 1990), pp. 893-910; and David P. Farrington, Rolf Loeber, and W. B. Van Kammen, "Long-term Criminal Outcomes of Hyperactivity-Impulsivity-Attention Deficit an Conduct Problems in Childhood," in Lee N. Robins and Michael Rutter, eds., *Straight and Devious Pathways from Childhood to Adulthood* (New York: Cambridge University Press, 1990), pp. 62-81。

29 对此的总结见 William Damon, *The Moral Child: Nurturing Children's Natural Moral Growth* (New York: Free Press, 1988); and Wilson and Herrnstein, Crime and Human Nature, chaps. 8, 9。

30 Sheppard G. Kellam, Margret E. Ensminger, and R. Jay Turner, "Family Structure and the Mental Health of Children," *Archives of General Psychiatry*, vcl. 34(1977), pp. 1012-22.

31 Deborah A. Dawson, "Family Structure and Children's Health: United States, 1988," National Center for Health Statistics, *Vital and Health Statistics*, series 10, no. 178 (Hyattsville, Md.: Department of Health and Human Services, June 1991).

32 Sara McLanahan and Gary Sandefur, *Uncertain Childhood, Uncertain Future* (Cambridge, Mass.: Harvard University Press, forthcoming). 另见 James Q. Wilson, "The Family-Values Debate,"*Commentary*, vol. 95 (April 1993), pp. 24-31.

33 J. Brooks-Gunn and Frank F. Furstenberg, Jr., "The Children of Adolescent Mothers: Physical, Academic, and Psychological Outcomes," *Development Review*, vol. 6 (September 1986), pp. 224-51; and Frank F. Furstenberg, Jr., J. Brooks-Gunn, and Lindsay Chase-Lansdale, "Teenaged Pregnancy and Childbearing,"*American Psychologist*, vol. 44 (February 1989), pp. 313-20.

34 见 Sylvia Ann Hewlett, *When the Bough Breaks: The Cost of Neglecting*

Our Children(New York:Basic Books,1991),chap. 3,以及该书中总结的研究结果。

35　用时间范围定义城市贫民的特征,见于 Edward C. Banfield, *The Unheavenly City*: *The Nature and Future of Our Urban Crisis* (Boston: Little,Brown,1970)。

36　一个更激进观点的代表,见 Michael Harrington, *The Other America*: *Poverty in the United States*(New York:Macmillan,1962)。

37　Myron Magnet, *The Dream and The Nightmare*: *The Sixties' Legacy to the Underclass*(New York:William Morrow,1993),esp. pp. 16-17,220.

38　Wilson, *Thinking About Crime*, chap. 8。其他有前景的项目,见 Paul Gendreau and Robert R. Ross,"Revivification of Rehabilitation: Evidence from the 1980s," *Justice Quarterly*,vol. 4(1987),pp. 349-407.

39　Janice H. Laurence,Peter F. Famsberger, and Monica A. Gribben, *Effects of Military Experiences on the Post-Service Lives of Low-Aptitude Recruits*: *Project 100,000and the ASVAB Misnorming*,Final Report 89-29 to the Office of the Assistant Secretary of Defense for Force Management

and Personnel(Alexandria, Va.: Human Resources Research Organization, 1989),p. 170。老兵们的姓名选自全国纵向调查数据,俄亥俄州立大学代
215
表劳工部承担了这项工作。研究人员承认,他们的研究具有许多局限性。他们很难找到老兵,因此会造成一定的样本选择偏差(如果那些难以被找到的老兵近况比那些容易被找到的老兵差,那么这一偏差就意味着该研究低估了这些老兵遭受的苦难)。那些被清除出军队的天资不高的应征者也许比那些表现基本合格的应征者遭受了更多的苦难,但研究人员只能找到8000例样本,而这只占到了所有天资不高应征者人数的2.4%,因而他们的日后成功不能代表整个项目的成功。见 Thomas G. Sticht and others, *Cast-Off Youth*: *Police and Training Methods from the Military Experience*(New York:Praeger,1987),pp. 38,56-60。

40　Ruth Hubble McKey and others, *The Impact of Head Start on Children, Families, and Communities*: *Final Report of the Head Start Evaluation, Synthesis, and Utilization Project*, no. OHDS 85-31193 (Department of Health and Human Services,1985);and Ron Haskins,"Beyond Metaphor: The Efficacy of Early Childhood Education," *American Psychologist*,vol. 44 (February 1989),pp. 274-82.

41 John R. Berrueta- Clement and others, *Changed Lives: The Effects of the Perry Preschool Program on Youths Through Age 19* (Ypsilanti, Mich.: High/Scope, 1984); L. J. Schweinhart, "Can Preschool Programs Help Prevent Delinquency?" in James Q. Wilson and Glenn C. Loury, eds., *Families, Schools, and Delinquency Prevention* (New York: Springer-Verlag, 1987), pp. 135-53.

42 Haskins, "The Efficacy of Early Childhood Education."

43 Phyllis Levenstein, John O'Hara, and John Madden, "The Mother-Child Home Program of the Verbal Interaction Project," in Consortium for Longitudinal Studies, *As the Twig is Bent: Lasting Effects of Preschool Programs* (Hillsdale, N. J.: Erlbaum Associates, 1983), pp. 237-63.

44 The Infant Health and Development Program, "Enhancing the Outcomes of Low-Birth-Weight, Premature Infants," *Journal of the American Medical Association*, vol. 263(June 13, 1991), pp. 3035-42.

45 我提到"针对危险边缘儿童",是因为尚不清楚这些项目是否有益于正常儿童。见 Jay Belsky, "Infant Daycare: A Cause for Concern?" *Zero to Three*, vol. 6(September 1986), pp. 1-7。他在文中认为,针对正常儿童的日托对他们有害。这一观点引发了其他学者的争论。见 Tiffany Field, *Infancy* (Cambridge, Mass.: Harvard University Press, 1990), chap. 5。这一争论远没有结束。在低出生体重婴儿保护计划中,在智商和幼儿行为方面改进最大的,是那些最弱势的儿童。

46 Edward Zigler and Nancy Hall, "The Implications of Early Intervention Efforts for the Primary Prevention through Parent Training: Results and Issues from Work in Progress," in Wilson and Loury, *From Children to Citizens*, pp. 154-85, and 186-204.

47 James S. Coleman, Thomas Hoffer, and Sally Kilgore, *High School Achievement: Public, Catholic, and Private Schools Compared* (New York: Basic Books, 1982).

48 有关英格兰的情况,见 Gertrude Himmelfarb, *Poverty and Compassion: The Moral Imagination of the Late Victorians* (New York: Alfred A. Knopf, 1991), especially chap. 13;有关美国的情况,见 Paul S. Boyer, *Urban Masses and Moral Order in America, 1820-1920* (Cambridge, Mass.: Harvard University Press, 1978)。

216 49 Mercer Sullivan, "Crime and the Social Fabric," in John Hull Mollenkopf and Manual Castells, eds. , *Dual City: Restructuring New York* (New York: Russell Sage Foundation, 1991), pp. 225-44.

50 之前的两段内容选自 James Q. Wilson, "Human Nature and Social Progress," a Bradley Lecture delivered to the American Enterprise Institute, May 9, 1991。

51 该方案的提出参见 Magnet, *The Dream and the Nightmare*, pp. 141-42。

52 James Q. Wilson, *On Character* (Washington: AEI Press, 1991), chap. 3.

53 David Popenoe, *Disturbing the Nest: Family Change and Decline in Modern Societies* (New York: Aldine de Gruyter, 1988).

54 Arthur S. Kraus and Abraham M. Lilienfeld, "Some Epidemiologic Aspects of the High Mortality Rate in the Young Widowed Group," *Journal of Chronic Diseases*, vol. 10 (1959), pp. 207-17; Walter R. Gove, "Sex, Marital Status, and Mortality," *American Journal of Sociology*, vol. 79 (July 1973), pp. 45-67; Alicia Rand, "Transitional Life Events and Desistance from Delinquency and Crime," in Marvin E. Wolfgang, Terence P. Thornberry, and Robert M. Figlio, eds., *From Boy to Man, From Delinquency to Crime* (Chicago: University of Chicago Press, 1987), pp. 134-62; Peter Reuter and others, *Money from Crime: A Study of the Economics of Drug Dealing in Washington, D. C.* (Santa Monica, Calif.: Rand Corporation, 1990)。感谢北佛罗里达大学的 David Courtwright 教授指导我关注以上这些文献。

55 Nicholas Eberstadt, "America's Infant-Mortality Puzzle," *Public Interest*, no. 105 (Fall 1991), pp. 37-38.

第十一章　城市教会：信仰、援助与老城贫民

小约翰·迪尤里欧[①]

今天要改善老城区黑人贫民的生活前景（如果有可能的话），我们需要哪些条件，并通过哪些途径来促成这些条件？我以为，黑人教会以及其他草根信仰组织是对贫困老城区青少年和社群进行援助的不可或缺、至关重要（虽然略显不足）的一环，它们能够修补城市贫困黑人社区的社会结构、重振那里的经济。这一点，对那些在街头尽力满足老城区黑人儿童日常需求的牧师、志愿者以及信众来说尤其如此。下至天真无邪、姗姗学步的幼儿，上至早孕的少女、缓刑的男孩，都得到了他们的竭力帮助，以远离暴力、学会认字、找到工作，从而在生理、教育以及经济三方面都达到成年人的标准。 273

正如我曾在别处警告过，仅仅依靠宗教机构，无法医治美国的社会病和公民病，包括那些极度困扰老城区黑人贫民的社会问题。地方上基于信仰的努力能否形成规模，能否以可预测的、可靠的以及成本上可行的方式来减少犯罪、消除贫困或取得其他令人满意的社会影响，这些都还有待观察。[1] 不过话说回来，关心老城区居民的人，往往会犯一种最严重的错误：他们忽视黑人教会和老城区内其他信仰

---

① 小约翰·迪尤里欧（John J. DiIulio Jr.）系宾夕法尼亚大学教授，同时也是费城宗教与危险边缘青少年研究伙伴计划（PRRAY）的主任，该计划旨在为老城区的青少年提供技术和经济支持。他是宗教对家庭的影响研究和社区复兴研究领域的一流专家。——中译注

团体所进行的援助，不负责任地贬低甚至伤害这些团体。

幸运的是，哪怕在知识精英和政策制定者的圈子里，无论左派还是右派都越来越少地犯这种错误。“现在两边的人（左派和右派）开始结成一个不可思议的联盟，他们的信念是，将（老城区的）孩子从毒
218 品和帮派文化的引诱中拯救出来的唯一方法，是用另一套更加强大的价值来取代它们。这群奇特的盟友总结道，既在精神上蕴涵这种价值，又能将其化为有形存在的，只有教会。”1998 年 6 月的某期《新闻周刊》的封面故事如是说。[2]

这个鼓舞人心的结论依据的理念和事实如下：当代美国宗教虔诚与志愿行为之间联系紧密；宗教信仰是改善社会问题的因素之一；处在危险边缘的城市青少年必须获得成人的帮助，参与有组织的活动；黑人教会的传统带动着针对青少年和社群的援助；调查结果肯定了教会对黑人城区援助的支持力度；针对黑人与白人的宗教缓和，以及老城区黑人贫民的需求，亟需一场有关种族问题的行动导向的对话。

老城区黑人的贫困

毋庸置疑，在过去的半个世纪里，美国黑人在经济上取得了长足的进步。[3] 虽然仍有分析家强调黑人贫困的持续性以及与白人的收入差距，他们也不得不承认：“自从 1940 年以来，黑人的绝对与相对地位有了显著的改善”；[4] 美国黑人每年创造着一个产值大于一万亿美元的市场，远超“世界上的大多数国家”；[5] 并且“绝大多数工薪阶层和中产阶层黑人家庭的收入都很可观”。[6] 此外，与黑人在经济上的进步相伴随的，是居住隔离的废止以及种族关系的实质性改善。根据盖洛普公司的调查结果，在过去的几十年里，白人的种族偏见急

剧减少,大多数黑人并不居住在以黑人为主或纯黑人的社区;而有着较高教育与收入水平的白人和黑人,对多数日常生活领域的满意程度也近似。[7]

尽管相比于白人,黑人在住房、教育以及其他领域仍受到实质不平等的对待,并更多地支持反歧视行动,[8] 卡罗尔·斯瓦因(Carol Swain)却在其最新的研究中指出,“白人和黑人之间并不存在不可逾越的鸿沟”。譬如,白人与黑人“对零和机制下的教育机会分配问题有着高度共识,并对大学入学的公平与正义问题怀有相似的理念”。[9]

但正如我在别处说过的那样,如果我们继续进行陈腐的学术或意识形态争论,而不采取行动,黑人在经济进步上取得的总体胜利,以及黑人与白人在社会问题上差距的缩小,都将无法改变黑人贫困
与失业的悲剧性现实。[10] 1978 年,威廉·朱里厄斯·威尔逊对“正在 219

不断减弱的种族重要性”进行了分析,并在 1987 年发表了有关老城区“底层社会”的论文,1996 年又公布了对老城区失业的研究。[11]他的研究提醒我们,当经济繁荣开始破灭时,工薪阶层以及低收入的黑人受到的打击尤为严重。60 年代美国黑人在经济上取得了实质性的进步,但 70 年代以来的每次经济衰退,都使黑人遭受了过度的损失,而不论他们的家庭结构背景如何。根据罗伯特·希尔(Robert B. Hill)的估算,1970—1985 年间的四次衰退使得黑人的失业率增至原来的三倍,不论其来自双亲还是单身母亲家庭。[12]在全国经济复苏的 80 年代末,黑人的失业率仍是白人的两倍多。就算在 90 年代经济繁荣的年景里,仍有超过 40%的黑人儿童生活在贫困线之下的家庭中(主要集中在城市中心社区)。斯科特·索思(Scott J. South)和凯尔·克劳德(Kyle D. Crowder)的一项近期研究显示,尽管居所的流动性空前增大,但相比于白人,黑人通常不太可能逃离高度贫困的社

区，反而更有可能搬进去。[13]

数以百万的黑人儿童（绝不是他们自身的错）仍生活在经济上落后的社区，那里鲜有工作机会，而毒品、犯罪以及质量糟糕的公立学校却很常见。没有人——至少是那些曾经生活在诸如费城中北部或洛杉矶中南部社区的人——会看不到这些儿童的困境。从而，当代表黑人社会经济进步的玻璃杯无可争议地盛满了数以百万的中上层黑人时，还有更多的居住在老城区社群的黑人徘徊在这个杯子的外面。

老城区黑人的犯罪

正如一些保守派易于忽视或否认老城区黑人贫困的现实，一些
276 自由派则极力低估或否认那里存在的犯罪现象，并坚称黑人之间暴力犯罪以及入狱的高发，主要或仅仅是低收入和种族政策的结果，而不是他们自幼缺少父爱或受到虐待之故。尽管如此，越来越多的黑人教会领袖和普通人倾向于强调，虽然贫困和种族主义无疑是老城区黑人犯罪的所谓“根源”，但它们并非唯一的决定因素，也无法单独解释黑人与白人之间犯罪率和入狱率的差异，更不要说黑人之间的差异，以及1985—1995年间黑人青年男子暴力犯罪的盛行。

90年代中期，美国居住总人口中大约有12％的黑人。按照联邦调查局统一犯罪报告（Uniform Crime Reports of the Federal
220 Bureau of Investigation）的说法，40％的持械侵犯、42％的强奸、54％的谋杀、59％的抢劫以及42％的暴力犯罪，都出自黑人。[14]根据詹姆斯·艾伦·福克斯（James Alan Fox）的测算，14—24岁的黑人男子仅占美国居住总人口的1％略强，却能在17％的自杀者以及30％的谋杀犯中发现他们的身影。[15]

一个受到广泛细致报道的事实是，整个90年代中期，有大约三分之一的二十多岁黑人男子处于行为矫正性监管之下(入狱、拘留、缓刑或假释)。[16] 1997年，根据美国司法统计局(U. S. Bureau of Justice Statistics)的测算，黑人男子在一生中入狱的可能性达到了28.5%，而白人男子仅为4.4%。[17]

1996年，相比于13.7%的白人家庭，约有28.5%的黑人家庭生活在官方贫困线以下(四口之家的年收入低于16036美元)，但这已经是美国人口调查局(U. S. Census Bureau)1955年开始记录相关数据以来的最低比例。一个在社会层面和道德层面都难以让人接受的事实是，直至90年代中期，每十名黑人儿童中仍有四名生活在贫困线之下的家庭。此外，自70年代中期以来，伴随着黑人青少年犯罪率飙升的是，黑人儿童贫困率以及各种老城区黑人社区经济衰退指数的毫无改观甚至恶化。[18]

与许多传统观念相反，不论黑人还是白人，大多数囚犯在被定罪或监禁之前，都有一份有收入的工作，许多人在犯罪并被卷入诉讼时也还从事着合法的职业。[19] 在相对以及绝对收入和福利都增加的年景里，老城区黑人犯罪的形势却恶化了，从而有力验证了加州大学洛杉矶分校詹姆斯·威尔逊笔下的"富足中的犯罪"(crime amidst plenty)悖论。[20]

正如格伦·劳瑞(Glenn Loury)论证的那样："有关贫困的简单事实，绝不能充分解释黑人与白人犯罪率的极度不均衡。"[21]

出于同样的原因，种族歧视也无法充分解释黑人与白人监禁率的极度不均衡。1998年，由总统经济顾问委员会(Council of Economic Advisors)为《总统关于种族问题的动议》(President's Initiative on Race)准备的报告指出："研究显示，绝大多数定罪以及判刑可能性之间的差异，可由诸如罪行的严重程度或被告的前科等因素解释”,[22]而非种族歧视。

即使有人认为种族主义与贫困是决定黑人犯罪和监禁率的双重因素,我们仍有理由在这两个根源之外,将各种社会风险因素考虑进
221 来。其中影响最深远的,是富有爱心和责任心的、胜任角色的成年人在青少年的日常生活中的比重,它不仅能解释黑人与白人之间犯罪和监禁率的差异,也能说明黑人内部这些比率的差异。类似的两个相互关联的风险因素即是父亲角色的缺失和虐童。

相比于23.6%的白人婴儿,1993年,68.7%的新生黑人婴儿是非婚生的;1994年,在生了孩子的年轻黑人母亲中,有96%未婚,而白人的比例则为67%;1996年,53%的黑人儿童生活在单身母亲家庭,相比之下白人儿童的比例只有19%。

罗宾·卡尔-摩斯(Robin Karr-Morse)和梅雷迪斯·威利(Meredith Wiley)发现:“有关美国黑人和西班牙裔父亲在儿童发展中的角色问题的研究寥寥无几。而那些仅有的美国黑人男子数据又不容乐观……对于那些从未结婚的父亲,其中有57%在孩子出生的头两年能经常前往探视;但是到了孩子7岁半时,只有不到25%还能坚持这样做……父亲角色的缺失对孩子有着直接的影响。”[23]

事实也确实如此。根据琼恩·奥尼尔(June O’Neill)和安·希尔(Anne Hill)1993年的分析和预测,如果在缺少父亲的环境下成长起来,男青年犯罪的可能性将会翻番,而如果他的周围都是单身母亲家庭,这种可能性将会是一般情况的三倍。如果靠依赖救济的单身母亲抚养,一名黑人男子犯罪的概率,是同样在公共住房(public housing)中成长起来并接受救济,但却有父亲在家的同伴的两倍。[24]同样地,1998年辛西娅·哈珀(Cynthia Harper)和莎拉·麦克拉纳汉的研究显示,即使对种族、收入以及其他社会经济变量进行了控制,缺少父亲的男孩被监禁的概率仍是双亲家庭的两倍,而在这种没

有父亲的家庭多待一年，一名男孩入狱的几率将增加5%。[25]

相比于种族因素，父亲角色的缺失可以在许多方面诱发犯罪，丹尼尔·帕特里克·莫伊尼汉在1965年的经典表述最直白地反映了这个问题："如果在一个社区中，有大量的青年男子成长于妇女主导的破碎家庭，从来没有获得过稳定的男性权威……那么他们渴望和得到的，唯有混乱。"

如果在日常生活中缺少慈爱守法的父亲的主动监督和辅导，男孩们将更有可能在家中和学校撒野，在街头鬼混，并最终惹祸上身。如果1985年以来的相关经验研究可靠的话，缺少这类父亲的男孩也更有可能在家中受到严重的虐待，并增加未来犯罪的几率；实施虐待的，可能是亲生父母中的一方或双方，也可能是生母的男友。

越来越多的证据表明虐童、缺少父亲与犯罪之间存在关联。这 222
里只需举上几个例子。美国司法研究院（National Institute of Justice）在1992年依据一项长期追踪研究的结果指出，遭受虐待的儿童在未来犯罪的几率会上升约40%。[26]1992年，一项由莱斯利·马格林（Leslie Margolin）进行的研究指出，在单身母亲家庭中，母亲的同居男友几乎不对孩子进行任何照顾，反而对三分之二的非亲（nonparental）虐童行为负有责任。[27]1995年的一项研究中，卡罗琳·史密斯（Carolyn Smith）在分析了相关数据后指出，由双亲抚养的儿童中只有2.3%受到了虐待，相比之下，这个比例在由非亲生父母或其他成年人抚养的儿童中，达到了18.6%；[28]在其后的第二项研究中，她又注意到虐待儿童"与他们麻烦重重的未来有着深远的联系"，其中就包括了犯罪。[29]又譬如国内一流的街头犯罪民族志学家马克·弗莱舍（Mark Fleisher）在1995年所说："学术上有大量的证据显示，受到忽视、虐待，得不到关爱的年轻人，会较早地表现出反社会和犯罪倾向，时间通常是在他们9岁左右。"[30]

我同意南加州大学苏珊·埃斯特里希(Susan Estrich)的观点。她说:“如果我们真要在刑事审判制度中摒弃种族主义,那就必须降低黑人的犯罪率,也就是说在我们惩罚黑人儿童的父亲或兄长时,设法预防这些儿童将来的犯罪。这就像我们保护白人孩子未来时做的那样。”关押暴力罪犯和惯犯不是种族歧视,“但为学龄前儿童准备监狱却是种族主义的表现”。[31]

一个好消息是,许多牧师与宗教志愿者(不论是黑人还是白人)都一致同意,必须积极地为处在社会性危险边缘的学龄前儿童提供能关爱照顾他们的成年人,让处于缓刑期或正在服刑的有责任心的年轻父亲与自己的孩子和家庭重新建立联系,并且,正如我在其他地方说过的那样,“多建教堂而不是监狱”。[32]

280

宗教虔诚与志愿者

我们对待老城区黑人贫困和犯罪问题的方式,必然受到宗教机构、势力和理念的影响。不论是托克维尔,还是社会科学近来的研究成果,都清楚地表明美国人是一个有信仰的民族。按照小乔治·盖洛普(George Gallup Jr.)的观察,“以宗教信仰和实践的标准来看,美国是整个工业化世界中最虔诚的国家之一”。[33]信仰上帝仍是今天美国社会的准则;在过去的五十年里,信众的比例在94%—99%之间浮动。

从许多方面看,美国黑人都是这个国家里最具信仰的一群人。他们中有大约82%(相比于67%的白人)参加了教会;有82%(相比于55%的白人)认为宗教“对他们的生活很重要”;另外还有86%(相比于60%的白人)相信宗教“可以解答所有或者大部分的现实问题”。[34]

有关美国社会有组织的宗教活动和宗教情感消亡的报道,都言 223
过其实。罗杰·芬克(Roger Finke)和罗德尼·克拉克(Rodney Clark)巧妙地将"二战"以来的发展描述成"美国的教会化"(churching of America),其结果是,截至90年代中期,全国共有约50万所教堂、寺庙和清真寺,2000多个教派,以及数量未知的独立教会。[35]1995年,盖洛普宗教指数——一种基于美国公众八种主要宗教信仰和实践的测算方法——创下了十年来的新高。[36]

法律也在变得对信仰更加宽容。譬如,《1996年度个人责任与工作机会协调法案》(the Personal Responsibility and Work Opportunity Reconciliation Act of 1996),作为联邦政府最新的、经过大幅修改的福利改革方案,包含了被称作"慈善选择"(Charitable Choice)的第104号条款,鼓励各州有效利用"基于信仰的组织去帮
助穷人";要求参照对待其他非政府组织的标准,允许宗教组织获得 281
政府合同、代金券以及其他资助;"对于那些愿意接受政府资助的基于信仰的组织",要保护"它们的宗教性质和完整性"。[37]"慈善选择"条款涵盖了主要的联邦反贫困和社会救济项目,包括"贫困家庭临时援助计划"(Temporary Assistance to Needy Families)、"医疗援助计划"(Medicaid)、"安全收入补助计划"(Supplemental Security Income)、"食物券计划"(Food Stamps);国会也可将其扩展至青少年司法项目与其他政策领域。许多州(尤其是得克萨斯)已经积极地根据"慈善选择"条款调整了他们的反贫困计划和相关州法律,以鼓励教会和政府的合作。[38]

慈善机构也逐渐开始向宗教靠拢。譬如1996年,三个有着宗教项目传统的基金会,礼来基金会(The Lilly Endowment)、皮尤慈善信托基金会(The Pew Charitable Trusts)以及詹姆斯·埃文基金会

(James Irvine Foundation)分别向宗教领域捐赠了6000万、1300万以及770万美元，创下了各自的纪录。1997年，罗伯特·伍德·约翰逊基金会(Robert Wood Johnson Foundation)向其名下的"行动中的信仰"("Faith in Action")项目提供了第800笔2万5千美元捐款，用于动员来自不同宗教团体的志愿者网络，为20万名老年或残疾美国人提供服务。该项目的主管表示，这是"基金会历史上第一个百万美元级的、最大规模的项目"。[39]

由不同宗教团体志愿者组成的网络是此类计划的骨干力量，人们对此并不感到奇怪。安德鲁·格里利(Andrew Greely)在检验了相关证据后精确地总结到："研究一致表明，参与教会活动的频率以及在教会组织中的成员资格，与志愿服务行为高度相关。每周参与至少一次服务活动的人成为志愿者的可能性，大约是那些从不参与
 的人的两倍。"[40]格里利还观察到，美国社会动员志愿者的主要力量，似乎是各种宗教组织以及"他们在教会中发展的关系"。即便是占三分之一的纯粹世俗志愿者(不出于特定宗教目的的人)也将他们的服
224 务行为，看成是"受到了他们在教会中发展的关系的影响"。[41]同样地，小乔治·盖洛普在综合了许多大型调查的结论后得出："教会以及其他宗教团体，是服务于社区的志愿活动的主要支持者。特别是那些来自基督教会或犹太教会堂的有组织的成员，更倾向于投入到慈善活动之中。每年都有一半的教会成员无偿参与志愿工作，而相比之下，只有三分之一的非教会成员这样做。……宗教看上去对志愿者和慈善捐赠产生了一种早期的影响……在十几岁的青少年中，有76%声称自己是宗教机构的成员，其中的62%是志愿者，56%是慈善捐赠者。相比之下，在那些声称没有入教的青少年中，志愿者(44%)和捐赠者(25%)的人数就要少很多。"[42]

有关“信仰因素”的结论

科学证据是否能证明宗教善举真的能为社会带来好处,或证明大多数美国黑人对宗教“可以解答所有或者大部分的现实问题”的信仰? 最近几十年来,记者们对这一问题的兴趣与日俱增,对与警察和监护官(probation officers)合作的牧师往往持褒扬态度。这些牧师一对一地扶助城市中处境最艰难的青少年,从而大量减少了他们的犯罪,并基本根除了他们开枪自杀的行为。在《新闻周刊》的封面故事刊登波士顿牧师尤金·里弗斯(Eugene Rivers)两个月之前,《时代》(*Time*)杂志以“火线追击”(In the Line of Fire)为题,报道了教友比尔(Brother Bill)的传奇故事:他作为一名普通的天主教义工,“一直冒着枪林弹雨去阻止火拼,并去爱那些没有得到爱的人”。[43]而 *283*
在两年之前,《美国新闻与世界报道》的封面故事就曾发问“教会能治愈美国的社会病吗?”,并在内文给出了总体上肯定的回答。[44]

尽管这些关于“信仰因素”的报道尚未得到宗教和社会行动经验研究的证实,但它们未必言过其实。加州大学伯克利分校的詹姆斯·威尔逊调查了当时为数不多但又重要可信的证据,扼要地总结道:“无论对于哪个社会阶级,宗教都能减少越轨行为。”[45]戴维·拉尔森(David Larson)率先就“信仰因素”对公共卫生成效的影响进行了调查,其结果促使哈佛大学以及其他 36 所医学院开设了新的培训项目。[46]在近来与犯罪学家拜伦·约翰逊(Byron Johnson)的合作中,拉尔森回顾了 1980—1997 年间发表的约 400 项有关青少年犯罪的研究,结果发现,一项研究的设计和测算方法越合理,就越有可能获得支持“信仰因素”的统计上显著的结果;[47]研究的科学性越强,其对“宗教减少越轨行为”的看法就会越乐观。[48]1997 年,拉尔森和约翰逊在研究中发现，狱中参加了圣经学习的犯人，在释放一年后重新被捕的概率，仅是那些没有参加学习的犯人的三分之一。[49]

在另一项对相关研究资料的回顾中，戴维·埃文斯(David Evans)和他的助手证实："成人宗教虔诚与犯罪之间的关联不是虚假和偶然的……正如宗教活动所展示的，宗教对大量的成人犯罪行为有着直接的切身影响"；进一步地，"即使有世俗手段的介入，这种关联仍旧存在"。[50]换句话说，在减少成人犯罪方面，"宗教关系重大"。

1996年，传统基金会的帕特里克·费根(Patrick Fagan)对各种信仰因素研究做了一份摘要，并鲜明地总结道：除了成人和青少年犯罪，宗教还有助于提升家庭的稳定性(一起做祷告的家庭确实更倾向于保持完整)，改善健康，减少青少年性行为和早孕现象，戒除酗酒和吸毒，以及强化"社会稳定"的其他途径。[51]

就老城区黑人的贫困以及相关社会病而言，关于"宗教减少越轨行为"最具说服力的研究进路，也许始于哈佛大学经济学家理查德·弗里曼(Richard Freeman)1985年时的工作，之后这项研究为拉尔森继承。后来，一个设在费城的全国性非营利青少年政策研究机构——公共与私人风险组织(Public/Private Ventures，简称P/PV)——的分析师又对社区发展、成人辅导和"信仰因素"进行了进一步研究。

弗里曼在1985年提到，经常参加教会(独立于其他因素)使得来自高度贫困社区的黑人青年男子，更有可能从根本上"摆脱"贫困、犯罪和其他社会病。[52]拉尔森和约翰逊重新分析并扩展了弗里曼的工作成果，挖掘了有关城市黑人青年的全国性长期数据。他们发现，如果对更多方面的宗教参与(而非仅仅参加教会)进行测算，那么宗教确实是"摆脱"贫困、犯罪和其他社会病的有力因素，其程度甚至超过同伴影响之类的变量。[53]弗里曼、拉尔森和约翰逊都猜想，参加教会及其他宗教因素之所以对城市贫困黑人青年生活前景起到改善的作用,有部分原因在于,参加教会及其他"信仰因素"能够影响他们的时间安排,引导他们参与社会认可的活动,并有助于他们得到有责任心的成年人的照料。

对青少年的支持

1998年,P/PV的一份重要报告在一定程度上证实了以上猜想。这份报告基于原始调查和田野研究,对三个城市(得克萨斯的奥斯 226 汀、佐治亚的萨凡纳、佛罗里达的圣彼得堡)中的少数族裔低收入青少年在"中等贫困"社区中的生活进行了分析。[54]

P/PV研究人员辛西娅·赛普(Cynthia L. Sipe)和帕特丽夏·马(Patricia Ma)发现,"有关青少年自由支配时间以及缺乏健康活动的文章连篇累牍。许多青少年之所以成为反社会行为的牺牲品,很大程度上是因为,在关键时刻和'所谓的空白期'(放学后、周末、暑假)健康活动以及安全场所的缺失。"[55]接着,赛普和马对三组青少年(12—14岁、15—17岁、18—20岁)的数据进行了分析,以研究他们如何在以上三个城市的不同社区中打发放学后的时间。

最初的结果不容乐观。无论来自哪里,大部分青少年在放学后都只是"闲逛"或"漫无目的地消遣",而不去做作业、参加合唱团或打工。[56]从总体上看,"不参加任何健康活动的青少年比重之大(15%—25%)令人不安","他们不工作,生活中极少有成年人的身影"。[57]

然而好消息也接踵而至。在所有组别和城市中,如果能获得成年人的支持和辅导(不论是在家、学校,还是通过社区组织),并参加健康有益的活动,那么比起那些"离群"的同伴,这些青少年大多拥有光明的前途。"那些参加各种活动、拥有丰富领导经验、得到成年人支持的青少年，往往具备较高的自我效能感，成绩优异，并能远离危险活动（不只是行为不端和拉帮结派）。”[58]

有关宗教的结论同样令人鼓舞。P/PV 的青少年研究隶属于一项规模更大、面向六个城市居民的计划。该计划启动于 1993 年，被称作“为青少年发展而改变社区”（Community Change for Youth Development，简称 CCYD）。[59] P/PV 的主席加里·沃克尔（Gary Walker）也参与了该计划的设计，调查了公立学校和儿童群益会（Boys Clubs and Girls Clubs）、警察体育联盟（Police Athletic League）、青少年事工专家（Ys）以及大哥大姐会（Big Brothers，Big Sisters）等项目，试图证明它们能为落后社区的青少年提供可观、有益的帮助。他们的期望没有完全落空。但出人意料的是，他们还发现，教会和以信仰为基础的项目为放学后的青少年提供了“安全的港
286 湾”，并在社区中承担起了大部分的“对青少年的支持”（包括提供娱乐、辅导、儿童看护、食物等等）。

举例来说，奥斯汀的调查地点位于拉丁裔为主的社区。那里，有 24％的教会为各种社区项目提供资助，并且有一半以上的青少年参加了地方上的宗教服务活动。在萨凡纳的调查地点，有 52％的教会为社区青少年（97％是黑人）提供了额外的活动项目，在质和量上都超过了学校。在圣彼得堡的调查地点，教会的贡献十分显著，以至于 P/PV
227 选择在那里召开 CCYD 的 1998 年年会，而波士顿牧师里弗斯更是充当了那年的主讲人。总之，基于 CCYD 的经验，并重新审视了成人辅导方面的相关结论之后，P/PV 在 1996—1998 年间启动了一项有关宗教和危险边缘青少年的新研究计划。

多年以来，P/PV 一直致力于开发和传播相关研究，以对成人辅导项目进行评估。[60] 迄今广为宣传的一项，是 1995 年对大哥大姐会的评估。P/PV 研究人员约瑟夫·蒂尔尼（Joseph P. Tierney）和让·鲍德

温·格罗斯曼(Jean Baldwin Grossman)报告说,相比于尚在申请名单中等待的同伴,已经接受了辅导人员帮助的青少年(多为低收入的少数族裔)受益更丰。[61]这些"小不点"(the Littles)①吸毒、酗酒和攻击他人的概率分别降低了46%、27%和33%;他们逃学的天数减半,更加喜欢上学,成绩略有提升,与家长和同伴的关系也更加积极。这些效果对不同种族和性别都适用。该研究引起了广泛积极的社会关注,获得了两党全国领导人的支持,并在1996年柯林·鲍威尔主持的总统"志愿者峰会"上被反复提及。

然而,这项研究的光环至少反衬出了两个问题。研究得以可行,仅是因为还有成千上百的符合条件的儿童处于申请名单之中。更糟糕的是,就算成人志愿者再多,也无法惠及那些没有可靠亲属支持和辅导的老城区青少年,其原因仅仅在于,大哥大姐会,以及多数有影响力的针对危险边缘青少年的辅导项目都预先假定:每名青少年身边都至少有一位家长、法定监护人或其他可靠的成年人,能关心、支持他们,并为他们登记面试、电话访问或填写申请表格。 287

许多低收入的少数族裔青少年还缺乏必要的社会资本。让我们回想CCYD那个令人不安的研究结果:无论在哪儿,都有15%—25%生活在"中等贫困"社区里的少数族裔青少年处于完全"离群"状态。我们有充足的理由认为,在最贫穷的老城区社区,没有获得帮助的青少年人数会更多,他们在冰冷的社会统计数据中占据了太多的位置:1993年以来,每年被证实的虐童和遗弃案件数量多达100万件;有约150万18岁以下的青少年的双亲中至少有一人在服刑;70%的黑人婴儿是非婚生育的;四分之三的非婚生黑人儿童直到8

① "小不点"是美国知名系列儿童小说中的人物,比喻那些被人类保护起来的弱者。——中译注

岁都无法经常见到自己的生父。类似悲剧还有很多。

作为拥有25年经验的行业专家，P/PV的沃克尔评论道："多数
228 私营、非营利的辅导项目，如同那些由社会政策驱动的青少年发展项目一样，完全没有惠及那些处境最艰难、亟需帮助的老城区青少年。"[62]

黑人教会的援助传统

黑人教会特有的对社区大力援助的传统，根植于八个历史悠久的黑人基督教会：非洲裔循道宗主教制教会（African Methodist Episcopal）、非洲裔循道宗主教制锡安教会（African Methodist Episcopal Zion）、基督教循道宗主教制教会（Christian Methodist Episcopal）、基督上帝教会（Church of God in Christ）、美属浸礼宗联合会（National Baptist Convention of America）、美国浸礼宗联合会（National Baptist Convention, USA）、美国浸信宣道会（National Missionary Baptist Convention）以及美国浸礼宗进步协会（the Progressive National Baptist Convention）。此外，还有许多独立、准独立的黑人教会或教会网络，以及至少9个经认证的宗教培训项目，黑人教会和信仰团体里的牧师能在其中获得具有公信力的神学院的指导。仅以上8个黑人教派，就总共下辖了约65000个教堂以及2000万名教友。

不幸的是，直到最近，黑人教会的援助传统和其影响的、旨在消除老城区病症的社会行动，还在很大程度上被学术和知识分子精英组成的不可思议的同盟所忽视。譬如，直到90年代，美国黑人丰富的宗教生活，以及黑人教会的援助传统，尚受到（不仅是白人）历史学家和社会科学家的冷遇。一名研究黑人家庭的学者，安德鲁·比林

斯雷(Andrew Billingsley),在《全国社会学刊》(*National Journal of Sociology*)中提到,“黑人教会的社会重要性”甚至被一流的黑人学者所忽视,尽管他们敏锐地意识到了这一问题,其中的一些人还是“某个黑人教会的成员”。[63]

譬如,詹姆斯·布莱克威尔(James Blackwell)于1975年出版的著作《黑人社群》(*The Black Community*),被比林斯雷和其他一些专家认为是自杜波伊斯(Du Bois)的《费城黑人》(*The Philadelphia Negro*)1899年问世以来“最优秀的同类研究”,却没有单列一章讨论黑人教会。为了反驳1965年的“莫伊尼汉报告”(Moynihan Report),比林斯雷本人于1968年出版了《白人社会中的美国黑人家庭》(*Black Families In White America*),但他也“仅用了不到两页,来讨论作为美国非洲裔家庭援助网络的黑人教会的重要性”。[64]据比林斯雷推测,黑人知识分子之所以忽视黑人教会,部分原因在于他们 *289*
对客观的学术标准亦步亦趋。

社会学家哈罗德·迪安·特鲁里尔(Harold Dean Trulear),是一名正式按立(ordained)的黑人牧师,在新泽西参加过援助工作,并在纽约神学院教了8年书。目前,他是P/PV负责宗教和危险边缘青少年研究的副主席,主持有关黑人牧师培训的大规模研究。对于黑人教会在援助效果上的差别,他有着精彩并被经验数据支持的独到见解。

特鲁里尔警告说:“当提到老城区的青少年和社区援助时,城市黑人教会之间的地位是不平等的……按理说,居民成员的人数在某 229
种程度上决定了某个教会承担社区服务的数量。有着较多居民成员的老城区教会,能为危险边缘的社区青少年提供更多的服务,……那些成员登记的地址在老城区,却往往在郊区或依靠通勤来集会的教会则无法胜任。……但在现实中,(居民成员较多的黑人教会)却热衷于扩大规模和传播福音。……反而是中小规模的教会……（尤其是）所谓的……幸福关怀站（blessing stations）和专门的青少年教堂，以及具有领袖气质的领导者和细心热情的成人志愿者……过多地承担了面向老城区穷困青少年的近距离和个人援助工作。”[65]

因而，一部分知识分子和政策制定者呼吁黑人教会传统的回归。1997 年，波士顿大学经济学家格伦·劳瑞和琳达·达切尔·劳瑞发表了一个令人信服的观点：“根植于深层自尊感的自助精神，在本世纪被持有各种意识形态和信仰的黑人广泛接受。”[66]他们驳斥了“有关性别、婚姻和子女抚养的行为问题在根本上是由经济因素驱动”这一观点，也不认为仅仅通过调整政策和经济激励，就能让行为向好的方向改变。相反，他们认为，“以宗教机构为榜样”的志愿组织，将在消除社会病态的战争中成为可贵的盟友。[67]华盛顿特区全美社区事业中心（National Center for Neighborhood Enterprise）的主席老罗伯特·伍德森（Robert L. Woodson Sr.）在他 1998 年出版的书中，以“当代社区救星如何复兴我们的街道和邻里”为主题，从更加实际、而非学术的角度呼吁重拾黑人教会的援助传统。[68]

对教会援助的调查

黑人牧师领导的援助有多普遍？有什么系统性证据可以证明，黑人教会对青少年和社区的援助程度非比一般？哈罗德·迪安·特鲁里尔说：“简单地说，需要对那些实际帮助了老城区黑人社区穷困儿童的幸福关怀站和青少年教堂进行一次调查。”[69]但埃里克·林肯（Eric C. Lincoln）和劳伦斯·间宫（Lawrence H. Mamiya）等人的开创性研究，再加上特鲁里尔等人近年来的系统性调查，应该能消除所有对黑人教会援助的质疑。

P/PV 的杰里米·怀特(Jeremy White)和玛丽·德·马塞勒斯(Mary de Marcellus)在最近汇报了他们针对特区青少年服务工作的6个月田野调查的结果。[70]他们总计访问了129个基于信仰的城市服务项目的领导者和志愿者,包括对79个教会、基于信仰的非营利组织和学校的现场调查,里面几乎全由黑人领导,并主要服务于黑人。230
根据此次调查,他们总结道:“华盛顿特区有大量的基于信仰的组织,直接、大力地帮助着危险边缘的青少年。”[71]其中包括6类项目:“放学之后”、家庭教师、福音宣讲、帮派暴力预防、青少年团体以及成人辅导。[72]然而有趣的是,他们研究的项目里只有7%以青少年教会、圣经学习或街头布道的形式来进行纯粹的福音宣讲。

尽管多数牧师和志愿者的言论与动机充满了宗教色彩,但怀特和德·马塞勒斯并没有发现有哪个项目要求青少年必须参加特定的教会活动,或具备某种宗教信仰,并最终成为教会成员,以获得帮助、使用教堂设施或换取其他形式的好处。同样的,它们也不收取费用,即使那些为儿童提供衣服、图书等物质帮助的项目也都是免费的。正如一名参加援助的牧师评论所说:“真爱无价。”[73]

1998年,城市研究院(Urban Institute)发表了一份名为“首都地区基于信仰的服务提供者”的调查结果,[74]发现有95%的宗教团体进行了援助服务。在1100个受访宗教团体中,有226个提供了数据(有67个在特区,其余的分布在马里兰或弗吉尼亚);1996年间,这些团体总计为超过25万人提供了1000多种社区服务,包括食品、衣物和财务上的援助。但这项调查仅限于宗教团体,地方上基于信仰的非营利组织没有包含在内。

在90年代中期,宾夕法尼亚大学的拉姆·肯奈恩(Ram A. Cnaan)在6个城市随机挑选了100多个1940年之前成立的教会(以及4个犹太教会堂),调查了它们为社区提供的服务。这一研究由位于费城的全国性非营利组织“圣地伙伴会”所委托并出版，该组织致力于对老旧宗教场所的保护和利用。[75]费城、纽约、芝加哥、印第安纳波利斯、阿拉巴马的莫比尔以及湾区（奥克兰和旧金山）的宗教团体参与了调查，并接受了一系列的深度访谈。

以上调查的关键结论如下：有 93％的教会对社区开放；平均而言，每个教会为所在社区提供了超过 5300 小时的志愿服务（相当于 2.5 个全职志愿者为教会服务一整年）；平均而言，每个教会每年为社区项目投入约 14 万美元的资金，约等于项目收益的 16 倍；平均而言，每个教会要援助 4 个项目，同时还提供非正式的和临时性的服务；与本教会教友没有亲属关系的贫困儿童也能从教会援助的项目中获得更多的好处，这一点是其他团体做不到的。

231 林肯和间宫于 1990 年发表的聚焦于黑人教会的调查报告，是迄今最为著名和全面的。[76]在《非洲裔美国人生活中的黑人教会》（*The Black Church in the African-American Experience*）一书中，他们收录了近 1900 名牧师和超过 2100 个教会的调查资料。大约有 71％的黑人牧师声称其教会参与了社区援助，内容包括日托、介绍工作、预防滥用药品、分发食品和衣服等等。[77]他们发现，城市黑人教会比他们的农村同行更多地参与了援助。尽管许多城市教会还参与了具有准政治色彩的活动与组织，大部分牧师都表达了对接受政府钱财的忧虑，并且只有 8％的受访教会接受了联邦政府的资助。[78]

林肯和间宫的报告问世以来，出现了不少对特定场所或区域性黑人教会的研究，它们对于黑人教会援助的结论与林肯和间宫的报告保持了高度一致。譬如，娜奥米·沃德（Naomi Ward）与她的同事对亚特兰大的 150 个黑人教会进行了调查，发现其中有 131 个“积极地谋求融入社区”。[79]相类似地，一项针对北方 635 个黑人教会的调查发现，其中的三分之二参与了大范围的“面向家庭的社区援助项目”,内容包括成人辅导、预防吸毒和未成年妊娠,以及其他“面向儿童和青少年”的援助努力。[80]

1997年,受到福特基金会委托,特鲁里尔与托尼·卡尼斯(Tony Carnes)合作对黑人神学教育证书项目(圣经学院、教会培训项目、不授学位的神学院项目)进行了研究,并对林肯和间宫的原始数据做了再分析。[81]在确认数据没有问题的同时,他们将其与新收集的724名学生样本进行了比较,这些样本选自致力于服务黑人学生的28个神学证书项目。比较的结果再次证实了林肯和间宫的报告。譬如,四分之三的学生声称教会鼓励他们“融入自己的社区”;超过一半的学生在选择神学证书项目时,将是否与“自己社区的需求”相关看作重要的因素;并且有大约一半的学生已经参与了某些形式的社区慈善工作。[82]

种族间的宗教缓和与贫困问题

如果黑人教会的援助十分有效,为什么老城区的贫困、犯罪等现象依然严重?这个问题倒是言之成理,但我们不妨换个角度来看:如 232
果没有这些人出于信仰而做出的对青少年和社区的默默无闻的援助,那么在纽约皇后区的小牙买加,在波士顿、费城、洛杉矶以及其他城市,情况又会有多糟?如果没有教会的援助,政府和其他慈善组织又将增加多少开支,征召多少志愿者?对这两个问题的回答只能是“非常糟糕”和“很多很多”。

一些公民出于各种原因,对宗教或“教会—国家”之间的伙伴关系感到紧张;但他们应当注意到以下这个一致认可的结论,即,基于信仰的援助努力,首先有益于社区中那些不属于任何教会的贫困儿童。如果这些教会愿意提供帮助,并惠及“社会中的最少数”,它们就理应在人道和财政上获得其他人的支持——这里的其他人包括公司、基金会，以及（如果合适的话）政府机构。

美国社会最古老的种族界限一直是，并将继续是黑人与白人；进一步说，是黑人基督徒与白人基督徒之间的界限。换用一种危险的说法，是白人新教徒与黑人新教徒之间的界限：这些人（或是他们的父母与祖父母）曾发现自己被隔离于公民权利的两端，或更早以前，被黑人隔离制度（Jim Crow）所分割。而如今，种族间的宗教缓和与合作关系正不断增强。譬如，“监狱团契牧师团”（Prison Fellowship Ministry）旨在为服刑人员的子女提供援助，其中包括了“邻居关怀”（Neighbors Who Care）项目，以及新启动的“儿童、青少年与家庭”（Children，Youth，and Families）项目。又譬如，天主教会成功地为老城区低收入的、非天主教少数族裔儿童提供了经济优质的教育；与里弗斯牧师和其他地方上的黑人新教牧师一样，波士顿大主教伯纳德·劳阁下（His Eminence Cardinal Bernard Law of Boston）也在以自己的方式，支持着有信仰的黑人所做的努力。

安德鲁·格里利和我都不认为，教会或慈善组织能够或者“应当替代公立机构，为不幸的人提供帮助”。[83] 尤其是谈到消除老城区黑人贫困问题的社会行动时，我和他都认为，人们仍需假以时日才能认识到，“比起文化战争（the culture wars）中的积极分子，美国社会中更多的是牧师和受宗教感召的志愿者”；而我还要补充的是，他们的人数甚至比纠结于多元文化、政治正确和其他热门意识形态问题的精英还要多。[84]

《重要之事》（*First Things*）的创办者理查德·约翰·诺伊豪斯神父认为我在早年研究黑人贫困问题时的最大贡献，在于推进了如下观点：“对于贫困的黑人来说，宗教是通往一切美好的关键。”（好吧，至少是通往大多数美好的关键。）坦白地说，我十分赞成他的说

法。在铁石心肠地直面老城区黑人贫民的困境，或“放纵有关纠正贫 233
困和犯罪‘根源’的愚蠢言行之外……一定还有其他的出路。这一信念是成功的前奏，其关键在于以宗教作为动机和手段，影响公共政策的制定，并引起所有美国人的重视”。[85]但愿如此。

注释

1　例如见 John J. DiIulio Jr.，“The Lord's Work: The Church and Civil Society,” in E. J. Dionne, Jr., ed., *Community Works: The Revival of Civil Society in America* (Washington, D. C.: Brookings Institution Press, 1998), chapter 7。

2　John Leland, “Savior of the Streets,” *Newsweek*, June 1, 1998, p. 22.

3　Stephan Thernstrom and Abigail Thernstrom, *America in Black and White: One Nation, Indivisible* (New York: Simon and Schuster, 1997).

4　National Research Council, *A Common Destiny: Blacks and American Society* (Washington, D. C.: National Academy Press, 1989), p. 274.

5　Marcus Alexis and Geraldine R. Henderson, “The Economic Base of African-American Communities: A Study of Consumption Patterns,” in National Urban League, *The State of Black America 1994* (New York: National Urban League, Inc., January 1994), p. 81.

6　Robert B. Hill et al., *Research on the African-American Family: A Holistic Perspective* (Westport, Conn.: Auburn House, 1993), p. 2.

7　The Gallup Organization, *Black/White Relations in the United States 1997* (Princeton, N. J.: The Gallup Organization, June 1997).

8　The Gallup Organization, *Black/ White Relations*.

9　Carol M. Swain and Bernard Silverman, “Where Blacks and Whites Agree,” *Public Affairs Report*, University of California, Berkeley, 39, no. 4, 1998, pp. 8-9.

10　John J. DiIulio, Jr., “State of Grace,” *National Review*, December 22, 1997, pp. 62-66.

11　William Julius Wilson, *The Declining Significance of Race* (Chicago: University of Chicago Press, 1978); *The Truly Disadvantaged: The Inner*

City, the Underclass, and Public Policy (Chicago: University of Chicago Press, 1987); *When Work Disappears: The World of the New Urban Poor* (New York: Knopf, September 1996).

12 Robert B. Hill, "The Black Middle Class: Past, Present, and Future," in National Urban League, *The State of Black America1986* (New York: National Urban League, Inc., 1986), pp. 43-64.

234 13 Scott J. South and Kyle D. Crowder, "Escaping Distressed Neighborhoods: Individual, Community, and Metropolitan Influences," *American Journal of Sociology*, 102, no. 4, January 1997, pp. 1040-84.

14 *Sourcebook of Criminal Justice Statistics* (Washington, D. C.: Bureau of Justice Statistics, 1997), p. 384.

15 James Alan Fox, *Trends in Juvenile Violence* (Washington, D. C.: Bureau of Justice Statistics, March 1996), p. 1.

16 "A Shocking Look at Blacks and Crime," *U. S. News & World Report*, October 16, 1995, p. 53.

17 *Lifetime Likelihood of Going to State or Federal Prison* (Washington, D. C.: Bureau of Justice Statistics, March 1997), p. 1.

18 Stephen Thernstrom and Abigail Thernstrom, *America in Black and White: One Nation, Indivisible* (New York: Simon and Schuster, 1997), and Thomas D. Boston and Catherine L. Ross, *The Inner City: Urban Poverty and Economic Development* (New Brunswick: Transaction, 1997).

19 John DiIulio, Anne Piehl, and Bert Useem, *Profiles of Prisoners in Three States: A Research Report for the Council on Crime in America* (New York: Center for Civic Innovation, forthcoming).

20 James Q. Wilson, *Thinking About Crime*, rev. ed. (New York: Basic Books, 1983), p. 13.

21 Glenn Loury, "Victims and Predators" *Times Literary Supplement*, September 25, 1995.

22 *Changing America* (Washington, D. C.: Council of Economic Advisers, September 1999), p. 51.

23 Robin Karr-Morse and Meredith S. Wiley, *Ghosts From the Nursery: Tracing the Roots of Violence* (New York: Atlantic Monthly Press, 1997), pp. 230-31.

24 June O'Neil and Anne M. Hill, "Underclass Behaviors in the United States,"City University of New York, Baruch College, 1993,总结于 Wade F. Horn, *Father Facts*, the third edition (Gaithersburg, Md. : The National Fatherhood Initiative, 1998), p. 61。

25 Cynthia C. Harper and Sara McLanahan, "Father Absence and Youth Incarceration," paper presented at the annual meeting of the American Sociological Association, August 1998.

26 *Cycle of Violence* (Washington, D. C. : National Institute of Justice, 1992).

27 Leslie Margolin, "Child Abuse By Mothers' Boyfriends," *Child Abuse and Neglect*, 1992, pp. 541-51.

28 Carolyn Smith and Terrance Thornberry, "The Relationship Between Childhood Maltreatment and Adolescent Involvement in Delinquency," *Criminology*, 1993, pp. 451-79.

29 Carolyn Smith et al., "Resilient Youth: Identifying Factors That Prevent High-Risk Youth From Engaging in Delinquency and Drug Use," *Current Perspectives on Aging and the Life Cycle*, 1995, p. 221.

30 Mark S. Fleisher, Beggars and Thieves, *Lives of Urban Street Criminals* (Madison, Wis. : University of Wisconsin Press, 1995), p. 262.

31 Susan Estrich, *Getting Away With Murder* (Cambridge, Mass. : Harvard University press, 1998), p. 92.

32 TK. Senate testimony.

33 George Gallup, Jr., *Emerging Trends*, Princeton Religion Research Center, 18, no. 3, March 1996, p. 5. 另见 Richard Morin, "Keeping the Faith: A Survey Shows the United States Has the Most Churchgoing People in the Developed World," *The Washington Post Weekly Edition*, January 12, 1998, p. 37.

34 George Gallup, Jr., "Religion in America: Will the Vitality of Churches Be the Surprise of the Next Century?," *The Public Perspective*, October/November 1995, p. 4.

35 Roger Finke and Rodney Stark, *The Churching of America* (New Brunswick, N. J. : Rutgers University Press, 1992).

36 Gallup, *Emerging Trends*, p. 1.

37 Center for Public Justice, *A Guide to Charitable Choice* (Washington, D.

C.：Center for Public Justice，1997）。另见 Carl H. Esbeck，“A Constitutional Case for Governmental Cooperation with Faith-Based Social Service Providers，”*Emory Law Journal*，46，no. 1，Winter 1997，pp. 1-83，and Stanley W. Carlson-Thies and James W. Skillen，eds.，*Welfare in America：Christian Perspectives on a Policy in Crisis*（Grand Rapids，Mich.：Eerdmans，1996）。

38 例如，见 Governor's Advisory Task Force on Faith-Based Community Service Groups，*Faith in Action：A New Vision for Church-State Cooperation in Texas*（State of Texas，December 1996）.

39 Mike Jackson，“Faith in Action Supporting Volunteering with 800 Grantees，”*Advances：The Robert Wood Johnson Foundation Quarterly Newsletter*，Issue 1，1998，p. 10.

40 Andrew Greely，“The Other Civic America：Religion and Social Capital，”*The American Prospect*，no. 32，May-June 1997，p. 70.

41 Greely，“The Other Civic America，”72.

42 Gallup，“Religion in America，”p. 2.

43 Ron Stodghill II，“In the Line of Fire，”*Time*，April 20，1998，pp. 34-37.

44 Joseph P. Shapiro，“Can Churches Save America，”*US News & World Report*，September 9，1996，pp. 46-53.

45 James Q. Wilson，“Two Nations，”paper delivered at Francis Boyer Lecture，American Enterprise Institute，December 4，1997，p. 10.

46 例如，见 David B. Larson et al.，*Scientific Research on Spirituality and Health*（Radnor，Pa.：John M. Templeton Foundation，October 1，1997）.

47 David B. Larson and Byron Johnson，“Systematic Review of Delinquency Research，”preliminary draft，1998，and personal correspondence with Larson，September 1，1998.

48 David B. Larson and Byron Johnson，*Religion：The Forgotten Factor in Cutting Youth Crime and Saving At-Risk Urban Youth*，a report issued by The Center for Civic Innovation and Jeremiah Project，The Manhattan Institute（New York，New York，November 13，1998）.

49 David B. Larson et al.，“Religion Programs，Institutional Adjustment，and Recidivism Among Former Inmates in Prison Fellowship Programs，”*Justice Quarterly*，14，no. 1，March 1997，pp. 145-46.

50 T. David Evans et al., "Religion and Crime Reexamined: The Impact of Religion, Secular Controls, and Social Ecology on Adult Criminality," *Criminology*, 33, no. 2, 1995, pp. 211-12.

51 Patrick Fagan, "Why Religion Matters: The Impact of Religious Practice on Social Stability," *Heritage Foundation Backgrounded*, no. 164, January 25, 1996.

52 Richard B. Freeman, "Who Escapes? The Relation of Church-Going and Other Background Factors to the Socio-Economic Performance of Black Male Youths From Inner-City Poverty Tracts," Working Paper, no. 1656, National Bureau of Economic Research, Cambridge, Mass., 1985.

53 David B. Larson and Byron Johnson, "Who Escapes? Revisited," final draft, 1998, and personal correspondence with Larson, September 1, 1998; David B. Larson and Byron Johnson, *Religion: The Forgotten Factor in Cutting Youth Crime and Saving At-Risk Urban Youth*, a report issued by The Center for Civic Innovation and Jeremiah Project, The Manhattan Institute (New York, New York, November 13, 1998).

54 Cynthia L. Sipe and Patricia Ma, *Support for Youth: A Profile of Three Communities* (Philadelphia, Pa.: Public/Private Ventures, Spring 1998), p. 31.

55 Sipe and Ma, *Support for Youth*, p. 31.

56 Sipe and Ma, *Support for Youth*。唯一例外是圣彼得堡的 18 至 20 岁青少年,他们在这方面只耗费了三分之一的放学后时间。

57 Sipe and Ma, *Support for Youth*, p. ii.

58 Sipe and Ma, *Support for Youth*, pp. 3, 81.

59 Michelle A. Gambone, *Launching a Resident-Driven Initiative: Community Change for Youth Development (CCYD) from Site Selection to Early Implementation* (Philadelphia, Pa.: Public/Private Ventures, 1997).

60 Cynthia L. Sipe, *Mentoring: A Synthesis of P/PV's Research: 1988—1995* (Philadelphia, Pa.: Public/Private Ventures, 1996).

61 Joseph P. Tierney and Jean Baldwin Grossman, *Making a Difference: An Impact Study of Big Brothers/Big Sisters* (Philadelphia, Pa.: Public/Private Ventures, 1995).

62 Gary Walker, Interview with the author, June 1998.

63 Andrew Billingsley, "The Social Relevance of the Contemporary Black Church," *National Journal of Sociology*, 8, numbers 1 and 2, Summer/Winter 1994, p. 3.

64 Billingsley, "The Social Relevance."

65 Interview with the author, June 1998.

66 Glenn Loury and Linda Datcher-Loury, "Not By Bread Alone," *The Brookings Review*, 15, no. 1, Winter 1997, p. 13.

67 Loury and Datcher-Loury, "Not By Bread Alone," p. 13.

68 Robert L. Woodson Sr., *The Triumphs of Joseph: How Today's Community Healers Are Reviving Our Streets and Neighborhoods* (New York: The Free Press, 1998).

69 Interview with the author, June 1998.

70 Jeremy White and Mary de Marcellus, *Faith-Based Outreach to At-Risk Youth in Washington*, D. C., a report issued by The Center for Civic Innovation and The Jeremiah Project, The Manhattan Institute (New York, New York, November 13, 1998).

71 White and de Marcellus, *Faith-Based Outreach*, p. 4.

72 White and de Marcellus, *Faith-Based Outreach*, p. 6.

73 White and de Marcellus, *Faith-Based Outreach*, p. 1.

74 Tobi Jennifer Printz, *Faith-Based Service Providers in the Nation's Capital: Can They Do More?* (Washington, D. C.: The Urban Institute, April 1998).

75 Dian Cohen and A. Robert Jaeger, *Sacred Places At Risk* (Philadelphia, Pa.: Partners for Sacred Places, 1998).

76 Lincoln and Mamiya, *The Black Church*.

77 Lincoln and Mamiya, *The Black Church*, p. 151.

78 Lincoln and Mamiya, *The Black Church*, p. 15.

79 Naomi Ward et al., "Black Churches in Atlanta Reach Out to the Community," *National Journal of Sociology*, 8, numbers 1 and 2, Summer/Winter 1994, p. 59.

80 Roger H. Rubin et al., "The Black Church and Adolescent Sexuality," *National Journal of Sociology*, 8, numbers 1 and 2, Summer/Winter 1994, pp. 131, 138.

81 Harold Dean Trulear and Tony Carnes, *A Study of the Social Service Dimension of Theological Education Certificate Programs: The 1997 Theological Certificate Program Survey*, submitted to the Ford Foundation, November 1, 1997.

82 Trulear and Carnes, *Study of Social Service Dimension*, pp. 34, 40-41.

83 Greely, "The Other Civic America," p. 73.

84 Greely, "The Other Civic America."

85 Richard John Neuhaus, "The Public Square: A Continuing Survey of Religion and Public Life," *First Things*, no. 81, March 1998, pp. 63-65.

第四部分

市民社会：公民信任和社会权威

第十二章　失去的城市：以社会权威为例 239

艾伦·埃伦霍特[1]

1975 年，圆脸蛋的芝加哥小酒店老板约翰·法雷（John G. Fary）在伊利诺依度过了漫长而平淡的政界生活之后，终于得到回报，被选中做了国会众议员。在当选之夜，年届六十四岁的他当众宣布了未来的打算："我去华盛顿，是去做戴利市长的代表。过去二十一年里，在州议会我就一直这么做，他永远都是对的。"

理查德·戴利[2]第二年就死了，很快，法雷又在另一个人身上找 305
到了这种"永远正确"的品质：他的新领导、众议院议长蒂普·奥尼尔（Tip O'Neil）。在法雷的四届众议员任内，所有重大的问题，他的投票没有一次与议长相左。从议长的角度看，他真算得上是个应声虫（automatic yes）。

法雷最终的失败，多少也与此有关。他的挑战者是一位咄咄逼人的芝加哥市议员，与之相比，法雷除了一个家喻户晓的听话形象

---

① 艾伦·埃伦霍特（Alan Ehrenhalt），著名记者、作家，本文选自其名著《失去的城市——寻找被遗忘的美德》（*The Lost City: Discovering the Forgotten Virtues*）。——中译注

② 理查德·戴利（Richard J. Daley，1902—1976），美国政治中一位颇有争议的著名人物，从 1955 年起直至去世都是芝加哥市长。他领导的民主党组织通过控制选票而长期支配了城市的政治生活，并为追随者安排各种职位或提供经济利益。批评者一直指控他专制腐败、搞权钱交易，但辩护者认为他的铁腕统治给芝加哥带来了生机。像戴利在城市政治中的这种角色被称为"老板"（boss），这种政党组织也称之为"政治机器"（political machine）。——中译注

外,没有别的优势可以夸耀。芝加哥的媒体拿他开玩笑,有家报纸说“法雷平淡无奇的记录使他交出了自己的议席”。选举的结果是法雷惨败,他只能卷起铺盖回到自己在西南端(Southwest Side)的小酒店,到那里琢磨现代政治生活为什么变得这么让人无所适从。

要让法雷把这件事情想明白可没有那么容易。长达三十年的政治生涯里,他一直坚定地把“听话”作为基本的原则,然而今天这项原则已经名誉扫地;过去他都是二话不说就按照这些代代相传的规则去行动,但在今天这却让他显得像一匹随便供人骑的马,沦为大家的笑料。

在今天的美国政治生活中,笨一点没关系,骗骗人没关系,甚至公开的腐败都不要紧,听话却是最丢人的。今天最让人轻视的官员,就是不敢自己做决定的官员。在整个华盛顿,汽车后面都是用正楷
306 240 黑体大字写的标语“要质疑权威”,而没有谁写“听老板的话”。

听老板的话,这就是法雷整个职业生涯的写照,事实上他也没有别的选择。在50年代的芝加哥,政治生活只有两种选择:或者成为这架机器的一部分,这样就有了高升的希望;或者,如果和它作对,那就什么也别想。法雷在职业生涯刚开始的时候,还是有点闯劲的,1951年,他在第十二选区参选,对手来自当地政界多少有点势力、和政治机器也有瓜葛的施文纳斯基家族(Swinarski family)。经历这次失败之后,他就让自己顺应了这套制度,——他别无选择。[1]

如果说法雷对这个狭隘政治世界的规则有过丝毫不快的话,在公开场合他从来不会表露。他给人的感觉是抱负不大,能够始终和领导站在一起,能够成为这个秩序井然的政治体系的一部分,能够在处理完斯普林菲尔德①和华盛顿的政治事务之后回到自己小酒馆的

① 斯普林菲尔德(Springfield),芝加哥所在的伊利诺伊州首府。——中译注

吧台后面，就已经心满意足；至于再干点别的什么，他好像从来没有想过。在长期的政治生涯中，他有一项重要的法律提案是使宾戈游戏(Bingo)在州里合法化，提案通过后，他的庆祝方式就是为酒馆配制了一种新的饮料"宾戈波旁"(Bingo Bourbon)[2]。

也就在这些年里，当法雷在芝加哥南端中规中矩地谋求政治发展的时候，在北端，棒球明星"小熊先生"厄尼·班克斯(Ernie Banks)也正开始自己的职业生涯。班克斯从1953年秋季开始加盟芝加哥小熊队(Chicago Cubs)的，他看上去显得与众不同：人长得皮包骨，一点都不壮实，但他在瑞格里球场(Wrigley Field)击出的平飞球快得让人难以置信。

50年代正是班克斯的显赫时代，他有过四十个本垒打，连续获得两次最有价值球员称号，对他的溢美之词在体育报道中铺天盖地。可是在别的方面，班克斯得到的酬报少得可怜。这一时期小熊队整体正处于低谷，所以他一直没有机会进入世界大赛(World Series)；当时球迷买票的也不多，所以小熊队给球员的薪水都不高。班克斯的工资比不过今天的一名普通球员，按当时的美元实际价值计算也十分寒碜：在他获得第二个最有价值球员称号的赛季，队里给他的薪水是4万5千美元。

但班克斯从来没有离开小熊另谋他就的想法。这是不可能的，因为他并不是自由身。小熊是他的老板，按照50年代的规则，他必须接受小熊的合同，否则只有离开棒球场。他事实上没有别的选择，这点和法雷一样。

班克斯也许私底下考虑过自己所受的种种限制，但在公开场合没有任何表示。小熊就是他的母队，没有小熊他就没有机会离开黑人联盟的杂草场。他属于这里。在芝加哥待了几年后，他不仅凭本垒打，也靠自己的忠诚和热情，赢得了声誉。他见到记者，喜欢说

“友好的瑞格里球场”;遇到阳光明媚的夏日,需要一天双赛,他也会不以为意地边做着热身动作,边指出双赛并不多,然后很兴奋地说“打三场也没关系”。

241 今天政客眼里的法雷,也就是棒球手眼里的班克斯。可以拿班克斯和里奇·汉德森(Rickey Henderson)作一比较。汉德森十五年来盗垒的次数超过棒球史上任何一人,将来肯定会和班克斯一样进入名人堂,但和班克斯不同的是,他的薪水高得惊人,而且自由转会制度让他可以为了多挣钱、多打“世界大赛”而随意跳槽。即便如此,汉德森也很少对自己的境况满意,每次打完球他都要表示不满,不管是对合同,还是对队伍管理、球迷,有时甚至对自己的表现也要发发牢骚。自由市场使汉德森拥有了自由和财富,但并没有让他快乐。

班克斯和汉德森之间的区别,部分可以说是性格差异,有的人天生知足,有的人则总也不满足。另一方面,他们的区别也是美国四十年来生活变化的一个缩影。在这个时代,我们凡事可以有很多选择,但随之而来的不仅是机会的增加,不满也增加了。在班克斯和法雷生活的世界里,自由选择受到了更多的限制,一切决策都由掌权者作出;而今天,自由市场把权力交给了每个个体,他们可以无休无止地考虑、再考虑。

不仅棒球、政治如此,生活中其他人际关系领域也是如此。在50年代,美国平均每年的离婚率是千分之十左右,而1980年则是它的三倍。[3] 从前离婚率低的原因,不是因为离婚非常困难(个别州确实如此),也不是因为个人会因此受到社群的排斥,而是人们不管生活多么艰难、压力多大,他们都不把离婚放在自己的考虑范围内。当时人们结婚,想的就是要尽力把事情做好,这就是夫妇的工作。他们和班克斯、法雷一样,手里有什么牌就打什么牌,而不去为其他的可能性感到焦虑。

50 年代就是这个样子，和配偶、和政治机器、和棒球队一旦形成确定的关系，就不再谋求改变；甚至商业公司也是这样，会始终与自己成长起来的那个社群保持关系。这样的例子可以举出上千个，但这里谈一个就够了：雷诺士公司(Lennox Corporation)与它的诞生地艾奥瓦州的马歇尔镇(Marshalltown)。

1895 年，戴维·雷诺士发明了一种新钢炉，在马歇尔镇开了厂。几年后，厂子先是靠造锅炉、以后又生产空调发了财。公司一直为当地人提供着让外人羡慕的就业机会，一代一代的蓝领家庭由此享受到中产阶级的舒适生活；公司管理层也一次次地帮助当地举办各种展会、筹款和校建募捐活动。

50 年代，雷诺士公司本来有机会可以换个劳动力更便宜的地方办厂，以便提高收益，但它一直对马歇尔镇忠心不二。不过，公司官 242
员最后还是对其他地方进行了考察，终于在 70 年代末把总部移到了达拉斯，理由是艾奥瓦中部的一个小城对于管理层飞来飞去太不方便，但工厂留在当地没动。

到了 1993 年，公司又在动搬家的脑筋，对外宣布打算完全关掉马歇尔镇的厂子，原因不是公司亏损，也不是因为其他危机，而说是目前该考虑最优的选择了。至于马歇尔镇完全依赖雷诺士公司才得以维持的事实，则不在它的考虑之列，公司副总说："我们只谈生意。"最后结果是，当地政府给公司津贴了 2 千万美元，雷诺士留了下来；但事实上，缺钱的是地方政府，而不是这家赢利的公司。

把今天的美国人和上一代人区分开的标志，除了对于选择的态度之外，还有一个就是对身体空间的态度。[4] 我们看几个过去的例子：

50 年代，年轻人如果打算在艾姆赫斯特(Elmhurst)这样的近郊做个业主，只要不是孤僻到极点的话，他都会参与社区的各项事业，比如野餐会、茶话会、排球赛、托儿所,他会经常和别人交换一下自己家里制作的东西,把孩子托给最近的邻居照看,随便什么时候不需要敲门就进邻居家里闲谈,等等。对于定居在这种人烟稀少的住宅区里的年轻人来说,这些活动就是构成社区的要件,这是一种公开的、没有多少隐私的生活。

对于圣尼克教区(St. Nick's parish)平房里的生活来说,院墙并没有把邻里分隔开,门口和小巷都是社交的好场所,四五个孩子一起挤在一个三居室里使得隐私成为稀缺商品。50 年代,这里开始有了电视,但还没有空调,于是整个夏天的夜晚就成了漫长的社区活动节,吸引了邻里所有人的参与,直到深夜大家都熬不住了才算结束。

在布朗泽维尔(Bronzeville),简易厨房和小公寓组成的世界使隐私变成了海市蜃楼。对这里的居民来说,厨房、浴室都是共用,为了图阴凉睡觉也是睡在消防安全通道,全部的生活都在公共空间展开,让人想起十八世纪伦敦或巴黎乱糟糟的贫民窟。而 50 年代,生活在四十三大街和印第安纳大街的简易厨房,就意味着生活在大家的眼皮底下,跳舞、喝酒,甚至做爱,都可能被人看见。这是一个彻彻底底的公共世界,一如凯顿(Cayton)和德雷克(Drake)在《黑人的都市》(*Black Metropolis*)一书中所说:"在黑人聚居区,生活中最不可能拥有的好东西就是隐私。"

在这些社区生活的人们好像还嫌不够,他们还参加各种俱乐部
243 及社团组织,把生活变得更加公开。在市郊的平房世界里,桥牌俱乐部、读书俱乐部、方块舞协会比比皆是,男男女女都是自愿参加(当然也免不了生气别扭的时候),他们愿意把自己大块大块的自由时间放在这上面。圣尼克教区居民的纽带不仅有教会,还包括它的各种附属组织,比如圣名会(Holy Name Society)、"祭坛与念珠"协会(Altar and Rosary)等等,——正是通过这些组织,才能把街坊的五

百多号人都动员起来,参加某个周末早晨七点钟开始的煎饼早餐。而在城市南端的黑人居民更有想法,他们很多人虽然住的是很差的房子,干着伺候人的活,却组建了很多俱乐部,这样聚餐和舞会的时候就可以帮得上忙。这引来当地黑人报纸连篇累牍的报道,也为邻里生活增添了其他方法实现不了的尊严。他们才是最理想的参与者。

在随后的若干年里,美国生活中公共和私人之间的这一平衡遭到了破坏。有了电视和空调,人们就不再挤在走廊里而躲进了房间;今天的双收入家庭也没有时间参加俱乐部,或者其他集体活动;黑人中产阶级从南端大量搬走后,50年代曾有过的体面的社交世界一去不复返,现在那里除了隐私依然难以见到以外,唯一有点集体生活样子的地方,都是围绕毒品、帮派和暴力而展开的。

当然我们也不应该用过于罗曼蒂克的眼光看待50年代城郊生活具有的这种公共性。也会有人不想成为它的一部分,比如工作中的交际应酬已经让他受够了,他可能宁愿晚上待在自己家里,不想凑在一起打牌,不想掺和教堂的社会事务,等等。对这些人,生活就很不好过——它没有任何可以躲开其他人的空间。对很多人来说,共同体是有了,但代价是对生活的侵扰和隐私的匮乏;要放在今天,几乎大家都会认为不太值得。

从很多方面看,婴儿潮一代对个人主义的过度追求可以说是对他们50年代过于促狭的生长环境的一种反动。当时,学校的走廊、还有从前那种饱受指责的单向楼梯上都挤满了孩子,小学平均每班达到35人,大大超过了25到30人的理想标准。这个数字一直到60年代才开始下降。

家庭生活充斥着类似的记忆:五个孩子挤在两间小卧室,市郊几乎没有分隔墙的开放住宅,等等。50年代长大的孩子差不多都没有什么隐私可言,到处都是如此。

在我们今天的价值体系中,对隐私的膜拜就像对选择的膜拜和对权威的恐惧一样根深蒂固,以至于我们一点都不能进行严肃的讨
244 论和反思。但今天确实到了该反思的时候,该考虑一下在世纪末,这些不证自明的当代“真理”是不是已经弊远大于利了。

在 1957 年的芝加哥,多数人都相信(今天人们并不相信)生活是有许多天然的限制的。他们能够理解,一个人不管居住在哪种环境,平房、廉租公寓还是郊区,自由选择和隐私都不是可以无限供给的商品,很多时候需要有权威以限制它们;他们乐于接受这样的交易。此外,还有一个当时人们接受的重要观念今天也已经消失了:过去人们相信罪的存在。在 50 年代的芝加哥,普通人的日常生活里是有善恶对错之别、有罪与罪人存在的,而这对于被 60 年代的道德洪流卷到另一端的我们,是多么地不可理解啊。

如果说 50 年代的美国选择处处受到限制的话,同样可以说那时各种关系都更为持久。体育、政治如此,商业同样如此;大宗的商品交易如此,小的商品交易同样如此。

法雷在政治上比较空闲的时候,他的身份就是“3600 俱乐部”的老板。他的产业位于芝加哥的后院社区,在三十六大街和南戴门(South Damen)大街的街角,以前是他父亲开的一家小酒馆。法雷就住在酒馆的楼上,大多数时候都是自己操持生意。

在法雷的时代,在他生活的社区,基本上每个街区都有一家他那样的酒店。它的角色有点像社区的活动中心,工厂工人、牧场饲养员、警察和市政职员下班后都聚到这里,他们挣到的工资又回流到了社区。

要说酒馆的话,这些人其实有很多家可以选择,而且都是不用步行多远的——法雷弟弟开的酒馆就仅仅隔了几道街而已。不过一个

顾客一旦选定了地方,觉得那里的氛围、那里的人气味相投,就会当做自己的固定场所。他不会受到市场的诱惑,不会因为听说哪家啤酒便宜五分钱就改换门庭。社区的居民不像今天的消费者那样冷冰冰毫无感情,他们看中的是生活中另外一些重要的东西。

这里只需要最简略地勾勒一下,在 1957 年法雷所住社区的一户普通人家日常生活是什么样子,就可以看到他们的生活状态与我们多么不同:

这家人从早餐开始,吃的五谷杂粮就是那么有限的几种,外加天天不变的白面包;晚间的娱乐是一台只有四个频道的电视,节目永远都是西部片或者智力竞答。他们就是生活在这样一个选择极其有限、权威也按其本来的意义存在着的世界里,奇迹面包(Wonder Bread)和黑白电视就是它的标识,像果酱馅饼、果馅卷、纳什维尔网 245
(Nashville Network)、有限电视新闻网(CNN)这些都不是非要不可的。

家里的上班族早晨开车上班的时候,也没有电台的交通信息员发布信息,告诉他哪条路最畅通。曾有一家芝加哥的电台开设了交通警示栏目,由一名警察在城市上空的直升机里播报交通状况,结果听众多数时候对他的话反而是无所适从,因为事实上可供他们选择的路线非常之少,那时本来就没有什么高速公路,又哪里谈得到避开拥堵路段的问题。所以他们一旦上了路,只能老老实实地顺着路走,直到目的地。如果堵了,那也没办法。

而且,不管这个上班族是工厂工人还是办公室职员,每天的上班、休息和午餐时间都是固定的,没有选择余地。1957 年,绝大多数雇员在这些事情上都不能自己做主,决定权在老板手里,或者听命于各种强大的习惯性力量;那时的普通工人(不管白领蓝领)都不会情绪激动地去争论,工作时间到底应该怎么安排。

家里的女人如果不工作的话，就会把时间大部分花在购物、储蓄一类的家庭开销管理活动上。和丈夫一样，她可以打发日常生活的方式和地点都很少，一般就是在社区附近找个地方理理财，存点钱、兑一下支票，到季末再数数利息陶醉一番。她和那里的出纳员很熟，因为很可能从头到尾出纳员都是同一个人，有的来这里的时间比她还早；她可能还会认识这里的经理、大老板。她如果要开个户头，并不需要一项项地核查，不用担心是不是附近另一家银行会有更优惠的选择，——他们给的条件都是差不多的。

购物也是建立在类似的一种比较长期牢固的联系之上。杂货店老板通常也是这家人的熟人，即使店的规模够得上小型“超市”，常来买东西的人还是会用店主的名字称呼它：主妇会在下午出门采购的时候告诉孩子：“我去山姆店里转转。”在 1957 年，由于公平贸易法和其他一些经济管制措施的存在，小杂货店在价格上相比大店并不吃亏。而且价格也不是唯一重要的因素，日常的买卖更多是建立在关系的基础上，是靠着习惯而非自由选择。

246 如果家里有小孩，那么女主人还有部分时间会用在学校相关的活动上，比如做做义工，或者参加教师家长会之类的。就上学来说，家里面对的唯一重要决定大概就是去公立学校还是去天主教会学校；一旦做了决定，其他就没有什么要多考虑了。所谓挑选一个最好的学校，对他们闻所未闻，因为一旦住在一个小区里，上哪个学校也就已经定好了。如果小区里的圣塞西莉亚学校或者托马斯·爱迪生学校比不上一英里外的另一家学校（事实上不太可能，因为各地的教育都处在同一水平线），那又怎么样？生活本该如此。

所有这些规矩后来都被破坏，对此已经无须赘述。今天我们的日常生活已经变成一座座自由选择的纪念碑，过去都是由其他人为我们安排好的一切，现在都是自己做主了。早餐需要精挑细选（有的其实和早餐没什么关系，只是这么叫而已)；上班路线也要挑来拣去(结果往往同样地让人烦恼)；店里的营业员都变成陌生面孔；在银行存了二十年的钱，结果还是要看身份证明，因为出纳员才上岗两星期；电视频道增加了很多，以至于报纸都没法把节目预告全部登出来。

过去这一代人，生活已经脱离了静态的、一切皆有规矩的状态，方方面面都处在变更和选择之中。今天我们无时无刻不处在一种极度自由的心理状态中，不仅吃什么可以任意选择，在哪里安家、找什么工作、与什么人来往，都可以自己做主。

这种变化当然很大程度上是技术进步的结果，比如避孕药让妇女在社会生活和性方面有了更大的选择余地，计算机实现的同步通讯让我们可以在全球范围挑选商业伙伴。与此同时，变化也是经济丰裕的结果，钱多了当然可以干的事也多了。

不过男女之事是个例外，推动它改变的既不是机器，也不是金钱，是自由选择观念本身吸引了婴儿潮一代。

今天大多数人仍然在为更多的选择和个人自由而欢呼，极少有人愿意去指出这得不偿失，也没有谁会为50年代美国生活那些清规戒律的消失感到惋惜。

当然也有一些人确实怀念过去的某些好东西。人们常常带着怀旧感谈到过去的一些事情：那个时代的忠诚稳固的人际关系，叫得出我们名字的小店老板和老街坊，我们怎样在晚上不用因为提防坏人而把门关得严严的，邻居怎样在我们有难的时候不管白天黑夜都会出手相助。

数不胜数的中年美国人现在都迫切感到，从前他们拥有的那种 247
亲密的社群感，今天已经没有了。社群主义之所以兴起，引起那么多人的支持和兴趣，原因正在于此。希拉里·克林顿成为第一夫人之后不久就表示："我希望我生活的地方，能够让我走在任意一条街道上而不用担心受怕，夏季里不管白天黑夜都可以带着女儿上公园。回想起来，我小时候常常就是这么做的。"在新世纪来临的时候，希拉里表达的这种情感，还有人们对旧式社群生活的怀念，都在日益增长。[5]

在当代的意识形态光谱中，社群一词在各家学说里都占据一席之地，虽然有时它的使用并不准确，身影也很模糊。在偏左翼的意识形态那里，社群指代一个高度平等的社会，所有的压迫都要消除，社会福利体制应该涵盖更加广泛的内容，而不仅仅像现在这样局限于教育、公共卫生和扶贫领域。而对于偏右翼的意识形态，社群意味着强调个人的自律能力，重塑私人生活中的个人责任感，以此取代福利国家。对位居中间的意识形态来说，社群代表的就是安全、稳定和一个可靠人际关系的网络。各家用法虽有不同，但在 90 年代的上半段，社群一词本身还是在各种大众期刊和政治话语中泛滥了。

权威现在也变了味，不过它带来的不是什么怀旧感。没有什么人会否认，权威在过去一代人那里受到严重的侵蚀，今天随便找一个中产阶级小区的公立学校都会看到，校长需要用大量的时间去对那些难以管教的学生、教师或职员百般劝导，说服他们回到正常轨道来，而以前完全不用这么费力；他是校长，而他们是下属，当然要无条件地接受他的指导。

再以主流新教教会来看，教徒和牧师的关系虽还不至于发展到某些中学里学生诅咒老师的地步，但即使是自由化色彩不那么重的教会，人们称呼牧师的时候多半不称头衔，不再说某某博士，而是像朋友一样直呼其名"吉姆"、"鲍勃"。这种把牧师降到和教徒同一层次的做法，不过是整个去权威化大潮里的一朵小浪花。

权威和社群都在解体，不同的是权威的逝去并不让人惋惜。对婴儿潮一代美国人来说，权威一词总是与某种邪恶的东西联系在一起，会让他们回忆起自己在学校、教会或家庭里的不愉快经历，而反抗这种记忆则成为这一代人的共同经历。因此，不论一个人在政治 248
上加入哪派，他都把自己的反权威意识掺入其中。对此，奥罗克①为他那代人做了最明确、最响亮的代言：“权威总是吸引着那些人渣。”[6]

怀疑一切权威，却把个人选择奉若神明，这已经成为90年代美国社会各个领域的通病。不只是个人的日常生活，像学校改革、企业管理等方面的争论，也都弥漫着这种心态。

过去十年关于教育改革的讨论，人们提出过无数的看法，但几乎没有人谈到，要改进学校教育，就应该把教鞭放回老师手里，应该恢复那些需要背诵和课堂练习的课程。结果，讨论的焦点变成了择校的自由权利：家长是否有权为自己孩子挑选学校。关于这点，不论人们提出多少支持或反对的意见，但有一点是绕不过去的：就教育（还有其他很多社会性事业）来说，个人选择都是权威的对立面，有了个人选择就不会有权威。

同样，在企业管理方面，书店里摆放的企业管理的书籍多如牛毛，但为那种老派的、金字塔式的管理风格——命令由老总发布，然后像军队那样一字不改地传达到最底层——辩护的书几乎一本都见不到。今天有些依然按照这种风格管理的企业，在人们眼里无异于怪物。等级制已经彻底过时了，所有的书籍讨论的都是用网络代替金字塔，都主张分权，主张让各个层级的人都分享权力。结果，“命令”、“控制”仿佛成了下流话，而不见于今天的管理学作品中。

五年前，计划经济为何物，几乎没有美国人说得出来，但今天

① 奥罗克（Patrick Jake O’Rourke，1947—　），出生于加拿大的美国政治评论家。——中译注

大家都知道，它指代一种失败的社会类型：这个社会里，人们是用等级制代替个人的自由选择来进行经济决策的。这一点，大概是用来解释共产主义失败的最为广泛接受的理由，同时它也强化了婴儿潮一代对等级制和权威的怀疑，仿佛它们的所有化身都应该受到怀疑，而无须考虑是在国内还是国外，是50年代美国企业的首席执行官、学校校长，还是威权政体下为人民带来深重灾难的独裁者。

于是，教育和经济领域发生的一切蔓延到政治思想领域，就不让人奇怪了。政治哲学家在过去二十年里辩论过权威的问题，仅仅看他们用词的口气就能让我们明白怎么回事。那些承认权威具有某种合
249 理性的学者，在面对自由至上派批评家咄咄逼人的主张——凡权威就不可能正当，即使完全符合民主原则的政府也是如此——时，不得不想尽办法为自己辩护。

在美国，很多人利用各种机会告诫我们，50年代不会复返。如果有人胆敢指出，上一代人的某些社会制度安排——比如他们传统的家庭和邻里，他们稳定的工作、上学、政治和信仰模式——不乏可取之处，他们就马上反驳说奥兹和哈里特[1]已经死了，那些制度都属于昨天，今天不可复得，我们已经往前走了。

当然他们说得也没错。如果我们回顾50年代价值观念的目的是希望再现那样一个世界，是希望男人晚上戴着软呢帽回家时，女主人正腰里系着围裙，一手拿着吸尘器，微笑着迎接他——这样的想法确实幼稚。即使在1957年，这样的场景也带有夸张的成分。

我们在这里回顾50年代，并非抱着这样幼稚的想法，与“奥兹和

---

① 奥兹和哈里特是美国50年代一档著名的广播节目《奥兹和哈里特的冒险》(*The Adventures of Ozzie and Harriet*)里的两位主人公，体现了那一代美国人心目中理想的家庭生活模式。——中译注

哈里特”、“天才小麻烦”[1]之类的故事也完全无关，我们真正考虑的问题是，能否对50年代以后出现的、因个人选择自由带来的混乱施加某些限制？能否创造出一种强大的多数派文化来教育我们的青少年，在学校有些举止是不得体的，电视里有些节目是少儿不宜的？能不能让人们重新认识那个简单的真理：世界上存在着罪，而生活对我们的部分要求就是抵御它的诱惑？

对这些问题，最容易的回答当然是，魔鬼已经被放出瓶子，没法再装回去。人们已经从种种制度规定中解放出来，品尝到了自由选择的滋味，不会再回到那个秩序井然的世界。比如，现在人们知道自己无须忠诚于已有的关系（无论是对配偶、社群、职业，还是生活中的其他方面），肯定会乐于一直保持这种自由的状态；企业一旦意识到，全球经济底下无须再信守对个人和社群的传统责任，那些责任也就成为一纸空文了。这就是我们经常听到的说辞。

果真如此吗？混乱的唯一前景只能是更多的混乱吗？事实上，如果我们不自己画地为牢的话，还是可以看到其他景象的。

毫无疑问，我们常常会被自己的怀旧情绪蒙骗，比如在个人生活中，我们会由于一味怀旧而忘记了少年时期生活的百味，忘记了那时我们可能并不快乐，于是它变得非常纯粹。社会生活的记忆也许同样如此，我们筛掉了更多更复杂的东西，于是过去的生活显得十分单纯，只是在上一代人那里才变了味。

从整个国家来看，它确实一直都希望逃避面目森严的权威、令人窒息的社群。正是这股力量推动了无数的欧洲人来到这里，又推动着他们把家庭、村庄以及各种内容明确的社会规则抛在身后，横贯大 250

① *Leave it to Beaver*，美国五六十年代的一部反映家庭生活的电视情景剧，1997年曾拍成电影。——中译注

陆一直西进。所以,那些为社群和权威的不断衰落而扼腕叹息的人们,可能评论的正是美国经验中的某个固有缺陷,只是他们自己没有意识到这一点,而仅仅以为是在上一代人那里事情才发生变化的。

还有一个有些道理的说法是,从宗教改革开始(如果不再往前追溯的话),现代西方文明史就是一部社群和权威不断被侵蚀的历史,过去五百年西方一直处在这样一个过程中,人们抛弃部落、等级、乡土生活的各种价值,而走向个人主义与市场。所以,50 年代以来发生的一切,不过是这一进程的继续推进。

这个说法十分诱人,也极具威力,大有把怀旧派的所有理由一举扫平之势,它让我们对所有熟悉的社会机制的消亡,对人际关系网络的消逝和品行观念的衰落,不要过于挂怀。我们应当放松心情,社会变迁的快节奏,旧的行为标准的侵蚀,日常生活的非人格化,这些变化让人忧虑是历史上的常见现象,但未来的任务不是一味怀旧,而是准备应对那个一切都已变化的二十一世纪。

这种论调听起来头头是道,但并不对症。过去四十年里发生了那么多看得见摸得着的变化,而且我们没有一天不是生活在这些变化中,对此,这种论调是太无力了。

把一切归咎于过去的幻觉,无法解释邻里商业活动中那种稳固的买卖关系的消失,无法解释已经赚过大钱的公司单纯为了追求更高的股票价格而随时准备抛弃自己成长的社群。这一切都是真实发生的变化,是真正失去了的生活,它的唯一原因就在于对选择自由的无限膜拜。不错,在 50 年代也有保守派会哀叹街角杂货店不像从前那样,但这不足以得出结论说 50 年代以来的变化并不深广,不意味着在今天指出稳固的邻里生活赖以维系的某些重要基础已经丧失,就是非理性的批评。

同样地,把公立学校出现的变化归咎于怀旧情绪也是不成立的。

50年代，如果校长看到学生没有扎皮带，就会给根绳子让他扎上，而今天，无论多么失礼的言行举止都被当做个人自由，可以不受纪律的管辖。这种变化只有从个人主义的泛滥和贬抑权威的潮流里才能得到有力的解释。我们并不否认，50年代的家长和老师也曾担心年轻人目无尊长，行为不端，但相比于90年代的现实，这种担心显得那么地微不足道，——其中的原因，不在于人们对过去抱有幻觉，而是问题本身已经变得异乎寻常地严重了。

回忆可能会蒙骗我们，但过去四十年里权威的消失和个人主义 251
的神化背后所反映的，不是(个人或社会)记忆的不可靠，而是实实在在的某些理当哀悼的事物的丧失。

90年代，美国在价值观上显得像一团乱麻，但有一点确定无疑：我们正日益摆脱过去所习以为常的各种权威。

我们并非简单希望回到50年代，而是要吸取它的精华。我们要的是那个时代的安全得到保障的街道，和蔼可亲的杂货商，以及牛奶和面包，而不要它的政治老板、独断专行的校长、毫不通融的规则，以及宣扬百分之百美国主义并将异议视为犯罪的说教。但是，秩序要靠规则来保证，要实现一个秩序井然的世界，却又拒不接受任何制定规则的权威，这是做不到的。希望在没有权威的情况下实现社群的再生，只是白日做梦。

许多自视为保守分子的人却拒绝承认这一点。右翼中这种人不在少数，他们一方面完全接受自由市场、个人权利和自由选择这套意识形态，另一方面又表白自己对旧式的社群、对关系稳固的传统世界的迷恋之情。80年代的里根就是一例，他在1984年竞选连任的活动，充分利用“早安美国”的电视广告，而这些广告的一大特点就是利用舞台再现了早年好莱坞电影中经常看到、他年轻时也经常走过的那种小城市里的街道场景，——这算是那个经济和道德准则日益解体的时代里社群主义修辞的一个小小信物。然而，当他们随之宣扬市场和不受限制的个人选择有利于社群和传统价值的时候，需要给出证明的是他们，而非我们。

事实上，正是市场的破坏性力量才消灭了社区里的储蓄和借贷，消灭了经验丰富、和顾客也非常熟悉的出纳员，而代之以花旗银行的某家分理处，它的雇员在这里待了还不到一个月，即使最老资格的储户也需要在窗口出示身份证明。同时，也正是市场的力量消灭了美国大多数城市里的地方小报，新报纸的老板是遥远的某家企业的老总，发行人则是为了在总部继续升迁而不得不在此短暂逗留几年的中层经理。一旦全球市场的压力使得雷诺士公司相信，它可以按照自己的愿望选择全球任何地点来生产空调机，这是它的道德自由，那么它和艾奥瓦某个小镇之间维持了近一个世纪的纽带也就岌岌可危了。

322 站在雷诺士公司的立场，人们也可以辩护说过去二十年全球经济的异军突起，在技术上是无可阻挡的；或者，干脆用一种更正面的口吻说，它是个人自由的最可靠保证，而个人自由则是我们需要维护的首要价值。此外还有其他的说法，比如市场给人们带来了更多的收入，比如在商应当言商，等等。但无论何种说辞，现实终归是市场
252 构成了破坏现有关系的强大力量，把市场看成社群的友好伙伴就是在颠倒黑白。一个人膜拜市场的力量却又自称保守主义者，就是在歪曲现实。

那种希望对自由选择和社群同时加以膜拜的想法，在根本上就误解了社群的属性。社群的含义并不是将生活中的一切行为诉诸自由选择，毋宁说它是让我们在日常生活中减少从个人角度的计算，更多安于现状，并享受它所带来的心理上的满足。它要我们的，是像班克斯一样在芝加哥小熊队待二十年，像法雷一样终生效忠于戴利的政治机器，像法雷的顾客一样年复一年地只去这家位于三十六大街

和南戴门大街交界的酒店，或者像雷诺士公司一样把艾奥瓦的马歇尔镇当做自己的家。

同样还有广播电视，如果我们让孩子听看节目的时候，不用担心淫秽作品的影响，那会多好，但问题是市场在这里同样取代了过去权威所起的作用。

说到50年代的电视，毫无疑问，那时也会有相当多的观众想看到一部限制级的《热情似火》(*Some Like It Hot*)，或者像《海底两万里》这样的片子，里面有柯克·道格拉斯被巨型乌贼活活吞食这种恐怖镜头，但这些在当时的电视上都不会出现，——不是人们不想看，而是对它们的播放存在限制。这里不是市场说了算，而是会有某个权威——某位审查官——来判断它们是不是过于恐怖、暴力，过于亵渎神灵，因此不适于大众传播。

这样的权威正是今天所缺少的。所以今天五岁的孩子也可以很随便地观看音乐电视、收听霍华德·斯特恩(Howard Stern)的节目，十二岁的孩子就可以买到说唱专辑，里面充斥着对黑帮、凶杀和性犯罪的宣扬。这就是自由选择引起的问题。淫秽和暴力作品自由买卖，而我们却不好意思劝阻别人(哪怕孩子)不要购买；公共娱乐必须遵守文明准则，但我们似乎还不想为此做出努力。然而，如果我们承认那些暴力节目不适于青少年的话，那我们也不得不承认，孩子旁边必须有个权威。

读者也许会质疑，我是否把50年代描绘成了一个前现代、前资本主义的伊甸园。我没有那么幼稚。凡是研究过那一时期或者在那个时代生活过的人都不会认为，那个时代能够完全隔绝市场力量的作用。那个时代有那个时代的汽车尾翼(tail fins)、批量造出的城郊社区，以及由于赞助商的贪心而带来的各种智力竞赛节目的败坏。市场展示了自己的巨大力量，这也正是战后一整代社会批评家矛头所指的对象。

253 但在 50 年代，不受市场控制的一整套社会机制仍然存在，普通人由此获得缓冲，不会完全暴露在市场的力量下。而到了上一代人，这种缓冲已经消失了，艾伦·伍尔夫等人已经很好地指出了这一点。所以，50 年代和 90 年代的区别，很大程度上是一个市场力量在冲击着传统价值的社会与一个市场力量已经摧毁了传统价值的社会之间的区别。

市场取得的决定性胜利，从婴儿潮一代坚信不疑的价值上体现了出来，这就是对个人选择的信仰，以及对与之冲突的任何权威的怀疑，他们带着这些价值从青年一直步入到中年。

肯定有不少人对我说的这些丝毫不以为然，他们相信个人选择是最重要的价值，总是越多越好，上一代人的问题不是放弃了太多的权威，恰恰是放弃得还不够。这些人自称为自由至上派，他们往往都是些才智出众、举止正派、容易让人产生好感的人，这一切加大了反驳他们的难度。

自由至上派的想法要让人信服有一个前提，那就是这个世界上人人都是奥罗克，每一位都精神焕发、能言善辩，而且完全专注于个人，他唯一寄希望于生活的，就是自由地尝试它所提供的各种机会，就是不停地用各种新颖而有创造力的方式来表达自己的个性。

但这样一种信念显然是自由至上派的幻觉，它误以为世界上到处都是受到压迫、然后希望免除各种规则和权威的自由至上派。这种想法可能会让生活显得很有意思，但却忽视了一点：虽然在他们自己看来童年可能就意味着不得不忍受学校、家庭以及教会带来的各种约束，但多数人并非如此。多数人是希望生活有一张导航图的，如果少了导航图，或者小时候受到这方面教育但长大后发现大家都不按图来走，他们心里并不会快乐。固然哲学家可以对某套规则的正当性进行喋喋不休的争论，但不论结果如何并不影响这套规则仍在那里发生效力，而且更重要的是，完全没有任何导航的生活，换言之，随心所欲的选择外加每况愈下的权威构成的生活，是绝大多数普通人不想过的。

这里我无意虚情假意地声称，50 年代对每个美国人都是欢乐天堂，自由选择受到严重限制的生活使很多人付出了高昂的代价。比如戴利的政治机器里追求独立的市政官，受到球队不公正对待的职业棒球运动员，渴望拥有自己职业生涯的家庭主妇，有很多梦想却无从实现的黑人中学生，或者是不得不在公众面前加以掩饰的同性恋，这些人在 50 年代的日子都不会好过，说得严重一些则是悲剧。面对这些不幸，也难怪很多人会认为，无论还有其他什么好处，这一切都是不可原谅的。

这种说法当然很有力量，但却是不全面的。人们常说历史都由 254
胜利者书写，而我们所继承的文化图景可以说也是这么书写出来的，不过创作者换成了异议人士。这些异议分子对自己那一代的生活抱着强烈的不满，他们从时代的种种罪恶和伪善里汲取了灵感，投身到小说、戏剧或者其他社会批评的写作。事实上，我们对 50 年代美国家庭生活的了解，大多来自一些女性作者，她们或者是受过大学教育的年轻家庭主妇，觉得无法实现自我，或者是对舞会、拉拉队这样的社交环境感到惊恐的年轻姑娘，时代的桎梏让她们受到了伤害；我们眼里的美国天主教生活的图景，也大多来自一些认为教会过于专制、摧残了自己的选择机会和创造天赋的前天主教徒；而近二十年来的各种社会批评家也让我们把注意力集中于上一代人生活中比较矛盾可笑的那一面上，比如自称信仰虔诚的花心丈夫、乘人不备偷拿马丁尼酒的牧师、变态的体育老师等等。

我无意去争辩这类个人记忆的真实与否，然而过多的义愤会使我们看不到，那个时代还有成千上万的人们，他们虽然也不能免于人性的各种弱点，但却以一种严肃认真的态度，看待和遵守着各种规则。这样一些有真诚信念的50年代人，今天在全国各地从小镇、城郊到大城市都能遇到，他们虽然已经步入老年，但还在读报看电视，思考过去三十年来美国究竟发生了什么变化。如果你去走访一个中产阶级居住的城郊，问一问年轻时就在这里生活的老太太，她们会告诉你的不是50年代的生活多受局限、多么不堪，而会将之视为一生最美好的时光。然后你再去大城市找一个工人阶级的天主教区，问问那些老年教徒怎么看待第二次梵蒂冈大公会议之前的教会，他们会说的也不是那时的教会多么专制、多么压制个性，而会表达无限的怀念之情。对这些人来说，上一代人那里发生的社群和权威的腐蚀不是一场单纯的知识辩论，而是实实在在地渗入了他们的生命，他们为之而感到战栗。

注释

1 *Career of John G. Fary*: *Congressional Quarterly Weekly Report*, April 3, 1982, p. 279; *Governing Magazine*, August 1992, p. 6.

2 "Bingo Bourbon", obituary of John G. Fary, *Chicago Tribune*, June 8, 1984.

3 *Divorce Rate Statistics*: *U. S. Department of Commerce, Bureau of the Census, Statistical Abstract of the United States* (Government Printing Office, 1958 and 1994), p. 72(1958) and p. 104(1994).

255 4 Lennox Corporation and Marshalltown, Iowa: *Governing Magazine*, July 1993, p. 9.

5 希拉里·克林顿"走在任意一条街道上"一段话，转引自凯利(Michael Kelly)的希拉里简介，*New York Times Magazine*, May 23, 1993。

6 奥罗克关于权威的话，见 P. J. O'Rourke, *A Parliament of Whores* (New York, Vintage, 1992), p. 233。

第十三章　信任：社会美德与创造繁荣

257

弗朗西斯·福山①

90 年代初，围绕信息革命和转型、认为它们将因信息高速公路而走入家家户户的著作大量涌现，在这些信息时代未来学家中，一个持久不衰、而且多数人都提到的主题就是，这场技术革命会宣告形形色色的等级体制（无论是政治、经济还是社会领域）的寿终正寝。按照他们的说法，信息就是力量，在传统的等级制里，上层正是凭借对信息渠道的控制而实现其统治的，然而现代的通讯技术——如电话、传真、复印机、录音带、录像机，当然最重要的是网络化的个人电脑——却冲 327
破了各种传统的束缚。最终的结果，按照阿尔文·托夫勒和海蒂·托夫勒、乔治·吉尔德、副总统戈尔、众议院议长纽特·金里奇这些信息时代大师的说法，权力会转移到人民手里，历史上曾经有效的专制集权组织无法再束缚住人们。[1]

上一代出现的民主分权运动，很多确实有赖于信息技术。比如一般都认为，菲律宾的马科斯政权、东德和前苏联共产主义统治的倾覆，都有电子媒体的一份功劳。[2] 但信息时代理论家们进一步提出，信息技术实际上威胁的是所有类型的等级制，包括无数美国人受雇

---

① 弗朗西斯·福山（Francis FUkuyama），著名的日裔美籍学者，其代表作《历史的终结及最后一人》、《国家构建》、《美国处在十字路口：民主、权力与新保守主义的遗产》均已有中译本。本文节选自其同名作品 *Trust: The Social Virtues and the Creation of Prosperity*，大陆有中译本《信任：社会美德与创造经济繁荣》（彭志华译，海南出版社，2001年），不过本文中"自发社交能力"以后部分，未见于该译本。——中译注

的巨型公司。这方面经常提到的例子是国际商业机器公司（IBM），它由于太阳计算机系统公司（Sun Microsystems）和康柏电脑公司（Compaq）在80年代的异军突起，而没有保住自己在计算机领域传奇般的垄断地位，人们把这视为具有道德寓意的一幕戏剧，它揭示的是灵活、有创新精神的小企业如何叫板集中、僵化的大公司，并最终获得丰厚的回报。很多作者认为，信息革命会让我们最终都进入网
258 络化的、“虚拟”的小公司就业，公司的规模会小到不能再小，最后除了拥有“核心竞争力”外其他什么都没有；它们相互间的业务，从供货、原材料到会计和营销业务，各种合同都可以通过电话决定。[3] 还有人认为，在电子技术的强大推动下，未来的潮流不再是大规模的等级体制或者混乱无序的市场，而是各种小型组织之间的网络；而社会摆脱了联邦政府或者IBM、美国电话电报公司（AT&T）这类权力高度集中的大型组织的控制之后，会出现自发结成的社群，而不会走向混乱无序。借助这些拥有强大技术支持的通讯手段，好的信息会驱逐坏的信息，诚实勤劳的人们会彻底摆脱欺诈和剥削，共同的、对大家都有利的目标将使人们自动走到一起。[4]

信息革命当然会引发广泛的变革，但大规模等级制组织的时代并没有因此而远去。很多未来学家都是从计算机行业为例子而做了过度的概括，这一行业由于技术更新很快，小型灵活的公司确有优势，但是像飞机制造、汽车业、晶圆（silicon wafer）生产这样的经济领域，对资本、技术和人力却有越来越高的要求。即使在通讯业，光纤传播也是有利于大型长途电话公司的独家运营的，所以一点不奇怪的是，AT&T于1984年把85%的业务都剥离转向本地电话公司后，很快又于1995年恢复到原来的规模。[5] 信息技术固然有助于小公司做成大事情，但并没有完全克服对规模的依赖。

更为重要的是，这些信息时代的使徒们满腔热情地欢呼等级和

权威倒塌的同时,遗漏了一个关键的因素——即信任,以及在背后发挥支持作用的共享的伦理规范。社群的存在有赖于相互的信任,离开了信任,它无法自然地生成;而人们需要建立等级制度,原因正在于社群中不会人人都自觉遵守公共伦理准则。每个社群总有一小群极端自私的人,喜欢用些坑蒙拐骗的手法来损公肥私;还有很多人会喜欢顺便车,一边要享受自己作为集体成员的份额,一边对集体的事情却想出力越少越好。既然人们不会在所有时候都能把伦理规则内化,都老老实实安于自己的本分,等级制才成为必要:为了防范人们的不轨之举,需要以明确的规则和惩罚作为最后的强制服从手段。经济领域是如此,更广义的社会领域也是如此;大公司的产生,就是因为与不了解、不信任的个人进行商品或服务的交易时成本太高,于是公司发现,不如把外部的合同对象纳入自己的组织内部,进行直接的监督,这样来得更经济实惠。

信任不会栖身于集成电路或者通信光缆上。尽管信任包含了信 259
息的交换,但它本身无法化约为信息。一家“虚拟”的公司可以借助网络获得大量有关供货商、承包商的信息,但万一不幸他们都是骗子,之后的来往就会成为一个耗不起的过程:合同必须巨细无遗,实施也变得费时费力。如果没有了信任,人们就会更愿意在内部进行上述活动,愿意恢复古老的等级制。

所以,是不是信息革命会淘汰那些大型的、等级制的组织,是不是在等级制被摧毁之后,自发性的社群就会接踵而至,都远远没有定论。既然社群有赖于信任,反过来信任又受到文化的制约,一个自然的结论就是不同的文化会出现不同程度的自发社群,换言之,一个公司究竟有多少能力从大型等级结构转变成有弹性的小企业网络,将取决于社会拥有的信任和社会资本的高低。所以,像日本这样的高信任社会,远在信息革命如火如荼地展开之前,就已经创造出了网络结构，而一个低信任社会则会永远无法利用信息技术所提供的效率。

信任所指的是，在社群内部，以共享的规范为基础，对其他成员规律的、诚实的、合作的行为的预期。[6] 至于这里的规范，既可以是关乎正义或上帝之性质这类深层次的价值问题，也可以仅仅是职业行为准则这样的世俗性规范。所以，我们相信看病的医生不会有意伤害我们，因为我们预期他会遵守希波克拉底誓言，会遵守医疗行业的行为准则。

社会资本所指的，则是当信任在某个社会或社会的某些区域广泛存在之后产生的一种能力；从规模最小、最为基础的社会群体“家庭”，直到规模最大的群体“民族”，它在各种类型的群体中都有体现。与其他人力资本相比，社会资本的一个不同在于，它的创造和传递需要借助宗教、传统和历史习惯这样的文化机制来实现。经济学家的
330 一个典型说法认为，社会团体的产生可以用个体的自愿契约行为来解释，他们经过理性的计算，认为合作符合长远的利益。从这一角度看，信任对于合作并无必要，只要有开明的自私，再加上一套诸如契约之类的法律机制，就可以弥补信任的不足，纵使陌生人也能走到一起，携手创立一个组织来服务于共同的目的。各种团体在任何时候都可以在自利的基础上产生，它的形成与文化无关。

然而，虽说契约和自利也是结社的重要因素，但最有效的组织仍须以拥有共同伦理价值的社群为基础。这些社群不需要巨细无遗的契约，不需要立法来管理他们的关系，因为业已存在的道德共识已经为其成员提供了相互信任的基石。

260 这类道德社群的创立离不开社会资本，但与其他人力资本不同的是，社会资本不是由理性的投资决策来获取的。一个人可以选择“投资”常规的人力资本，比如去读大学，比如参加机械师或程序员培训，这时他只要选择相应的学校就够了；但为了获得社会资本，他首

先需要接受社群的道德规范，然后在此背景下发展出忠诚、正直、可靠等美德，同时，群体还必须拥有共同的道德规范，以使信任能够遍布于全体成员。这意味着，社会资本不能单靠个人的力量来获取，它的基础是社会美德而非个人美德。相比于其他人力资本而言，这种社会性倾向更难培养出来；同时，也正是因为它建立在伦理习惯的基础上，所以一旦形成就不容易改变、衰败。

还有一个我用得较多的概念是“自发社交能力”(spontaneous sociability)，它属于社会资本的一个子类。在所有现代社会，组织的创立、破坏、修正都是频繁发生的事情，但最有价值的社会资本，一般说来并不是那种在传统社群或团体中工作的能力，而是结合成新社团、并在新的框架中合作的能力；而这类新的团体，通常都是由工业社会复杂的劳动分工所推动，并以共享的价值而非契约为基础，用涂尔干的话来说可以算是“有机的团结”。[7] 此外，自发社交能力所指向的，是广泛的中间社群，既区别于家庭，也区别于政府建立的团体。在自发社交能力欠缺的地方，政府常常不得不出面来推动社群事业；然而，政府的干预也带来了明显的风险，因为它要破坏市民社会的那些自发社群，真是太易如反掌了。

社会资本对一个社会所能建立的工业经济的性质会有重大影响。企业的同事之间，如果有一套共同的伦理规范，能够相互信任，工作就会容易多了。而对于这样的社会，由于高度信任的存在，就易于发展出多种多样的关系类型，从而有利于它的组织创新。正是这样的原因，十九世纪末和二十世纪初的美国得以引领现代公司的发展，而二十世纪的日本则开创了一条网络组织之路。

相反，如果人们彼此缺乏信任，那么只有通过谈判、协商、诉讼，有时甚至运用强制手段来保证执行，才能建立一套合作所必需的正式的规章制度体系。但是用这样的法制手段来代替信任，是需要花

费经济学家所称的“交易成本”的。换言之，如果不信任的风气盛行，
261 它相当于对所有的经济行为都征收了某种税收，而这在高信任社会是不必要的。

不同社会的社会资本的分布并不平均，有些社会的结社倾向强，有些弱，而且不同社会偏好的结社类型也不尽相同。在有的社会，家庭和亲属关系成为主要的结社形式，有的社会则是自愿结社占据主导，打破了家庭的藩篱。以美国来说，皈依宗教常常使人们脱离家庭的纽带以追随教会的召唤，或者至少加之以一种与家庭责任相冲突的责任；但在中国，佛教的和尚就不那么顺利，他们如果诱导孩子离开家庭，就会遭到斥责。就同一个社会来说，社会资本也会出现涨落：中世纪法国的市民结社程度很高，但是从十六、十七世纪开始，由于日益强大的君主集权的出现，它的自发结社能力受到了严重的摧毁。

有一种常见的观点认为，德日两国属于群体倾向强烈的社会，它们的传统都鼓励对权威的顺从，所以走的也是一条莱斯特·瑟罗(Lester Thurow)所说的“社群资本主义”道路。[8] 过去十余年来有关竞争力的研究文献，多数也持同样的假设，认为日本是群体导向的社会，美国则处在另一个极端，是个人主义社会的典范，人们不愿意合作共事。日本研究专家罗纳德·多尔(Ronald Dore)就认为，存在一个以英美所代表的个人主义的盎格鲁撒克逊国家为一极、群体倾向的日本为另一极的连续光谱，其他国家都可以在其中某个点上找到自己的位置。[9]

这种两分法对社会资本全球分布的描述，全然是扭曲的，它对日本尤其美国的理解，也是根本错误的。缺乏结社能力的个人主义社会确实存在，这样的社会，无论是家庭还是自愿结社都软弱无力，最为强大的常常是黑帮组织。这幕情景会让我们想到的，是俄罗斯和

其他几个前共产主义国家，是美国的一些城市社区。

比当代俄罗斯社会的社交能力高一个层次的，是家族式社会，其中人们进行交往的主要甚至唯一渠道就是家庭，以及由此延伸的各种亲属关系，如宗族、部落等等。在家族式社会中，自愿结社的水平往往较低，没有亲缘关系的人们之间缺乏相互信任的基础，中国的台湾、香港以及大陆这些华人社会都是例子，华人信奉的儒家思想的核心就是把家庭纽带提升到其他社会纽带之上。法国及意大利部分地区也属于此类，它们虽然不像中国那样明确提出一种家族思想，但没 262
有亲缘关系的人们之间缺乏信任，自愿结社能力欠缺。

与家族式社会相对，是那些存在更高层次的普遍信任的社会，它们的自发结社能力因此也更为强大。日本和德国属于此列，而美国从建国开始，就并非多数美国人所想象的那个个人主义社会；相反，它拥有丰富的自愿社团和社区组织网络，个人的狭隘利益从属于它们。虽然美国人在传统上比日本或德国人更为反对国家集权，但强大的社群并不需要以强大的国家机器为前提。

社会资本和自发结社能力对经济有十分重要的影响。我们不妨对几个国民经济体的大公司规模——不考虑国家（或国外的跨国公司）所有或主要出资的公司——做一比较，会得到一些很有意思的结果：[10]在欧洲和北美地区，美国和德国的私营企业比意大利和法国的企业规模要大出许多；亚洲地区的对比更加显著，日韩两国拥有巨型的公司和高度集中的工业，而中国台湾和香港地区的公司规模一般会小很多。

对此，我们的第一判断也许是，能否发展出大型公司与国民经济的绝对规模有关。这当然有道理，安道尔和列支敦士登这样的小国家不太可能培育出壳牌或者通用汽车这种规模的跨国公司；但另一方面，在工业化世界的多数地方，绝对的国内生产总值和巨型公司之间也无必然联系。荷兰、瑞典和瑞士都是欧洲小国，却拥有巨型的私人公司;从多种指标看，荷兰都可以算是世界上工业最为集中的国家。在亚洲，中国台湾和韩国的经济体规模在过去一代大致相当，但韩国公司的规模却远远超过台湾。

公司规模的差异可能出自很多原因，比如税收政策、反托拉斯法以及其他管制性法律，但拥有较高社会资本的高信任社会(德、日、美)和创造大型私人商业组织的能力之间，还是存在相关性的。[11]上述三国无论是在绝对的时间值上，还是相对于本国的发展历史来说，都很早就发展出了现代化的、职业化管理的大型等级制公司。而信任程度较低的经济体，如中国台湾、香港，法国和意大利，则一直以来都是家族企业占据主导，无亲缘关系则难以建立信任，这延缓有时甚至是阻止了现代化的、职业化管理的公司的出现。

 263 低信任度的家族式社会如果要建立大型公司，则需要政府的介入，由政府提供资金支持、指导乃至直接的所有权。这会带来一种马鞍形分布:一端是大量的家族企业，另一端一小批大型国有企业，而中等规模的企业相比起来微不足道。在法国这样的国家，国家的支持也催生出了大规模的资本密集型工业部门，但其代价是国有企业的效率往往比私营部分要低，管理也更糟糕。

信任的广泛存在不仅仅有助于大型公司的出现。如果说现代信息技术是要推动大型等级体制向小公司网络演化的话，信任也同样有助于这种转型。社会资本较高的社会在技术和市场变革的时代，会更容易采纳新的组织形式。

不过，至少从经济发展的早期阶段来说，公司的规模对社会的增长、繁荣并无多大影响。信任的不足固然会催生小的企业，让经济活动承担额外的税收，但小企业相比大企业也有很多优势，这足以弥补上述的不利，比如说，小企业比大公司易于成立，更加灵活，对市场的变化反应更加灵敏。事实上，近年来公司平均规模相对较小的国家，如欧共体中的意大利，亚洲的中国台湾和香港，都比其邻国有更快的增长。

但是公司规模确实会对各国在全球经济中的分工带来影响，从而长远地看会影响整体竞争力。小公司一般都提供服装、纺织、塑料、电子元件、家具这类劳动力密集型产品，适合进入细分的、变动很快的市场；而一些资本投入较大、制作工艺复杂的行业，如航空航天工业、半导体、汽车业，则适合大公司。一些著名品牌背后的营销，都离不开大公司的运作，所以像柯达、福特、西门子、AEG[①]、三菱、日立这些世界上最知名的商标，都出自盛产大型组织的国家。相反，那些小规模的华人企业，就很少有什么知名商标。

古典经济学理论中，全球劳动分工是由比较优势，也就是各国相对的资本、劳动力和自然资源禀赋决定的。实践证明，应该把社会资本也列入一国的资源禀赋，不同的社会资本禀赋对全球劳动分工也有重大的影响，比如华人的儒家思想意味着中国可能永远无法复制 264
日本的发展道路，只能参与到截然不同的经济部门中。

缺乏创建大型组织的能力，会对未来经济发展带来多大影响？这要取决于许多仍然未知的因素，比如未来技术和市场变革的方向。但某些例子已经证明，这方面的制约会严重损害国家的长期增长潜力，中国和意大利就是例子。

强大的自发社交能力还有其他的好处，而不仅限于经济领域。高信任社会的工场组织可以有一个更加灵活、更加富有群体精神的基层，更多的职责可以移交给下层，而低信任社会却必须用一套规章制度把员工相互分开。工人也希望自己被当做成年人，相信他们确

① AEG，德国著名电动工具品牌，是“德国通用电气公司”的缩写。——中译注

实会为社群做出贡献,而不仅仅是充当别人设计的大型机器上的一个小齿轮,这样他们对工场会更加满意。丰田的精益生产系统就是以社群的方式系统化地组织工场,从而带来了生产力的惊人增长,这正表明社群和效率可以并行不悖。而我们由此得到的经验就是,被技术所塑造的现代资本主义,并不要求大家采取同样的工业组织形式,管理者在进行工作安排时其实有很大的自由,可以充分考虑人性中社会性的一面。换言之,效率和社群并非此消彼长的关系,重视社群的组织事实上也会成为最有效率的组织。

注释

1 可以参看 Alvin Toffler and Heidi Toffler, *War and Anti-War: Survival at the Dawn of the 21st Century* (Boston: Little, Brown, 1993); Peter W. Huber, *Orwell's Revenge: The* 1984 *Palimpsest* (New York: Free Press, 1994)。

336 2 Scott Shane, *Dismantling Utopia: How Information Ended the Soviet Union* (Chicago: Ivan Dee, 1994); Gladys D. Ganley, "Power to the People via Personal Electronic Media," *Washington Quarterly* (Spring 1991): 5-22.

3 William H. Davidow and Michael S. Malone, *The Virtual Corporation: Structuring and Revitalizing the Corporation for the 21st Century* (New York: HarperCollins, 1992).

4 Huber, *Orwell's Revenge*: pp. 177-81, 193.

5 这是彼得·休伯自己提出的观点,参见 Peter W. Huber, Michael K. Kellogg, and John Thorne, *The Geodesic Network II: 1993 Report on Competition in the Telephone Industry* (Washington, D. C.: Geodesic Co., 1992), chap. 3。

265 6 仅仅对行为规律性的预期,对社群来说还不够。在很多社会中,对其他人的预期是有规律的欺骗,行为虽然规律,但却是不诚实的,所以也会走向无信任状态。

7 Emil Durkheim, *The Division of Labor in Society* (New York: Macmillan, 1933), pp. 181-82. 关于契约不足以产生有机团结,参阅第 183 页。

8 Lester Thurow, *Head to Head: The Coming Economic Battle among Japan*,

Europe and America(New York:Warner Books,1993),p. 32.

9　参见 Ronald P. Dore,*British Factory*,*Japanese Factory*(London:Allen and Unwin,1973),pp. 375-76;James Fallows,*More Like Us:Making America Great Again*(Boston:Houghton Mifflin,1989),P. 48;Seymour Martin Lipset,"Pacific Divide:American Exceptionalism—Japanese Uniqueness,"in *Power Shifts and Value Changes in the Post Cold War World*,Proceedings of the Joint Symposium of the International Sociological Association's Research Committees:Comparative Sociology and Sociology of Organizations (Japan:Kibi International University,Institute of International Relations of Sophia University,and Social Science Research Institute of International Christian University,1992),pp. 41-84。

10　下表统计了八个国家或地区中最大的十家、二十家、四十家私人非外资企业的总营业收入(单位是百万美元):

	前十家	前二十家	前四十家
美国	255202	1144477	1580411
日本	551227	826049	1224294
德国	414332	629520	869326
法国	233350	366547	544919
意大利	137918	178669	259595
韩国	61229	86460	107889
中国香港	24725	30633	35515
中国台湾	10705	无	无

资料来源:*Hoover's Handbook of American Business1994*(Austin,Tex:The Reference Press,1994);*Moody's International Company Data*,*May 1994*;Korea Trade Center of Los Angeles;*Germany's Top 300*,*1993/94Edition*(Austin Tex:The Reference Press,1994)。

这些数据得自这些经济体最大的一百家企业,但剔除其中的公有制企业或跨国公司的下属企业。有些企业的所有权存在含混之处,可能存在部分公有或部分外资的情况,或者由于控股公司或交叉持股的存在而使真正的所有权被掩盖住了。

对不同经济体的公司规模进行比较会引出很多的问题。比较的标准可以是收入、企业经济增加值(即税前利润)、员工人数或者股票市值。经济增加值是从单个年份来说最全面的企业规模的衡量指标，市值则体现了对未来收入的预期。用营业收入做标准的缺点是无法考虑利润率或者未来预期，之所以仍被采用是因为要得到所有国家、所有企业的市值数字及企业一级的利润率数字十分不易。鉴于用企业集中度来度量企业规模常
266 常给人误导，所以表格里没有给出这方面的数字，计算某个经济部门的企业集中度，一般是选择最大的几家企业（通常是 3—10 家），统计它们的增加值或者员工规模或者市值，再除以该部门的总体增加值或员工规模或市值，所以，比如美国钢铁工业中前三强企业的集中度，就会显示全美钢铁产量中有多大比例出自这三家企业。这个数字通常用于衡量某个经济部门的垄断程度，但也可以延伸到对国民经济的分析，只要选择整个经济中规模最大的若干家企业即可。

或有人认为，用企业集中度做标准比统计大公司的绝对规模更可取，因为我们很容易想到，一个国家的国内生产总值、总人口以及它所支撑的企业规模之间应该存在联系。但另一方面，有些欧洲小国有一些超大规模的公司，比如瑞士、瑞典和荷兰的前十家企业的集中度都高于美国、日本或德国。超过最低限度的人口数量或者一定程度的经济发展水平之后，一个
338 经济体的绝对规模和它是否能产生大企业之间并无联系。

同样地，用企业的平均规模来衡量经济体形成大企业的能力也不可取。以日本为例，它不仅有许多超大公司，也有为数众多的小型企业，如果以企业平均规模来衡量，我们甚至会认为日本公司比中国台湾公司的规模还小。表中有关日本的数据剔除了六家最大的综合商社的营业收入，我认为这些营业收入很大部分不是新的净销售额，而属于美国人所说的公司内部转移。

11 举一个例子，在美国经济中，大银行的数目比日本和意大利都要少得多，这完全是美国法律对州际银行的限制造成的；这一法律于 1994 年被废除，美国银行的规模很有可能会出现实质性的增长。

第五部分

市民社会和民主国家

第十四章　民主的不满:程序共和 269

迈克尔·桑德尔①

时代的困惑促使我们回顾自己赖以生存的理想,但是在今日美国,这并非易事。当民主理想在其他国家处于上升阶段时,我们需要反躬自省,在国内我们是否已经失去了这些理想。当前公共生活中充斥着不满,美国人既不相信自己对政府统治能够产生影响,也不放心让政府去做该做的事情。[1] 虽然美国人在前半个世纪取得了很多成就——“二战”的胜利、史无前例的富裕、妇女和少数群体的更多的社会公平、冷战的终结——但是我们的政治却始终让人感到焦虑、 341
沮丧。

与此同时,政党却不能够理解我们的处境。诸如福利国家的合适规模、权利和福利(entitlements)的范围、政府调节的合适程度等国家议题,都仅仅继承了较早的话题而已,它们固然重要,却没有触及民主不满的两个核心问题:首先,在个人和集体两个层面上,我们都担心正在失去对自己生活的控制权;其次,人们感到,从家庭、邻里一直到国家,社群的道德正在我们身边解体。对丧失自治的恐惧,以及对社群削弱的担忧,共同构成了时代的焦虑。这是一个主流政治议题未能很好回应和处理的问题。

为什么美国政治不能减轻正在吞噬它的不满?答案超出了今天

---

① 迈克尔·桑德尔(Michael J. Sandel),著名政治理论家,哈佛大学教授,代表作有《自由主义与正义的局限》(*Liberalism and the Limits of Justice*)、《民主的不满》(*Democracy's Discontents*)等。本文即出自《民主的不满》一书。——中译注

的政治论辩范围，而要到激起这些论辩的公共哲学中寻找。我所说的公共哲学，指的是暗含在我们行为之中的政治理论，是指导我们公
270 共生活的有关公民身份和自由的假设。当代的美国政治缺乏令人信服地表达自治和社群的话语，这与我们生活所依赖的公共哲学不无关系。

公共哲学是难以捉摸的东西。它总呈现在我们眼前，构成了我们的政治话语和追求中一种未加反思的背景。在正常情况下，人们不会注意自己生活所依赖的公共哲学。然而焦虑的时代要求我们刨根问底，使首要原则浮出水面，从而为批判性反思提供机会。

自由主义和共和主义的自由

342 我们生活所依靠的政治哲学是某种自由主义的政治理论，其核心观念是，政府需要对公民所持的道德和宗教立场保持中立。由于人们对什么是最好的生活方式存在分歧，所以政府不能在法律中体现出任何倾向性；相反，它提供的应该是一套权利框架，把人们作为自由独立、能够自主决定价值和目标的个体来对待。[2] 因为这种自由主义强调程序公平而非某种特定结果，所以由它指导的公共生活可以称为“程序的共和”。[3]

如果说当今流行的政治哲学是某种自由主义的话，那么我们必须分清两种自由主义的含义。在美国政治的常用说法中，自由主义与保守主义相对，它积极倡导更为慷慨的福利国家和更大幅度的社会和经济平等。[4] 但是，在政治理论史中，自由主义的含义则完全不同而且更加广泛，代表了一种从洛克、康德、密尔一直到罗尔斯，强调宽容和尊重个人权利的思想传统。当代美国的公共政治哲学从属于这种自由主义传统，我们绝大多数的辩论都需要运用它的术语。

自由体现于我们选择自身目标的能力之中，这一观点在我们的政治和法律中体现得极为显著；从自由主义到保守主义，在政治光谱的任何一端都可以找到它的支持者。举例来说，共和党人声称，为了筹集福利资金向富人征税是一种强制性的慈善，因为它侵犯了人们支配自己金钱的自由。而民主党人则声称，政府需要保证所有公民拥有适当水平的收入、住房和健康，因为如果人们为生计疲于奔命，那么他们在其他领域就没有选择的自由。两者虽然就政府应该如何尊重个人选择的问题上存在分歧，但是都同意自由存在于个人选择价值和目标的能力之中。

我们对这种版本的自由观念如此熟悉，好像它就是美国政治和 271
宪法传统中的永恒特征一样。但是美国人并不总是这样理解自由。作为占统治地位的公共哲学，这种支配我们当前辩论的自由主义还是一个新生事物，是最近四五十年的发展成果。要看清楚它的特征，最好的办法是去考察被它替代的对手，也就是共和主义政治理论。

共和主义理论的核心在于，自由奠基于共同参与的自治。这个概念本身和自由主义的自由观并不矛盾，参与政治可以成为人们所选择的实现自己目标的途径。但是，在共和主义政治理论看来，共同参与的自治有更深刻的含义，它意味着与同胞一起商谈共同善的内涵，共同塑造政治社群的命运；而与选择自己的目标并尊重别人的选择权相比，商谈共同善提出了更高的要求。它需要关于公共事务的知识，需要某种归属感，需要对整体的关注，需要同与自己命运攸关的社群的道德联系。所以，共同参与的自治要求公民拥有，或者培养某种品格，也就是公民美德。但是，这就意味着共和主义政治不能对其公民所持的价值和目标保持中立。与自由主义的自由观念不同，共和主义自由观念需要一种型塑性(formative)的政治，一种可以培养公民达到自治要求的政治。

自由主义和共和主义的自由观念都是我们政治史的一个组成部分，但是它们交替地出现，不同时期的相对重要性也不同。宽泛地说，共和主义支配了早期的美国历史，自由主义则占据了后来的时空。在最近的几十年中，我们政治中的公民性或者型塑性的因素，已经在很大程度上让位于自由主义，后者认为人是自由和独立的个体，不受非自愿的道德和公民纽带的束缚。

这个转变清楚地揭示了我们当前的政治困境。虽然自由主义不乏魅力，但是它的自由观念中缺乏支撑自治的公民资源。这一缺陷使得它难以处理困扰公共生活的无力感。我们所依靠的公共哲学不能兑现它关于自由的诺言，原因在于它不能激发自由所必需的社群归属感和公民参与。

344 共和主义自由：困境和危险

所有试图复兴公民向度自由的努力，都必须面对两条严肃的反对意见：第一条怀疑复兴共和理想的可能性，第二条怀疑它的可欲
272 性。第一条反对意见认为，考虑到现代社会的规模和复杂程度，致力于共和主义传统所设想的自治已经变得不切实际。从亚里士多德的城邦到杰斐逊的农业共和国理想，公民向度的自由观念都依赖于范围有限的地域，总体自足的社会，以及拥有闲暇、知识、能够商谈公共话题的同质性公民。但是今天的生活并不是这样，相反，我们生活在高度流动和多样性的巨型社会。而且，即使这个庞大的社会也不能自足，而置身于全球经济之中；全球经济疯狂的金钱、商品、信息和图像的流通，根本不会理会国家，更别说邻里的需要。在这种情境下，我们怎样才能够实现公民向度的自由呢？

进而，反对意见认为，美国政治中的共和主义尽管始终存在，但

是它更多是一种怀旧的声音。就在杰斐逊赋予小自耕农以崇高价值的同时，美国却在变为一个制造业国家。类似地，杰克逊时代的手工业共和派，林肯时期宣扬自由劳工的使徒，劳工骑士团时期的生产者公民，以及布兰代斯(Brandeis)用来抵御巨大症的小商贩和小诊所，表达的都是怀旧的情感。在这些例子中，共和主义理想每一次都是到最后一刻才得到表达，它来得太迟，来不及提供新的可行性方案，只能为逝去的事业唱一曲挽歌。如果共和主义传统是无可救药的怀旧，不管它对自由主义政治的缺陷映照得多么清楚，也不能指引我们通向更丰富的公民生活。

第二条反对观点认为，即使复兴共和理想是可能的，也不是可欲的。公民向度的传统最近几十年来让位于自由主义公共哲学，对此不应该惋惜。如果全盘考虑的话，这可能代表了一个好的转变。共和主义传统的批评者甚至可能承认，程序共和虽然伴随着某种程度 345
的社群和自治的丧失，但这是应当付出的代价，因为程序共和使得宽容和个人选择成为可能。

在这条反对意见背后，人们脑海中存在着两种相互关联的、对共和主义政治理论的担忧：首先，人们担忧它是排他性的；其次，担忧它是强制性的。这两种担忧都来源于共和主义公民身份的特殊要求：因为共同参与自治预设了商谈共同善的能力，所以公民必须在某些方面拥有卓越的品质，比如品格、判断力以及公益心。但是，这就意味着公民身份不是一个普世的价值，只有拥有相关美德和能力的人，才应该享有公民身份。

有些共和主义理论家认为，公民美德的能力与特定类型的出身和身份相关。举例来说，亚里士多德就认为，女人、奴隶和外国人不配拥有公民身份，因为他们的本质(或角色)使他们不具备相关的能力。同样地，十九世纪财产资格投票权的支持者、南方奴隶制的捍卫者，反对授予移民以公民身份的本土主义者，都给出了相似的理由。[5]他们都把共和主义公民身份观念与排他性假设联系起来，认为像无产阶级、非洲裔美国人、天主教移民等群体，由于本性、身份或者信仰的原因，达不到好公民身份所要求的美德标准。

但是，这种观点——认为美德的能力与一定的角色或身份相联系，非后天可以改变——并非共和主义政治理论的应有之义，也没有被所有的共和主义者接受。有些共和主义者认为好公民是塑造的而非现成的，他们寄希望于共和主义政治的型塑性计划。这种观点尤其可见于伴随着启蒙运动出现的各种民主共和主义思想。当美德固有的观点被抛弃之时，共和主义政治也就剔去了它的排他性倾向。

然而随着排他倾向的逐渐消失，强制性的威胁却愈发增大；在共和主义政治的两种常见病症之中，更容易威胁现代民主制度的是后一种。鉴于共和主义对公民身份有种种要求，所以成员资格越是不受限制，培育美德的任务就越紧迫。在亚里士多德的城邦之中，型塑性的任务仅限于培育一小群人的美德，而且他们过着共同的生活，拥有天然的公民禀赋。但是，当共和主义思想走向大众化，天然的公民禀赋也不再天然的时候，这个型塑性的计划就变得让人望而生畏。要在数量庞大、彼此不同的人群中塑造共同的公民身份，培育灵魂的工作将变得极为繁重，这就抬高了共和主义政治的赌注，增加了使用强制手段的风险。

在卢梭描述的民主共和国所必需的型塑性措施中，我们可以看到这样的危险。他写到，国家缔造者或者伟大立法者所要做的是"改变人性，从而将每个个体……改造成更大整体中的一部分。从某种程度上说，正是从这个整体之中，个体才能获得他的生命和存在"。立法者"必须否认作为个体的力量"进而使得个体依靠作为整体的社群，个人的个别意志愈是"死亡和湮灭"，那么他就能愈发地融入公意之中。“所以如果个体一文不值，而且个体除了与其他所有人达成和谐之外别无所能……那么我们就可以说立法就已经达到了最大限度的完美”。[6]

灵魂培育术的强制性面孔对于美国共和主义者而言并不陌生。举例来说，《独立宣言》的签署人本杰明·拉什(Benjamin Rush)就希望“让人们皈依共和制机器”，教育每个公民“认识到他并不属于自己，而是公共财产”。[7] 但是，公民教育未必都需要采取这种严酷的形式，在实践当中，成功的共和主义灵魂培育术使用更加温和的教导手段。举例来说，指导十九世纪美国生活的公民身份的政治经济学，不 274 仅试图培育共性(commonality)，同样试图培养商谈共同善所必需的独立和判断。它不使用强制的手段，而是依靠说服和习惯的复杂结合，这在托克维尔看来是“社会对自身潜移默化的作用”。[8]

托克维尔时期的美国公共生活是分散和多样的，这种多样性又会形成各种培育品格的间接机制，正是这些东西将卢梭的共和主义设想和托克维尔观察到的公民实践区分开来。卢梭难以忍受不和谐，他的共和主义理想试图消弭人与人之间的距离，所以公民彼此心心相印、默契无间。在公意主宰的地方，公民“把彼此视为一体”，同时也就没有政治辩论的必要，“法律的倡议者所说的，无非是大家都感觉到的东西”，这里不需要密谋和雄辩来保证它得到通过。考虑到公意的一元化特征，商谈最多体现为沉默的一致：“公民大会越是由和谐主导，也就是说，观点越接近于一致，那么公意也就越发地占据支配的地位。相反，冗长的争论、异议和喧嚣预示着私人利益的上升和国家的削弱”。对共同善的阐释要求一致，不允许出现分歧，所以不和就代表了腐败，代表了对共同善的背离。[9]

不是型塑性的理想本身，而是共同善乃是唯一和不容置疑这一假设，使得卢梭的政治学带有强制的色彩。此外，这一假设也不是共和主义者必不可少的。正如美国的公民身份政治经济学告诉我们的，公民向度的自由观念并不排斥争论；它只是提供一种指导政治辩论的方式，而没有超越辩论。

与卢梭的一元观念不同，托克维尔描绘的共和主义政治远非处处一致，而是充满喧嚣。它不反对多样化，不取消人和人之间的距离，而是运用公共机制填满这些空间，从而将拥有不同身份——这种不同既使人们互相区分，又使人们互相联系——的人聚集到一起。[10]这些机制包括市镇、学校、宗教，以及对民主共和国所必需的“思想品格”和“心灵习性”起着塑造作用、同时有助于保持美德的各种业余活动，不管他们的具体目的有什么不同，作为公民教育的实现机制，它们都培养了人们关注公共事务的习性。而且，正是由于多样性的特征，它们才能够防止公共生活熔化成一个无差别的整体。[11]

所以，公民向度的自由并不一定是排他的和强制的，它可以通过民主和多元主义的方式得到表达。就此而言，自由主义对共和主义政治理论的批判便显得不得要领。但是，自由主义者的担忧的确包含一种不容忽略的深刻见解：共和主义政治是一种蕴涵风险的政治，
275 一种没有保障的政治，它的风险与它的型塑性计划相伴而生。赋予政治社群以培育公民品格的责任，就意味着坏的社群有培养坏的品格的可能。分散的权力和多样的培育公民的机制可以减少这些风险，但是并不能将它们根除。这就是自由主义抱怨共和主义政治的关键所在。

避免型塑性计划的努力

这个抱怨会产生什么样的效果，要依据最终的替代选择。如果有一种方法，无需关注公民的品格就可以保卫自由，无需确认好生活

的概念就可以界定权利，那么自由主义对型塑性计划的反驳就完全可以成立。但是，真有这样的方法吗？自由主义政治理论认为是有的，志愿向度的自由观念可以一劳永逸地根除共和主义政治的风险。如果自由可以脱离自治的实践，仅仅视为个人选择自己目标的能力，那我们就可以完全卸下塑造公民美德的艰巨使命；或者，至少我们可以把它降格为培育宽容和尊重的简易任务。

在志愿向度的自由观念看来，在治理国家时，除了少数领域外，不再需要培育灵魂这一工作。将自由视为对"自由地选择自我"这一权利的尊重，意味着如何塑造自治习惯这一古老争论的终结，也使政治无需关注什么才是好生活这一古代问题。康德深刻地认识到，一旦自由脱离了型塑性的计划，"那么一个魔鬼组成的民族，都可以建立国家"，"因为这项任务并不包括提升人类的道德"。[12]

但是，自由主义者试图将自由和型塑性计划分离也会碰到自身的问题，这在程序共和的理论和实践中都得到充分体现。在哲学理论方面，自由主义的公民观念认为，公民是自由选择和独立的个体，不受其他的公民道德纽带的限制，但这一观点不能解释我们普遍承认的广泛的政治和道德义务，比如说忠诚和团结。坚持认为我们的角色和目标仅仅是自由选择的结果，那就否定了生活中会存在一些无可选择的目标：比如说自然和上帝加诸我们的目标，或者源自家庭、民族、文化和传统的目标。 349

一些自由主义者承认我们可能受到这些义务的约束，但是他们坚持认为，这些义务只能应用于私人领域，和政治毫无关系。这种观点也会带来一系列的问题。为什么一定要区分公民身份和更为广泛的其他身份？为什么政治商谈不能反映我们对人类崇高目标的深刻 276
理解？关于权利和正义的争论，无论我们承认与否，难道不都是需要借助某种好生活的观念吗？

程序自由主义理论的弊端，也体现在它指导的实践之中。半个世纪以来，美国政治转向了一种否定型塑性理想的自由主义，主张政府应该对好生活的不同观念保持中立。程序共和割断了自由与自治和美德的联系，它试图寻找一套价值中立的权利框架，保障人们可以选择和追逐自己的目标。

但是，困扰着当今美国公共生活的不满说明了这种途径的缺陷。一种政治如果对道德和宗教不加区分固然很快就会带来幻灭，但如果政治话语缺乏道德的共鸣，对更高意义的公共生活的渴求不能令人满意地表达出来，道德多数派这类团体就会出现，就会用狭隘和不宽容的道德来填补公共生活的空白。凡是自由主义者不愿涉足的领域，基督教原教旨主义便乘虚而入。另一方面，它的幻灭也会以世俗的形式出现。因为缺乏从道德角度处理公共问题的政治议程，于是所有人都专注于公务员的私人品德。政治话语越来越充斥各种绯闻、闹剧和自白，这些东西不仅见诸小报、脱口秀节目，甚至主流媒体也不能免俗。把这一切都归咎于当代自由主义公共哲学，也许有失公平，但是，它提供的政治话语在内容上确实过于苍白，不能承载民主生活应有的道德能量，相反，它创造了一个道德真空，为不宽容及其他不良道德打开了方便之门。

政治议程缺乏实质性的道德话语，仅仅是程序共和的公共哲学的一个病症，另一个病症则是控制力的丧失。志愿向度的自由观念的胜利，却伴随着我们无力感的日益增强。虽然最近几十年权利的范围得到了扩展，美国人却沮丧地发现自己对生活的各种支配力量正在失去控制。这一方面与经济全球化带来的工作不稳定有部分关联，但同时也是美国人自我认知的一个反映。自由主义者的自我认知与现代社会经济生活的实际组织之间存在尖锐的冲突，虽然我们作为自由选择和独立存在的个体可以自由地思考和行动，但是我们面前的世界却被非人格化的权力结构所统治着，它超出我们的理解，也不受我们的支配。志愿向度的自由观念并没有赋予我们与这种情境作斗争的能力，虽然我们不再受到无法选择的身份的羁绊，虽然从福利国家那里得到了一大堆权利的保证，但是一旦仅仅依靠自己力量面对这个世界，我们就会发现自己被彻底地击溃。

主导的政治议程没有能力解决自治和社群的衰退，这反映出我们公共生活背后的公民身份和自由观念的贫困。从今天的角度看，277
过去半个世纪来发展成型的程序共和可以看成是一次自由主义对抗共和政治思想的历史性试验，而目前的困境则有力地支持了共和主义的主张：自由的存在不能脱离自治以及自治赖以存在的美德，型塑性计划终究不可或缺。正如结果表明的，程序共和不能兑现其允诺的自由，因为它不能激发自治需要的道德和公民参与。

如果说当代自由主义公共哲学不能回应民主的不满，那么我们要问，回归共和主义能为我们更好地应对当前情境做些什么？由公民向度的自由所指导的政治议程，和当下流行的议程又有什么不同？共和主义的自治在现代社会中是否可能？如果可能，那么它要求怎样的政治和经济的安排，而这些安排又需要得到哪些品质的支持？

在美国政治中如何复苏公民之声并非一个思辨性的话题。虽然程序共和的公共哲学主导了我们的时代，但是它并没有根除公民向度的自由观念。在政治话语和实践的边缘，我们依然可以发现型塑性计划的迹象。伴随着原有的主导政治议程在 1980 年到 1990 年间活力的衰退，微弱的公民脉搏便开始加速跳动。意识形态各异的美国人开始探索新的政治，以超越程序共和的术语，回应时代的困惑。

这些探索虽然只是局部和不成熟的，但毕竟预示了一种新的政治讨论，预示了对共和主义主题越来越多的关注。美国人主要通过两种形式，表达他们持之以恒的公民渴望：一种强调道德，一种强调自治的经济条件。前者主要由右派发起（但也不全是右派），他们试图恢复美德、品格培养以及对公共政策和辩论的道德判断；后者主要由左派发起（但也不全是左派），它包含一系列的努力，以应对削弱社群和腐蚀民主生活中社会纽带的经济力量。

道德的复兴

从 1930 年到 1980 年，保守主义者都从志愿向度的自由观念出发批判福利国家。像米尔顿·弗里德曼和巴里·戈德华特（Barry
278 Goldwater）这样的保守主义者都认为，无论养老金、学校的公共午餐和为穷人提供帮助多么令人向往，运用国家权力强迫纳税人违背意愿支持这些事务，就是对自由的侵犯。但是，到了 80 年代中期，保守主义的立论开始发生改变，越来越转向批判联邦政府社会政策的道德和公民精神方面的后果。此前，关于公共政策的辩论从来都不涉及型塑性的计划，反映出对政府应该在好生活的不同观念之间保持中立的信仰；但是现在社会评论家发现，“对公民品格的关注正在加深”，而且“人们越来越认识到，只有认清各种各样的公共问题的根源在于品格塑造的缺陷，才能正确地理解它们，进而才有可能解决它们”。[13]

在福利国家争论中的道德话语的复兴，比其他任何领域都更为强劲。很多人认为，福利政策是一个失败，不是因为它压迫了纳税人，而是因为它培养了福利接受者依赖的习惯，而且奖赏不道德和不负责任的行为。[14]在 60 年代和 70 年代，人们普遍认为公共援助计划不能附带任何关于婚姻和性行为的价值判断，而只要保证福利接受者有能力为自己选择价值就够了。在1965年，约翰逊政府的劳工部部长助理丹尼尔·帕特里克·莫伊尼汉发表了一份报告，指出黑人的非婚生育比率已经十分惊人，呼吁全国齐心协力提升“美国黑人家庭的稳定”。[15]人们对该报告的批评，都集中在它的价值判断部分。[16]众议院种族平等委员会(Congress on Racial Equality)主席弗洛伊德·麦基希克(Floyd McKissick)声称：“我对这份报告的主要批评在于，它假设美国中产阶级的价值对于所有美国人都是普遍适用的。莫伊尼汉可以信仰中产阶级的价值观，但是并不代表它是全体美国人的信仰。”就连持同情态度的评论家也认为，“我们最好减少关于非婚生育的讨论”，因为“它不可避免地带有道德指控的色彩”。[17]

三十年后，争论的术语便发生了改变。80、90年代的福利改革的尝试，代表了同早期的“不作价值判断”做法的分离，也代表了“讨论敏感的价值问题的愿望”和“重新引导穷人生活”的努力。[18]公民向 353
度社会政策的支持者声称，受助者必须工作应该是一项最基本的要求，这样做不是为了节省资金，而是为了将受助者纳入普遍的公民义务之中。[19]正如莫伊尼汉(他现在已经是一位资深的参议员)所说：“你们在这里讨论的，对任何社会而言都是核心的任务，也就是‘创造公民’。”[20]

对于80、90年代的公民向度的保守主义者而言，对型塑性计划的重新关注已经从福利扩展到教育、犯罪等公共政策领域。曾在里根政府中担任教育部长，并在布什政府中有“反毒品沙皇”之称的威廉·本奈特(William J. Bennett)指出，美国政治话语在90年代发生了“地震式的转变”：“曾经被视为不属于政治领域的话题——比如各 279
种社会问题、道德问题、家庭问题——现在突然主导了公共辩论。”本奈特为此欢呼，并且呼吁“能够将我们最深刻的信仰和立法议程再次联系起来的公共政策”。[21]

公共生活应该表达道德信仰，应该塑造公民的道德品格，这个观点看上去似乎不符合保守主义者有限职能的小政府的固有立场。但是本奈特认为这与保守主义的目标是可以兼容的，只要将家庭、学校和教会作为品格塑造的基础机制，那么塑造灵魂的治国方略就可以在小政府的前提下实现。本奈特批评大政府，因为它削弱了这些道德和公民教育的机制，而政府应该是有限的，“财政不是唯一的，甚至不是主要的理由，而是因为‘保姆型国家’排斥了社会的品格塑造机制，削弱了公民的力量，增强了他们的依赖性”。[22]

公民保守主义者声称，除了随大政府而来的种种不良后果，当代自由主义的公共哲学本身也是道德衰败的根源。这一公共哲学所坚持的政府必须在不同道德和宗教信仰之间保持中立的主张，腐蚀了美国的公共生活，把它变成了一块“光秃秃的公共广场”，容不下任何高于个人权利和福利的宗教和道德追求。[23]在教育领域，“价值中立”的流行导致学校放弃了“公民和个人美德的孵化器”这一传统角色。同时，在公共生活中回避道德评判助长了吸毒的泛滥，这样的灾难足以证明所谓政府“可以对个人品格和责任保持中立”的愚妄。[24]

公民保守主义者认为，城市中的贫民窟这一美式生活的永恒耻辱，同样证明了道德尺度的丧失造成的公共生活的贫困。著名的黑人知识分子格伦·劳瑞遗憾地认为，美国政治话语“完全不涉及个人道德的问题，也不涉及品格和价值……面对性滥交、好逸恶劳、目无法纪、不讲信义等这些错误现象，公共讨论总是保持沉默”。既然政府不愿承担道德指导的责任，美国人就必须寻找其他的机制，比如家庭和学校，来进行道德教化。“除非这些机制得到重建，否则贫民窟的问题就不会得到解决。”[25]劳瑞认为，不诉诸精神和宗教方面的认知，就难以教育贫民窟中的青年远离性、毒品和暴力：“在所有改造成功的贫民窟社群之中，我们都可以看到宗教机制或者虔诚信徒的核心作用。”[26]

虽说自由主义者很不情愿否定程序共和，但是到了 1990 年，他们已经不能忽视美国人对道德和公民状况的不满。克林顿在 1992 280 年的总统竞选中称自己是既强调权利又强调责任的“新民主党人”，他与迈克尔·杜卡基斯、沃尔特·蒙代尔、吉米·卡特这些民主党人的真正区别，不在于对特定问题采取的立场，而在于克林顿至少有时能够超越程序共和的术语。在孟菲斯教堂（马丁·路德·金在遇刺之前曾在这个教堂布道）的演讲中，克林顿总统大胆地涉足了当时民主党人视为禁区的道德和精神领域。他认为，帮助内城区的人们恢复就业至关重要，不仅仅因为它能带来收入，而且它还可以塑造品格，为家庭生活提供纪律、结构和尊严。他同时承认，如果没有人们“由内而外”并且“触及价值、精神和灵魂”的改变，那么无论政府如何致力于解决犯罪、毒品、暴力和家庭解体等问题，最终也不会获得成功。[27]

在其他场合，克林顿继续深入一度被保守主义者和宗教右派占据的价值领域。他在 1994 年的国情咨文中承认：“我们的问题超出了政府的能力范围，它们根源于价值失落、就业减少以及家庭和社群的解体。”[28]家庭解体的肇因之一在于非婚生育的盛行，因此，克林顿支持前副总统丹·奎尔的看法：非婚生育是错误行为，政府应该有所作为以阻止这种潮流。[29]

但是，克林顿政府中的其他成员却继续秉持自由主义的价值中立立场。卫生局局长（Surgeon General）乔伊斯林·埃尔德斯（Joycelyn Elders）拒绝谴责非婚生育，他认为：“每个人都有不同的道德标准，不能把自己的标准强加给他人。”卫生和公共服务部（Health and Human Services）部长唐娜·莎拉拉（Donna Shalala）虽然支持总统的观点，但是仍然无法超越旧的教条，她说：“我不想把它当作一个道德问题，但是我的确相信，非婚生育是错误的。”[30]

另一些民主党人则在90年代改变了立场，支持在公共生活中重建道德和宗教话语，修复市民社会的品格塑造机制。最近几十年的政治议程主要关注的是如何界定市场和政府的角色，所以难以处理社群的丧失和公民生活的腐化，有鉴于此，参议员比尔·布莱德利(Bill Bradley)呼吁一种更加关注市民社会机制的新政治。他主张，既然政府和市场“都不能很好地解决美国的两个核心问题，市民社会的退化和民主程序的复兴”，那么政治应该关注如何修复“教会、学校、兄弟会、社区中心、工会、犹太教会堂、体育联盟、家长教师协会、图书馆、理发店”的“公共空间”性质，把它们建设成为人们商谈共同善的场所。而诸如社群、家庭、公民身份、相互责任这样的“市民社会
281 中带有道德色彩的术语”，也应该在“我们的公共对话”中扮演更重要的角色。[31]

复兴公民身份的政治经济学

上述这些在90年代谈论美德和灵魂塑造的人们，强调的是自治的道德和文化前提；另一派则主要强调它的经济前提，不同于公民向度的保守主义者，他们担心的是现代经济会削弱和腐蚀民主赖以生存的社群和社会机体，于是努力寻找有助于社群和自治的经济安排。他们超越了繁荣和公平的传统之争，重新发现了一套走向公民身份的政治经济学的辩论术语。

反对不平等的公民行动案例

走向公民身份政治经济学的标志，是人们越来越关注经济不平等带来的公民向度的后果。在90年代，美国社会的贫富差距达到了

1920年以来的最高点，而差距增长最快的，是70年代末以来的这段时间。从1950年到1978年，富人和穷人都享受到了经济增长带来的好处，上层、中层和底层美国家庭的实际收入都翻了一倍，这符合经济学家常说的水涨船高的道理。但是从1979年到1993年，这句话就不成立了。这一时期家庭收入的增长，几乎全都流进了最富有的五分之一的人的腰包，而绝大多数美国人的收入却下降了。[32]财富分配的不公表明了不平等在加剧。1992年，最富有的1%的人口占据了42%的私人财富，在十年之前它只占到34%的份额，而现在美国的财富集中率是英国的两倍多。[33]

有些人把不平等的加深归咎于里根时代的税收政策，它降低了富人的所得税，增加了诸如社会保险、州税和地方税等税收，而这些税负大多落到了中低收入家庭的肩上。另一些人则认为，竞争日趋激烈的全球经济有利于教育程度高的工人，但是减少了低技能劳动力的薪酬。[34]无论怎样解释，贫富差距的增大引发了一系列新的讨论：不平等问题为什么有意义？我们可以做些什么？其中有些讨论已经超越了程序共和的术语，复兴了公民向度的经济辩论。

一种基于公平和分配正义理念而反对收入和财富不平等的主 282
张，在近几十年流行于美国的政治生活。这一主张与当代自由主义的公共哲学一致，也反映了志愿向度的自由观。根据它的看法，一个正义的社会提供对所有目的都保持中立的权利框架，在此之中个人可以自由地选择和追寻他们心中的美好生活。这种正义观要求，政府的角色不能仅限于通过经济增长而最大化社会福利，还应当保证每个公民都拥有一定程度的社会和经济保障，以做出有意义的选择；而没有公平的社会和经济环境，人们难以自由地选择和追逐他们的价值和目标。这样看来，自由主义者对公平和分配正义的强调，正是志愿向度的自由观念的表达。

但是自由独立个体的公平问题，并不是担忧收入和财富不平等的唯一理由。反对不平等的另一个理由与自由主义无关，而诉诸了共和主义的自由观念。共和主义传统告诉我们，严重的不平等会腐蚀富人和穷人的品格，破坏自治所必需的共性，从而削弱我们的自由。亚里士多德认为，中产阶级的个人才是最好的公民，因为富人为奢侈所惑，易生野心，不愿服从规则，而穷人则被生活所困，易于嫉妒，不适于管理。一个两极化的社会缺乏自治必需的“友爱精神”：“社群依赖于友爱；当敌意代替了友爱时，人们甚至不愿走在同一条路上。”因为同样的道理，卢梭也认为：“不应该有公民可以富到足以购买其他的公民，也不应该有公民可以穷到被迫出卖自己。”虽然绝对的平等是不可能的，但是一个民主的国家应该“避免富人和乞丐的出现”，因为他们二者“都会对共同善带来致命的伤害[35]。”

伴随着美国贫富差距在80、90年代的加剧，诉诸公民向度反对不平等的努力得到了初步的表达。克林顿政府的劳工部长罗伯特·B.瑞克(Robert B. Reich)认为，技术变革和全球竞争需要更多的职业培训和教育的投入，如果美国工人能够获得适应新经济的技能，那么就可以扭转中产阶级衰退的潮流。[36]但是，在他履任之前写的一本书中，瑞克承认该方案还存在巨大的障碍：要想民众同意在教育和训练工人方面增加投入，需要一种全民范围的相互责任意识为前提，而这种意识今天已经不复存在。伴随着富人和穷人的进一步分裂，他们对共同命运的意识也在减少，于是富人不愿意为培训同胞的技能承担高额的税负。[37]

283 这不仅仅是钱的问题，瑞克发现新的不平等加剧了生活方式的隔阂。高薪职业者逐渐淡出公共生活，退到他们“同质的小天地”，切断了与那些境况较差的人的联系。“伴随着公园和公共操场的退化，大量私人的健康会所、高尔夫俱乐部、网球俱乐部、滑雪俱乐部开始迅速兴起”,而它们仅仅对付费的成员开放。富裕家庭的孩子都进入了私立学校或者相对同质的郊区学校,把城市的公立学校留给了穷人。举例来说,到1990年,纽约公立学校中45%的孩子都来自依靠福利保障的家庭。城市里的市政服务质量在降低,于是居住在富人区的居民就额外付费,以购买其他市民享受不到的私人垃圾处理、街道清洁和警察保护等服务。久而久之,富裕阶层撤出了公共领域,蜷缩进主要由收入水平体现的私人社群之中。这样的社群也可以通过邮政编码体现,邮购营销商用它们锁定目标客户。一个营销商宣称:“把邮政编码给我,我就可以预测他们吃什么、喝什么、开什么车——甚至是想什么。”[38]

瑞克关注国家社群(national community)的瓦解,主要是因为该现象阻碍了联邦政府的有效支出。他和国家社群的支持者马里奥·科莫(Mario Cuomo)一样,都认为社群之所以重要,不是因为它可以培育出自治的公民,而在于它有助于形成一种共享的伦理,这是一个出手大方的福利国家所需要的。从这个角度看,该观点与主流政治议程的术语保持了一致。 359

但是瑞克所述不平等对社群的负面影响,揭示了美国生活的一个缺陷,直接影响到自治的前景。富裕人群从公共领域的退出,不仅会削弱支撑福利国家的社会结构,同样也会腐蚀广义的公民美德。长久以来,共和主义传统都认为公共领域不仅是一个提供公共用品的地方,而且是公民教育得以进行的背景。举例来说,普通学校的公共性不仅体现在财政方面,而且体现在教学本身;至少从理念上说,在公立学校,所有阶层的孩子可以互相融合,学会民主公民身份的习惯。甚至就连市政公园和操场,以前不仅是单纯的休闲场所,也是提升公民认同、邻里和社群意识的空间。[39]

由于富裕的美国人越来越不依靠公共服务,转而依靠私人购买,美国生活中型塑性的、公民向度的源泉也就走向了衰竭。城市公立学校的恶化,大概是这股潮流最明显、最具破坏性的例子。另一个例子是对私人安保服务的日益依赖,这是80年代以来增长最为迅速的职业种类之一。商场、机场、零售商店以及居民区对安保人员的巨大
284 需求,导致全国的私人保安超过了公共警察的数量。[40]“这个国家越来越远离公共警察而依靠私人警察,前者为所有的人控制犯罪,后者仅仅在指定的安全区域里,保护他们的雇主。”[41]甚至就连孩子的娱乐也受到了这种私人化潮流的影响。与进步时代“操场运动”(playground movement)的精神相悖,现在流行的是“按次计费”的特供商业,家长每小时支付4.95美元,就可以把孩子带到商场里的私人儿童乐园。对此,一个经营者解释说:“操场很脏,而我们是室内的,墙壁和地上都铺了垫子,家长认为孩子很安全。”[42]

360 公民保守主义者大都不肯承认,市场力量造成的不平等侵蚀了本来可以作为贫富之间桥梁的社群生活,而许多主要关注分配正义的自由主义者,同样忽略了不平等的加深带来的公民向度的后果。关注公民向度自由的政治,应该努力“限制金钱对生活领域的主导作用”,建设更多的公共空间,为人们的共同参与、塑造公民身份的习惯创造机会。这样的政治将更少地关注收入的分配,更多地关注“重建、维护和加强与收入无关的社群机制,防止它们被市场的力量腐蚀”,鼓励诸如公立学校、图书馆、公园、社区中心、公共交通、国家服务等“跨阶层融合”的机制,——福利国家取向的自由主义者也会支持这些政策,但是他们强调的重点、依据的理由都不相同。一个具有公民意识的自由主义者希望增加社群的供给,不是为了分配正义,而是为了确认成员身份和塑造公民——不管富人穷人——的认同。[43]

社区发展公司(Community Development Corporations)

向公民身份的政治经济学转变，不仅体现为政治话语的术语变化，也体现在大量蔑视公民不参与的时代潮流，勇敢挑战各种经济力量——正是这些力量削弱了社群，破坏了公民生活——的民间政治行动上。社区发展公司(CDCs)就是一个例子，它始于60年代，作为政府主导的大规模城市复兴计划的替代而出现。它属于非营利机构，目的是帮助低收入社区参与对自身经济命运的决策。此类公司的第一个也是最著名的一个案例，是布鲁克林的贝德福德-史岱文森重建公司(Bedford-Stuyvesant Restoration Corporation)，它由罗伯特·肯尼迪(Robert Kennedy)发起，一方面作为复兴经济的手段，同时也是“一项自治的新实验”。社区发展公司由当地居民和商业领袖组成的理事会领导，通过资助住房项目、新型商业、职业培训以及其他社会服务，促 285 361
进该社区的经济发展。[44] 在80年代，里根政府中断了该机构主要依靠的联邦资助，社区发展公司转而依靠私人投资、基金会资助和社区银行筹资的方式存活下来。到了90年代，上千个社区发展公司在恢复社群的活力方面都获得了不同程度的成功。至于社区发展公司能否像人们期望的那样，有效地促进自力更生的地方和地区经济，提高民主的控制力，还有待观察。[45]

抵制大商场扩张行动(Sprawlbusters)

另一个公民身份的政治经济学的例子，让人回忆起已经淡出记忆很久的30年代反对连锁商场运动。当时，反对西尔斯·罗巴克(Sears Roebuck)连锁商场以及大西洋-太平洋茶叶公司(A&P)的人认为，连锁商场的大量繁殖会削弱自治，因为它们破坏了当地的贸易，用雇工和店员代替独立经营的小店主。90年代反对沃尔玛和其他折扣超市的行动也表达了同样的诉求。在1994年，沃尔玛凭借其2400家分店和800亿美元的营业额，成为美国最大的零售商。[46]它庞大的盒状结构和横卧在高速路出口的巨型停车场布满了全国，在《时代》杂志看来，“比包括自然在内的其他任何力量都更深地重塑了美国村庄和小城镇的社会结构”。[47]超市打折的品牌商品让美国人趋之若鹜，市中心的其他商店被迫退出，所以连锁商场饱受批评的不仅是它丑陋的扩张和环境灾难，还有它对公民生态带来的破坏。[48]“在老城镇的中心，零售商店是各种各样的公共空间的黏合剂，将政府机关、公园、学校、图书馆连在一起。零售商店和社群机构的融合，为熟人朋友经常碰面提供了机会，从而建立和加强了社群纽带。”而大型商场必须驾车前往，切断了这些联系，“导致了社群和邻里活动的萎缩”。[49]如果沃尔玛进入某个社区、破坏了当地的商业之后，又转移到别的地区去追逐更大利润，那么带来的危害就更大：居民看到空置的超市外壳、店门紧闭的市中心，会强烈感到自己沦为了不受控制的外部力量的牺牲品。[50]

在90年代，当沃尔玛试图越出南部和中西部基地而向外扩张时，遇到了社群活动家的抵制，他们反对仓储式商场所必需的区划变更(zoning changes)。在马萨诸塞州的格林菲尔德(Greenfield)，当地的投票者进行了创纪录的动员，以微弱的优势推翻了允许沃尔玛进入该镇的1993年公决。[51]这些胜利者与全国其他社群的反沃尔玛
286 人士一起，组建了“抵制大商场扩张”运动，共同分享策略和经验。到了90年代中期，他们在地方上发起了百余场的反对沃尔玛及其他零售业巨头的斗争，抵制大型商场的扩张。同过去的反对连锁商场的活动家一样，他们认为公民价值应该高于消费者价值，正如一个活动家所说：“我绝不愿牺牲生机勃勃的社群，来换取一件价格优惠的内衣。”[52]

新城市主义

当代另一项表达公民理想的社会运动，让人回想起进步时代城镇规划的努力。越来越多的城市规划者、建筑师、公民团体和地区规划机构都在努力打造社群以支持更加健康的公民生活，他们作为新城市主义的支持者，正如该运动的名字一样，试图扭转“二战”结束以来郊区迅猛发展的势头。后者的导因，是私家车的普及，政府的公路补贴，以及美国人退缩到与城市保持安全距离的私人生活中的愿望；但它的代价也越来越高：交通堵塞，空气污染，漫长的上下班旅途，不会开车的老人和孩子与外界的隔离，阶级、种族和代沟造成的邻里的互相隔绝，处处雷同的连锁商场、商务花园和分公司。[53]

新城市主义者担心，现有的郊区设计没有留出公共空间，无法为不同年龄、收入、种族的人创造在日常生活中接触的机会。“通过将人们孤立于住所和汽车之中，将家庭封闭在同质的小天地里，20 世纪晚期的郊区型大都市急于把城市的活力抛在一旁，却没有孕育出新的生活，也没有为这个日益多样的社会培育急需的公民责任。”有一种看法认为，郊区的兴起反映、同时也加快了美式生活的贬值：“郊区的设计是为了汽车而不是为了人，为了市场而不是为了社群，在这里，无论对政府的信任还是对共性的强烈意识，这些健康民主制度的核心元素如今都在消逝。”这一潮流最终带来的是封闭社区，它的公园、道路、警察和学校都是私人性的，只对内部开放。[54]

新城市主义者建立的社群，吸取了传统城镇的某些优势。从住宅、公园和学校步行即可到达商店、市民服务设施、工作单位和公交站点，这不仅是为了方便，同样也是为了促进交流，进而促成共同生活的体验。“如果没有行人，社群的公共土地——公园、人行道、广场、集市——就仅仅是一无是处的车行障碍。”新城市主义者不喜欢

287 主干道和高速公路，它只是便利了汽车进出郊区，他们更欢迎网格状的街道结构，用很多路口来限制汽车速度，方便行人和自行车，使邻里和社群限制在一个符合人性的规模。新城市主义者表达其公民理想的另一个措施，是以核心公共领域为中心设计社群，赋予市政厅、图书馆、学校等公共建筑以首要地位。“我们必须重新为公民生活的物质空间赋予意义，从街道、公园、集市、乡村广场一直到商业中心，市政大会(the Commons)在确认这些邻里集会场所的同时，也就建立起了地方性认同。”到了 90 年代，在整个美国有几十项工程都在根据新城市主义的思路规划和兴建，其分布从佛罗里达狭长地带的(Seaside)海湾镇，一直到加利福尼亚州萨克拉门托村县(Sacramento County)的西拉谷纳(Laguna West)。[55]

组织社群

364

公民向度自由最有希望的例子，体现于“工业区域基金会”(Industrial Areas Foundation，简称 IAF)这一机构的工作。该机构是由一系列基于社群的组织构成的网络，旨在引导贫穷社区的居民有效地参与政治活动。IAF 的源头是 40、50 年代的著名社群组织者索尔·阿林斯基(Saul Alinsky)在芝加哥贫民窟的工作，他在这里引入了自己激进的组织风格，强调地方“权力单元”的重要性，这包括工会、宗教团体、种族和公民群体、小商业联合会、政治组织等等。但是，在最近几十年，老城区绝大多数传统公民活动的基石都受到了腐蚀，宗教集会成了许多社群唯一富有生气的机制。所以，阿林斯基在 IAF 中的追随者主要围绕宗教集会(尤其是天主教会和基督教会)展开活动。[56]

最具有影响力的现代 IAF 组织是一个叫“公益社群”(Communities Organized for Public Service，简称 COPS)的公民团

体，1974 年成立于圣安东尼奥贫困的西班牙裔街区。它设在天主教区的营地不仅提供了稳定的资金、人员和领袖，同样提供了作为政治辩论起点的共享道德话语。[57] COPS 认可和培训的领袖，并不是现有的政治人物和活动家，而是那些长期在家长教师协会和教堂理事会等社群支持性机制中工作的人。这些人往往是妇女，“长期投身于教区事业和孩子的抚养。COPS 提供给她们的，是公共生活和公共舞台，帮助引导她们参与政治过程”。[58]

COPS 通过帮助圣安东尼奥的居民商谈社群需求，参与政治活动，从而为这些长期被人忽视的街区赢来了 10 亿美元的基础设施（公路、学校、下水道和公园等等）改造资金。此外，它还与德克萨斯 288
州的其他兄弟组织一起，促进了该州关于公共教育、医疗卫生、农场安全的立法。到 1994 年，IAF 已经在 17 个州建立了约 40 个草根组织。与公民保守主义者一样，IAF 的领导人强调中介机构的重要性，他们重视家庭、邻里和教会，重视这些机构在品格塑造中的角色。但是对于 IAF 来说，这些结构意味着一种政治活动的起点，一种将社群生活的资源整合起来践行共和主义自由的方式。[59]

以上案例都属于共和主义传统的不同表现形式，它同时也表明，复兴公民向度的自由并不意味着追求一种更加整齐划一的政治。没有理由认为共和主义主题下的政治会比当前流行的政治带来更多一致。当前的主流政治议程，容易激起价值中立、权利和自主选择的真实含义的争论，而由各种公民关怀出发的政治议程，则将争论转向美德的含义，以及当前可行的自治模式。有些人会强调公民美德的道德和宗教维度，另一些人则关心影响自治实践的经济安排和政治结构。虽然这些话题造成的分裂可能不同于福利国家之争引起的政治分裂，但它们必然会存在。共和主义政治的复兴不是要终结我们的政治争论，而是通过直面我们时代自治的障碍，为政治争论增添新的内容。

全球化政治和特殊性身份

但是，如果超越当代政治话语的公民理想得到了充分的表达，并且成功引入了新的政治话语，那么结果又会将如何？一种恢复了活力的政治，是否可以缓解民主不满的两个核心问题：控制力的丧失以及社群的腐蚀？政治是一项不可预测的活动，所以我无法给出确定的答案。但是，即使存在这样一种政治，它容纳而非排斥实质性的道德话语，关注经济不平等的公民向度的后果，强化市民社会的中介机制，最终同样会面临令人生畏的障碍。这个障碍源于现代经济生活的巨大规模，而对之加以控制的民主政治权威又难以建立。

366 289 这个困境事实上包括两个相互关联的挑战：一个是发明能够管理全球经济的政治机制；另一个是培育支持这些机制的公民身份，为这些机制提供必需的道德权威。但是目前并没有清楚的迹象表明，我们可以战胜这两个挑战。

当今世界，资本与商品、信息与图像、污染与人口正在以前所未有的速度在国家之间流动，如果政治不甘落后，就必须发展出跨越国界的甚至是全球性的形式。否则，民主政治权力将难以控制经济的力量。作为传统自治机制的民族国家，越来越难以保证公民可以对控制其命运的经济力量产生影响。民族国家在全球经济中权力的丧失，大概是困扰美国和其他民主国家的不满的一个根源。

如果说经济的全球化特征要求跨国界的治理模式，那么新的政治单位是否可以孕育出认同和忠诚，孕育出民主权威最终依赖的道德和公民文化？我们有理由对此表示怀疑。除非战争这样的特殊情况，就连民族国家也难以激发自治所必需的社群意识和公民参与。

对于比民族范围更广，同时又缺少文化传统和历史记忆的政治组织而言，培育公民的共性则难上加难。

甚至最为成功的超国家治理实验，欧洲共同体，都难以培养出足以支撑其经济和政治整合的共同欧洲身份。支持进一步整合的人们担心，不由民选代表而由专家委员和公务员控制欧共体的多数事务，将造成“民主的赤字”。雪莉·威廉斯(Shirley Williams)认为，这样一幅“死气沉沉的政治图景，缺少了赋予政治以生命的愤怒、激情、献身和党派立场”，它带来的是一个“商人的欧洲”，而不是“公民的欧洲”。捷克总统瓦茨拉夫·哈维尔强调了共同道德目标的缺乏：“今天的欧洲缺乏精神……对一体化的目的和意义，欧洲并没有真正的认同。”他号召欧洲的所有机制都致力于“培育价值，促进欧洲一体化的精神和道德”。[60]

全球社群的自治面对的挑战，在某些方面与二十世纪早期美国政治面临的困境相似。那时也和今天一样，经济生活的规模和人们的身份意识之间存在鸿沟，这一鸿沟使人们感到迷茫和无力。习惯于根据小社群来确定自己位置的美国人，突然发现自己正面对着一 290
个国家规模的经济，相应的政治机制远远落后，不足以应付大陆社会的生活。那时和现在一样，新形式的商业和通讯穿越了既定的政治边界，在相隔遥远的人群之间创造了相互依赖的网络。但是，新的相互依赖并没有带来新的社群意识，正如简·亚当斯(Jane Adams)观察到的，“纯粹机械性的相互依赖毫无意义可言”。[61]

亚当斯的观点在今天同样适用。她那个年代的铁路、电话线和国家市场，堪比我们时代的卫星直播、CNN、虚拟空间和全球市场，它们将距离遥远的人们联系在一起，却没有把人们凝聚成为共同目标而奋斗的邻居、同胞和参与者。将通讯和相互依赖的网络转变成值得肯定的公共生活，不是一个技术问题，而是一项关乎道德和政治的事务。

既然面对的是相似的困难，回顾前人的解决方法也会给我们启发。西奥多·罗斯福和赫伯特·克罗利(Herbert Croly)这样的进步党人，以及后来的新政派人士，眼见经济越来越不受民主的控制，都试图扩大全国政府的权力。他们认为，经济力量的集中必须伴以政治力量的集中，这样民主才能生存下去。不过，政府权力的集中还是不够的，还需要政治的国家化(the nationalization of politics)，国家应该成为政治社群的主要形式。只有这样，才能填补社会经济规模和人们身份意识之间的鸿沟。只有强烈的国家社群意识，才能为现代工业秩序无所不在的力量提供道德和政治屏障。克罗利写道："美国政治、经济和社会生活的国家化，是一个根本的建设性和开创性的转变，"美国只有"在概念、机制和精神上都变得更加国家化"，美国才能变得更加民主。[62]

368

人们容易认为，他们解决问题的逻辑也可以用于我们的时代：如果处理国家经济的途径在于增强国家政府的力量，培育国家公民身份的感知，那么处理全球经济的方式，则在于加强全球治理以及培养相应的对全球和世界公民身份的感知。

具有国际视野的改革者已经开始表达这个愿望。在 1995 年，由来自世界各地的 28 名官员组成的全球治理委员会(Commission on Global Governance)发表了一份报告，强调增强国际机制的重要性。他们认为，由强有力的技术和经济力量推动的全球相互依赖正在加深，但是世界的政治结构并没有与之齐头并进。该委员会呼吁新的
291 全球机制，以应对经济和环境的问题，他们呼吁一个最终由全世界人民选举的"人民议会"，一个为全球治理提供资金的国际税收计划，一个具有更大权威的全球法庭。他们意识到必须培养某种道德来支撑这个计划，该委员会同样号召"培育全球公民身份"，从而激发"全球

公民道德的广泛认可”，进而改造“基于经济交换的全球社区，将信息交流提高到普世的道德社群的层面”。[63]

90年代另有一些评论家在全球的环境、人权和妇女运动中，看到了能够平衡全球市场和媒体的“全球市民社会”。在政治学家理查德·弗尔克(Richard Falk)看来，这些运动预示了一种新的“以全球和种群团结为前提的全球公民身份”，“这种全球公民身份几乎与领土概念无关”。它不求助于对任何特殊政治社群(无论城市还是国家)的忠诚，而是向往“世界社群”的理想。在同样的精神指导之下，哲学家玛莎·努斯鲍姆(Martha Nussbaum)呼吁公民教育和世界公民身份，因为国家认同“是一个与道德无关的事物”，所以应该教育学生“首先应该忠于由人类社会和整个世界构成的社群”。[64]

世界主义理想正确地强调了我们共同的人性，而且指引我们关注它带来的道德结果。它修正了狭隘有时甚至是凶恶的盲目爱国主义，使人们可以放下种族和国家的身份；它提醒富裕的国家，它们对人类的责任绝不仅限于自己的国境之内；它甚至提出理由敦促我们以超越实用价值的态度来照看这个星球。所有这些都使得世界主义理想极具魅力，特别是在当今全球政治生活要求跨国界忠诚的情境之下。 369

虽然具有这些价值，世界主义理想无论作为道德理想，还是作为我们时代自治的公共哲学，都还存在缺陷。普世身份应该优先于特殊身份，这一观念的历史悠久而丰富。康德将道德与对作为理性存在的人的尊重相联系，而这种联系独立于他们的个体特征；马克思也认为，个人与他所属的类存在的团结，才是最高意义上的团结。将世界主义伦理作为道德理想的最清楚表达，可能存在于启蒙哲学家孟德斯鸠的表述之中：“如果我知道，有些东西对我有利，却不利于家庭，我会为了灵魂而拒绝它。如果我知道，有些东西对家庭有利，却不利于国家，我会试着忘记它。如果我知道，有些东西对国家有利，却不利于欧洲，或者对欧洲有利，却不利于人类，我会把它当作一项犯罪……因为我首先是一个人，然后才是一个法国人……或者说，作为一个人，我是必然的，但是作为一个法国人，我却是偶然的。”[65]

292 如果一种更广的忠诚纽带总是能够优先于地方性的忠诚纽带，那么我们就能够从理念上超越朋友和陌生人之间的区别。我们对朋友福利的特殊关注是一种偏见，它在一定程度上疏远了我们对普遍人类的关心。对于这个结论，孟德斯鸠也毫不退缩，他认为：“一个真正具有美德的人，将如对待他的朋友一样，迅速帮助哪怕最遥远的陌生人。”进一步，“如果一个人的道德完满，那么他将不再会有朋友。”[66]

很难设想这样一个世界，人们的道德如此高尚以至于导致了朋友的消失，只留下普遍的友爱倾向。问题在于，这一世界不仅难以实

现，而且我们很难再将其当作是一个人类的世界。热爱人类是一种高尚的情操，但是我们绝大多数时间都生活在更小的团体之内。这也许反映了我们道德同情的界限，更重要的是，它反映了这样的事实，我们不是通过抽象普遍的形式，而是通过种种个别具体的形式，学会了热爱人类。

以十八世纪德国浪漫主义哲学家赫尔德为代表，第一次有学者承认，语言、文化、和国家身份的差别是人性的独特表达。他鄙视完全抽象地忠诚于人类的世界公民：“一个不无欢乐地关爱自身、妻子以及孩子，同时以自己合适的方式为部落服务的野蛮人，相较于人的影子，相较于高雅的世界公民而言，是更加真实的存在。后者虽然对同类的影子抱着狂热的爱，但事实上爱的只是幻影而已。”赫尔德写到，在现实生活中，只有野蛮人才会敞开他的茅屋接待陌生人，“爱心泛滥而无所事事的世界主义者，事实上不会给任何人提供庇护。”查尔

斯·狄更斯对杰利比太太的描写，也表现了不合时宜的世界主义的愚蠢。杰利比太太是小说《荒凉山庄》中的一个角色，她可悲地关注海外的慈善事务，却忽略了自己的孩子。狄更斯写道："她有一双靓丽的眼睛，但它们却有着某种奇怪的习惯，喜欢眺望远方的事物，好像在非洲的距离以内什么也看不见。"[67]

正是从邻里到国家这样的与道德相关的社群将我们安置于世界之中，这一事实并没有排除人与人之间的种属联系。在最好的情况之下，地方性的团结会超越自己，发展出更广阔的道德关注视野，包括普遍人性的视野。世界主义伦理的错误，并不在于它声称我们对人类整体担负一定的责任，而是在于它坚持认为我们居住的普遍社群优先于特殊社群。

我们大多数人，总是在这样或那样的时刻，承受着不同社群的要
求，其中有些社群是相互重叠的，另一些则相互竞争。当这些要求相 ***371***
互矛盾时，不存在一劳永逸地确定何者应该处于优先地位的办法。
至于不同情况下哪种身份——作为父母亲还是职业人士，是某种理
念的信徒还是某项事业的党徒，自己国家的公民还是世界的公民等 293
等——最为相关，是一项需要道德反思和政治商谈才能决定的事情。最理想的商谈会专注于不同要求的内容，它们的相对道德重要性，以及它们在使生活变得有意义的各种叙述中扮演的角色。与孟德斯鸠的看法相反，这些要求不能根据关联社群的大小和规模来衡量。在实践当中，不存在可以预先排定义务等级的一般原则，但是对道德和政治困境的某些回应的确比其他的更好，更值得尊敬、更有价值或者更为适当。

世界主义伦理的道德缺陷与它的政治缺陷有关。尽管全球经济要求更加普遍的政治身份，但是特殊性的要求再次证明了自己的力量。甚至一些加入了全球治理新机制的国家，也面临着种族、宗教和

语言群体的不断提出的新要求，要求各种形式的政治认可，要求自决权。曾经统治他们的帝国的崩溃，比如说苏联的解体，一定程度上刺激了这些要求。但是人们对获得一种公共承认的社群身份的强烈欲求，同样反映了对政治身份的某种渴望，渴望在一个由遥远而庞大的力量控制的世界中，能够找到自己的位置。

民族国家曾经许诺会满足这个渴望，在身份和自治之间建立联系。至少在理论上，每个国家或多或少都是自足的政治和经济单元，是由共同历史、语言和传统所塑造的民族集体身份的表达。民族国家要求公民忠于自己，依据就是其主权的运行表达了公民的集体身份。

但是在当今世界，这一要求正在失去效力。资本、商品和信息的跨国界流通，全球金融市场的整合以及工业生产的跨国界特征，都凌驾于主权国家之上，腐蚀着它的权力。同时，由于次国家群体自主和

自治理想的复活，主权国家也面临着来自内部的威胁。伴随着主权有效行使能力的衰退，国家逐渐失去了公民的忠诚。外部的全球经济一体化和内部的团体身份碎片化的同时作用，使得民族国家更加难以将身份和自治联系起来。即使是最强大的国家，也逃脱不了全球经济的要求；即使是最小的国家，内部也是矛盾重重，难以在不压迫其他群体的情况下，完整地表达某一种族、民族和宗教团体的社群身份。

考虑到世界主义政治的缺陷，试图模仿当年进步党人通过公民身份的国家化拯救民主的办法，通过公民身份的全球化拯救民主，难
294 以获得成功。我们时代全球化冲动与那个时代国家化工程之间的真正相似之处表现在：没有跨国界的政治机制，我们就无法治理全球经济；而不培育更加广泛的公民身份，这些机制就无法得到相应的支持。这是世界主义远景的关键所在，诸如人权会议，全球环境条约，管理贸易、金融和经济发展的世界组织之类创举能否赢得公众支持，

取决于能不能激发出一种更深切的对人类共同命运的意识。

但是，世界主义观点的错误之处在于，误以为只要我们将主权和公民身份提升至全球层面，就可以恢复自治。自治的希望并不在于重置主权，而在于分散主权。主权国家最有希望的替代方案，并不是基于人类团结的世界社群，而是分散了主权的多样化社群和政治组织，它们有些比国家要大，有些更小。民族国家不需要退出历史的舞台，只需要停止声称自己是主权的唯一代表和忠诚的主要对象。只有一个主权向上和向下都进行分散的政权，才能将权力与多样性结合：既有足以抗衡全球市场力量的权力，又有那种试图唤起公民反思性忠诚的公共生活所应有的多样性。

在一些地区，分散主权可以在强化和民主化诸如欧盟这样的跨国家结构的同时，赋予某些次国家社群——比如说加泰罗尼亚人、库尔德人、苏格兰人和魁北克人——更多的文化和政治自主性。或者，373
它可以根据地理而非种族和文化的界限，进行权力的移交和自治。通过这样的安排，那种绝对而不可分割、要么全有要么全无，作为自决的唯一有价值的形式的国家主权所带来的冲突得到了缓和。

美国从来不是欧洲意义上的民族国家，它的政治参与的扩展也因此可能采取不同的形式。美国是一个特殊信念的产物：主权不能置于一个单一的机构手中。所以从一开始，宪法就在政府的不同机构和不同层级之间分散了权力。但是久而久之，我们还是推动了主权和公民身份朝着国家的方向发展。

美国政治的国家化主要是为了回应工业资本主义的需要。经济权力的统一呼唤政治权力的统一，而那些攻击大政府的当代保守主义者通常都忽略了这一点。他们错误地认为，缩小国家政府的权力，不会让个人沦为超越他们控制的经济力量的牺牲品，而会带来个人的解放，让他们能够自由地追求自己的目标。

295 保守主义者对大政府的批判引起了人们的普遍共鸣，但并不是基于保守主义者给出的理由。美国的福利国家在政治上是脆弱的，因为它的背后没有相应的国家社群意识作为支撑。肇始于进步时代，经罗斯福新政，再到伟大社会的国家化努力只取得了部分成功：它创造了一个强大的国家政府，却没有培养出一个共享的国家身份。所以福利国家越往后发展，就越依赖公平程序和个人权利，而不是社会团结和相互责任的伦理。但是事实证明，程序共和的自由主义不足以替代福利国家要求的强烈的公民身份意识。

如果国家都无法激发最低限度的共性，那么全球社群就更加无能为力，至少仅凭它自己不行。超越国界的民主政治的希望，在于复兴我们栖居的特殊社群滋养的公共生活。在北美自由贸易协定的时代，邻里政治不是可有可无，而是更加重要。而那些遥远和巨大的实
374 体无论多么举足轻重，它要赢得人们的效忠，都必须依赖那些滋养公民认同的制度安排。

所以，去考虑联邦制是否隐含着其他没有实现的可能性，没有多大必要。我们通常认为联邦制是一套宪法学说，它一度处于休眠状态，最近由那些主张将权力从联邦转移到州政府的保守主义者唤醒。但是，联邦制并不仅仅是一个政府间关系的理论，它同样提供了一种新的构想，用以替代主权国家和主权国家下的一元政治身份。它认为，在主权分散、公民身份植根于多元政治参与的情况下，自治才能运转得最好。这种联邦制提出了一种多元主义版本的共和政治，它将托克维尔的共和主义和卢梭的共和主义区分开来，将型塑性计划和使用强制手段区分开来。

在卢梭看来，政治社群是一个不可区分的整体，公民应当完全服从公意。托克维尔则强调，处于个人和国家之间的中介政治组织（如乡镇）有利于共和主义的发展。他写道：“新英格兰的居民依恋他们

的乡镇，因为乡镇是自由和独立的。他参与那里的一切，在力所能及的小范围内实践统治的技艺；他使得自己适应这些规则，没有它们，自由只能依靠革命获得。他吸收了它们的精神；他体验了秩序，理解了权力的平衡，获得了对责任本质以及权利范围的明确的、切合实际的概念。”托克维尔观察到，小范围的自治实践，同样会将公民推向更大的政治活动领域。[68]

当杰斐逊在晚年担忧美国宪法不足以培育公民美德的时候，也 296
表达了相似的观点。他认为，甚至连州和乡村都显得过于遥远，难以激发人们的公民活力和友爱。因此，为了“滋养和维持”共和主义的精神，杰斐逊建议将国家分成若干区，每一区都是地方的自治单元，公民可以直接地参与政治。通过“促使每个成员都成为政府中活跃的一分子”，分区系统可以“产生强烈的感情纽带，从而把公民和国家的独立以及共和宪法连在一起”。对于杰斐逊来说，在联邦、州、县和区的共和政体中“责任的分割和再分割”，不仅是为了防止权力的滥用，也是为了通过保证公民的公共参与，而巩固国家这一整体。[69]

杰斐逊的分区系统从来都没有被采纳，托克维尔景仰的新英格兰乡镇自治也渐渐失去了力量和公共意义。但是，这些联邦主义主张背后的政治洞见却依然与我们今天的生活相关，它提醒我们，各种公民活动和政治权力小单元的增加，有助于培育美德，赋予公民以自治能力，培养对更大政治体的忠诚，最终促进公民的自治。如果地方和城市政府已经不足以为共和主义公民身份提供充分的活动舞台，那么我们必须在其他地方，在学校和工厂、教堂和犹太教会堂、商会和社会运动这些市民社会的机制中寻找公共空间。

这样的公共空间对于50年代到60年代中期的民权运动而言是不可或缺的。民权运动是我们时代共和主义政治的最完美体现，但是回忆这段历史，我们很容易忽略它的共和主义特征。当时程序共和已经初步成型，结果美国人都借助了当代自由主义的棱镜来观察这场运动，于是公民权意味着法律面前的平等和反歧视，意味着个人的权利不受地方社群的侵犯，意味着把人当作人来尊重，而无论他们的种族、宗教信仰和其他特质。

但这并不是民权运动的全部。将民权运动置于程序共和的自由主义视角之下，丧失了它对我们这个时代最重要的意义。它不仅是争取平等权利的手段，而是展示力量的重大时刻，是公民向度自由的典范。虽然消除公共场所种族隔离和巩固黑人投票权的法律促进了志愿向度的自由，即选择自己的目标、追求自己的目的的自由，但是争取权利的斗争本身则展示了一种更高的共和主义自由：通过集体行动改造公共世界的自由。[70]

民权运动不只是为了改革法律系统，同样也诉诸型塑性的计划，
376 希望实现“整个民族道德性和公民性的转变”。正如马丁·路德·金所说：“如果把法律抗议当作唯一的活动方式，那么普通的黑人就只
297 是被动的旁观者，他可能产生兴趣，但力量却无从展现。群众游行却能将普通人变成明星……黑人不再是被改变的对象，而是推动变革的动力。”[71]

共和主义政治的型塑性特征，需要公民可以聚集在一起、相互交流的公共空间，进而培育团结和公民参与。对于民权运动而言，南部的黑人教会就提供了这样的空间。群众聚会、公民教育、祷告和唱诗都发生在这里；有了这些活动，黑人的抗议和游行才成为可能。[72]

我们通常认为民权运动的意义在于国会通过的公民权和投票权法案，但是，如果没有这场植根于具体的身份和场所的运动的推动，国家并不会作出回应。此外，这个运动还提供了超越投票权的共和主义公民身份的视角。在《选举权法案》通过之后，马丁·路德·金希望，未来的公共生活能够重现民权运动在高潮时展现的共和主义

自由："怎样将贫民窟变成广阔的学习天地？怎样将每一个街角都变成论坛？怎样将每一个家务劳动者和工人变成抗议者、投票者、游说者和学生？他们不能通过工作获得的尊严，将会在社会和政治行动中得到实现。"[73]

超越主权国家和主权个人

塑造我们生活的全球媒体和市场为我们展现了一个超越已有边界和身份的世界。但是对抗和驾驭这些力量所需要的公民资源，依然分布在各种地点和故事、回忆和意义、事件和身份中，正是这些东西决定了我们在这个世界的位置，赋予我们的生活以具体的道德感。

现今的公共哲学要求我们摒弃这些联系，政治不需要它们，政治辩论也无须提到它们。但是程序共和将道德和宗教问题驱逐出政治 377
话语的结果，却是公民生活的贫困以及对自治渴望的无能为力；它把公民看成是自由和独立的个体，不受任何非自愿选择的道德和公民纽带的束缚，就无法培育出满足我们自治要求的公共精神。

从亚里士多德的城邦开始，共和主义传统都认为自治应该扎根于具体的场所，公民完全归属于它，完全顺从于它的生活方式。但是，今天的自治发生在多样化的背景中，它可以是邻里、国家甚至整个世界，它要求公民以多重身份的自我来思考和行动。我们时代公民美德的显著特征在于，我们能够在时而重叠、时而冲突的义务中周旋，在多重忠诚带来的张力中生活。但这种能力难以维持，因为多样 298
性更适合存在于群体之间，而非群体内部。

共和主义传统提醒我们，每一种美德都有它对应的腐蚀和退化的形式。当公民美德表现为凝聚个体的多重复杂身份时，相应地，它也易于受到两个方面的腐蚀。一是原教旨主义的倾向，原教旨主义者拒绝模糊状态，不愿接受分割的主权以及被多样化拖累的自我。由于当代政治质疑国家主权和个人主权，它很可能激起一些人的反对，他们拒绝模糊状态，坚决划清边界，强化局内人和局外人的隔阂，允诺一种“寻回我们的文化和我们的国家”的政治，不惜一切代价地“重建我们的主权”。[74]

为多样化所累的公民面对的第二个危险在于，滑向没有形式、变化无常、缺乏故事的自我，不能将各种各样的身份凝聚成一个连贯的整体。人们赋予自己情境的意义以及对共同生活的阐释构成了政治社群的基础；真正的政治商谈不仅是政策之争，也是对社群属性及目的的解释之争。而公民身份的来源和发生地的激增，使得解释的任务更为复杂。今天，用来描述公民生活的故事资源已经枯竭，充斥于媒体文化的言论摘要、似是而非的传闻和没有联系的画面都证明了这一点，要讲出一套引导我们生活的故事，已经变得愈发困难。无论在个体层面还是在集体层面，我们都越来越滑向一种碎片化的、没有故事的境况。缺乏叙述能力将导致人类终极的无力感，因为如果没有故事，那么过去和现在的联系将不复存在，也就不会存在责任，不会存在共同行动、自我治理的可能。

因为人类是有故事的存在，所以我们必定会抗拒这种无故事状态，然而不是所有的抗拒都有价值。有些渴望故事的人，会求助于空虚的忏悔式脱口秀、名人的丑闻和轰动一时的案件，另一些人则在原教旨主义中找到了安慰。但时代的希望寄托在另一些人身上，他们同时表现出信念和节制，既清醒地理解我们的境况，又努力修复民主所必需的公民生活。

注释

299 1　只有 20％的美国人相信，华盛顿政府绝大多数时间都在做正确的事；*Gallup*

Poll Monthly, February 1994, p. 12。四分之三的民众对当前政治运行模式感到不满；*Gallup Poll Monthly*, September 1992。几乎同样多的人相信政府由一些大型利益集团主导，而不是为了全部公民的利益；Alan F. Kay et al., "Steps for Democracy," *Americans Talk Issues*, March 25, 1994, p. 9。

2　参阅 John Rawls, *A Theory of Justice* (Cambridge, Mass.: Harvard University Press, 1971); Ronald Dworkin, "Liberalism," in Stuart Hampshire, ed., *Public and Private Morality* (Cambridge: Cambridge University Press, 1978), pp. 114-43; idem, *Taking Rights Seriously* (Cambridge, Mass.: Harvard University Press, 1977); Robert Nozick, *Anarchy, State, and Utopia* (New York: Basic Books, 1977); Bruce Ackerman, *Social Justice in the Liberal State* (New Haven: Yale University Press, 1980)。

3　Judith N. Shklar 向我推荐了"程序共和"这一术语。

4　当代美国政治中"自由"(liberal)的意义，参阅 Ronald D. Rotunda, *The Politics of Language* (Iowa City: Iowa University Press, 1986)。

5　关于共和主义者对自由投票权的赞成和反对观点，参阅 1829 年到 1830 年的弗吉尼亚大会的争论，in Merrill D. Peterson, ed., *Democracy, Liberty, and Property* (Indianapolis: Bobbs-Merrill, 1966), pp. 377-408; also Chilton Williamson, *American Suffrage: From Property to Democracy, 1760-1860* (Princeton: Princeton University Press, 1960)。关于为奴隶制辩护的内容，参阅 James Henry Hammond, "'Mud-Sill' Speech" (1858), and Josiah Nott, "Types of Mankind" (1854), in Eric L. McKitrick, ed., *Slavery Defended: The Views of the Old South* (Englewood Cliffs, N. J.: Prentice-Hall, 1963), pp. 121-138; also Kenneth S. Greenberg, *Masters and Statesmen: The Political Culture of American Slavery* (Baltimore: Johns Hopkins University Press, 1985), pp. 3-22, 85-106。关于反对授予移民者公民身份，参阅 Tyler Anbinder, *Nativism and Slavery: The Northern Know Nothings and the Politics of the 1850s* (New York: Oxford University Press, 1992), pp. 118-26。

6　Jean-Jacques Rousseau, *On the Social Contract* (1762), trans. and ed. Donald A. Cress, book 2, chap. 7 (Indianapolis: Hackett, 1983), p. 39.

7　Benjamin Rush, *A Plan for the Establishment of Public Schools and the Diffusion of Knowledge in Pennsylvania* (1786), in Frederick Rudolph, ed. , *Essays on Education in the Early Republic* (Cambridge, Mass. : Harvard University Press, 1965), pp. 9, 17, 14.

8 Alexis de Tocqueville, *Democracy in America* (1835), trans. Henry Reeve, ed. Phillips Bradley (New York: Alfred A. Knopf, 1945), vol. 1, p. 416.

9 Rousseau, *On the Social Contract*, book 4, chaps. 1-2, pp. 79-81. See also book 2, chap. 3, p. 32:"如果是一群见识广博的民众,那么他们不需要相互的交流,就能产生出公意。"

10 汉娜·阿伦特对公共领域的阐述同样强调了这一特征:"大众社会让人难以忍受并非因为其人数众多,或者说这至少不是主要原因。原因在于这一世界没有能力将人们聚集起来,建立关联同时又保持分离。"*The Human Condition* (Chicago: University of Chicago Press, 1958), pp. 52-53。

11 Tocqueville, *Democracy in America*, vol. 1, chap. 17, p. 299; see generally chap. 5, pp. 66-68, and chap. 17, pp. 299-325。自由需要共同的生活,而这一生活不是由市民社会特殊的认同建构机制区分和表达的,这一概念是 G. W. F. Hegel, *Philosophy of Right* (1821), trans. T. M. Knox (London: Oxford University Press, 1952)的核心。

380

12 Immanuel Kant, "*Perpetual Peace*" (1795), in *Kant's Political Writings*, ed. Hans Reiss (Cambridge: Cambridge University Press, 1970), pp. 112-13.

300 13 James Q. Wilson, "The Rediscovery of Character: Private Virtue and Public Policy," *The Public Interest*, Fall 1985, p. 3. See also idem, *On Character* (Washington, D. C. : American Enterprise Institute Press, 1995).

14 这一新的观点在下列文献中得到了阐述和捍卫, Lawrence M. Mead, *Beyond Entitlement: The Social Obligations of Citizenship* (New York: Free Press, 1986); and idem, *The New Politics of Poverty* (New York: Basic Books, 1992)。

15 Daniel P. Moynihan, *The Negro Family: The Case for National Action* (Washington, D. C. : Office of Policy Planning and Research, U. S. Department of Labor, March 1965), reprinted in Lee Rainwater and William L. Yancey, eds. , *The Moynihan Report and the Politics of Controversy* (Cambridge, Mass. : MIT Press, 1967), pp. 39-124; quotation on p. 94.

16 莫伊尼汉强调国家关注家庭结构,仅限于它产生的公民后果,而不关涉它的道德品质。"国家的目的,在于加强黑人家庭,使它们能够像其他家庭一样抚养并支持其成员。除此以外,这些家庭如何处理事务,利用机会,国家都不予干涉";ibid. ,pp. 93-94。

17 Floyd McKissick,quoted in ibid. ,p. 200;这些同情他观点的理论家是 Rainwater and Yancey,p. 162。同样可参阅 William J. Bennett,"Reflections on the Moynihan Report Thirty Years Later," *American Enterprise*, 6 (January/February 1995),30。

18 Nathan Glazer, "The Social Policy of the Reagan Administration: A Review," *The Public Interest*, Spring 1984, pp. 87-88; Robert D. Reischauer, "Welfare Reform: Will Consensus Be Enough?" *Brookings Review*, 5 (Summer t987), 6; Mead, *The New Politics of Poverty*, pp. 22-23.

19 Mead,*Beyond Entitlement*,pp. 13-14.

20 引自"Daniel Patrick Moynihan: Making Welfare Work," *Congressional Quarterly Weekly Report*,45(March 21,1987),507。

21 Bennett, "Reflections on the Moynihan Report," p. 32; idem, "Revolt Against God,"*Policy Review*,no. 67(Winter 1994),23.

22 Idem,*The De-Valuing of America*(New York:Simon & Schuster,1992), p. 37;idem,"What to Do about the Children,"*Commentary*,March 1995, pp. 24-25.

23 参阅 Richard John Neuhaus, *The Naked Public Square: Religion and Democracy in America*(Grand Rapids,Mich. :William B. Eerdmans,1984)。

24 Bennett,*The De-Valuing of America*,pp. 58,121.

25 Glenn C. Loury,"Beyond Victimhood,"*Times Literary Supplement*,June 10,1994.

26 Idem,"God and the Ghetto,"*Wall Street Journal*,February 25,1993.

27 President William J. Clinton,"Remarks to the Convocation of the Church of God in Christ in Memphis,"November 13,1993,*Weekly Compilation of Presidential Documents*, vol. 29, November 22, 1993 (Washington, D. C.: Government Printing Office,1993),pp. 2360-62.

28 Clinton,"Address before a Joint Session of the Congress on the State of the Union,"January 25,1994,ibid. ,vol. 30.

29 Joe Klein,"The Out-of-Wedlock Question,"*Newsweek*,December 13,1993, p. 37.

30 Joycelyn Elders and Donna Shalala, quoted ibid. See also Gertrude

Himmelfarb, *The De-Moralization of Society* (New York: Alfred A. Knopf, 1995), pp. 240-41.

301 31 Senator Bill Bradley, National Press Club, Washington, D. C, February 9, 1995.

32 8260 亿美元是按照 1993 年的汇率计算。从 1950 年到 1978 年，美国从低到高的家庭收入实际增长是 138%、98%、106%、111%和 99%。从 1979 年到 1993 年的相关数据是 17%、8%、3%、5%和 18%。劳工部的数据由部长 Robert B. Reich，于 1995 年 1 月 5 日在华盛顿特区的全国记者俱乐部中发布并评论。

33 David R. Francis, "New Figures Show Wider Gap between Rich and Poor," *Christian Science Monitor*, April 21, 1995, p. 1，引用了 Edward N. Wolff; and Keith Bradsher, "Gap in Wealth in U. S. Called Widest in West," *New York Times*, April 17, 1995, pp. A1, D4，同时也引用了 Wolff。可继续参阅 Edward N. Wolff, *Top Heavy* (New York: Twentieth Century Fund Press, 1995); and Kevin Phillips, *Boiling Point: Republicans, Democrats, and the Decline of Middle-Class Prosperity* (New York: Random House, 1993), p. xix，引用了经济史学家 Claudia Goldin。

34 上述及其他因素的讨论，参阅 Robert B. Reich, *The Work of Nations* (New York: Alfred A. Knopf, 1991), pp. 202-224; Phillips, *Boiling Point*, pp. 32-57, 85-128; and idem, *The Politics of Rich and Poor* (New York: Random House, 1990), pp. 52-153。

35 Aristotle, *The Politics*, trans. and ed. Ernest Barker, book 4, chap. 11 (1295b) (London: Oxford University Press, 1946), pp. 180-82; Rousseau, *On the Social Contract*, book 2, chap. 11, pp. 46-47.

36 Robert B. Reich, "The Revolt of the Anxious Class," Democratic Leadership Council, Washington, D. C., November 22, 1994; idem, "The Choice Ahead," National Press Club, Washington, D. C., January 5, 1995.

37 Idem, *The Work of Nations*, pp. 249-315.

38 Ibid., pp. 268-277.

39 关于公园和操场在进步时代发挥的型塑性作用，参阅 Paul Boyer, *Urban Masses and Moral Order in America, 1820-1920* (Cambridge, Mass.: Harvard University Press, 1978), pp. 233-51。

40 Reich, *The Work of Nations*, p. 269.

41 Louis Uchitelle,"Sharp Rise of Private Guard Jobs," *New York Times*, October 14,1989,p. 33.

42 Elizabeth Rudolph,*Time*,November 4,1991,p. 86。同样可参阅 Mickey Kaus,*The End of Equality*(New York:Basic Books,1992),p. 56。

43 Kaus,*The End of Equality*,pp. 18,21-22,96-100。一种限制金钱发挥作用范围的政治理论,参阅 Michael Walzer,*Spheres of Justice*(New York: Basic Books,1983)。关于阶级融合的地点,参阅 Ray Oldenburg,*The Great Good Place*(New York:Paragon House,1989)。

44 参阅 Neal R. Peirce and Carol F. Steinbach,*Corrective Capitalism:The Rise of America's Community Development Corporations*(New York: Ford Foundation,1987);Mitchell Sviridoff,"The Seeds of Urban Revival,"*The Public Interest*, Winter 1994, pp. 82-103; Robert Zdenek,"Community Development Corporations,"in Severyn T. Bruyn and James Meehan,eds., *Beyond the Market and the State*(Philadelphia: Temple University Press, 1987),pp. 112-30。

45 将 CDCs 与民主的政治经济学相关联的学者有 James Meehan,"Working toward Local Self-Reliance,"in Bruyn and Meehan,*Beyond the Market and the State*, pp. 131-151; Richard Schramm,"Local, Regional, and National Strategies," ibid., pp. 152-170; and Charles Derber,"Coming Glued: Communitarianism to the Rescue,"*Tikkun*,8(July-August 1993),95-99。

46 David Clark Scott,"Ready or Not, Here Comes Wal-Mart," *Christian* 302
Science Monitor,September 29,1994,p. 8.

47 Hugh Sidey,"The Two Sides of the Sam Walton Legacy,"*Time*,April 20, 1992,pp. 50-52.

48 参阅 Constance E. Beaumont,*How Superstore Sprawl Can Harm Communities*(Washington, D.C.: National Trust for Historic Preservation, 1994); Jon Bowermaster,"When Wal-Mart Comes to Town,"*New York Times Magazine*, April 2, 1989; Alan Ehrenhalt,"Up Against the Wal-Mart,"*Governing*, September 1992,pp. 6-7。

49 Alex Achimore,"Putting the Community Back into Community Retail," *Urban Land*, August 1993, p. 34, 引自 Beaumont, *Superstore Sprawl*, p. 11。

50 参阅 Steve Bishop,"Death of a Town,"*Dallas Morning News*,January 26,

1992, p. 4J; Lisa Belkin, "Wal-Mart Is Closing, and Texas Towns Reels," *New York Times*, December 14, 1990; Peter T. Kilborn, "When Wal-Mart Pulls Out, What's Left?" *New York Times*, March 5, 1995, pp. F1, F6。

51 Caroline L. Cole, "Greenfield Rejects Offer by Wal-Mart," *Boston Globe*, October 20, 1993, p. 45; "In Two Towns, Main Street Fights Off Wal-Mart," *New York Times*, October 21, 1993, p. A16; Sophronia Scott Gregory, "They're Up Against the Wal," *Time*, November 1, 1993, p. 56.

52 Al Norman, 引自 Andrew Friedman, "Citizens Fight Wal-Mart Sprawl," *Neighborhood Works*, October/November 1994, p. 10. See Chris Reidy, "Crusade, of the 'Sprawl-buster,'" *Boston Globe*, July 7, 1994, p. 37; Joseph Pereira and Bob Ortega, "Once Easily Turned Away by Local Foes, Wal-Mart Gets Tough in New England," *Wall Street Journal*, September 7, 1994, p. B1; Jonathan Walters, "National 'Sprawl Busters' Coalition Emerges," *Historic Preservation News*, December 1994/January 1995, pp. 10-12; Jonathan Walters, "Taming the Mega-Store Monster," *Governing*, January 1995, pp. 27-33。

53 新城市主义的基础文献包括 Peter Katz, ed., *The New Urbanism: Toward an Architecture of Community* (New York: McGraw-Hill, 1994); and Peter Calthorpe, *The Next American Metropolis: Ecology, Community, and the American Dream* (New York: Princeton Architectural Press, 1993)。感谢 Gerald Frug 向我介绍这些作品。"The New Urbanism Takes Hold," *Utne Reader*, May/June 1994, pp. 28-30. 同样描述了该运动。

54 Todd W. Bressi, "Planning the American Dream," in Katz, *The New Urbanism*, p. xxx; Peter Calthorpe, "The Region," ibid., p. xi。关于封闭性的私人社区，参阅 Calthorpe, *The Next American Metropolis*, p. 37; and Timothy Egan, "Many Seek Security in Private Communities," *New York Times*, September 3, 1995, pp. 1, 22。

55 引自 Calthorpe, *The Next American Metropolis*, pp. 17, 23; 同样可参阅 Bressi, "Planning the American Dream," p. xxxii; and Andres Duany and Elizabeth Plater-Zyberk, "The Neighborhood, the District and the Corridor," in Katz, *The New Urbanism*, pp. xvii-xx。关于 Seaside 和 Laguna West 的面貌及描述，参阅 ibid., pp. 2-29。

56 Harry C. Boyte, *Common Wealth: A Return to Citizen Politics* (New York:

Free Press, 1989), pp. 49-61, 81-86; Ernesto Cortes, Jr., "Reweaving the Fabric: The Iron Rule and the IAF Strategy for Power and Politics," in Henry G. Cisneros, ed., *Interwoven Destinies: Cities and the Nation* (New York: W. W. Norton, 1993), p. 303.

57 Boyte, *Common Wealth*, pp. 87-99; Mark R. Warren, "Social Capital and 303
Community Empowerment: Religion and Political Organization in the Texas Industrial Areas Foundation" (Ph. D. diss., Harvard University, 1995), chap. 2; Geoffrey Rips, "A Democratic Conversation," *Texas Observer*, November 22, 1990, pp. 4-5; Mary Beth Rogers, "Gospel Values and Secular Politics," ibid., pp. 6-8.

58 COPS的组织者 Christine Stephens 的谈话,引自 Boyte, *Common Wealth*, p. 90。

59 Peter Applebome, "Changing Texas Politics at Its Roots," *New York Times*, May 31, 1988; Laurie Goodstein, "Harnessing the Force of Faith," *Washington Post*, February 6, 1994, pp. B1, B4; Boyte, *Common Wealth*, pp. 90-94, 191.

60 Shirley Williams, "Sovereignty and Accountability in the European Community," in Robert O. Keohane and Stanley Hoffman, eds., *The New European Community* (Boulder: Westview Press, 1991), pp. 155-176; Vaclav Havel, address to the General Assembly of the Council on Europe, Vienna, October 9, 1993, trans. Paul Wilson, *New York Review of Books*, 40 (November 18, 1993), p. 3.

61 Jane Addams, *Democracy and Social Ethics* (New York: Macmillan, 1907), pp. 210-11.

62 Herbert Croly, *The Promise of American Life* (1909; reprint, Indianapolis: Bobbs-Merrill, 1965), pp. 271-73.

63 *Our Global Neighborhood: The Report of the Commission on Global Governance* (New York: Oxford University Press, 1995), pp. 154, 257, 303-4, 5, 46-49, 336.

64 Richard Falk, "The Making of Global Citizenship," in Jeremy Brecher, John Brown Childs, and Jill Cutler, eds., *Global Visions: Beyond the New World Order* (Boston: South End Press, 1993), pp. 39-50; Martha Nussbaum, "Patriotism and Cosmopolitanism," *Boston Review*, October/November

1994,p. 3.

65 Montesquieu,*Mes pensées*,*in Oeuvres completes*,ed. Roger Chaillois(Paris: Gallimard,1949),nos. 10,11,pp. 980-81.

66 Ibid.,no. 604,pp. 1129-30.

67 Johann Gottfried Herder, *Ideas for a Philosophy of the History of Mankind*(1791), in *J. G. Herder on Social and Political Culture*, trans, and ed. F. M. Bernard(Cambridge: Cambridge University Press, 1969), p. 309; Charles Dickens, *Bleak House* (1853) (Oxford: Oxford University Press,1987),chap. 4,p. 36.

68 Tocqueville,*Democracy in America*,vol. 1,chap. 5,p. 68.

69 Thomas Jefferson to Samuel Kercheval, July 12, 1816, in *Jefferson Writings*, ed. Merrill D. Peterson(New York: Library of America, 1984), pp. 1399-1400. 70.

70 参阅 Richard H. King,*Civil Rights and the Idea of Freedom*(New York: Oxford University Press,1992)。

71 Martin Luther King Jr., *Where Do We Go from Here: Chaos or Community?* (1967), 重印于 *A Testament of Hope: The Essential Writings and Speeches of Martin Luther King Jr.*, ed. James M. Washington(New York: HarperCollins,1986),pp. 566-67。

72 参阅 Aldon D. Morris, *The Origins of the Civil Rights Movement* (New York: Free Press,1984)。

73 King,*Where Do We Go from Here?* p. 611.

74 这里的引文来自于 Patrick J. Buchanan 在 1992 年 8 月 12 日美国共和党全国代表大会的演讲。同时,也来源于 Richard L. Berke,"A Conservative Sure His Time Has Come,"*New York Times*,May 30,1995,p. A1. 关于 Buchanan 的论述。

第十五章　权利话语:穷途末路的政治言辞 305

玛丽·安·格伦顿①

历史告诉我们,自由不是想当然就能实现的,自由与自治受到一定条件的限制。美国的国父们明白,这些条件包含公民与公仆的品格和能力。一个民主共和国需要充足的公民,需要他们谙于审议和妥协的艺术,能够取得共识并说明理由。要想自由不堕落为放纵,那么多数公民都必须负责任地行使他们的自由权利,并尊重邻居的权利。然而,品格和能力不能强求,它们需要一定的社会和政治环境。387
只有那样,催生良好公民与政治家的品质和技能,才会得到孕育并薪火相传。换言之,全世界的民主试验,依赖于一种文化生态。

美国人坐拥富饶的自然和人力资源,因而太过容易忘记,这个“诞生于自由之中的新国度”是一个大胆的试验,至今依然如此。古典政治哲学家认为,幅员辽阔、人口异质不利于一个共和国的生存,美国的国父们明知这一点,却故意挑战先人的智慧。宪法的起草者相信,通过精巧地设计政体,他们已经解决了这一问题。然而,他们

---

① 玛丽·安·格伦顿(Mary Ann Glendon)系哈佛大学伦尼德·汉德(Learned Hand)法学教授,专门从事家庭法研究。本文节选自其著作 *Rights Talk: The Impoverishment of Political Discourse* 一书的第五章“The Missing Dimension of Sociality”(已有中译本,《权利话语:穷途末路的政治言辞》,周威译,北京大学出版社,2006。本篇篇名采用了该书的译法),以及她与 David Blankenhorn 合著 *Seedbeds of Virtue: Sources of Competence, Character & Citizenship in American Society* 一书的“Forgotten Questions”部分,第 1—15 页。——中译注

也承认，这一雄心勃勃的计划将对公民和政治家提出更高的要求。在《联邦党人文集》第五十五篇中，麦迪逊直截了当地指出："因为人类有某种程度的劣根性，需要有某种程度的慎重和不信任，所以人类本性中还有其他品质，证明某种尊重和信任是正确的。共和政体比任何其他政体更加以这些品质的存在为先决条件。"[①]他承认，随着
306 国家的发展，没人能预测这些品质是否会长青，但他还是自信地表示，美国人民"当下的天才"与"政治品格"足以应对这个挑战。

在早期，共和国的品格、能力与公民德性仿佛能做到自给自足。由家庭、教会、乡镇和一系列小型社群构成的社会环境，是公民美德的重要温床，也是培养公民权的学校，它看上去像重力一样永恒，我们依赖它的连续存在而站稳脚跟，并成为自身环境的一部分。多数男子、妇女和儿童生活在家庭农场，或涉足家族生意（二者都需要参
388 与者的紧密合作）。乡镇模式的政府也为参与性活动提供了许多机会——从行政委员、护篱官（fence-viewer）到市政会议的代表。社会环境好比自然环境般浑然天成；我们似乎在社会和自然两方面都被赋予了无尽的财富。

欧洲大陆的情况却很不一样。法国的革命者，一心想废除旧制度中横亘在市民与国家之间的中介团体，却在不经意间将"市民社会"这一迥异于国家的存在，推入了政治言辞的核心议题。1789 年的革命者有意将矛头对准封建等级、教会、行会以及家庭组织的许多方面，认为它们压迫个人，并与国家争夺市民的效忠。拿破仑最终实现了这一目标，剥夺了村社和地方政府的大部分权力，以组建一个强大的中央政府来完成国家的统一。尽管著名的《拿破仑法典》修正了

① 译文据汉密尔顿等《联邦党人文集》（商务印书馆，程逢如、在汉、舒逊译，1980），第 286 页。——中译注

家庭法中的激进变革（例如允许单方面离婚的条款），但其对继承法的重大改革，却延续了革命中分割大家族财产的计划。作为法国大革命遗产的一部分，有关市民社会的争论在十九世纪横贯了欧洲大陆。托克维尔、涂尔干、黑格尔、马克思等人都用了大量篇幅，来讨论个人、市民社会中的各种机构与国家之间实然或应然的关系。

在国家和社会曾尖锐对立的法国，托克维尔思考过，当一度被视为过于强大的社会机构衰落时会发生什么。他指出，随着中央集权国家的发展，那些曾被认为扼杀个人发展、阻挠国民团结的团体，最终会被证明是对个人自由的基本保障，以及对政府的制衡。他担心，与日俱增的个人主义（“我们的祖先并不了解这个词”），加上对物质享受的过度迷恋，将使得人民在不知不觉中受制于一种新的暴政。
对他来说，随着家庭、宗教以及行业互助的纽带日渐松弛，人民将更 307
倾向于只考虑自己的利益，而对公益漠不关心。[1]

他认为，美国人有着摆脱这一命运的天赐良机。乡镇一类的机构给他留下了深刻的印象，公民可以在那里积累起“有关他们义务的性质，以及他们权利的范围的明确、实际的理念”。[2] 他还写道：“地方机构之于自由，就如小学教育之于科学。它们将自由带给人民，教导人民安享自由和学会让自由为他们服务。在没有地方机构的条件下，一个国家虽然可以建立一个自由的政府，但它没有自由的精神。”[3] 他指出，如果民主国家无法“向全体公民灌输那些使他们首先懂得自由和随后享用自由的思想和感情，以致谁都不能独立自主”，[4] 那么情况将十分危险。他发现，在任由公共美德消失的国度，只有“顺民”而没有“公民”。[5]

但直到一个多世纪以后，这一真知灼见才在大西洋彼岸被广泛认可。盎格鲁—撒克逊的传统政治思想，关注个人、市场和国家，并没有为构成市民社会的各类社会体制创造专门的词汇，或提供一个充分的概念体系。[6] 在美国，市民社会研究的盛行，仅仅是因为城市化、官僚体系、人口流动、大众文化以及中央集权的政治权力，使得人民与遥远政府之间的关系，愈发失去中介机构的调停。

曾几何时，美国人似乎拥有了一切——自由与平等不断深入人心，再加上远离了物质的贫乏——一切都由习性和信仰维持，过度的欲望亦受到压制。我们证明了在一个幅员辽阔、人口异质的地方，共和国不仅能存活，甚至还能繁荣发展。在疆域不断延伸、人口愈发异质的同时，我们的胆子也越来越大——我们胆敢要求自己履行更多的公民义务。三十年代的社会立法，为我们之中的穷人和弱者的福利，确立起一种集体责任，它要求公民不仅要为他人的需要，而且尽可能为自己及自己赡养对象的需要承担责任。“二战”以后，我们再次加大了赌注，国家认可了一种空前重要和宽容的公民美德，开始急

切地根除一切形式的不公正与歧视。然而，美国人赖以培育必要的习性和信仰的传统机构，却与此同时面临着前所未有的压力。

讽刺的是，正当我们开始认可社会条件的重要性，承认其对于品格和能力的提升作用时，个中关系无法用纯经济因素解释的、由各种
308 小型记忆和互助社群组成的“社会”，却似乎出现了相当大的混乱。就拿家庭来说，操持着“秩序井然的和睦家庭”的女性成为孩子的主要老师，这在托克维尔看来是理所当然的。这种家庭也是一个可靠的机构，人类在其中能够学会如何尊重他人，并节制贪婪和自私的本性。从家庭获得的习性，成为更高级技能的基础，以便适应日后在学校、工作场所等地的社群生活。我们的国父和托克维尔都不曾预想，家庭生活竟然会被强大的平等与个人自决理念严重扰乱；这些理念藉由政治机构而缓慢传播，也得益于忽然冒出的、令人口专家错愕的性别革命。

六十年代以来，离婚率、非婚生育数量以及参加工作的学龄前儿

童母亲的人数陡然上升。大约在同时,学校、社区、教会、地方政府以及行业协会等机构也出现了混乱迹象。传统上,这些机构依靠家庭的支持,并能在危难关头为家庭提供重要的援助。这并不是巧合。为了有效运转,家庭需要能挑起重任的成员,并获得各种外部社群的支持;但社群自身也需要彬彬有礼、善于合作的成员,这样的人又依赖家庭的培养。一个体系的问题,同样也为其他体系所困扰。

为了清楚地证明家庭与其他品格培育机构之间紧密的相互依赖性,从五十年代早期开始,艾米·维尔纳(Emmy Werner)博士率领研究小组开展了一项开创性的长期研究。[7] 该研究意在密切跟踪某中等规模社区内 1955 年出生的全部儿童的发展状况,从产前一直持续到成年。约有 45000 人口的夏威夷岛屿考艾(Kauai)被选为研究地点。岛上的居民愿意合作,多种族的人口结构也为研究儿童抚养行为中的文化差异提供了条件。考艾岛上的卫生、教育和社会服务, *391*
亦不逊色于美国本土同等规模的社区。

1955 年出生的 698 名考艾儿童中,有近三分之一曾被归类为“高风险”;也就是说,他们的成长面临至少四种不利条件:生理残疾、家庭失和、长期贫困,以及酗酒且未受过良好教育或有心理疾病的家长。(在这方面,考艾无异于本土的社区。)随着时间的流逝,研究人员惊讶地发现,许多不被看好的高风险儿童,成年之后却过上了富足的个人生活,并能回馈社会。引人注目的是,有三分之一的高风险儿童“在日后有着健康的人格、稳定的职业以及坚实的人际关系”。

出于困惑,维尔纳博士和她的小组试图寻找使得“幸存”儿童摆 309
脱逆境的原因,他们的调查继而确认了家庭社会生态的重要性。在监视这些孩子的成长过程中,研究人员认定某些“保护性因素”,能使孩子在逆境中健康成长。这些因素分为三大类。第一类因素与儿童的智力和其他个人特征有关,因而无法人为控制。(即使在婴儿时期，一些幸运儿就明显表现出性格优势，能引起他人的积极回应，如果有必要的话，还能被其他父母认领。）第二类因素不出意料地印证了我们的传统智慧：一个完整、稳定和交互的家庭，一名能与之建立起亲密纽带的看护人（可以不是父母），以及有组织、有规则的生活环境，都有益于儿童的成长。

第三类保护性因素更易受外界影响，了解生态理论的政策制定者应对其最感兴趣。考艾研究发现，家庭之外的各种支持体系，往往能彻底改变危险边缘青少年的生活。譬如，学校在许多幸存儿童的生活里扮演着重要的角色，被称作是“家庭之外的家庭、远离混乱家庭的庇护所”。一部分青少年还在诸如教会团体、基督教青年会、基督教女青年会、四健会（4-H）、童子军以及体育社团中找到了自己的榜样、良师和知己，并获得了友谊。正如维尔纳博士评论道：“得益于这些支持网络，适应力强的儿童寻获了生命的意义，以及可以掌握自己命运的信念。”积极参加教会（尤其是能热情地提供活动、认同感和使命感的教会）往往成为儿童生命中“关键的转折点”。[8]

有趣的是，在帮助儿童摆脱逆境的过程中，研究没有发现正式的社会服务机构或心理卫生专家的身影。[9] 同样地，当“幸存”儿童步入成年、遇到困难时，多数人会寻求非正式的支持或其他家庭成员的帮助，而非求助于专业人士。有鉴于此，维尔纳博士（她本人亦是一名心理学家）建议道：“对许多情况来说，强化亲属和社群内触手可及的非正式纽带，比扩大官僚机构的层级来提供服务显得更有意义，成本也更低。”家庭社会学家戴维·波普诺（David Popenoe）也独立地提出了同样的结论：“为了改善今天美国的儿童抚养状况，最重要的是要保护和培养那些现存的、天然的部落或村社级社群。这些社群以家庭为基石，不同的人通过自由结社和各种关系网络，在其中维持着
310 一种共同的生活。”[10] 他接着说道：“没有证据显示，对于家庭和社群

内传统的‘部落’结构,在现实社会中存在替代物。”

考艾研究的意义,因其偶然挑选的时机而变得更加重要。现在看来,1955 年的研究人员是一个未知研究领域的先行者。那年出生的儿童在进入青春期时,恰好遭遇横扫整个工业化世界的人口骤变期。出生率、结婚率和离婚率从六十年代中期开始出现大的变化,让各地的人口专家大吃一惊。1985 年,法国人口学家路易·拉塞尔(Louis Roussel)在回溯了相关国别数据之后发现:“从 1965 年至今,在十多亿工业化国家居民中,我们发现……人口指标出现了普遍的变动,这是人口史上罕见的现象。二十年来,出生率和结婚率不断下跌,离婚和非婚生育的数量却快速增加。这些现象突如其来,又影响深远,仅用了十五年时间,各自的变化比率均已超过 50%。这也是 1965 年以后所有工业化国家的普遍现象。”[11]

当变化袭来,考艾岛上的家庭和普通美国家庭一样,感受到了相同的压力。考艾研究中的儿童,一出生就遭遇六十年代大规模的社会变动,又被卷入当时雄心勃勃的“伟大社会”计划。① 不幸的是,就在这一时期,诸如家庭、社区和教会等化解不幸的传统机构开始解体。一篇刊载于《纽约客》杂志“街谈巷议”(Talk of the Town)栏目的文章一针见血地指出:“在这个国家里,人与人之间许多重要的联系正在萎缩。……一种联系的萎缩,会波及其他联系;一种联系的中断,则会对其他联系造成压力:如果失去与某个稳定社群的亲密联系,那么基于婚姻、血缘、宗教归属和历史感的联系也将岌岌可危——甚至还会殃及公民德性,因为只有从小型社群的成员身份中,才能生发出对大型社群的归属感。”[12] 393

① “伟大社会”是约翰逊总统时期推行的一系列社会计划的统称,意在消除美国国内的贫困和种族不平等现象,主要针对教育、医疗、城市和交通等问题。——中译注

今天，由维尔纳研究小组确认的风险因素正影响着更多的美国儿童，而曾改善五十年代出生的一小部分高风险儿童福利状况的保护性因素，却越来越失灵。六十年代只有不到10%的美国儿童生活于单亲家庭，这一数字却在八十年代末上升至近25%，而今天则有超过一半的美国儿童或多或少在单亲家庭中度过童年。绝大多数的这类家庭都由女性操持，它们的经济状况也是出了名地不稳定；近半数由女性当家、孩子不满六岁的家庭生活贫困。

311 因此，在现有条件下，家庭及其成员比以往更需要来自外界支持体系的帮助（比如考艾研究确认的那些因素）。即便是完整、有效的家庭也需要它们的帮助来维持，更不必说那些来自破碎家庭、有着特殊需要的个人。但曾经提供这类帮助的机构，如学校、教会、青年团体等等，自身也陷入了麻烦：它们在人员和力量上不仅是家庭和社区的后盾，也严重依赖对方。对这一困境更辛辣的反讽则是，与自然环境一样，社会环境面临的许多威胁，其实是进步的副产品。社会纽带的松弛与个人自由的巨大扩张不无关联，后者让人认识到自身的希望、梦想和野心；而威胁到家庭抚养与社会化能力的一些变化，则与女性教育和经济地位的改善相关。与此同时，在失去长期默认的女性无偿劳动之后，许多宗教团体和志愿组织不得不竭力设法弥补。

不论人们怎样评论这些新的条件，它们已经损害了社会培养习性和实践的能力，不利于引导良好的公民德性。内森·格雷泽(Nathan Glazer)指出："无论是支持激进的、平等主义的个人主义，还是捍卫各种复杂机制和社会纽带，论战的双方都令人尊敬……但如果前者胜出，正如其当下所为，则希望通过社会政策来创造更和谐的社会关系、运转更良好的社会机构的梦想就会破灭，而这原本是被广泛认可的、用来调节社会的适宜而正确的途径。"[13]

政治界已多次敲响警钟，提醒人们由于这个国家里危险边缘儿童数量的上升而带来的个人、社会和经济后果。令保守派和自由派不约而同地感到惋惜的是,绝大多数这类儿童将无法开发出全部的潜能。他们指出,这将对劳动力的质量、社会保险体系的命运、美国在世界经济中的竞争力以及成人和青少年的犯罪率带来不利的影响。但让人惊讶的是,他们没有对其**政治**后果,亦即抚养儿童的家庭、它们的环境以及支持机构的同时弱化对民主试验可能的影响,给予任何关注。

几个托克维尔式的重大问题长期被人们忽视:公民从何处习得尊重公益的能力?儿童从何处学会关心、尊重他人,而不是将他人视为目标、手段或障碍?是什么让一个人遵守诺言、抑制消费,让他无论疾病或健康,都能陪伴孩子、照顾生病的家人,并响应号召,为国家和不幸的人服务,同时不苛求于他的爱人、邻居和国家? 312

不祥的预兆出现了。1989 年,"支持美国方式的人民"组织(People for the American Way)就 18 至 24 岁美国青年的政治态度进行了调查,结果令人不安,因为他们沮丧地发现,几乎所有的受访者都缺乏对公民参与重要性的认识:"年轻人只了解半部美国历史。他们始终将个人幸福放在首位,将美国特有的排斥任何服务和参与、自由放任的观念发挥到极致。这些年轻人无疑会感激各种民主自由的权利,因为在他们看来,这些权利使得自己的国家'领先于世界',但他们却不懂得用履行良好公民的责任和义务来报答。"[14] 当被问及"良好公民"应具备的素质时,只有 12%的年轻人提及投票;不到四分之一的年轻人认为帮助自己的社区变得更美好很重要;值得注意的是,当被问及美国的独特之处时,只有 7%提及美国是一个民主国家。

这个组织没有解释年轻人如此缺乏公民责任感的原因。事实上,人们容易将他们的态度仅仅归结为一种不成熟的表现;这一代年轻人的父母，也曾经同样地以自我为中心、政治冷漠。然而，这一解读被泰姆士–米洛中心（*Times-Mirror*）①的研究推翻。该研究回溯了五十年来有关公共舆论的数据，将 90 年代的年轻人与以往的美国人进行比较。[15]调查发现，相比于前五十年，90 年代的年轻人更加无知与冷漠，他更少投票，也更少批评政府。此外，年轻的社会成员在过去可以同他们的长辈一样见多识广，但这项研究发现，情况已今非昔比。泰姆士–米洛小组对此并没有给出解释，他们只是猜测“家庭的衰落”在其中扮演了重要的角色，此外还有“电视”和“缺乏动员性事由”的作用。

即使人们开始更加认真地关注这一市民社会危机的政治影响，但他们依然不清楚可以采取哪些具体的手段。公共政策的制定，似乎更需要一种“生态学”的视角。[16]表面上，强大国家、自由经济与充满活力的市民社会三者密不可分，但它们同时又给对方和公民个人构成潜在的威胁；三者中只要有一方出现了严重的问题，或者过多地侵占了其他两方的合法空间，都将给整个民主事业带来危险。这样

313 看来，国家、市场和市民社会之间的张力是永恒且无法避免的，问题只是在于如何维持某种均衡，保留它们所带来的好处，而限制它们的破坏力量。既然相比于市场和国家，市民社会的结构已变得十分脆弱，问题就变成应如何利用法律和政策来帮助市民社会复兴，或至少避免进一步伤害这些脆弱的机构。因为我们在法律和观念上都过于关注个人、市场行为者和政府，从而阻挠了这一艰巨任务的实现。

事实上，我们尚不清楚如何支持、强化乃至避免伤害这些现实的、相互制约的体系，它们巩固了自由市场和民主国家，并缓解两者

---

① 泰姆士—米洛中心，英文全称为 The Times-Mirror Center for the People & the Press，1996 年之前由 Times-Mirror 公司资助，故名。现名为 the Pew Research Center for the People & the Press。——中译注

的矛盾。相比于自然环境,我们对社会环境的变迁也知之甚少。因而,我们需要谨慎地推行生态学视角的公共政策,从地方的、小规模的试验开始,而不急于自上而下实行大规模的、标准化的项目。我们需要重新思考调控的手段,因为自由派属意的笨拙的、自上而下的调控政策,并不是保守派倡议的自由放任的唯一替代品。相反,调控政策可以通过提倡自我组织和私人自律(如 30 年代的劳工立法),或帮助家长重新掌控孩子的教育(如择校计划),将权力授予市民社会的中介机构。在诸如教育、医疗和照看儿童等社会服务受到关注的地方,小型的支持型机构(宗教团体、工人协会)就能胜过国家官僚体系,以更加经济和人道的方式将这些服务送抵千家万户。[17]令人振奋的是,人们对联邦主义和辅助性原则(将社会任务分派给足以胜任的最小社会单元)重新产生了兴趣。

"不伤害"往往是家庭政策的最佳指导原则,政府应努力不去损害家庭所依赖的社会结构。作为底线,我们应警惕政府或雇主的政策在不经意间打击、阻挠甚至降罪于那些勇于担起家庭角色的人。当然,我们也问心无愧地将青年社会化的责任交给家庭,并鼓励、扶助和奖励履行家庭义务的个人。

如同自然生态系统一样,家庭生活的解体、其他社会网络的萎缩,可能已经到了无法修补的地步。美国社会也许已经制造了太多的个人,他们或无从履行父母责任,或无力维持人际关系,或无法融入公民生活。迈克尔·沃尔泽警告道,从地理、社会、政治到婚姻,美国人有着一部特殊的流动史。他说道:"这部历史造就了独特的美国 314
人——独来独往、承载权利、结社志愿、言论自由、无拘无束的美国人。"[18]人们会好奇,这样一个民族会重新趋于稳定和自我约束吗?

一个如我们般自由开放的社会,能否避免破坏自身的文化基础?国父们相信,依靠反思和选择,一个好政府就可以建立并维持。两百多年来，这一赌局的结果仍未揭晓。自由民主制度似乎是一个矛盾体，有着天生的破坏力，足以摧毁其赖以为生的各种品质和机构。矫正这一问题又会带来另一个悖论：为了自己的生存，自由主义需要克制将自身的形象强加于市民社会的各个机构上。而事实上，民主试验却需要将某些机构保留在自由政体之内；这些机构（比如家庭）不必是民主、平等或自由的，并能取代国家而获得成员的最高效忠。

也许有人会质疑，要在这样一个政体中包含大量的小型机构，而且这些机构所希望的美德与政体的昌盛所要求的美德并不一致，这如何可能？又有什么能确保这些温床培育出公民美德之花，而不是内乱的杂草？这类问题的答案——至少是通向更明智判断的途径——不仅在于温床，最终还在于种子，即人类个人：他有着独特的个体性，却又难逃社会性；他是不羁激情的产物，却又能超越甚至改造这些激情；他认知、他选择，在认知和选择的过程中，他铸就了自己，而不论结果是好是坏。

因此，新兴的自由生态学研究应从人类个人开始，考虑其全部缺点和能力。品格和能力应首先通过个人或集体的才能而显现，他们反思自身的存在，认真地思考问题，为了追求美好生活而做出判断。和其他美德一样，公民美德只有在日常实践中才能获得。我们生活、工作和抚育孩子的环境，则能维护或破坏这些实践。人类设计的规则和制度，反过来又可以在某些程度上影响这些环境。有能力创造规则和制度的人类，又能重塑它们。和古代世界一样，一切取决于我们如何利用曾被索福克勒斯赞颂的人类品质——《安提戈涅》中著名的合唱"人之礼赞"（Ode to Man）有云："他掌握了语言的艺术和像风一般快的思想，以及社会生活的技巧。"难怪诗人用来描述我们这个物种的字眼，其含义除了"聪明"之外，还有"吓人"和"可怕"。[19]

注释

1 Alexis de Tocqueville, *The Old Regime and the French Revolution*, trans. Stuart Gilbert(New York:Doubleday Anchor,1955),xiii. 315

2 Alexis de Tocqueville, *Democracy in America*, trans. George Lawrence, ed. J. P. Mayer(Garden City,N. Y.:Doubleday Anchor,1969),I,70.

3 Tocqueville, *Democracy in America*, 63.

4 Tocqueville, *Democracy in America*, 315.

5 Tocqueville, *Democracy in America*, 93-94.

6 许多领域的学者,尤其是偏社会学的,都持有该观点。尤见 Alan Wolfe, *Whose Keeper? Social Science and Moral Obligation*(Berkeley: University of California Press,1989)。另见 Robert Bellah et al., *Habits of the Heart: Individualism and Commitment in American Life*(Berkeley: University of California Press, 1985); Amitai Etzioni, An Immodest Agenda(New York: McGraw-Hill, 1983); Nathan Glazer, *The Limits of Social Policy*(Cambridge: Harvard University Press,1988)。

7 Emmy E. Werner,"Children of the Garden Island," *Scientific American*, April 1989,106-11。另见 Emmy E. Werner and Ruth S. Smith, *Vulnerable but Invincible: A Longitudinal Study of Resilient Children and Youth*(New York: McGraw-Hill,1982); Emmy E. Werner,"High-Risk Children in Young Adulthood: A Longitudinal Study from Birth to 32 Years,"59(1) *American Journal of Orthopsychiatry* 72(1989)。文中引文除另行标注外,均来自《科学美国人》杂志。

8 Spencer Rich,"Troubled Children Assessed"(interview with Dr. Emmy Werner),Washington Post,17 April 1990.

9 在研究进行了二十年之后,研究者发现只有很小一部分适应力强的儿童曾联系过社会服务机构,并主要是为了获得临时经济资助。他们中没有人想要或得到了心理健康服务人员的帮助。Werner and Smith, *Vulnerable but Invincible*, 96-97。

10 David Popenoe,"The Roots of Declining Social Virtue: Family, Community, and the Need for a 'Natural Communities Policy',"in *Seedbeds of Virtue: Sources of Competence and Character in American Society*, Glendon and Blankenhorn, eds., 94.

11 Louis Roussel,"Démographie: déux decennies de mutations dans les pays

industrialisés," in *Family, State, and Individual Economic Security*, ed. M.-T. Meulders Klein and J. Eekelaar (Brussels: Story Scientia, 1988), I, 27-28.

12 "The Talk of the Town," *New Yorker*, 30 August 1976, 22.

13 Glazer, *The Limits of Social Policy*, 155.

14 People for the American Way, *Democracy's Next Generation* (Washington, D. C.: People for the American Way, 1989), 27.

316 15 Michael Oreskes, "Profiles of Today's Youth: They Couldn't Care Less," *New York Times*, 28 June 1990, A1, D21.

16 与许多人一样，我发现在分析当代社会现象时，生态学是一个非常有用的概念。见 Bellah et al., *Habits of the Heart*, 283 ("social ecology"); Urie Bronfenbrenner, *The Ecology of Human Development* (Cambridge: Harvard University Press, 1979); Clifford Geertz, *The Interpretation of Cultures* (New York: Basic Books, 1973), 3 ("cultural ecology"); Mary Ann Glendon, *The Transformation of Family Law* (Chicago: University of Chicago Press, 1989), 306 ("family ecology") and *Rights Talk* (New York: Free Press, 1991), chapter 5; Alan Wolfe, *Whose Keeper?*, 256。

17 Peter L. Berger and Richard John Neuhaus, *To Empower People: From State to Civil Society* (Washington, D. C.: American Enterprise Institute, 1996).

18 Michael Walzer, "The Communitarian Critique of Liberalism," 18 Political Theory 6, 11-12 (1990)。根据 Stephan Thernstro 的说法，流动性至少自十九世纪初以来就已成为美国人生活方式的一部分。"这既不是边境特有的现象，也不是大城市特有的现象，这是一个全国性现象"，人们在村庄、市镇以及城市之间来来往往，"速度极快且令人惊奇地步伐统一"。*The Other Bostonians: Poverty and Progress in the American Metropolis 1880-1970* (Cambridge: Harvard University Press, 1973), 227。

19 Richard M. Weaver, *The Ethics of Rhetoric* (Chicago: Regnery, 1953), 119.

第十六章　进步主义对市民社会的侵犯

威廉·沙姆布拉[①]

今天,无论是报纸杂志、电视节目、政治演说还是各类学术研讨会,乃至各个国家级委员会,到处都充斥着有关当代市民社会的话题,让人不禁憧憬其光明的前景。而在70年代末,当我进入美国企业研究所(American Enterprise Institute,AEI),成为一名年轻研究助理并首次接触到这一概念时,它还鲜为人知。在一伙知名经济学家和政治科学家的光环笼罩下,几个不起眼的学者开始探究如何通 401
过“中介结构”——而非政府或市场——来满足人类的需求。他们所谓的“中介结构”,既包括了家庭、社区和教会,也包括了种族和志愿社团,以及其他在个人和国家间起到中介作用的社会机构。

许多人将AEI视为一个持保守主义立场的智库,但市民社会绝非是一个保守主义观点。罗伯特·尼斯比特确实是一名右派人士,因为他曾在自己的名著《寻找共同体》中提醒我们注意“中介社团”中心论对人类福祉的危害。[1] 但我们不能以此称呼社会学家彼得·伯杰和反战牧师理查德·约翰·诺伊豪斯,他们合著的《赋权于民》率先对中介结构承担的公共服务进行了研究。[2] 曾为乔治·麦加文

---

① 威廉·沙姆布拉(William A. Schambra)系美国威斯康星州密尔沃基林德与哈里·布拉德利基金会一般项目主任,曾任职于市民复兴全国委员会、老布什政府以及美国企业研究所。——中译注

(George McGovern)①撰写讲稿的迈克尔·诺瓦克更是在《不灭种族之崛起》(*The Rise of Unmeltable Ethnics*)一书中明确希望，有朝一日，中介结构能成为左派复兴的基地，“能将初级群体中的家庭、种族和志愿社团转变成有机的公共生活网络”。[3]

以意识形态为标准对这一小群学者进行分类的困难还不止于
318 此，因为这些人还有另一个共同特点：他们不仅戳穿保守主义对市场和顽固的个人主义(rugged individualism)的幻想，也批判自由主义对国家的迷恋。他们坚信，两种主义都没有充分考虑到这些介于国家和个人之间的卑微的市民机构。而正是通过这些机构，美国人民才得以保留传统的生活方式，进行自我管理，均摊收益与风险，树立、传承一套特有的道德和精神观，获得归属感，实现自身的目的与意义。总之，鉴于国家和个人同时从上下两个层面牵扯了我们大部分的政治精力，这些学者对国民生活中这个脆弱而关键的中间地带的未来表示出了深深的忧虑。

谁会想到，这个70年代沉闷晦涩的社会学术语却在今天被堂而皇之地冠以“市民社会”而出现在主流杂志的封面上。就连美国的参议员们也在巧言歌颂它的优点，如比尔·布拉德利(Bill Bradley)曾说，在这个介于国家和个人之间的领域里，“美国人组织家庭、维系婚姻、抚养家人、交往友邻、教育子女并热爱上帝”。[4]

然而，这并不意味着支持中介结构的一方就取得了全胜，因为一般说来，树大招风，市民社会的前景远非这般光明。那些报章头条分明在告诉我们，今天的美国公民正成批地脱离他们所属的公共机构，甚至拒绝投票，减少参与公共事务。他们更热衷于享受并捍卫个人权利，集体背弃任何市民或道德责任。人们不再加入市民社团，以

① 曾为1972年美国总统竞选民主党候选人，败于尼克松。——中译注

“独自玩保龄球”[5] 取而代之。

当前，社会科学家之间对于市民活力的衰退幅度（甚至是否存在这种衰退）存在着严重分歧。但无论对此经验问题持何种立场，我们都无法否认市民机构正面临许多强大的思想和社会潮流的挑战，不得不为生存而苦苦挣扎。正如 AEI 的那一小群学者于 70 年代所讨论的那样，今天人们也将侵蚀市民社会的责任归于市场和国家的双重压力。

在本章中，我将首先考察市场与市民社会的关系。二者之间确实存在摩擦，但我认为，这种摩擦（或张力）正是我们国家政治生活的设计师们想要的，在总体上是健康而有益的。另一方面，国家与市民社会的关系则并不那么健康。纵观二十世纪，国家一直试图侵犯市
民社会的禁地而主宰社区建设。按照国父们的理解，一个强大的联 319
邦政府本身并不与市民社会的繁荣相冲突，但一个明确提出建设大国家社群、并从下级社群攫取权威和职能的联邦政府则是另一回事。

市民社会与市场

在当代，保守派常为自由派诟病的一点是，他们忽视了市民社会与市场（以及它所代表的个人主义和物质主义）之间的张力。诚然，保守主义中的自由至上派并不关心这种摩擦，但这一立场却不为以罗伯特·尼斯比特为代表的保守派所接受。

尼斯比特在《寻找共同体》一书中说道：“不幸的是，（市民）机构和关系在资本主义时代注定要被不断地损耗。”[6] 他警告道，市场制造并歌颂一种贪图享乐的个人主义，必然将公民与他的市民义务相剥离，并侵蚀家庭、教会和社区的权威；资本主义的力量在于垒筑一个“由一粒粒孤立人性组成的沙丘”，[7] 在于“让更多的人获得社会

'自由',却又失去保障",[8] 从而将公民推向国家的怀抱,并使得"聪明人不再试图宣传十九世纪的个人主义,来扭转当下趋向绝对政治社群的大势"。[9] 可见,这位保守派人士十分清楚市民社会与市场之间的张力。

然而在美国背景下,这种张力正是国父们的遗产之一。詹姆斯·麦迪逊、亚历山大·汉密尔顿以及其他主要联邦党人认为,唯一合法的政府必须能保障《独立宣言》声明的个人"不可剥夺的""生命权、自由权和追求幸福的权利";他们十分不情愿将这些权利交予当时小而同质的各州处置,因为他们知道,那里的多数人会轻易联合起来,图谋对少数人权利的压迫和侵犯。

按照马丁·戴蒙德(Martin Diamond)的观点,为了走出这一困境,国父们试图通过立宪建立世界上第一个大型、现代的商业共和国。[10] 在这个共和国里,市场被指望创造出无数的职业和经济利益(《联邦党人文集》第十篇中著名的"利益的多样性"),从而使得图谋压迫变得异常困难。

320 商业需要广阔的市场,广阔的市场则需要"广袤的领土"——领土之广袤,需要一个强大的国家政府才能保障有序的治理。这一国家政府将成为个人权利的守护者,使其免受地方上多数人的侵犯,并在必要时强行介入;但更多的时候,它会为商业发展提供强有力的、遍布整个大陆的基础设施,从而分化、瓦解地方上潜在的压迫势力。[11]

国父们完全清楚,商业会带来并不那么诱人的结果,即自利的个人主义和物质主义。这将反过来削弱传统地方市民社群的权威。但对联邦党人来说,商业的罪恶亦是其主要优点。他们从历史中学到,由内聚的意识形态或宗教感情支配的小型社群往往会践踏个人权利,而政府的首要目标就是要保护这些个人权利。汉密尔顿在《联邦党人》第十二篇中写道，通过“增加报酬手段”以及“促进人们贪婪和冒险的心爱物品——贵重金属的采用和流通”，政府能保证其公民的生活，更多地由相对温和的对物质繁荣的自利追求所支配，而不是那种曾经危害人类权利的宗教或哲学热忱。[12]国父们知道市民美德或市民社会与市场之间存在张力吗？他们一定知道，而且还是始作俑者。

美国的建国若只靠商业共和国来推动，那么美国早已变成尼斯比特笔下“由一粒粒孤立人性组成的沙丘”。幸运的是，反联邦党人做出了另一项关键性的贡献。按照赫伯特·斯托林（Herbert Storing）的说法，当时的公共人物如理查德·亨利·李（Richard Henry Lee）、帕特里克·亨利（Patrick Henry）、摩西·沃伦（Mercy Warren）和梅兰克顿·史密斯（Melancton Smith）“也享有国父之尊称”。[13] 405

这些政治理论家并不接受大型商业共和国理论，也不认为其可行。他们诉诸孟德斯鸠的《论法的精神》，坚信共和主义的唯一出路，在于培养有公共精神或美德的公民，这些人会为了公益而自愿放弃一己私利。“对法律和祖国的热爱”鼓舞了他们，使得他们“常常将公共利益置于私人利益之上”。[14]当然，这种对于市民美德的苛刻要求，仅能存在于小型、紧密的社群，因为当地公民能感到彼此一体，所谓的公共事务也贴近生活、易于理解。反联邦党人还强调，若要团结这些紧密的社群，就得制定严格的道德或宗教准则。他们中的某个人写道：“除非基督教的虔诚和道德得以普及，再完美的共和国宪法也无法拯救吾辈于奴役和毁灭。”[15]

反联邦党人明白，共和主义的所有这些关键特质，终会遭受大型 321
商业政体的冲击。一个规模庞大但却遥远的联邦政府让人民产生距离感和疏远感，无法融入其治理。商业会腐化市民美德，诱使人民背弃对公共事业的承诺。他们中有人写道:“随着人民变得愈发奢侈,他们也愈发没有能力管理自己。”[16]商业还削弱了原本强大的道德和宗教纽带,使得一个讲求德行的共和主义社群变得岌岌可危。摩西·沃伦担心,美国人可能命中注定要重蹈欧洲人的可怕覆辙:“为了换取报酬,他们可以牺牲一切道德纽带,从而越过宗教的藩篱,从根本上背弃了信仰。”[17]

显然,反联邦党人拥护的那种小型的、讲求德行的共和国对于联邦党人的宏伟蓝图来说是不切实际的,所以他们在制宪会议上努力施压,试图削弱由麦迪逊、约翰·兰多夫(John Randolph)等人提出的激进国家主义方案。今天的我们虽然面对着一部强势的国家宪法,但由于他们的努力,在这部宪法中国家政府受到了诸多的分权限制,从而将市民生活中关键的日常事务的管理权,留给了州、地方和市民社团。

充满活力的市民社会构成了美国历史的一部分,对此,我们更应该感谢不太有名的反联邦党人,而不是那些广为人知的政治家,如麦迪逊或汉密尔顿。尽管我们的市民机构与他们预想的严格讲求德行的共和国相去甚远(联邦党人一直提醒他们,哪怕是在建国时期,这种讲求德行的共和国也是不存在的),但他们写入宪法的一道道对抗国家集权的屏障,却为地方市民和公共社团的繁荣划出了一片世外桃源,使得反联邦党人看重的特质,如市民美德、公共精神、宗教信仰以及对社群的热爱和参与精神,至少有了一定程度的发展。

没有人比托克维尔更了解美国生活的复杂性:联邦主义的大共和与反联邦主义的小共和并存,从中迸发出当前市场与市民社会之间的张力。按照托克维尔的说法,美国人“强行调和了”“这两个理论上不可调和的体系”。[18]但他无法为这种政体命名——它是一种“不完整的国家政府”,[19]结合了“大国和小国的许多优点”。[20]

托克维尔知道，美国注定会繁荣昌盛，因为它是一个大型的商业共和国，能充分发挥“个人不受约束的力量和常识”。[21]这导致了时至今日的某些著名问题：“商人必须付出很大努力，才能将注意力从私 322 人事务转向社群”，从而导致了公共事业的衰落，或落入遥远的、有可能是专制的国家手里。[22]更有甚者，商业“对于舒适的热爱”会侵蚀个人的道德和精神力量；它所追求的目标虽然“卑微渺小”，但“灵魂迷恋它们，每天惦记着它们……最终，它们会将世界的其他部分拒之门外，有时还会损害灵魂与上帝的关系”。[23]

但托克维尔补充道，通过诉诸地方自治和市民社团的传统，美国人有办法逆转趋势，而这些传统经反联邦主义的小共和国拥护者激烈抗争，才以立宪方式得以存续。美国的立法者巧妙地“赋予这片土地上的每个组成部分以特有的政治生活，从而使得公民有无数的机会一起行动，使得他们每天都会感到相互依赖着”。[24]在“每个部分的”政治生活中，公民被稳固的家庭、紧密型社区、活跃的志愿或互助社团以及强大的教会组织紧密地联系在一起。通过这些小型的、地方的、个人层面的社团，美国人不仅获得了归属感和联系感，也使得自己直接投身于解决最重要的人生问题。作为对托克维尔的回应，尼斯比特说道：“这些社会群体以联合的方式，解决了诸如生死、婚恋、择业、抚养老弱等社会问题，尽管有时做得还不够。”[25]

托克维尔知道，多亏了小共和国拥护者的推动，公民才得以全然创造属于他们自己的公共生活，解决自身的社会问题，并能抵制诱惑，不让自己沉浸在自利的对物质的单纯追求中。此外，他们有能力在地方建设一个高度凝聚的、强大的道德和精神社群（由教会、学校、社会群体和社区相互支持、指导与充实），使得精神和道德能免于自由市场的威胁而不至于衰落。

对托克维尔来说，“两个理论上不可调和的体系”被“强行调和”，绝对是美国得以生存延续的关键。他在考察“合众国里倾向维持民主共和政体的主要因素”时，首先列举了“联邦制……这种制度使得合众国同时享有大国的实力与小国的安全感”。[26]

在托克维尔看来，这两个体系或两种主义之间会始终存在张力，每一方都想消灭或战胜另一方。譬如，身处那个时代的他曾担心州
323 和地方会过度强大而挑战联邦的地位。但他预言，对未来造成真正威胁的将是国家政府，它会逐步走向集权，并可能吞噬作为市民生活核心的地方机构。[27]不过托克维尔知道，为了避免一种原则过度强大而带来混乱与不确定性，美国人找到了行之有效的方法，兼采两种原则的优点，并尽可能地减少它们的危害，最终为今天的我们创造了一套同时包容自由与社群的政体。

回顾托克维尔美国之行后的一个半世纪历史，我们不得不同意他有关全国性市场与地方市民生活之间存在张力的观点；作为宪法体现的大、小两种共和国特征相互作用的产物，这种张力在总体上保持了健康与活力，并相互削弱了对方的阴暗面。虽说某些重要的美国文学传统用前景黯淡、狭隘异常、荒谬可笑、精于说教和残暴专制来描绘美国的种族和宗教社群，但任何公正的分析都会告诉我们，尽管有过度膨胀的可能，美国人的结社生活还是较传统社会的村落生活来得更加宽容和开放。

对此，我们必须感谢这个全国性的商业共和国。它通过遍布各处的贸易和金融网络，迫使地方社群无法将自己孤立于外部商业世界的温和习俗与价值观之外。商业驱使商人对“外人”友善，因为后者会是潜在的顾客；商业平抑意识形态和宗教热忱，因为它让商人明白，只有早起工作，繁荣市镇，才能吸引落魄作家前来定居，并以传统

市镇价值观(Main Street)[①]的保守专制为题材，写出获得巨大商业成功的小说。曾有人威胁说，“市民社会复兴”会反过来让美国堕落成一个由敌对种族和宗教派系组成的野蛮、分裂的社会。他们的错误在于忘记了我们的市民社会已被完全驯化和制伏：它深深扎根于商业政体之中，并被灌输了节制、冷静的价值观。

相类似的是，尽管许多人悲观地认为美利坚共和国将最终走向市民和道德衰败，但长期以来，我们的教会、社区和市民社团一直在成功地平抑、调和市场的极端自利和物质主义。一代又一代的美国人被告知，在追求个人利益和财富之外，还要履行对家庭、社群和信仰的义务。通常的情况是，他们会自发组织起来，保护家庭和社群免受市场中极端分裂力量的侵扰。他们的勇气和公共精神值得我们赞颂。与此相呼应的是，作为最受美国人喜爱的电影之一，《风云人物》(*It's a Wonderful Life*)讲述了一群生活在贝德福德瀑布小镇(Bedford Falls)的社群主义者的故事：他们成功地避免了让当地变成商业上自利、腐化的波特村(Potterville)。

有学者怀疑，今天的市场已经扩展至全球范围，所带来的负面影响也是前所未有，它将彻底摧毁市民社群。这是有可能的。但若考察市场在过去两个世纪里被冠以的种种前所未有的破坏性污名，我们不禁对这些学者的观点产生怀疑。毕竟，正如托马斯·本德(Thomas Bender)在《美国的社群与社会变迁》(*Community and Social Change in America*)一书中指出的那样，“科技破坏社群”这一论调是学术界谈及美国经验时一个历史悠久却又常见的误传。 324

本德在查阅了美国的历史文献后揶揄道，若“按发生时间排序，

① Main Street 源自诺贝尔文学奖得主辛克莱·刘易斯(Sinclair Lewis)于 1920 年发表的同名小说，该小说批判了美国传统小市镇的保守，这个词也逐渐变成传统价值观及其场所的代名词。——中译注

有关社群解体的著作曾在十七世纪50年代、十七世纪90年代、十八世纪40年代、十八世纪80年代、十九世纪20年代、十九世纪50年代、十九世纪80年代以及二十世纪20年代反复出现”；这些作品都将某个特定时代出现的变化，视为“绝对导向现代性的巨大变化”。[28]

我们有资格与本德一起质疑：“在美国究竟发生过多少次社群解体？”[29]我们也有资格分享他的结论：尽管在历史上，社群与市场（用他的术语来说，则是Gemeinschaft和Gesellschaft）的关系几经起伏，“美国的社会史最终反驳了社群解体的观点”。[30]我们可以与本德一起断言，托克维尔时代的“人性的市镇生活”在今天也是可行的，它建立在“社群与社会的复杂平衡”之上，并以“同时尊重这两种社会关系模式为基础”。[31]

同所有人类发明一样，大型商业共和国与小型、讲求市民德行的共和国之间的良性互动并不是时时处处都能发生。个人生活曾被专制的地方社群所妨碍；家庭和社群曾在商业的冲击下分崩离析；体系本身也曾经历过严重的大规模悲剧性事件。詹姆斯·麦迪逊曾希望全国性的商业机构和价值观能传入南方各州，打破并消灭当地的孤陋习俗，在“讲求德行”的小型共和国的大本营为奴隶制画上句号。事与愿违的是，蓄奴各州的孤立感与实力不减反增，直到它们武装挑衅合众国的基本原则。

即使经过一场血腥的内战，南方那些紧密型“小型共和国”仍不断大肆践踏少数群体的权利，国家政府不得不为他们权利的正名而做长期努力。不过，争取民权斗争的巨大道德权威，却源自对国父们未尽承诺的诉求——保障“某些不可剥夺的权利”；联邦党人设计的国家政府，则是执行这一承诺的有力武器，即便它有时会动摇或失败。此外，虽说现代商业和市场价值观在所谓的“新南方”的传播有些迟缓，却也实现了麦迪逊的希望，改善了这一地区的商业环境。

有鉴于这段历史，我们不必过多地惊讶于，有关地方政府和市民机构美德的讨论会在美国黑人社群内部引起轩然大波。这也是为什 325
么我们要时刻提醒自己，小共和国诉求必须被大共和国诉求制衡；同时，按照联邦党人的计划，即便在分权时期，国家政府也要时刻准备着保护少数人的权利，以对抗专横的地方上的多数人。

联邦主义的全国性商业共和国与反联邦主义的小型的、讲求德行的共和国之间的相互作用，并不比这个不完美的残缺世界里的其他人类发明显得更正当，却为我们创造了一个健康又充满活力的国家政治生活，尽管这种生活有时并不那么有条不紊。通过“无法调和的体系”之间的冲突，我们成功地维系了程度可观的物质财富和个人自由；同时，也维系了相当的市民活力与道德社群。是的，市民社会与市场之间存在着张力，而它也一直眷顾着共和国。

市民社会、国家与大国家社群

同样的结论不适用于国家与市民社会的关系，至少二十世纪的历史如此。其实在我们的早期政治史中，国家与社群建设之间一直保持着力量平衡，直到本世纪初，才有人试图冲破张力而将二者统一。尼斯比特对此评论道：“对共同体的普遍追寻……与日益增长的当代民主社会政治权力机构的致命结合，是二十世纪唯一给人留下深刻印象的事件。”[32] 这当然会对美国市民社会带来不好的影响。

在美国，这两股力量的结合始于世纪之交的进步自由主义。当内战的危机因小共和国诉求过于强大而全面爆发时，进步党人却将他们的目光投向问题的另一面：自十九世纪初以来，国家力量正不断威胁着小共和国的生存。

借用罗伯特·威布（Robert Wiebe）的妙语，美国人在“岛屿状社群”(island communities)里过着一种分权、自治、充满活力的市民生活，但这种生活注定要毁灭。按照理论家赫伯特·克罗利、沃尔特·李普曼、理查德·伊利、查尔斯·霍顿·库利、爱德华·阿尔斯沃斯·罗斯、罗伯特·帕克、约翰·杜威，以及西奥多·罗斯福等公共人物的说法，岛屿状社群得以在历史中存续的边界，开始被不可抗拒
326 的现代性力量所清除。现代交通和通讯手段(铁路、电报、电话以及新闻的高速传播)冲破了小镇的边界，终结了它的孤立状态，并将它置于外部世界的影响之下。科技导致巨型公司的出现，其运转远远超越了单个州或城市的控制范围。大型城市也开始兴起，接收了大量孤立的个人，却不再拥有紧密的社区。成千上万的移民不断涌入，将危险的异域文化带入本已令人生畏的都市。市镇会议一再失去其政治控制力，取而代之的是由大佬操纵的腐败政治机器。人们疯狂地追求财富，忘却了公民责任，不受约束的个人主义新信条则为其披上了合法的外衣。

总之，现代性力量导致了美国市民社会和社群的一场危机，冲击了小城镇及其市民美德。正如李普曼描述的那样，现代性永久地“颠覆了农牧生活，取代了对村庄的效忠”。[33]在进步党人看来，尽管保护或恢复小城镇的市民和道德风貌的企图是无意义的(平民主义者在这一点上栽了跟头)，但迈向一种全新的、更高层次的社群还是可行的，那就是大国家社群。

这种全新的更高层次社群需要一个空前强大而活跃的国家政府来推动，这在之前的政治体系里是没有的。克罗利有句名言，杰斐逊式的“有同感且易于交流的社群”价值观，如今可以借由汉密尔顿式的强大的中央政府，在一个作为整体出现的国家中实现。[34]若按托克维尔的方式理解，反联邦党人认为的只能存在于小型社群的社群意识，如今可以借由联邦党人建立的强大政府而再现于国家层面。

按照克罗利的说法，通过一定的监管措施，中央政府可以限制私人和公司财富过度的、极具破坏力的集中趋势，从而将它们转变成“服务于整个社群的专门经济代理人”；[35]政府还可以“致力于改善财富的分配”，并通过累进所得税和社会福利计划，缓解财富的分配不公，使其不至于危及国家的认同感；[36]通过实施积极的“美国化”计划，将多元化的新移民结合成一个单一的、联合的民族。与此同时，“科学管理”等社会科学领域的新发展试图让人们相信，开明的、科层化的行政部门可以有效管理无序的平民大众，让他们服务于公共目的。（正如社会学家查尔斯·霍顿·库利所说，为了在任何可能的领 327
域实现更好的个人发展机会和社会功能，时代要求“一种对人的全面的‘科学管理’”。）[37]

当然，这些具体的发展和计划都服务于一个更宏伟的道德目的：创造一个能号召美国人民为“国家理念”献身的真正的国家社群。这个拥有成千上万成员的社群虽然分散于全国，却用同情心、伙伴意识和亲切感将公民紧紧地联系在一起。用克罗利的话来说，“个人将服从一个居于统治地位的积极的国家目的”。[38]公民将“先考虑国家、后考虑个人”，[39]“不同背景的人都会发现，实现个人机遇的最好方式就是服务于他们的国家”。[40]总之，美国人将紧密联合在一种“信奉兄弟情谊的宗教”周围，“这种宗教只能通过个人对同胞的挚爱而实现”。[41]

在进步党人看来，只有总统才能促成国家社群的实现，并成为“国家目的”的代言人，因为他代表了全体美国人民的意见。伍德罗·威尔逊认为，总统的意见是“国家在具体事务中的唯一声音”。[42]他凭一己之力就能团结和鼓舞人民，将大众的看法融成一个整体：“国民的意见按照他的理解而统一，并达成一致目标，因此，他所表达的就是大众的声音和意见。”[43]身处行政首脑这个居高临下的讲坛，总统可以号召美国人民为了国家社群而自我牺牲，并奉献出他们的公共精神和同情心。

建设国家社群的目标在“一战”时发展到了顶峰。进步党人突然发现了战争的惊人力量：它能培育公共精神和国家认同感，并让中央政府有正当理由扩权。杜威曾于战后感叹“战争为社会带来的可能性”，[44]李普曼也应声评论道：“战争塑造了美国人对秩序、目标和纪律的新本能，并以一种更伟大的美国公民权取代了美国人原有的对地方、群体和种族的效忠。”[45]理查德·伊利亦坚称：“我们必须在战后‘再接再厉’，用战时积累起的巨大力量，从上到下筑起相互忠诚的社会堡垒，让一起工作成为享受。”[46]自由主义永远都不会忘记1917—1918年间全国上下团结一致、无私奉献的美妙感觉；从那以后，即便在和平时期，它也在兢兢业业地寻找“战争的道德等价物”，以期通过不流血的方式来巩固国家社群。

328 所有这些发展对卑微的地方市民社会机构来说意味着什么呢？很明显，这种新兴的国家社群思想，要求日常市民生活大幅度地调整其运作方式。从前，公共事业可以托付给普通公民去完成，日常的民间智慧和常识可以轻而易举地对其进行解读和管理，但现代性已使得今天的公共事务变得错综复杂，普通公民不再有可能理解或管理它们。反过来，杜威预言的“战争为社会带来的可能性”则让人看到了一个更加光明的前景：公众开始意识到专家在社会事务管理中的核心作用。他曾评论道：“在战争的压力下，我们从敌人那里学到了普鲁士主义的某项优点，并可能会一直沿用，那就是对科学专家的全方位利用。”总之，这种“对科学的社会性动员，结果可能会改变政治统治的实践，并最终在理论上取得突破，譬如创造一种新的民主形式”。[47]

杜威相信，在这种新的民主中，公民将接受广泛的公共社会科学教育，从而认识到——按照蒂莫西·考夫曼-奥斯本(Timothy Kaufman-Osborn)的说法——“日常行为准则远远不足以指导现代事务”，“多数问题的根源超越了地方的控制范围，使得对它们的常识性分析变得不可靠”。[48]如今的好公民必须接受自己“不可避免地依赖那些接受过专业社会科学训练的人”，并温顺地遵从专家的指导，因为只有他们才知道如何管理复杂的现代公共生活。[49]正如市政管理的倡导者亨利·布鲁厄(Henry Bruere)所说：“大型城市的公民必须坦率地承认他们需要专业服务，因为这代表了公民的利益……普通公民的效能感也将通过支持政府改良计划而得到实现。”[50]

对进步党精英来说，“政府改良计划”意味着在政治管理体系中进行改革，通过结构化提升公共事务的地位，使其远离普通公民，从而确保他们对新兴专业人士的顺从。历史学家塞缪尔·海斯(Samuel P. Hays)指出，分权的、地方化的选区代议制度曾“使得地 415
方的和特殊主义的利益得以主宰对普通公民关系重大的社群生活的各个方面”，并保证了所选官员“能为社群辩护”，如今却让位于一种代表全体市民的投票和代议制度，并将治理权交予具备宏观、科学和理性的治理观念的企业与专业精英。[51]

按照海斯的观点，与其将短票选举、公民创制权、全民公决、罢免权以及城市经理制度等为人熟知的改革措施视作对现有制度的带有亲民主、反政治机器(antimachine)色彩的结构性修补，不如将它们看成颠覆和打破小型市民社团的工具，使得普通公民无法像从前那样在其中表达自己的意见，从而实现进步精英的统治。用海斯的话来说，早期的、分权化的制度“为草根力量的表达、为他们的政治参与 329
提供了广泛的自由”；相比较而言，进步主义的目标“脱胎自与科学技术同时到来的理性化生活，在这样的生活中，决定的达成基于专业分析，并从少数几个小圈子扩散至社会的其他部分”。[52]罗斯对此直言不讳地指出："越是剥夺普通公民和纳税人的控制权，社会中具有智慧、远见和公共精神的成员就越是有办法发挥他们的作用。"[53]

从根本上说，进步党人的结构性改革的成功，将使得公民不再以积极、热情以及面对面的日常方式参与公共事务并解决问题；取而代之的是几年才有一次的选举——人们用孤零零的选票消极地选出一小撮官员。（理查德·伊利建议道："在一年之中，一个选民参加选举的次数最好不要超过三次"。）[54]一张张孤零零的、总数庞大的选票构成了专业精英团体统治的基础，而正是后者操纵了今天真正的公共生活。

显然，对理性的、科学的体系和机构创造一个国家社群的信心，让人不由得质疑起宗教、传统道德及其在地方市民生活中的表现，毕竟，它们是一种碎片化的、狭隘的、分裂的势力。罗斯曾抱怨道，美国深受"数以千计的地方群体"的荼毒，"它们笃信分离主义信条，对整个社会都感到振奋人心的事情麻木不仁"。拯救美国的方法只有在多数人中"最大范围地普及世俗知识，限制那些狂热的骗子预言家吸引信众的能力"，并在少数人中普及大学教育，"培养一类领袖，让他们用统一的思想团结人民，而不像某些教派的创始人，善用其私人形象和个人理念来分裂人民"。[55]詹姆斯·纽克特兰（James Nuechterlein）注意到，《新共和》杂志中的进步党人十分轻蔑罗马天主教会，将其视为"蒙昧主义的捍卫者、现代知识进步的敌人"，"它犯下了'从过去寻找真理'的大罪，并顽固地反对'多数旨在增进科学知识的努力'"。[56]

总之，许多进步党人认为，新兴的社会科学看上去有能力将社会重新整合为一个联合、有序的整体；他们将其视为一种取代了宗教的世俗进化过程，是地上神国（the Kingdom on Earth）的化身——用克罗利的话说，这是一种"信奉兄弟情谊的宗教"。社会学家阿尔比恩·斯莫尔(Albion Small)将自己的学问视为“一门有关上帝形象的科学”、“一件赐予人类的最神圣物品”;他教导我们“在相互依存之中生活、行动并感知自己的存在”。(而不像名誉扫地的传统基督教认为的那样,我们是“天国父亲”的孩子。)[57]约翰·巴斯克姆(John Bascom)认为,“若一种神学在主张社会革新的同时忽视社会规则,那它将注定失败”,而重视这些规则的政府将“取代教会和志愿群 330
体”。[58]进步党人普遍同意巴斯克姆的观点,认为基于传统道德体系的传统地方市民机构或“一种杂乱无章、犹豫不决的志愿主义”,最终只能阻挠并拖延这个全新、有序、高效、理性的集权秩序的降临。[59]

美国是否真的在本世纪伊始经历了一场与内战相当的危机?毕竟,按照社会学家罗伯特·帕克的说法,“由家庭、社区和地方社群代表的旧的社会控制力量”,已遭到不可抗拒的现代力量的“极大破坏和削弱”。[60]这种社群面临空前危机的观点一直见于某些当代学者的研究。鉴于进步党运动与美国历史学行业之间的密切联系,今天的我们应毫不奇怪地认为进步主义时代见证了美国社群的真正危机。不过,通过本德对美国学界内部“社群危机”产业的批判,我们亦有充分理由反驳以上这些看法;因此,我们应抱着充分怀疑的态度,去重新审视此类解读时代的方式。

但确凿无疑的是,进步党人利用了联邦党人与反联邦党人博弈时的某种周期性力量失衡,以此推销一种新的政治秩序;在他们看来,这将极大地改进传统市民社会中“杂乱无章、犹豫不决的志愿主义”。按照罗伯特·尼斯比特的观点,进步主义试图通过科层化、理性化、集权化以及一种国家理念的道德向心力来创造一个国家社群,这充分证明了进步党人对市民社会中介社团的深深敌意;通过将职能和权威集中到国家和专业精英集团手中,他们试图排挤走这些社团。在进步党人看来,虽然需要建立一种更高级的秩序,以化解反联邦党人的小共和国诉求与联邦党人的大共和国诉求之间的张力，并让两者和谐共存，但美国市民社会尚未病入膏肓，不必以安乐死的方式将其扫除。

进步党人的计划对市民社会以及真正的自治制度带来的影响，早已为当时的观察家所预见。总统候选人伍德罗·威尔逊曾发出这样的警告："我担心的……是一个专家组成的政府。"他在1912年劳动节向布法罗市民演讲时说道：

> 上帝禁止我们在一个民主国家中推卸责任而将政府交予专家。如果我们接受一小撮绅士的(科学)看护，但只有他们才懂得如何做这项工作，那我们成了什么？如果我们不懂得如何做这项工作，我们就不成为一个自由的民族。[61]

418 威尔逊致力于在一个专家领导的国家社群以外寻找分权的可能性，为我们找回了弗雷德·西格尔(Fred Siegel)和威尔·马歇尔
331 (Will Marshall)所谓的"遗失的自由主义传统"。[62]然而，在第一届任期届满之际，他却开始痴迷于进步党人的计划，以及"战争为社会带来的可能性"。在经历了二十世纪20年代的短暂停顿之后，这项计划最终依靠富兰克林·罗斯福的新政而登上政治舞台，并在这个世纪的余下时间里，为一代又一代强势、积极而又进取的自由派总统所信奉。

进步主义社群的全盛期

总之在二十世纪，威尔逊之后每一位伟大的自由派总统都将国家社群的建设视为执政的核心目标；他们扩大了国家政府的权力和范围，并号召美国人为了国家理念(常被援引为战争的道德等

价物)而撇开自利和对地方的效忠。譬如,新政时期政府权力的扩张,是富兰克林·罗斯福首任就职演说的直接延伸。他在当时号召美国人"在行动时要像一支训练有素、忠诚可靠的军队那样,为了严守共同的纪律而时刻准备做出牺牲"。我们必须"为了这种纪律而准备自愿奉献自己的生命和财产",并保证"唯有一种战时才有的神圣责任感,才能将我们联合于更伟大的目的之中"。[63]

塞缪尔·比尔(Samuel Beer)指出,不论人们如何评论新政的意图和影响,"其成就近乎一场革命,因为在美国人心中已有了这样的期待——联邦政府能够、并且应当接手宏观经济问题,国民也能够、并且应当承担随之而来的负担"。(比尔是从一个局内人的视角来看待问题。曾在年轻时代为富兰克林·罗斯福撰写讲稿的他说道:"我还能清晰地回忆起,那时的我们全神贯注地工作,就是为了说服人民向华府寻求帮助以解决问题。")[64]

在罗斯福当政期间,最能清楚地代表此类集权化趋势的想法,莫过于制定一个全国计划。(这种想法的宣传口号能让人回忆起"一战"时期光荣的集权年代:"我们在战争时计划,为什么和平时不能?")计划者的雄心壮志在于培养一种国家认同,并让国家重现繁荣。《新共和》杂志的编辑乔治·索尔(George Soule)于 1932 年出版了《计划社会》(*A Planned Society*)一书,并在这部赞歌的结尾写道:"我们将不再受到各种社会力量的阻挡和压制;相反,通过社会,我们将为了主宰、再造一个整体性的生活而工作;我们将通过一个温暖、积极的纽带而与同胞紧紧相连。"[65]

罗斯福对自己的意图了然于心,他要将美国传统中对地方化市民社群的认同提升至国家层面。在海德公园镇(Hyde Park)①,他对

① 位于美国纽约州东南部的小镇,富兰克林·罗斯福的家乡。——中译注

332 邻居们解释说，“政府职能在方法和形式上的巨大转变”源于“我们将地方社群的传统原则运用于国家生活”。他坚称，现在所有的美国人都必须以同胞相称：“众人皆同胞。从国家角度说，众人、同胞即是作为整体的合众国人民。”[66]罗斯福的顾问雷克斯福德·特格韦尔(Rexford Tugwell)认为，这个看似普通的隐喻一反新政的“繁文缛节”而抓住了其“基本方向”：“整个国家被动员起来踏上一个新的征程，为的就是重树拓荒时期常见的社群美德——睦邻友好、举止得体。关于这一点，总统已在最近对海德公园镇邻居的讲话中说得很明白。”[67]

60 年代，哈里·基尔维茨(Harry Girvetz)以羡慕的语气对大萧条历史评论道：美国人最终为“一种互助精神和共同目的感所鼓舞，他们寻获了社群意识，发展了社会良知，由此出现了新政”。既然 60
420 年代的美国早已忘却了这种国家社群意识，基尔维茨提议“我们需要一种大萧条的道德等价物”。[68]

亨利·鲁斯(Henry Luce)以及《生活》杂志的编辑们十分赞同基尔维茨的观点，并于 60 年代采访了一连串主流公共人物，希望他们为重振美国社会中衰弱的使命感和联合意识建言献策。这些访谈最后出版成册，书名叫做《国家目的》(*The National Purpose*)，副标题则冠以“危机中的美国：紧急召唤”——这可是 60 年代。其中，克林顿·罗西特(Clinton Rossiter)的观点颇具代表性，他强调美国必须寻求一种“深刻的、鼓舞人心的同时又是善意的使命感”；他又接着说：

> 如果我们选择伟大……那我们就是在选择奋斗，即所谓的国家奋斗。这超越了人们的日常生活，促使他们去追求一种共同目的。这种共同目的能说服他们为了公益而牺牲私人享乐，

> 并去寻找那种可以召唤力量、不向软弱低头的领袖。[69]

对这种能够鼓舞并联合国家的领袖的呼唤最终得到了回应。约翰·肯尼迪走上了前台，向全美国发出了振奋人心的召唤，要求美国人为了国家目的而放弃自私自利："不要问国家能为你做什么，要问你能为国家做什么。"除了颁布具体措施外，肯尼迪还承诺会让我们感受到生活于一个联合、统一的"重新运转起来"的国家。他在1960年竞选总统时宣称："时代需要每位公民的帮助，需要他们的牺牲与自律，需要他们以公益来权衡自己的权利和舒适生活。"按照肯尼迪的观点，总统一职"必须成为道德领导的核心，成为一个'居高临下的讲坛'……因为只有总统才代表国家利益"。总统必须"愿意并且能够号召他的全国选民为了最光荣的时刻……而做出必要的牺牲"。[70]

不过，让自由主义的国家社群工程在现代登上顶峰的，是林登· 333
约翰逊的"伟大社会"计划（若用更准确的语言来描述，实际上应该叫做"伟大社群"计划）。在这项计划中，我们再次发现了熟悉的联邦政府活动的扩张，以及同样熟悉的宣传用语："我看到了国家联合的一天，那时，国家将不再因阶级、派系或肤色而分裂，不再区分南、北，也没有东、西，只有一个伟大的美国，远离了恶意与仇恨，并爱邻如己。"[71]约翰逊坚称，美国必须"从利益的联合走向目的的联合，从不同目标的联合走向伟大社会的联合"。[72]

约翰逊认为，伟大社会的核心是总统一职，他的工作在于为美国人民打造一种国家社群意识。他解释道："按照我的设想，总统的首要角色和首要职责在于协助完善人民的联合"。[73]"政治领导的伟大工作之一，在于让我们的人民清楚地意识到……他们的利益、目的和信仰根本一致。"[74]因此，他发誓将在总统任内"继续我们的紧密联合、继续我们的平等身份、继续我们对兄弟与同胞的热爱"。[75]

而为了完善美国人的联合，约翰逊对贫困发动了一场全面战争。

他号召公民团结奋斗，热情地投身于这场伟大的国家运动。他坚称："只有整个国家的良心觉醒了，我们才能打赢这场反贫困战争。"[76]根除贫困的努力"把奉献作为行动的标准，它将减少人与人之间的孤立感，并增进对社群的关切之情，使之成为伟大民主社会的力量来源"。[77]当然，向贫困宣战的用词是特意安排的：战争"激发人们的合作精神、兄弟情谊以及联合意识"。对贫困宣战的"军事形象"将"团结国家，并号召人们拾起武器……将他们的才干奉献给一场根除邪恶的伟大运动"。[78]

在热情地拥抱国家社群的同时，这一号召背后却涌动着"伟大社会"中另一股趋势迥异的暗流。丹尼尔·帕特里克·莫伊尼汉于1965年评论道，"改革的专业化"(professionalization of reform)正悄然将政治创制权从不可靠的公众之手转移到"行政人员以及由医生、教师、社工、理疗师、咨询师等组成的专业组织手中"。他接着评论道，由于
422 大量的专业人士"卷入了社会福利和改革的各个方面，他们将能自行其是"。尤其是"那些专业化社会里的专业人士，他们的自行其是得到了授权。这正是这个社会系统的运转方式"。一旦某个专业精英团体被纳入庞大而又光鲜的官僚体系，它所经营的项目将迅速增加，并能免受公民或"委托人"的过度干扰，因为"专业人士办事专业，他
334 们声称比别人更了解特定事物的属性，更了解委托人及业务会受到什么样的不利影响"。

莫伊尼汉坦言，不幸的是，这种专业化的代价是导致了"公共事务的道德愉悦感的衰落"。(这就是"整个国家良心的觉醒"，以及"对社群的关切之情"。)正当民权运动"经过不懈努力而为美国青年提供了一个战争的道德等价物"之际，专业化却意味着"此类激情将退出国民的生活"。[79]但在莫伊尼汉眼中，这只是很小的代价，因为我们要着手处理的社会问题，似乎更需要懂技术的专家，而不是道德上的喜

悦之情或大众的激情。

当然，进步党人总是试图掩盖自己对非政治的专业知识的冷冰冰依赖，而他们的合法外衣，便是对国家社群的热烈政治诉求。但是，一旦这张外衣开始褪去，美国人还会如此欣然地默许专家的领导吗？相比进步党人在本世纪提出的其他计划和目标，“伟大社会”更突出地反映了这一问题。假如莫伊尼汉能仔细倾听各地“美国青年”对时代的私下呼吁，他也许就不会如此信心十足地以为，仅仅凭着“声称比别人了解得更多”，专业人士就能受到人们的欢迎和许可，能在公共政策制定中“有更多的权利来自行其是”。总之，他也许会惊讶地发现，“伟大社会”精英假装不经意但又自利的假设，反过来却唤醒了国民生活中的“激情”。

在论及“伟大社会”遇到的困难之前，我们最好简单回顾进步党
人的计划在本世纪对美国市民社会活力的影响，也就是明确地回到 *423*
国家与市民社会关系这个问题上来。毫无疑问的是，进步党精英对
小型市民机构及其“杂乱无章、犹豫不决的志愿主义”充满了深深的
敌意。八十多年来，这些精英一边歌颂集权化、理性化的世俗国家社
群的荣耀，一边无休止地贬斥落后、偏心、狭隘、反动的市民机构，认
为它们充斥着非理性的神话和偏见，臭名昭著，也毫无希望可言；在
他们眼里，这股反动的逆流宁可坚持含混不清而反动的传统道德与
宗教信仰中的理念，也不愿明智地臣服于具备一定科学资质的专业
人士的权威，而后者仅凭一己之力，就能充分发掘现代性的潜力。这
就难怪进步主义花了一个世纪的时间，都在致力于将权威和职能从
市民机构转移至官僚世俗精英手中。

当然，粗略的统计显示，本世纪亦有新的市民社团诞生。西达·
斯考切波（Theda Skocpol）曾得意地将此作为——在进步党精英持 335
续不断的敌意笼罩之下——国家与市民社会完美相容的佐证。[80]但

数量上的粗略统计，并不能抵消本世纪以来市民社团及其成员数目在质上的迅速衰落。正如尼斯比特所说，从前“这些社会群体以联合的方式，解决了诸如生死、婚恋、择业、抚养老弱等人生问题”，而今天，这些工作已大量地转移至集权化的官僚机构手中。作为对这一趋势的回应，如今许多大型市民社团将自己的工作集中于维持一定的“草根”成员人数，以便对华府造成压力，从而可以通过游说官僚机构来获得支持。总之，许多市民群体本身就已变得官僚、世俗和专家导向，它们接受国家资助、成为“服务提供工具”；同时，公民（这里指的是令人生厌的碍事的“志愿者”）被它们贬谪为微不足道的支持性和象征性角色。[81]

显而易见的是，在这种市民社团里取得成员资格，并不意味着能像以前那样直接、经常性地参与公共事务。曾经直接参与公共政策的制定与执行、影响重大社会事务的公民权，如今却为了获得资金支持而不得不填写一大信封材料并把它们寄给议员，我们的进步党精英自然乐见这种新型的、“较少市民成分的”社团。针对权威部门的谦恭请愿，以及感情用事的志愿主义，都不会对专家管理事务的“应有权利”造成威胁。

家长与教师协会（Parent-Teacher Association，PTA）可谓是“较少市民成分”的典型，按照斯考切波的观点，PTA 代表了于本世纪早期成立的许多大型市民社团的情况。PTA 的发起者是那些要求在孩子教育中获得更多发言权的家长和社区吗？恰恰相反。它由两名进步党的华府政治新星在 1897 年发起成立，目的是给愚昧的家长教授新兴、进步而专业的“儿童培养”科学。朱利安·巴特沃斯（Julian Butterworth）在《家长与教师协会及其工作》（*The Parent-Teacher Association and Its Work*，1929）一书中提到，PTA 必须总是“以学校为中心而活动”，因为“只有在学校里才有全社群最进步的教育思想。学校迟早会暴露课外经验的种种局限(按:反动的来自家长的影响)”。家长能被允许在学校管理中建言献策吗?巴特沃斯提醒道:“家长的过多干涉是一类明显的危险。他们可能会要求校方采纳他们的观点,尽管见多识广的专业人员知道这既不可行,又不合理……采纳这些观点与否是一门技术活,应该由教师和管理者来完成。”[82]

总之,PTA及其他类似组织并没有对进步党精英日渐强大的权力造成威胁;相反,通过巧妙地建立这些组织,精英们将自己的专业 336
知识和权威伸向了最偏远的校舍、市政厅及起居室。只要进行合理地组织与控制,“较少市民成分的”社团本身就能侵蚀人们对地方的忠诚,并以对国家社群的效忠取而代之。在光荣而团结的“一战”岁月里,理查德·伊利观察到:“我们的国防委员会、红十字会以及其他爱国组织,纷纷宣告了一种伟大的全国性合作的开端……它们使我们走到一起,并将美国凝聚成一个单一的国家。”[83]一旦伊利和他的朋友们可以篡改并重新订立了市民活力的衡量标准,斯考切波也就可以轻而易举地论证国家与市民社会的相容性。

鉴于进步党精英的明显企图,就难怪他们控制的国家在整个世纪里都对真正的市民活力构成了威胁,程度远超市场。毕竟,市场只是看到了自己与市民社群的不同之处,并与之保持了一定的张力。相反,进步主义国家宣称能**比市民社会本身更好**地行使市民社会社群建设的关键职能,并因此觉得自己有权获得市民机构权威与职能的权利。它许诺提供的更高级社群不再受制于低劣的种族和宗教逆流,而在一个更广阔的国家舞台上受到可靠的社会科学专家的统一协调。

进步主义试图在国家社群的激情号召之下,掩饰丧失激情的、官僚化的科学精英的统治,并诋毁传统的社群资源。这种做法带来的问题最终在六七十年代暴露无遗。

国家社群理念的衰退

如果说60年代的诸多不满与动荡贯穿着一条主线，那一定是对隐藏在进步自由主义背后的国家社群理念信心的丧失，以及相应统治精英的骤然祛魅。正如西奥多·怀特（Theodore White）在描述1968年总统竞选时说的那样，支配这个时代的是一种普遍的崩溃感："传统手段的控制已经崩溃……对目的毫无把握、语词含糊不清的领导权已经崩溃；最终，曾经把美国凝聚成一个社群的理念和梦想也已经崩溃。"[84]

相反的是，尽管经历了持续六十载的进步主义对"地方"市民机
337 构的战争，人们再一次渴望那种只存在于小型群体、家庭、社区、教会、种族和志愿社团的亲近的、面对面的参与式社群。反联邦主义的小共和国诉求似乎没能被联邦主义国家吸收与整合。

譬如，新左派坚信，尽管"伟大社会"提出了许多目标，但不能改变其激进的反社群主义特征——借用《休伦港宣言》(Port Huron Statement)的表达方式，就是"孤独、疏远和隔离"。[85]在由庞大、遥远而又异化的官僚体系统治的社会里，这一现象是不可避免的；这种社会与大企业的利益联系紧密，两者形成了被新左派称作"企业自由主义"(corporate liberalism)的邪恶联盟。按照弗朗西斯·福克斯·皮文(Frances Fox Piven)和理查德·克洛沃德(Richard Cloward)的说法，联邦的社会计划并不是国家社群的载体，而是用来"控制穷人"的犬儒设计。[86]

新左派提出了"参与式民主"作为替代。按此原则组织起来的社会，将把主要的政治和经济决策委托给小型的紧密型地方群体，那里的人民将"在社会决策的制定过程中，分享自己的生活内容和方

向”。[87]维尼·布赖内斯(Wini Breines)注意到新左派“有关这场运动的一个基本却又不常提到的目的,在于创造平等、直接民主和团结的社群。与竞争、个人主义和效率这些价值观形成鲜明对比的是,这场运动十分渴求其所追寻的社群,并偶尔能获得成功”。[88]正如争取民主社会学生组织(Students for a Democratic Society,SDS)的领袖格雷格·加尔维特(Greg Calvert)所说:“我们在摧毁无爱的反社群权力时,自身也在创造着爱的社群——一个互爱的社群(Beloved Community①)。”[89]

反对国家社群,回归更小、更亲密的社群,同样也是六七十年代黑权(Black Power)运动的内容之一,并影响了后续涌现的关注族群认同和进一步社群控制的类似运动。按照斯托克利·卡迈克尔(Stokely Carmichael)和查尔斯·汉密尔顿(Charles Hamilton)在《黑权》一书中的观点,黑人应该开始“认识到需要按自己的方式来界定自己,恢复自己的历史和文化;需要创造属于自己的社群意识和团结”。地方社会机构,如学校和警局,不应该被城里的自由派白人管理,而应交给社区里的黑人:“我们应该开始认识到,黑人社群可以成为控制社群里各机构的组织基础。”黑人文化和道德在他们自己的学校和其他公共场所得到宣扬,社区层面“日益增长的社群意识”更是受到了进一步的鼓励。[90]

参议员罗伯特·肯尼迪认识到这些新思想的威力,便利用它们辅佐自己的竞选,向约翰逊的“伟大社会”发出挑战。他在《寻找一个更新的世界》(*To Seek a Newer World*)一书中提到,只有通过“由地方居民控制、可以表达他们愿望的新社群机构”,这个国家的贫民窟问

---

① 这是马丁·路德·金思想中的核心概念。1957年,他在新成立的南方基督教领袖会议(Southern Christian Leadership Conference)的快讯中提到,希望美国人能亲如兄弟,创造一个互爱的社群。——中译注

338 题才能得到解决。他号召“将一些市政工作和政府职能下放到更小型的单位，而无论被统治者的种族或经济地位如何”。他认为，这将“让我们走向（杰斐逊的）参与式民主愿景”——这一目标曾因“这个时代的巨型组织和庞大官僚体系而变得遥不可及”。[91]

然而，在六七十年代对国家社群的不满情绪中，政治领域另一端的声音也许最具政治潜力——他们是中下阶层的蓝领社区，通常来自北部和东部的老工业城市，通常是民主党支持者，也是天主教徒，并带有强烈的族群色彩（南欧和东欧裔）。他们看到的是，通过冰冷、官僚的行政命令，以及同样冰冷的司法命令，国家政府似乎已大肆侵犯了他们在地方和社区的传统权利，使得他们无法规定并延续自己独有的生活方式。突然间，他们无法再到地方教会做祷告；他们无法指望将自己的孩子送到地方学校上学（因为国家实行了强制校车接送制度）；他们无法将他们眼中的无礼表达方式或性行为赶出社群；他们无法自行裁定哪些情况下才能允许堕胎；在警察权力的干涉下，他们甚至无法自行管理最基本的市民秩序。

当然，乔治·华莱士（George Wallace）表达不满的方式最引人关注。他坚信，人民“已经受够了那些趾高气扬的伪知识分子，不但凌驾在他们头上……还告诉他们，他们还没有足够的能力来管理自己的学校、医院和家庭机构”。华莱士继续解释说，面对“国家政府中这些试图取代地方来解决问题的理论家和官僚”，一直都有一股“反对力量”。在他看来，这些力量就是“第十修正案赋予各州的权利、地方政府以及地方性民主（territorial democracy）”。[92]

迈克尔·诺瓦克在《不灭种族之崛起》一书中分析了白种人也奋起反抗的深层次原因。他认为，以历史眼光来看，各个族群是进步自由主义实践的主要受害者。这种实践试图根除对特殊主义的忠诚，以一个庞大的同质化、理性化、官僚化的国家社群取而代之；但在今天，他们也开始迈出了戏剧性的一步，“迈向由初级群体中的家庭、种族和志愿社团构成的有机公共生活网络。”[93]

国家社群在政治上的没落

60 年代的诸多反抗思潮都源自以下这个关键事实：进步自由主义以大国家社群取代、根除“地方性”忠诚的企图遭到了悲惨的失败。这种失败在七八十年代变得愈发明显，因为当时的国家已根据上述事实，接纳了那些曾愤怒地发起政治反抗、保卫自己“有机网络”的群 339
体，从而重塑了自身的政治面貌。

总之，1964 年之后，再没有人能通过鼓吹在美国建设一个“伟大社会”（一个大国家社群）而赢得总统竞选，再没有人能自豪而直接地鼓吹将权力从地方有机网络转移至华府。实际上，1968 年以来的每一任总统都把谴责集权、官僚的政府视为自己的工作重点，并承诺削减它的规模和权力，重燃州、小型社群以及市民社会中介社团的活力。

因此就有了理查德·尼克松总统的抱怨：“三分之一个世纪以来，华府不断集中着权力和职责，制造了一个笨重、迟缓且低效的官僚怪兽。”他提出了新联邦主义，通过一揽子拨款和收入分成，“权力、资金和职责将从华府流向各州与人民”。[94]尽管政府项目在其第一个四年任期中急剧增多，但尼克松仍在 1972 年的总统竞选时坚称，该场选举的“中心问题”在于“我们是要赋予华府的官僚更多权力……还是要将更多的权力还给人民、还给他们的州和地方政府，让人民自己决定哪些事情对他们有利”？[95]同样，杰拉尔德·福特总统认为他的计划致力于“将权力从波多马克河（Potomac）①岸边转移至社群里

① 流经美国首都华盛顿的一条河流。——中译注

的人民”。[96]

这一时期，有一位“局外”的民主党人打破了共和党对总统职位的垄断，并批评共和党人表面说一套，背地里却允许联邦政府恶性膨胀而导致低效。吉米·卡特坚信，只有工程师的智慧才能将政府缩减至合适规模。因此，他制定了政府重组、零基预算（zero-based budgeting）、日落条款（sunset provisions）等一系列计划，为的是证明政府可以“在不滋生耗费巨大的臃肿官僚体系的情况下，服务于国家的基本需求”。卡特将自己的形象打造成一个笃信南方小镇道德和宗教传统的人，并承诺重新重视地方社群：“让政府恢复其本来面貌的唯一方法，在于恢复家庭和社区的本来面貌”，因为它们能“成功解决政府无法解决的问题”。[97]社区活动家格诺·巴洛尼神父（Father Geno Baroni）被召入政府，受命制定地方社群的复兴计划。

430 不过，卡特最终还是没能兑现其缩减政府、恢复家庭和社区权利的承诺。面对不断走低的支持率，他不得不重施自由主义的“道德等价物”伎俩，但这对他来说无疑是一种自我讽刺。他在一场如今并不
340 知名的有关“隐忧”（malaise）的演讲中宣布：“我们这代人将赢得能源之战，在这一过程中，美国的团结和信心将得以重建。”（这仿佛是在说，如果人们被迫忍受屋子里的供暖不足，为了省电而记得随手关灯，或在加油站里耐心等待加油，那将在某种程度上重燃他们对中央政府的信心以及对国家一体的感觉。）[98]

美国人并不乐意接受“隐忧”这一说法。同样，他们也不支持进行一场“战争”，因为那仅仅是联邦权力又一次扩张的幌子，不过这次的目的是能源供给国有化罢了。因此，卡特被本世纪最坚定而雄辩的联邦权力批评者，同时也是地方社群复兴的代言人所取代。罗纳德·里根承诺改变现状，使得“校车接送制度和教育计划无法为官僚和社会计划者利用，从而使得成千上万市镇和社区的平静生活与家

庭团聚免受侵扰”。他呼吁“社群从‘巨大症’回归到适合人类的规模……回归到地方兄弟会、教会组织、居民互助委员会和农场联盟的规模”；为了实现这个目标，他开始削减预算，实施一揽子拨款，制定私营部门刺激计划，发展出一套（新的）新联邦主义。[99]他的继任者乔治·布什延续了这些做法，同样明确反对自由主义的国家社群工程，并提出了一个新的愿景：“一个社群之国，它有着成千上万的种族、宗教、社会、商业、劳工、社区和地方性组织。它们都出于志愿、各有特点”；它们将成为“数千盏明灯”，指引美国为解决社会问题而奋斗。[100]

共和党的上升势头终结于 90 年代。布什总统不但没能缩减政府，反而通过大幅增税默许了政府规模的进一步膨胀。他的对手试图让人们相信，布什的党派有着拥护大政府的传统。最终击败他的人和卡特一样，也用南方小镇的传统价值观包装自己，不同的是一个来自阿肯色州霍普市（Hope），而另一个来自佐治亚州普兰斯市 *431*
（Plains）。

比尔·克林顿用“新民主党人”称呼自己以表明其政治觉悟。他发誓要中止我们熟知的那种福利模式，严厉打击犯罪，并“重新设计”政府；他质疑过去对大政府的信赖，建议社会恢复成“有机的网络”。正如他所说：“我们的问题远非政府力所能及。它们根源于价值观的丧失、工作意愿的降低以及家庭和社群的解体。”只有当“我们所有人都愿意加入教会，加入那些救助孩子、资助学校、维护街头治安的好公民行列”，[101]问题才能得以解决。虽然克林顿在上任伊始曾抛出过一个集权而又官僚的医疗改革方案，得罪了左派并在政治上损失惨重，但他仍取得了连任，原因在于他认识到了“今天的世界已抛弃了大型集权化的官僚体系，抛弃了自上而下的解决方式；你们的联邦政府也同样如此”。[102]

虽然有着四年一度的政治承诺，但多年以来，联邦官僚机构的权 341

力与权威仍在不断地增长。不过值得庆幸的是，人们逐渐将这种增长视为不正常且不合法，认为它源自“无法约束的授权”、“处于政治僵持”的政府、政策制定“铁三角”以及官僚制的惰性。即使是那些在其治下政府仍继续膨胀的总统们也不得不承认这一点；1968 年以后，他们不再模仿林登·约翰逊的口吻来宣称联邦政府在美国人生活中的核心地位，也不再提及联邦政府的目的在于将我们联合于一个紧密的国家社群。

国家社群理念出现了急剧衰退，甚至连民主党自身都不愿为其辩护，这一现象该如何解释呢？值得注意的是，这一现象部分源于国家社群难以找到持久的道德动力。这种工程试图人为地在整个国家层面制造亲密感和认同感，而后者似乎只能在家庭或地方市民社群中迅速而自然地生发，只有在危机时期才可能转移给国家，那时国家所受威胁之迫切确实会让人民感到有义务联合在一起。本世纪以来，合众国在几次危机中都肩负起了自己的责任（大萧条、二战、冷战），自由主义也将这些危机的作用发挥到极致，从而建立了一个权力空前强大的中央政府。一旦真正的危机不复存在，自由派总统们就必须继续使用与国家高度团结时期相关的言论和象征，以寻找相应的道德等价物。但相较于现实，“向贫困宣战”（更不用说“向能源问题宣战”）这样的口号显得十分苍白无力。今天，随着漫长而疲惫的冷战的结束，美国人似乎不再乐意团结在“国家理念”的周围。

随着这一自由派工程的道德基础的削弱，其计划中的上层建筑——一个庞大的、集权化的联邦政府——也因此遭到批评，地位变得岌岌可危。联邦政府不再被认为是崇高国家目的的实现手段；相反，它被视作一个遥远的、异化的官僚主义怪兽。用莫伊尼汉“改革的专业化”语境来说，一旦联邦机构褪去了由国家社群精神支撑的道德合法性光环，公民们就会意识到真相，公共生活已从自己手里转移到了遥远的精英那里，后者自恃掌握着专业技术，便可以“有权来自行其是”。莫伊尼汉也许认为，美国人民会在这种体制下保持沉默，放弃“公共事务的道德愉悦感”。但60年代以来的政治发展表明，一旦进步自由主义的核心逻辑暴露出来，我们会毫不含糊地抵制它，并执意要求将公共事务返还给我们，因为“了解地更多”的是**我们**，而不是专家。

至此，我们涉及了公共舆论的现状问题。更深入的描述可见于詹姆斯·戴维森·亨特(James Davison Hunter)与卡尔·鲍曼(Carl Bowman)合著的《分裂之国》(*The State of Disunion*)，他们在书中对美国的政治文化进行了详尽的调查，并发现，美国人民对他们的国 342
家机构与统治精英极度不满，认为其“脱离实际”、“无能”、“不关心价值观和道德”、“反宗教”，并在总体上表现出一种“对普通公民事务的傲慢漠视态度”。[103]（应当注意的是，精英们的相应态度正好也是如此，他们在总体上“对传统的中产阶级道德保持了怀疑态度，而非完全排斥”；他们对宗教不以为然，并“多半不想要中产阶级的家庭生活”。）[104]亨特和鲍曼对此评论道，只有贴近家庭的机构——州、地方社群和教会——才能获得公众的高度尊重，因此，公众会强烈要求将权力从国家政府那里归还至地方。二人总结说，“按照托克维尔的观点，只有地方上的民主才运转最为良好”，从而“民主过程，以及保障这些过程的机构，也只有在它们变得更具地方性时才享有更大的合法性”。[105]

这些发展自然不会让反联邦党人感到惊讶。小共和派会告诉我们，一旦我们渴望再次真正地管理我们的自身事务，我们将很自然地回归到社群理念，回归到小型的参与性群体，如家庭、社区、种族和志愿社团——总之，我们将再次回归到市民社会中来。正如反联邦党人在两个世纪之前坚信的那样，真正的自治，以及社群主义的归属感与目的感，只能在这些小而紧密的群体中实现，而不能扩散至一个辽阔的大陆。反联邦党人似乎已经提醒了我们，进步主义的企图——借助联邦主义的中央政府于国家层面再现一个反联邦主义的小型社群——注定是要失败的。

当然，对国家与市民社会关系的最终评价并不会交由理论家或社会科学家去完成，因为前者只会推测它们在理论上的相容性，而后者只会清点总部设在华府的市民组织的数量。这项工作将交给美国人民自己，由他们去回应形成于本世纪政治实践的特定的国家与市民社会关系。鉴于三十年来的政治趋势，这一评价的关键在于国家，——并且它也不利于国家。很明显，进步主义国家没能兑现承诺，没能创造一种更高级的社群形式而超越地方市民机构卑微的反

动逆流。显然，我们仍需要市民社会来确保真正的社群与自治。

市民社会的未来

在思考市民社会的前景时，我们容易被当今社会政治评论家普
343 遍持有的悲观情绪感染。对本世纪的前六十年来说，进步主义工程取得了一定的成功，剥夺了市民机构的合法性，将其职能向上收归集权化的、资深的官僚体系。即使某些市民机构无法被完全消灭，它们也会受到腐蚀和引诱，逐渐步入由公司和政府设下的一个个集权、理性而又官僚的圈套。

在之后的三十年里，美国人民展示出想要颠覆这一过程的强烈愿望，要求将权威带回到最贴近家庭的市民机构。但亨特和鲍曼指出，绝大多数的统治权威仍掌握在最不具合法性的中央机构手中，而

更具合法性的地方市民机构依旧未能获得更多的权力。三十年来，国家的政治领袖一直承认并承诺要着手解决这一问题。但至今为止，除了某些特殊情况外，他们并没有采取任何实际行动以将统治权力交还给市民机构。

每当这些想法将我逼至绝望边缘，我都会回想起在密尔沃基老城社区有幸与之共事的几位杰出人士：比尔·洛克(Bill Lock)，他将所在教会名下的一家废弃工厂改造成一个繁荣的小型商业孵化器；杰拉尔德·萨弗德(Gerald Saffold)，他将曾经的帮派成员和瘾君子组建成一个名为“在社群中联合”的合唱团，在一个废弃的愿景论坛牧师会(Vision Forum Ministries, VFM)讲堂传播福音歌曲；教友鲍伯·史密斯(Brother Bob Smith)，他在麦斯默高中为老城区的青少年传授了优秀的品格及能力；科迪莉亚·泰勒(Cordelia Taylor)，她为曾经住过的房子改建成一个老年看护中心，带动整个街区变成老人村；黛博拉·达顿(Deborah Darden)，她帮助“未成年儿童家庭援助计划”(Aid to Families with Dependent Children, AFDC)中的母亲申请公共住宅，为她们的孩子创造一个强大的精神家园。

当学者专家还在设施完备的会议室里为市民社会的命运担忧和争论时，这些密尔沃基人已将市民社会的重建付诸行动——并且是在专家所称的绝不可能的条件下。专家们早已放弃了社区；他们目睹了政府项目的兴盛与悄然离开，却仍在等待机会加入市中心办公的大型非营利组织主导的合作联盟。然而，在看似荒凉的地方，在专家们撒手不管很久之后，这些草根领袖却在重建强大的家庭、社区、教会以及志愿社团。

就这样，在能想见的最不适宜的环境里，市民社会正以一次一个街区、一次一个社区的速度经历着重生。对于各种不同的行动，即便是托克维尔也能轻松发现它们成功的共同因素：每一次行动都着眼

于将消极的委托人或受害人转变成真正的公民，并对他们提出严格
344 的个人责任、自律、公民意识和信仰的要求。反联邦党人如果健在的话，也会认可上述行动是在重建以信仰为基础、能够培育美德的小型市民社群，这些社群对民主的存续至关重要，是反联邦党人想要尽力保护的对象。若按罗伯特·尼斯比特的观点，与那些“仅仅为了联合”而草率联合起来的社团不同，这些群体的确在日常生活中拯救着生命和灵魂，并在面对人类生活中最迫切需要解决的问题时坚守了市民社团的传统。最后，罗伯特·伍德逊（Robert Woodson）提醒我们说，密尔沃基人的这些卓越表现并不是孤立的，在这个国家的老城社区中到处都有类似事件发生，尽管各地的形式有所不同，但公民均已抛弃了进步主义国家的空洞承诺，转而向自己所在的社区寻求未曾使用过的资源。[106]

436 当市民复兴被视作一个毫无希望、抽象、复杂甚至悚人的难题时，一个简单的问题或许能成为突破口：我们可以做些什么来发扬光大这些草根行动？毕竟它们的领袖都是市民社会以及市民创伤（civic trauma）领域的真正专家，有足够的能力重振那些早已淡出人们视线的市民机构。

议程早已经安排好了。进步党人的工程虽然以失败而告终，但它留下了一个有着强烈嫉妒心的官僚体系，面对来自地方的突然挑战，官僚们设下了重重障碍；而移除这些障碍正是我们计划的主要内容。我们可以推翻那种为官僚授权的政体，因为它保护的，是那些“声称比别人了解更多”的人；我们可以废除阻碍了新兴商业、学校和社群的法律或规定；我们也可以放宽限制，使得以信仰为基础的组织能更好地为人类的需要服务。除了以上这些，我们还可以建立更广泛的组织（如社群开发公司），以使上述群体获得财政上的支持，并通过社群导向的政策，让它们参与到社区秩序与安全的重建工作中来。

我们甚至可以尝试将公共援助以代金券的形式下发，这样一来，公民就可以免受教育和社会官僚们设下的诸多限制，更多地参与到自己所属的社群机构中。这种做法同样能培养脱贫所需要的能力与品格。

某些重要的保守主义和自由主义思想元素亦可以补充入这项分权的、社区建设导向的计划。就拿“中介结构”来说，这种研究方法早已摆脱其在 AEI 的卑微出身，影响力在保守派内部与日俱增。譬如，当佩姬·努南(Peggy Noonan)为起草乔治·布什 1988 年的总统提名演讲而苦苦寻觅合适的理念时，她在一个偶然的机会接触到了“中介结构”这一概念；于是，她总结道：“经过阅读和思考，我发现这个概念涵盖了一切。这就是布什，这就是他想表达的意思。”枯燥的“中介结构”概念很快就被转译成总统诗意的愿景——一个由“数千盏明灯”组成的“社群之国”。[107] *437*

而随着所谓“宗教右翼”势力的渐长，其对“中介结构”这一概念 345
的影响也愈发明显和重要。尽管他们的言论总是被误以为想要建立一个严格的基督教国家社群(他们有时候确实说过类似的话，引起了人们更多的误解)，可事实上，他们只是想捍卫地方上讲求德行的小型社群，以抵御来自进步主义世俗风气及其国家代理人的腐蚀和侵犯。宗教右翼的兴起，使得小共和国诉求在保守派内部赢得了巨大的政治影响力。

当然，在保守派内部，小共和国的支持者还必须面对来自自由至上派的不断批评。当《国民评论》(*National Review*)的主编弗兰克·麦尔(Frank Meyer)第一次接触尼斯比特捍卫中介社团的言论时，他就质疑我们为什么要用一个“更加阴险的、受到习俗控制的’社群暴君”来交换“全能的极权主义国家”。[108]《旗帜周刊》(*Weekly Standard*)的戴维·布鲁克斯(David Brooks)呼应了麦尔的观点，对保守派同僚的热忱感到十分吃惊，因为他们追求的是“协调一致的威权型道德社群”。[109]以上这些批评表明，联邦主义倾向商业、个人主义和世俗主义的诉求与反联邦主义倾向社群、市民美德和信仰的诉求之间的古老张力，将再次出现于保守主义阵营内部。

真正激动人心的消息出现在当代自由主义内部：进步主义的国家社群工程遭到了越来越多的批评，人们开始支持“社群生活的有机网络”，而这正是诺瓦克眼里左派复兴的基础。迈克尔·桑德尔坦言：“伴随着进步主义时代、新政和伟大社会计划一路走来的国有化工程，在政治上已变得十分脆弱，因为它没能创造出与其目标相匹配的国家社群意识。”在未来，“市民生活的复兴将为民主政治奠定更加光明的基础，而这只有在我们栖居的具体社群里才有可能”。[110]今天，一小群有影响力的社群主义者和“新民主党人”重提了伍德罗·威尔
438 逊分权之“遗失的自由主义传统”，并宣称他们将致力于“把权力从大型机构归还至人民……从国家政府归还至更加贴近人民生活、更加负责的机构——无论它们是地方政府机构还是社群组织——从而恢复人民的经济自主与自治”。[111]

当然，在自由派内部，他们的反联邦主义愿景将不得不面对“服务提供者”建立的庞大官僚帝国的挑战。后者是过去进步主义工程的产物，已经随着国家社群理念的衰落而丧失合法性，但依然握有巨大的权力。（马里奥·科莫认为，他们完全拒绝接受以下事实，即有朝一日，美国人民将不再团结在“一个伟大理念”之下；在他们眼里，
346 这一理念是“全部问题的关键”，“只有当我们将自己、将所有人视为一家人时，这个国家才会全盛”。）[112]以上这些事实表明，在自由主义阵营内部，罗斯福建立集权、官僚国家社群的中央集权主义与威尔逊建立分权、地方主义社群的愿景之间将产生一股相对而言全新的张力。

很明显，上述政治发展为某些有趣的新联盟开辟了空间。今天，某些影响力日增的思想元素——无论属于左派还是右派——都承认必须尽快保护人类生存的中间地带，以摆脱向上诉诸国家、向下又诉诸个人主义的政治势力的影响。在这一中间地带，比尔·洛克、科迪莉亚·泰勒、教友鲍伯·史密斯等成百上千位国内草根领袖每天都在努力，为的是实现市民社会的重生——他们并不是出于多愁善感或一味的好心肠而成为志愿者，他们听从的是上帝的召唤，只有这样，生命和灵魂才能得到拯救，而复兴了的市民机构是他们唯一可以借助而有所作为的工具。如果我们能超越过去的纷扰，集中精力为市民创伤专家提供其需要的物质、政治和精神援助，就能为美国市民社会创造一个光明的未来。

注释 439

1 Robert A. Nisbet, *The Quest for Community* (Oxford: Oxford University Press, 1971).

2 Peter Berger and Richard John Neuhaus, *To Empower People: The Role of Mediating Structures in Public Policy* (Washington, D. C.: American Enterprise Institute, 1977).

3 Michael Novak, *The Rise of the Unmeltable Ethnics: Politics and Culture in the Seventies* (New York: Macmillan, 1972), 273.

4 Senator Bill Bradley, "America's Challenge: Revitalizing our National Community," address to the National Press Club, 9 February 1995, 2.

5 Robert D. Putman, "Bowling Alone: America's Declining Social Capital," *Journal of Democracy* 6 (January 1995): 65-78.

6 Nisbet, *The Quest for Community*, 238.

7 Nisbet, *The Quest for Community*, 241.

8 Nisbet, *The Quest for Community*, 245.

9 Nisbet, *The Quest for Community*, 245.

10 此种用来阐述联邦党人政治理论的方式源自 Martin Diamond 的言传身

教，尤见于 Martin Diamond, *As Far as Republican Principles Will Admit*, ed. William Schambra (Washington, D. C.: American Enterprise Institute, 1992)。

11 Alexander Hamilton, James Madison and John Jay, *The Federalist Papers*, ed. Jacob E. Cooke (Cleveland: World, 1961), 56-65.

12 Hamilton et al., *The Federalist Papers*, 73.

347 13 Herbert Storing, *What the Anti-Federalists Were For* (Chicago: University of Chicago Press, 1981), 3。此种用来阐述反联邦党人政治理论的方式源自 Storing 的言传身教。有关联邦党人和反联邦党人思想综述的一个较早版本，见于 William A. Schambra, "The Roots of the American Public Philosophy," *Public Interest* 67(1982): 36-48。

14 Baron de Montesquieu, *The Spirit of the Laws*, *trans.* Thomas Nugent (New York: Hafner, 1949), 34.

15 Charles Turner, quoted in Storing, *What the Anti-Federalists Were For*, 23.

16 Turner, quoted in Storing, *What the Anti-Federalists Were For*, 21.

17 Quoted in Storing, *What the Anti-Federalists Were For*, 22.

18 Alexis de Tocqueville, *Democracy in America*, trans. George Lawrence (Garden City, N. J.: Doubleday, 1969), 118.

19 Tocqueville, *Democracy in America*, 157.

20 Tocqueville, *Democracy in America*, 161.

21 Tocqueville, *Democracy in America*, 413.

22 Tocqueville, *Democracy in America*, 671.

23 Tocqueville, *Democracy in America*, 533.

24 Tocqueville, *Democracy in America*, 511.

25 Nisbet, *The Quest for Community*, 54.

26 Nisbet, *The Quest for Community*, 287.

27 Nisbet, *The Quest for Community*, 668-74.

28 Thomas Bender, *Community and Social Change in America* (Baltimore: Johns Hopkins University Press, 1978), 51.

29 Bender, *Community and Social Change*, 46.

30 Bender, *Community and Social Change*, 145.

31 Bender, *Community and Social Change*, 148.

32 Nisbet, *The Quest for Community*, vii.

33 Walter Lippmann, *Drift and Mastery* (Upper Saddle River, N. J.: Prentice Hall, 1961), 81.

34 Herbert Croly, *The Promise of American Life* (Cambridge, Mass.: Harvard University Press, 1965), 61-62.

35 Croly, *The Promise of American Life*, 372.

36 Croly, *The Promise of American Life*, 209.

37 Quoted in Jean B. Quandt, *From the Small Town to the Great Community: The Social Thought of Progressive Intellectuals* (New Brunswick, N. J.: Rutgers University Press, 1970), 139。Quandt 的著作尚未引起人们的足够重视，他对进步党人思想中社群理念，尤其是"大社群"理念的作用有着深刻的理解。

38 Croly, *The Promise of American Life*, 23.

39 Croly, *The Promise of American Life*, 418.

40 Croly, *The Promise of American Life*, 406.

41 Croly, *The Promise of American Life*, 453.

42 Woodrow Wilson, *Constitutional Government* (New York: Columbia University Press, 1908), 68.

43 Woodrow Wilson, *Papers*, ed. Arthur S. Link (Princeton, N. J.: Princeton University Press, 1978), XIX: 42.

44 John Dewey, *Character and Events: Popular Essays in Social and Political Philosophy*, ed. Joseph Ratner (New York: Holt, 1929), 11: 551.

45 Walter Lippmann, "Integrated America," *New Republic*, 19 February 1916, 62, 64.

46 Richard T. Ely, *The World War and Leadership in a Democracy* (New 348
York: Macmillan, 1918), 151.

47 Dewey, *Character and Events*, 552-53.

48 Timothy Kaufman-Osborn, "John Dewey and the Liberal Science of Community," *Journal of Politics* 46 (1984): 1157.

49 Timothy Kaufman-Osborn, "John Dewey and the Liberal Science of Community," 1158.

50 Quoted in Samuel Haber, *Efficiency and Uplift: Scientific Management in the Progressive Era*, 1890-1920 (Chicago: University of Chicago Press,

1964).

51 Samuel R. Hays,"The Politics of Reform in Municipal Government in the Progressive Era,"*Pacific Northwest Quarterly* 55(October 1964):161.

52 Hays,"The Politics of Reform,"169.

53 Edward Alsworth Ross, *Principles of Sociology* (New York: Century, 1920),268.

54 Ely,*The World War and Leadership in a Democracy*,94-95.

55 Ross,Principles of Sociology,422.

56 James Nuechterlein, "The Dream of Scientific Liberalism: The *New Republic* and American Progressive Thought, 1914-1920," *Review of Politics* 42(April 1980):175.

57 Albion Small, *The Meaning of Social Science* (Chicago: University of Chicago Press,1910),277,295.

58 Quoted in J. David Hoeveler,Jr. ,"The University and the Social Gospel: The Intellectual Origins of the 'Wisconsin Idea,'"*Wisconsin Magazine of History* 59(Summer 1976):288,289.

59 Hoeveler,Jr. ,"The University and the Social Gospel,"292.

60 Robert E. Park and Ernest W. Burgess, *The City* (Chicago: University of Chicago Press,1967),107.

61 Woodrow Wilson,*A Crossroads of Freedom:The 1912 Campaign Speeches* (New Haven,Conn. :Yale University Press,1956),83.

62 Fred Siegel and Will Marshall, "Liberalism's Lost Tradition," *New Democrat*(September/October 1995):8-13.

63 Franklin D. Roosevelt,*The Public Papers and Addresses of Franklin D. Roosevelt*,ed. Samuel I. Rosenman, 13 vol. (New York: Random House, 1938-1950),2,14。有关罗斯福政府利用战争隐喻来动员人民的最佳论述,也许可见于 William E. Leuchtenburg,"The New Deal and the Analogue of War,"in *Change and Continuity in Twentieth Century America*,ed. John Braeman,Robert Bremner, and Evert Walters(Columbus: Ohio University Press,1964),81-143。

64 Samuel Beer, "In Search of a New Public Philosophy," in *The New American Political System*, ed. Anthony King (Washington, D. C.: American Enterprise Institute, 1978),8。因其个人参与了新政文本的起

草，Beer 教授也许是迄今有关新政社群建设领域最富思想的分析家。他提到，有关说法受到了 Herbert Croly 早期文献的影响。参见“Liberalism and the National Idea,” in *Left, Right and Center*, ed. Robert A. Goldwin (Chicago: Rand-McNally, 1967), and “The Idea of Nation,” *New Republic*, 19 and 26 April 1982, 23-29。

65 George Soule, *A Planned Society* (New York: Macmillan, 1932), 283.

66 Roosevelt, *The Public Papers and Addresses*, 11:342. 349

67 Rexford Tugwell, *The Battle for Democracy* (New York: Columbia University Press, 1935), 72。Theda Skocpol 承认，新政至少是在试图宣传国家社群，它号召人民“以兄弟情谊的名义行动，在紧急时刻将整个国家联合起来”。但她总结道，这种宣传并没有当真，旋即被取消；她谴责新政没能“以公共名义将新的国家福利项目合法化”，也没能“为新的国家行动提供可持续的愿景，如表达公共利益，以及国家社群的福祉”（着重符由她本人标注）。她亦坚称，这些失败并没能阻止现代自由派去推动“社群、地区和国家计划的扩张，以及……美国资本主义和美国社会中更广泛、而非狭隘的公共领域的明确合法化”（着重符由她本人标注）。这些观点提出于 80 年代早期，但她没有提供任何线索，以供人们分析国家社群名义下的此种扩张是如何与充满活力的市民社会相适应的。Theda Skocpol, “Legacies of New Deal Liberalism,” *Dissent* (Winter 1983): 37, 38, 39, 42, 43。

68 Harry K. Girvetz, *The Evolution of Liberalism* (New York: Collier, 1963), 330-31.

69 引自 *The National Purpose*, ed. Henry R. Luce (New York: Holt, Rinehart, & Winston, 1960), 82。

70 John F. Kennedy, Speech to the National Press Club, January 1960.

71 *Public Papers of the Presidents of the United States: Lyndon B. Johnson, 1963-1964* (Washington, D.C.: Government Printing Office, 1965), 1371.

72 *Public Papers of the Presidents of the United States*, 797.

73 *Public Papers of the Presidents of the United States*, 943.

74 *Public Papers of the Presidents of the United States*, 729.

75 *Public Papers of the Presidents of the United States*, 450.

76 *Public Papers of the Presidents of the United States*, 628.

77 *PublicPapers of the Presidents of the United States: Lyndon B. Johnson*, 1966, 435.

78　Lyndon B. Johnson, *The Vantage Point* (New York: Popular Library, 1971), 74.

79　Daniel P. Moynihan, "The Professionalization of Reform," *Public Interest* 1 (Fall 1965): 6-16.

80　Theda Skocpol, "The Tocqueville Problem: Civic Engagement in American Democracy," Presidential Address to the Annual Meeting of the Social Science History Association, New Orleans, 12 October 1996, unpublished manuscript.

81　参见 John McKnight, *The Careless Society: Community and Its Counterfeits* (New York: Basic Books, 1995)。

82　Julian P. Butterworth, *The Parent-Teacher Association and Its Work* (New York: Macmillan, 1929), 48-49, 61-62.

83　Ely, *TheWorld War and Leadership in a Democracy*, 106-7.

84　Theodore H. White, *The Making of the President 1968* (New York: Pocket Books, 1968), 518.

85　"Selections from the Port Huron Statement," in *How Democratic Is America? Responses to the New Left Challenge*, ed. Robert A. Goldwin (Chicago: Rand McNally, 1971), 6.

350 86　Frances Fox Piven and Richard A. Cloward, *Regulating the Poor* (New York: Pantheon Books, 1971).

87　*How Democratic Is America?* ed. Goldwin, 7.

88　Wini Breines, *Community and Organization in the New Left, 1962-1969: The Great Refusal* (New York: Praeger, 1982), 27.

89　Quoted in Breines, *Community and Organization in the New Left*, 48.

90　Stokely Carmichael and Charles V. Hamilton, *Black Power: The Politics of Liberation in America* (New York: Vintage Books, 1967), 53, 37, 39.

91　Robert E. Kennedy, *To Seek a Newer World* (New York: Bantam Books, 1968), 53, 54, 58。有关 Kennedy 参议员未被注意的对杰斐逊主义的启发性探讨，参见 Michael J. Sandel, "The Politics of Community: Robert E. Kennedy versus Ronald Reagan," *Responsive Community* 6 (Spring 1996): 1427。Sandel 引用了 Kennedy 对明尼苏达农村支持者的观察："巨大，缺少社群，协会繁多，社会发展规模远超人类极限——这些都是二十世纪的恼人罪过，可能会让我们丧失行动的能力。"

92　Quoted in John J. Synon, *George Wallace: Profile of a Presidential*

Candidate(Kilmarnock, Va.: Ms, Inc., n. d.), 59, 77, 83.

93　Novak, *The Rise of the Unmeltable Ethnics*, 321.

94　*Public Papers of the Presidents of the United States: Richard Nixon, 1969*(Washington, D. C.: Government Printing Office, 1970), 637-38.

95　*Public Papers of the Presidents of the United States: Richard Nixon*, 1972, 997.

96　Quoted in Henry J. Schmandt et al., "CDBG: Continuity or Change?" *Publius*(Summer 1983): 7.

97　*The Presidential Campaign 1976*, 2vols. (Washington, D. C.: Government Printing Office, 1978), 1: 708-9, 714.

98　*Public Papers of the Presidents of the United States: Jimmy Carter, 1979* (Washington, D. C.: Government Printing Office, 1980), 1238.

99　Ronald Reagan, "Let the People Rule," Speech to the Executive Club of Chicago, 26 September 1975, manuscript.

100　Quoted in Peggy Noonan, *What I Saw at the Revolution* (New York: Random House, 1990), 311.

101　Bill Clinton, 1994 State of the Union Address。Alan Brinkley 观察到，Bill Clinton 的演讲"试图从右派那里收回左派近年来几乎放弃了的道德话语。他不断试图将自由主义从一代人手中，从一个符号缺失、结构崩塌的世界中解救出来，并将它与人们对价值观和社群的渴望相联系"。Brinkley, "At Last, Maybe a Vision," *New York Times*, 27 January 1994, 21。

102　Bill Clinton, "Commencement Address at Penn State University," 10 May 1996.

103　James Davison Hunter and Carl Bowman, *The State of Disunion: 1996 Survey of American Political Culture, Summary Report* (Ivy, Va.: In Medias Res Educational Foundation, 1996), 25-28.

104　Hunter and Bowman, *The State of Disunion*, 47-48.

105　Hunterand Bowman, *The State of Disunion*, 22.

106　Robert L. Woodson, *The Triumphs of Joseph: How Today's Community Healers Are Reviving Our Streets and Neighborhoods* (New York: Free Press, 1998).

107　Noonan, *What I Saw at the Revolution*, 311-12.

351 108 Frank S. Meyer, *In Defense of Freedom: A Conservative Credo* (Chicago: Regnery, 1962), 141.

109 David Brooks, "'Civil Society' and Its Discontents," *Weekly Standard*, 5 February 1996, 18.

110 Michael J. Sandel, "America's Search for a New Public Philosophy," *Atlantic Monthly* 277(March 1996): 74.

111 "The New Progressive Declaration," in *Building the Bridge: 10 Big Ideas to Transform America*, ed. Will Marshall (Lanham, Md.: Rowman & Littlefield, 1997), 23-24.

112 Mario Cuomo, Address to the Democratic National Convention, 28 August 1996(www.dnc96.org/day2/draftO8.html)。支持国家社群理念的其他当代观点，尤见于 Alan Brinkley 在与 Nelson W. Polsby 和 Kathleen M. Sullivan 合著的 *New Federalist Papers* (New York: Norton, 1997)一书中所写部分。Brinkley 提醒我们，除了托克维尔式的地方社群传统，美国"还有一种超越地方主义和地域观念的更宏观的社群愿景……事实上，国家社群理念属于我们历史中最古老而强大的理念之一"(95)。相类似地，

Nicholas Lemann 认为，只有回归到那种"更宏观的愿景"，美国社会的种族裂痕才能被愈合："在国家社群意识浓厚的时期，(种族)问题才会受到重视……在美国国内生活中，人们只有谈到贫民窟和种族关系这样的问题时，才能意识到一种实实在在的危机感和国家职责。"Nicholas Lemann, *The Promised Land* (New York: Knopf, 1991), 352-53。

第十七章　个人主义、自由主义与民主的市民社会

威廉·加尔斯通[①]

自由主义内部之张力

自由主义政体不以个人美德为前提这一信念，主宰了两代学者的研究。在理论层面，许多人理解的自由主义，乃是个人之间签订的和平条约的某条某款，他们对善的理解不尽相同，但在存续和繁荣问 447
题上利益攸关。在基本制度层面，自由主义宪政被认为是一个平衡各种力量和激情的巧妙装置。在自由主义社会的舞台，人们透过新古典经济学的棱镜和戒律，指导着公共政策，并分析着个人的行为。

自由主义在理论和实践上可以与对美德的关注相分离，这是不同倾向的学者的共识。不论是总体上同情自由主义政体的列奥·施特劳斯，还是对它抱有敌意的麦克弗森，都对洛克进行了同样的解读，强调了他使个人的利欲之心摆脱了传统道德的束缚。[1] 马丁·戴蒙德和戈登·伍德则认可基于利益的"新政治科学"的基本观点，它

① 威廉·加尔斯通(William A. Galston)系马里兰大学帕克分校公共事务学院教授，并兼任该校哲学与公共政策研究院主任。他著作颇丰，涉及美国政治、公共政策、政治学理论、家庭问题等诸多方面。本文选自其《自由主义的目的：物品、美德和自由主义国家中的多样性》(*Liberal Purposes: Goods, Virtues, and Diversity in the Liberal State*)一书。——中译注

取代了公民共和主义，并巩固了美国宪法。[2] 将现代自由主义社会解读为自利个人和团体的集合，是多元主义的捍卫者与批评者共同的出发点，前者以 50 年代的罗伯特·达尔为典型，后者则以西奥多·洛维为代表。[3]

尽管各色自由主义分析家对美德的具体概念莫衷一是，但都认为，不管美德为何物，自由主义理论和实践都与其保持了张力。对施特劳斯及其追随者而言，无论是支配多数人日常生活的对激情的约
354 束，还是引导少数人行为的对卓越的追求，在自由主义面前都变得岌岌可危。对波考克及其盟友而言，自由主义代表了对共和美德的“去脏术”(evisceration)，因为共和美德倾向于使个人利益服从公益。[4] 对查尔斯·泰勒及其社群主义同伴而言，自由主义使得社群不再可能，从而削弱了美德的重要性，而后者被认为是维持共同生活所必需的习性。[5] 虽然美德依然存在于自由主义社会的现实中，但正如欧文·克里斯托尔等人所说，它仅仅是与自由主义最基本倾向不相容的、并受到其无情攻击的古老道德与宗教传统的残余。[6]

自由主义不依赖于美德这一命题，并不是当代学术界的武断创造。阿尔伯特·赫希曼在十七、十八世纪的社会思想中就发现了这种思想的起源：确保共和政体的最佳手段，不是借助于市民美德，而是将中产阶级贪婪的商业“利益”从贵族具有政治破坏力的“激情”中解放出来。[7] 著名的《联邦党人文集》第十和第五十一篇，系统地阐述了以利益对抗利益、以激情对抗激情的必要。伊曼纽尔·康德，作为他那个时代最渊博的道德哲学家和最热忱的自由主义理论家，有力地论证了个人美德与共和政体之间的脱节：

> 只有共和政体完全符合人类的权利。但它难以建立，更难以维持，因而许多人将共和国称为天使之国，因为倾向于自私的人类配不上有着如此庄严形式的政体。但是(这是一个错误：共

> 和政体)只关乎国家的良好组织问题,在其中,不同个体的自私倾向成为相互抗衡的力量,从而缓和或抑制了对方的破坏性作用。结果……就好像自私的力量不存在一样,而人类也被迫变成了好公民,即使他们的道德并不良好。所以,国家组织问题无论有多困难都能得到解决,甚至魔鬼也可以藉此来组织国家,只要它们是有理智的。[8]

尽管自由主义共和政体仅要求对理性自利加以适当配置这一命题得到许多证据支持,但近年来该正统观点却遭到了学者的抨击,他们认为自由主义理论、制度和社会都体现——并依赖于——个人美德。茱迪·史珂拉(Judith Shklar)认为自由主义起源于人们对残酷宗教战争的厌恶,也就是,人们决定用一种"自律的宽容"(self-restraining tolerance)来取代军事和道德镇压,而前者比后者"在道德上要求更为严格"。[9] 罗杰斯·史密斯(Rogers Smith)从洛克思想 *449*
中发掘出"理性自由"的核心概念,自由据此区别于放纵,而个人的卓 355
越性也得以展现。[10]内森·塔科夫(Nathan Tarcov)反复阅读了被人忽视的洛克作品《教育漫话》(*Thoughts Concerning Education*),他的结论是:"洛克并没有提倡狭隘钻营的自私,相反,他传授了一套道德美德,让人们能够尊重自己,并在私人和公共生活中成为对他人有益的人。"[11]罗纳德·特尔切克(Ronald Tercheck)将这一观点拓展至亚当·斯密和约翰·斯图尔特·密尔,认为他们曾提议"培育特定的习性,以将我们带向美德的实践"。[12]布兹韦斯基(J. Budziszewski)从总体上论证了自由主义和美德的培育,不仅在逻辑上相容,甚至相互支撑。[13]小哈维·曼斯菲尔德(Harvey Mansfield Jr.)重新阐释了《联邦党人文集》,抛弃了对美国宪法的习惯性或机械性看法,而强调秩序井然的灵魂才是可持续的共和政体的基础:"不仅人民要成为有德性的人，竞选公职的人亦同样如此。”[14] 詹姆斯·威尔逊在调查了当代公共政策的困境后得出结论，认为经济学家开出的药方片面地将个人品格看作固定的和外生决定的“偏好”；而社会政策的任务不仅是要操纵激励，也是要塑造品格：“在公众关心的每一个重要领域，我们都要引导人们有道德地行动……从长远来看，公共利益取决于私人美德。”[15]

如果这一连串论证是正确的，那就意味着在自由主义的核心存在一股张力。自由主义国家就其定义来说就必须接纳广泛的多样性，但它却不能毫不关心公民的品格。正如托马斯·史柏金(Thomas Spragens)评论的那样：“没有自律、理智和公共精神的公民，不符合有效自治的要求。”[16] 让我们再次引用茱迪·史珂拉的观点。她说，摆在我们面前的选择：

450

> 不是古典美德或自由主义式的自我放纵……自由主义不是非道德的自由放任，事实上，它条件苛刻、要求严格，尤其对于那些无法经受……自由之风险的人。此外，自由之习性同时生发于私人领域和公共生活之中，而一种自由主义的品格也易于为人所想见。[17]

接下来的问题就在于如何勾勒出这种个人美德，它支撑而非破坏自由主义的各种制度，以及赋予自由主义社会以特殊吸引力的宽容大度。

自由主义在某种程度上依赖美德这一命题，并不等同于“天使之国”的荒谬论调，因为后者认为，自由主义政体中的公民必须具备完美的德性；它与有关自由主义的机械性—制度性阐释也并非不相容，因为通过巧妙安排“辅助预防措施”(auxiliary precautions)，可以在一定程度上弥补良好动机的缺失；最后，它也不赞同将自由主义政体理解为一种监护性社群，因为后者致力于生硬地灌输个人美德或卓越性。这一命题的主张较为温和：自由主义制度的运转，在许多重要方面受到公民（和领袖）品格的影响；在某些情况下，个人美德的衰落会引发各种社会病症，而且无论技术上设计得多么完美，自由主义政治制度都难以应对这些病症。自由主义社会的生存依赖于它塑造有道德公民的能力，这一点尽管难以准确测度，但却不容忽视。

虽然这一要求并不是自由主义社会所独有的，但它却给这些社会带来了许多特殊的麻烦。自由主义的生活方式将个人从传统束缚中解放出来，允许他们按照自己的观念来追求幸福。但自由主义美德与个人自利并非天然一致；塑造和维持这些美德的过程，势必与自由主义生活中的其他强大倾向相冲突。自由主义美德是自由主义需要的品格特征，但自由主义并不一定拥有它们。不过，这些美德也毋需由外部引入，因为它们普遍存在于自由主义实践和理论之中。美德和个人自利之间的张力，是自由主义内部的张力，而与其他外部传统无关。 451

古典的美德观念

古典观念中的美德与政治的关系，已由亚里士多德详细阐明。个人美德（或卓越性——希腊语中的 *arete* 一词包含此双重含义）可以凭借日常经验得到认知、通过哲学探求获得界定，并且不随时空变化。对亚里士多德来说，这些美德不仅是希腊人的，也是人本身的。政治生活必须在很大程度上被看成获得美德的手段，美德才是最终的目的。基本的生理和物质要求一旦满足，政治社群就应该设计各种制度和政策来促进公民美德；它作为一个社群的价值，就体现在该目标的实现程度上。

亚里士多德并不幻想他那个时代的社群能在对美德的追求之中

组织起来。像斯巴达这样的城邦更看重军事胜利，另有一些城邦看重商业繁荣，但大多数城邦没有一个单一的明确目标。不过，每一个城邦对于如何把有道德的个人变成好的公民——这意味着他的品格和行为都有利于社群及其生活方式的保持——都有一套基本上是心照不宣的、可操作的观念。在这样的认识之下，政治和美德的关系被颠倒了：美德成了手段，而政治社群才规定目的。

这种颠倒促使亚里士多德在《政治学》的第三卷中追问：好人的
357 美德和好公民的美德是否相同？事实证明它们几乎总是不同的，这一结论也产生了两难困境。如果一个社群有着明显缺陷，按它的形象来塑造自己、并致力于为它服务的公民就会陷入一种道德扭曲(moral deformation)；反之，好人的美德也不仅绝对不会促进，实际上反而会妨碍他恰巧隶属的某个特定社群的活动。

452 自由主义理论家对这一困境不无觉察，并以两种不同的方式进行了回应。约翰·斯图尔特·密尔等人一方面为具有内在价值的亚里士多德式美德观念保留了位置，另一方面又强调美德能支持自由主义政体。在自由主义社会中，这些美德既是目的，也是手段：好人和好公民是同一的。

另一种自由主义策略，干脆否认内在美德的存在，将美德重新阐释为达到非道德目标的纯粹工具，而这些非道德目标构成了自由主义政治的真正目的。从而霍布斯说道：

> 所有人都同意这个观点，即和平是好的，因而达到和平的方式和手段……如正义、感激、谦逊、公正、仁慈，以及自然法的其他内容，也是好的……但是，尽管道德哲学的书写者承认同样的美德和罪恶，却不知它们好或坏在哪里；它们也无法被称颂为通往和平、友善和舒适生活的手段。[18]

在过去的二十年里，约翰·罗尔斯摇摆于霍布斯和穆勒的思想之间。对他来说，自由主义政体的最终理由——以及压倒性目标——在于达到正义，这不是个人美德，而是一种社会状态。罗尔斯反对“至善论”，该理论认为社会应当被用来最大化个人美德或卓越性。然而，断言正义是基于个人的一项美德，也是他的整体理论的一部分。个人被假定具有获得正义感的能力——即接受并按照社会正义的约定原则行事的能力，这反过来也为个人正义提供了实质性内容。这一观念在《正义论》中得到发展，公正的个人的产生，并不是自由主义社会的目标，而是这一社会得以存续的手段。这就解释了为什么秩序井然的自由主义社会中的每个成员，都要求他人具有成熟的正义感。罗尔斯还以一种霍布斯式的语调，从更广泛的意义上说道：“一个好人拥有的道德品质，也是秩序井然的社会中人们在理性
(工具理性)范围内要求他们的伙伴所具备的。”[19]尽管如此，他在近 ***453***
年来的作品中却愈发强调“道德人格”的发展与实践，将它视为一种
内在的善或目的。恰恰是那些可以维持一个公正社会的种种实践， 358
也反映出我们在本质上都是自由平等的理性存在物，并且认识到自己具备追求正义的先天能力。[20]

这样，我们就在自由主义传统中发现了两种亚里士多德观念的踪迹：作为目的的美德和作为手段的美德。许多人根据进一步的观察，会惊讶地发现有关美德的自由主义典籍，不过是古典说法的翻版。然而，我并不这么认为(请霍布斯原谅)，自由主义美德并不只是改头换面了的古典美德，它们在许多重要方面都截然不同。

作为工具的自由主义美德

我首先考察工具意义的自由主义美德，作为一种手段，它关乎自

由主义社会和制度的存续。为了明确相关术语，我将自由主义政体定义为在很大程度上拥有下列特征的社群：民选、立宪的政府；个人拥有广泛机会和选择的多样性社会；占主导地位的市场经济；实质性的、受到严格保护的隐私和个人权利领域。为了避免误解，我把之后将要论述的命题摘要如下：

1. 有关工具美德的讨论，并不是罗列自由主义理论内部的各种逻辑蕴涵，而是就社会制度和个人品格之间的关系，给出经验性的假说。在这里，我只能给出零碎的证据来支持这些假说，只有更为系统的历史和比较研究，才能对其进行充分检验。

2. 当谈及有助于自由主义社群存续的特定美德时，我并没有要求每位公民都拥有这些美德，但至少大多数人必须具备。一个粗略的假设认为，随着不具备美德的公民比例的显著增加，自由主义社会
454 成功运转的能力将持续减弱。

3. 工具美德见效于社会层面这一事实（如果成立的话），并不意味着它们就有利于个人。当然，这两个目标之间存在一定的重叠。与古典的、公民共和主义的或基督教的美德相比，自由主义美德不太强调自我约束和牺牲，实践这些社会美德会有助于个人在自由主义社群的成功。这些美德同样不能简化为个人自利——即使是“正确理解的”自利。因此，尽管自由主义美德不预设一种特殊的道德心理学，但它们至少暗示着对任何彻底的利己主义的否定。

359 一般性美德

某些用来维系自由主义国家的美德，也是所有政治社群不可或缺的。每个社群都会不时地号召成员用生命来保卫自己，所以，勇气——为了国家战斗甚至牺牲的意愿——受到广泛的尊重，尽管在有些情况下拒绝出战也是完全正当的。其次，每个社群都会创造一

套复杂的法律和规则结构，期望成员能接受其合法性，从而不必诉诸直接胁迫或惩罚来保证其得到遵守。法律的净社会价值，等于其产生的社会收益减去因执行而造成的社会成本。个人服从法律倾向的减弱，会使得社会通过法律来追求集体目标的能力下降。因此，无论是在自由主义社群还是其他地方，遵守法律都是一项核心的社会美德——这并不意味着不服从法律就绝不正当，但是，想要违背法律的人必须承担沉重的举证责任。最后，每个社会都由若干核心原则构成，并依靠成员对这些原则的积极信念而维系。反过来，当成员对其合法性的信念动摇时，社会也就衰落了。从而，忠诚——理解、接受并执行社会核心原则的成熟能力——也是一项基本美德。它对自由主义社会尤其重要，因为这种社会的组织原则较为抽象，而非具体、共有的种族、民族或历史关系。

除了以上用来维系所有政治社群的美德外，自由主义社群还需要更多特定的美德——这些美德是社会、经济和政治的自由主义领域所必需的。 455

自由主义社会的美德

自由主义社会具有两类关键特征：个人主义和多样性。个人主义对应的是“自主”的自由主义美德，即一种关心自己、为自己承担责任并避免不必要地依附于他人的品格。人类并不是生而自主，也无法靠生理的成熟来获得自主。越来越多的证据显示，在自由主义社会里，家庭是培养自主以及其他许多美德的关键场所。因此，家庭的衰落严重威胁着自由主义社会。反过来，强大的家庭有赖于特定的美德。如果没有忠诚，家庭便无法稳定。如果成年人不放弃狭隘的利己心理而去关心孩子，家长就无法有效地履行他们的责任去培养独立自主、有安全感的年轻人。总之，自由主义社会所要求的自主，

依赖于自律和自我超越，这也是家庭团结所必需的美德。接下来让
360 我们由个人主义转入多样性，即自由主义社会的第二类规定性特征。维持社会的多样性需要宽容的美德，而一般认为这种美德基于一种相对主义的信念，即每一种个人选择、每一项“人生计划”都是同样好的，应免于理性的审视和批判。这就大错特错了。宽容也与下列命题完全相容，即已知的某些生活方式要优于其他一些生活方式。但它坚信，追求更好的生活应当是（在许多情况下只能是）教育或说服、而非强力的结果。总之，宽容可以被定义为将这一信念付诸实践、成为个人行为准则的能力。

自由主义经济的美德

自由主义/市场经济有赖于两种美德：一种是不同经济角色所要
456 求的美德，一种是被视为整体的自由主义经济生活所要求的美德。企业家和组织—雇员关系是现代市场经济中最基本的角色。企业家美德早已是老生常谈，这包括想象力、首创性、推动力和意志力；而组织美德却与其完全不同（在许多方面恰好相反），它包含了以下特征：严守时间、恪尽职守、工友之间和睦相处以及愿意在已有的框架和任务内工作。经济单位的发展增加了管理的难度，使得人们必须在企业家和组织行为之间进行调和。有时，这种调和表现为企业家的魅力被组织取代（或常规化），正如苹果电脑公司罢黜斯蒂芬·乔布斯（Steven Jobs）那样。[①] 有时情况却恰好相反，当一个臃肿、平凡的组织想要用半自治的单位替换集中化的结构，并放松对个人工作和角色的控制时，就必须鼓励雇员表现出更多的企业家素养。

---

① 斯蒂芬·乔布斯（1955—2011），美国苹果电脑公司前CEO、创始人，在1985年，由于与公司的大多数管理人员意见不同，他曾被董事会撤销经营权，并辞去董事长一职。——中译注

除了以上这些特定角色的美德，现代市场经济还需要三类一般性的美德。其一是工作伦理，这表现为自食其力的义务感，以及尽力做好本职工作的决心。其二是禁欲式的自我克制与无拘束的自我放纵之间的平衡——一种获得适度的延迟满足的能力。尽管市场经济依赖消费者欲望的解放和增长，但如果没有一定水平的储蓄，它就无法保持长期的繁荣，而储蓄的获得则要求人们为长远利益牺牲当下的满足。

其三是适应性。现代市场经济以迅速而又深刻的变迁为特征，从而不断改造着各种组织和职业。服务于单个工作或组织的终生雇用模式，曾流行于本世纪的大多数时间，如今已被抛弃。多数人在其 361
职业生涯中会更换多个工作，进入新的行业和组织，乃至新的经济部门。诚然，集体的政治行动能够放缓变迁的步伐、改善其后果，并承担其代价。但是，国内外的双重压力使得人们难以抗拒经济变迁的基本事实和方向。因此，为了能够成功地应对经济变迁的种种要求，个人和经济体应当具备一定的基本特质、品格和能力，将新的工作视为挑战而非威胁，并避免将个人身份和价值限定在单一、固定的职业之中。[21]

自由主义政治的美德

最后，让我们来审视同时对公民和领袖提出美德要求的政治领域。

公民的美德。我们已经认定了某些一般性的公民美德，如勇气、守法和忠诚。除此之外，自由主义政体还要求一些特定的公民美德。因为自由主义社会依赖于个人权利，自由主义公民必须有能力辨别、并以谨慎的态度去尊重他人的权利。（侵犯他人的权利，是自由主义政治生活特有的一种“贪婪癖”。）代议制政府是自由主义的组成部分，公民因此必须有能力辨别政治候选人的才干和品格，并评估在职官员的表现。自由主义还设想了民治政府，以回应公民的要求。但民治政府的最大缺点在于，它倾向于牺牲长期利益而满足短期欲望，并在作出决定时无法直面那些让人不愉快的事实。为了克服这些缺点，公民必须克制自己的需要，并在面对痛苦却又必要的措施时做到自我约束。按照这个观点，自由主义公民应当根据国家的承受能力来汲取公共服务，并为其收益支付费用；这不仅是一个技术性的经济问题，也是一个道德问题。常年失衡的预算——系统性地将社会成本转移给后代——就是一个反例，其原因在于公民不愿意克制自己的欲望，或履行义务。

有别于公民共和主义，自由主义公民没有积极参与政治的义务，不必视公共事务优先于私人事务，或使个人利益完全从属于公共利
458 益，也不必听从集体对个人生活选择的安排。但他们不会结党营私、
362 单纯追求个人利益。自由主义公民美德的独特之处在于，它并不全盘否认，但却限制、平衡自我扩张的欲望。

领袖的美德。较之于公民，政治领袖显然更需要拥有美德、追求卓越。美国的国父们将选举视为辨别和挑选优秀领袖的手段。托马斯·杰斐逊在写给约翰·亚当斯的信中就表示支持选举：

> 有一些人天然就是贵族，他们依靠的是美德和才干……我认为这个天然的贵族阶层，是自然界最宝贵的财富，因为他们有助于社会的教化、互信和管理……这种以最有效、纯粹的方式将贵族选入政府的政体，难道不是最好的吗？……我认为我们的制度提供了最好的补救措施，给予了公民自由的选举制度，使得贵族从伪贵族中脱颖而出。[22]

自由主义政体特有的领袖美德首先包括耐心——领袖必须有能

力承受社会多样性和宪政机构对其行动的限制，并在这些限制内工作。其次，自由主义领袖必须有能力打造一种共同目的感，以抗衡一个碎片化的利己主义社会内部的离心力。再次，自由主义领袖必须抵制诱惑，不能为了换取公众的喜爱，而迎合他们无节制的要求。他必须以约束来代替欲望，以强调现实选择之艰难来击碎对免费午餐的幻想，以更重要的长期利益来抵挡眼前的诱惑。最后，尽管自由主义领袖的权力得之于公众的同意，他在制定政策时也不能唯公众马首是瞻。相反，他必须有能力缩小公众喜好与明智决策之间的距离（在公众舆论许可的范围内）。无视公众情绪的自由主义领袖会立即尝到失败的滋味，而一味地迎合公众情绪来制定公共政策的人，也会以失败告终。自由主义领袖可以通过说服来引导公民的意见趋向合理，但他的公共行为仅能以说服为限，否则就成了僭越。

正如《联邦党人文集》的作者所坚持、又由经验证明的那样，对于 459
自由宪政社会中的各色官员，要做到称职还需要以下特定的美德：行政官员需要乐观和活力，立法者需要慎重和得体，司法部门则需要公正和优秀的阐释技巧。[23]杰斐逊同样认为，对于选举或任命体系的最终考验，在于他们是否能挑选出拥有相称美德的官员。基于这一理由，特定的选择体系（譬如总统提名初选）须接受适当而又必要的检查，以确定它们是否大致有利于那些称职的人选。

一般性的政治美德。对于自由主义公民和领袖来说，尚须具备 363
两类额外的政治美德。尽管公共政策的制定不必全在光天化日下进行，但自由主义政治依赖于对公开性的预设，也就是，人们承诺以公开讨论的方式来解决争端，除非有令人信服的理由，否则就不能隐瞒或限制决策过程的公开。因此，参与公共讨论的成熟能力和品格，属于一般性的自由主义政治美德，具体包括：第一，在多样性的自由主义社会里，人们愿意认真听取各种观点，即使有些观点会让听者觉得古怪甚至憎恶；第二，人们愿意明白、坦率地阐述自己的观点，由此形成一种说服、而非操纵或强力的政治。

在力所能及的范围内缩小自由主义社会内部原则和实践之间的脱节也属于一般性的政治美德。对领袖来说，这意味着他们可以通过对集体信念的公开诉求，来承认并直面社会的缺陷。对公民来说，这意味着他们既可以通过公开诉求，也可以通过悄然行动来阻止伪善在邻近社群中的传播。对二者来说，这可能会引发社会转型与遵守法律之间的张力，只有通过慎重地援引特定案例才能得到化解。但这仅仅只是张力而非截然的对立，因为遵守法律的美德体现的不是法律的绝对至上性，而是一种有利于法律——这种法律在极少数情况下可以被推翻——的预设。

作为目的的自由主义美德

针对有益于自由主义政体存续和运转的美德的讨论到此告一段落。接下来我们将从目的、而非工具的视角，来审视自由主义美德。问题的关键在于，是否存在一种有德性的或卓越的个人的概念，与自由主义理论有着内在关联，其价值亦在于自身，而非作为工具存在。

答案也许是否定的，毕竟，自由主义社会和理论的特色在于包容多种多样的人生计划以及相应的卓越品质。然而，自由主义传统并非绝口不谈这一问题，事实上，它涉及三种个人内在卓越性的概念，三者之间既有交叉，又互相区别。其一是作为理性自由或自我导向的洛克式的卓越性概念。罗杰斯·史密斯对这一概念进行了重构，他以令人信服的论述表明，包含在理性的自我导向之中的，是在个人信念和境遇之下制定、追求并调整人生计划的能力。这是一个实质性、而非仅仅工具性的标准：

> 如果我们看重理性的自我导向，就必须时刻努力，保持审慎 364
> 的控制和引导自己的能力，并尊重他人的这些能力。相应地，我们必须认识到，通过运用这些能力，道德上可敬的品格被培养起来，而增强这些能力则可以构建道德上可嘉的行为。[24]

第二种非工具性的有关个人卓越性的自由主义概念是康德所描述的按义务行事的能力，即，将义务视为个人行为的有效准则，并抵制与之不相容的激情和利益的诱惑。茱迪·史珂拉曾描绘过康德眼中具有美德的个人的行为：

> 他必须始终尊重人性，这是他和所有其他人身上理性、道德的元素。为了他自己，他必须杜绝所有自毁和粗俗的行为，除此之外，他还一定不能说谎……他无须对其他人慷慨或怜悯，也不必因为地位高贵而承担义务，因为这会羞辱受助者。他所必须做的，就是尊重他们的权利、举止得体，并打消诽谤、骄傲和恶意的念头……这是一种彻头彻尾的民主的自由主义品格，用以保护自己和他人的自尊，不奴役他人，也不被他人奴役。[25]

第三种有关个人卓越性的自由主义概念，起源于以约翰·斯图尔特·密尔、拉尔夫·沃尔多·爱默生、亨利·戴维·梭罗和沃尔特·惠特曼为代表的浪漫主义。这一概念将卓越理解为个性的全面解放，密尔对此作了具体的说明：卓越的个性结合了古希腊与现代两种不同的观念，前者认为人类能力会通过活动而增强，后者则认为这些能力的协调与平衡因人而异。自由主义社会允许最大幅度的多样性，能最大限度地（尽管不能完全地）促成个性的发展。又因为建立在个人自由之上，自由主义社会有助于培养作为真正个性核心的自决意识。正如密尔说道：“让外部世界或周边环境为他选择人生计划的人，只需要具备猩猩般的模仿能力就够了。而自己选择人生计划的人，才具备他应有的全部能力。”[26]相类似地，乔治·凯特布根据爱默生的思想总结道：

> 人必须为自己承担责任——自我必须成为一项工程，人必须成为自己灵魂的建筑师。从某种程度上说，人只有成为自我创造、主宰和选择的人，而不仅仅是由社会创造、主宰和规定的造物，**尊严**才能存在。[27]

这三种互相区别却有着显著自由主义特征的有关人类卓越性的
365 概念，能否整合成一个统一的观点？从某种程度上说，可以。它们的核心观点是一致的，都想象了一种能在一定程度上为自己的生活承担责任的个人。它们分别对应了一类活动，并且都为每个人的尊严和人与人之间的相互尊重而辩护。当然，除了这个核心观点外，它们之间也存在明显的张力。洛克式的理性自由的实践会产生经过深思熟虑的多样性结果，而康德式的义务观会将一套单一行为准则视为普遍的规范。爱默生式的对个性的追求，则会导致一种诗意的甚至是神秘的自我超越，与它相对立的，是康德式的道德理性主义，以及枯燥的、强调秩序与自律的洛克式自由观。[28]

当然，为了消除这些张力，我们可以将某个概念置于首要位置，并要求其他概念与其保持一致。（这也是罗尔斯所采用的康德式方法，他以此将社会的道德权利要求，置于个人人生计划的理性追求之上。）但是，保留一些张力和不确定性也许更明智，那就是，将自由主义政体最多看成一个社群，它既鼓励以上三种互相重叠、又互相区别的个人卓越性概念的发展，又为它们的实现提供平台——从某种程度上说，任何一种概念只有在与其他二者的竞争中才能实现。

培育自由主义美德的途径

自由主义政体的健康，与自由主义美德的实践复杂地交织在一起。如果这些美德不是天生的，那是通过什么方式产生？在我国这个自由主义社群中它们是否得到了充分的发展？对这些问题的详尽讨论会超出本文的范围，请允许我简要地介绍三种可供选择的假说。

第一种乐观的假说认为，自由主义政体的日常生活本身也许就是一股潜在却又强大的力量，能让我们的习性达到自由主义美德的最低标准。家庭、学校和工作对我们的期望，让我们的举止合乎各种自由主义制度的运转要求。尽管算不上道德楷模，现代自由主义社群中的公民的道德品格却还说得过去，至少不比过去差。

中立的假说坚称，基本的社会化过程尚不足以挑起重担，诸如家庭、学校、教会、法律系统、政治领袖和媒体等权威性制度，在培育自由主义美德的过程中必须主动合作。虽然目前它们做得还不够，但在理论上，一旦它们认清了自己的责任，就没有理由做不好。

最后，悲观的假说（以丹尼尔·贝尔为代表）认为，当代自由主义 366
文化的某些强大潮流会扼杀自由主义美德，尤其是自由主义的各种自我约束手段，已经成为自我放纵和自我表达的牺牲品。[29]按照这一观点，自由主义美德要得到强化和再生，仅仅改革正式的道德和公民教育制度是不够的，还需要人们持续努力，扭转从根子上腐蚀现代文化的种种趋势。以上三种假说都有证据支持。乐观派可以指出一个明显的事实，即在过去的两个世纪中，我国的政体为自身的延续创造了最基本的条件（至少没有起反作用）；中立派可以强调，一些关键的社会指标（犯罪、吸毒、家庭稳定性等）不容乐观，而社会化的主要力量（尤其是电视和流行文化）的影响在总体上又是消极的；而悲观派可以看到，除了组织化宗教外，大部分社会权威的生产机制对自身的能力显得信心不足，无法正常地建立、培育和执行有关行为和品格的社会准则。

史蒂芬·埃尔金(Stephen Elkin)在一项对当代城市政府的全面研究中认为，城市政治制度的运转对公民品格产生了广泛的并主要是消极的影响。为了代表“商业性的公益”，一个商业共和国需要自由民主政体中的公民在其内心深处“倾向于将政治选择看成一个讲道理的过程”。公共选择“必须给出充分的理据，而不只是欲望和利益的聚合”。[30]不幸的是，现代城市政府无法全面地培养这种倾向，原因有三：这些政府以行政为主导，因此无法引导或认真倾听个体公民进行的理性论辩；它们使公民之间只存在放贷收息和讨价还价的关系，而无法成为共同的说理进程的参与者；最后，许多城市公民成了“委托人”，他们的利益由官僚化的专家决定和调整。[31]如果不对城市政府的代表性制度和议程进行全面改革，这些城市公共生活的负面影响便无法被纠正。[32]

理查德·达格尔(Richard Dagger)也将城市作为研究公民道德的场所，并同样对结果感到沮丧。在他看来，当代城市生活具有三类相当有破坏力的特征：城市的绝对规模漠视了个人自身利益的实现和互信的培养；政府职责的碎片化滋生了“困惑、迷惘和无力感”；人口的高速流动使得个人与社群的纽带变得松弛，并腐蚀了人们参与和合作的精神。和埃尔金一样，达格尔亦认为，要减少现代城市对公民道德的负面影响，就要从根本上进行全面的改革。[33]

367 乔治·凯特布的观点却更为乐观。他认为代议制民主倾向于培育自由主义社会亟需的品格特征：独立的精神、民主的社会生活，以及“普遍的对多样性的宽容，甚至是热爱”。[34]总的来说，自由民主社会从自己和别人的经验中学会了如何看待权力的本质：

> 一种普遍的怀疑主义……；一种勉强的顺从；一种信念，认

为那些掌握权力的人，也一定对他们所扮演的角色乃至自身产生怀疑，而如果有必要运用某些权力，其对所有人民的道德自主的破坏必须限制在最低水平……最后，只要有可能，人们便会抛开、稀释权威，或将其改头换面，并以此来削弱它。[35]

凯特布对这些品格的内在缺陷并非毫无感觉，但他还是愿意为之辩护：它们不仅是自由民主政体不可缺少的工具，对其他替代性政治组织形式（尤其是直接民主）也有内在价值。[36]

为了研究自由民主生活如何影响品格的培育，罗伯特·莱恩（Robert Lane）搜集、整理了相关经验证据，并进行了迄今最为全面的分析。他首先提出并论证了一个“成熟而又全面的人格”模型，其内容包含了五项元素：认知能力、自主性、社会性倾向（一种像对待自己一样理解并承认他人想法和主张的能力）、个性（包括自知、自尊和自我接纳）、对抵御反社会行为的共同价值的认同。[37]接着，莱恩仔细考察了资本主义市场和民主政治，以研究它们对这种人格发展的影响。最后，他得出了一个希望与忧虑微妙并存的结论：

市场教会了我们很多东西，包括认知的复杂性、自力更生，以及一种褒奖工作或经济贡献的正义观。它强调交易，从而侵蚀了社会性倾向的部分根基。它的工具主义倾向，以及对人道价值根基的破坏，使得人们无法在其中获得个性；它的非道德主义倾向又使得道德价值的认同过程难以进行。就民主来说，它也让人民思考，并许诺他们可以控制自己的命运，但这并没有完全实现。尽管民主体现了某种社会性倾向，即使它所谓的正义——一种需要的正义（justice of need）——考虑到了善行，它也没能提供一种公共道德。此外，它复杂的多样性，也使得人们难以获得个性（但一旦他们获得了个性，就愈发显得可贵）。[38]

在一项相似研究中，莱恩考察了近来对资本主义市场作用的悲观
368 看法，并进行了反驳。他认为，消费主义并没有明显侵蚀工作伦理；现代工业不仅需要竞争，也需要合作；个人依然对自己的工作效能充满信心，也就是，认为他们的辛劳、贡献和技术与他们获得的回报之间存在着某些非偶然的因素；市场经济的工人创新能力与积极性高于指令经济；人们依然勇于怀疑道德权威、质疑权力。[39]

以上这些研究促使我们关注乐观派、悲观派与中立派之间的争论。正如乐观派坚称的那样，我们必须从长远的角度来看待问题，认识到美国曾克服过许多社会冲突和混乱，它们的严重程度不下今日，当前的公民文化也依然保留了许多积极的元素，在防止出现公众压迫的同时维护人身自由。但我们也必须对中立派提出的现象保持关注：吸毒、犯罪和家庭解体的日益增多；公共教育、公共提供与公众参与的不足；公共与私人事务中的贪婪与短视；以及美国人生活的野蛮化与部落化。我们亦无法承担因忽视悲观派观点而带来的后果，他们认为以上这些问题并非出于偶然，而是结构性的，譬如，媒体带动的消费和自我卷入（self-involvement）模式正在一步步蚕食克制与责任之习性，而它们才是自由主义政体的基础所在（其他政体也同样如此）。詹姆斯·麦迪逊在《联邦党人文集》第五十五篇中提醒我们：

> 因为人类有某种程度的劣根性，需要有某种程度的慎重和不信任，所以人类本性中还有其他品质，证明某种尊重和信任是正确的。共和政体比任何其他政体更加以这些品质的存在为先决条件。如果我们当中某些人的政治忌妒所描述的图景与人类特性一模一样，推论就是，人们没有充分的德行可以实行自治。①

---

① 译文据汉密尔顿等《联邦党人文集》（商务印书馆，程逢如、在汉、舒逊译，1980），第286页。——中译注

麦迪逊谈到了“人类本性”，但他并没有幻想，人类的劣根性与我们实际观察到的可贵品质之间的平衡是出于天然。虽然我们被赋予某些追求美德的能力，但只有在一定的环境下，通过适当的抚养、教育与经验累积，我们才能具备美德。令人震惊的是——根据玛丽·安·格伦顿的观点——我们的宪法却只字未提这些影响重大的力量。[40]我们国家的政治制度以某些特定个人的存在为前提，却忽视了对他们的培养。

我认为，有三种相互关联的说法可以解释这一神奇的缺漏。其一，麦迪逊等人认为美国社会（包括家庭、社群和日常生活）的根基是健康的，有能力培养出足够的有德性的公民。他们假定（至少希望） 369
这些制度能主动维持自己的健康。其二，新的政治制度设计成与纯粹国家相对的联邦形态，从而把几乎所有的社会问题留给州和地方社群。其三，与古典共和主义不同的是，自由主义民主制度的兴起意味着公共领域与私人领域的分野（尽管时常受到挑战）开始出现。包括公共性格在内的品格的培育，交给了诸如家庭和宗教社群之类的制度，而它们不受公共的控制。

从根本上说，相对于极权主义，甚至古典共和政体，自由民主的美国社会将培养公民的重要任务交给了半自治的家庭。如果家庭无力承担这一任务，整个社群的福利将直接遭受损失。近几十年家庭解体带来的后果恰好证明了这一点。

我们需要培养一种叫做“自主”的自由主义美德，它体现的是一种关心自己、为自己承担责任、并避免不必要地依附于他人的品格。越来越多的证据表明，在自由民主社会中，家庭是培养自主的主要场所。譬如，研究发现，在控制了受教育程度等变量之后，长期依赖救济的单亲家庭的孩子长大以后也更有可能同样依赖救济。

大量未婚年轻母亲的经历也同样发人深思，她们在抚养孩子的过程中遇到了重重困难。由于缺少父亲充当榜样和共同监护人，很多男孩会缺乏自尊、脾气暴躁、拉帮结派并目无法律。因此，双亲家庭结构的退化，会导致越来越多的人无法履行自由民主社会公民的基本责任。

强大的家庭之于自由民主社会的一个关键功能，在于鼓励年轻人公民品格和能力的增长。另一个密切相关的功能，是将年轻人与更广泛的社群联系起来。早在两个多世纪以前，埃德蒙·柏克就提出，我们与家庭和亲缘的联系感，孕育了关心公共事务的种子。其后半个世纪，托克维尔根据观察得出结论，美国的家庭抑制了自我中心主义，并将个人与他们的政治制度联系起来。近年来的社会学研究也证实，家庭团结与对更广泛的社群和社会的责任感之间，存在着强有力的关联。就此而言，对于我们这个政体来说，婚姻稳定性的衰败是一个尤其令人不安的信号。譬如，各种研究都表明，父母离异的儿童在对他人做出承诺和形成信任时，要比常人遭遇更大的困难。如
370 果把这些结论与柏克和托克维尔的观点相联系，我们就可以估计，从总体上说，今天年轻人与政治社群的联系感，要弱于他们的先辈。这也与泰姆士-米洛中心的一项近期研究结论相一致，该研究的主要结论被格伦顿归纳为：相比之前半个世纪，现在的年轻人“懂得更少、关心得更少、去投票的[也]更少”。[41]

在回顾这些朝向同一目标的进展和趋势时，我们满怀喜悦，但也焦虑重重。我们固然可以按照时下流行的、同时也是轻率的做法，指出文化悲观主义遍布于人类历史的每一个社群和每一代人。但这仍然无伤于一个事实，政治社群可能、在历史上也确实曾因道德和文化的败坏而从健康走向衰落。有鉴于此，当代美国的自由主义者尚不能沾沾自喜，以为单凭对多样性的礼赞，就可以坐等命运的眷顾。我

们必须竭尽所能去修复被撕裂了的社会结构，多去留意自由主义公共生活所必需的道德条件，并采取一切可能和适当的措施以巩固之。

注释

1 Leo Strauss, *Natural Right and History* (Chicago: University of Chicago Press, 1953); C. B. Macpherson, *The Political Theory of Possessive Individualism* (London: Oxford University Press, 1962).

2 Martin Diamond, "Democracy and *The Federalist*: A Reconsideration of the Framers' Intent," *American Political Science Review* 53: 52-68; Gordon Wood, *The Creation of the American Republic, 1776-1787* (New York: Norton, 1969).

3 Robert Dahl, *A Preface to Democratic Theory* (Chicago: University of Chicago Press, 1956); Theodore Lowi, *The End of Liberalism* (New York: Norton, 1969).

4 J. G. A. Pocock, *The Machiavellian Moment* (Princeton: Princeton University Press, 1975); Quentin Skinner, "The Idea of Negative Liberty," in 469
Philosophy in History, ed. Richard Rorty, J. B. Schneewind, and Quentin Skinner (Cambridge: Cambridge University Press, 1984).

5 Charles Taylor, "Atomism," in *Powers, Possessions, and Freedoms: Essays in Honor of C. B. Macpherson*, ed. Alkis Kontos (Toronto: University of Toronto Press, 1979); Alasdair MacIntyre, *After Virtue* (Notre Dame, Ind.: University of Notre Dame Press, 1981) and "Is Patriotism a Virtue?," *The Lindley Lecture* (University of Kansas: Department of Philosophy, 1984); Michael Sandel, *Liberalism and the Limits of Justice* (New York: Cambridge University Press, 1982) and the "The Procedural Republic and the Unencumbered Self," *Political Theory* 12(1984): 81-96.

6 Irving Kristol, "The Adversary Cultures of the Intellectuals," in *The Moral Basis of Democratic Capitalism*, ed. Michael Novak (Washington, D. C.: American Enterprise Institute, 1980).

7 Albert Hirschman, *The Passions and The Interests* (Princeton: Princeton 371
University Press, 1977).

8 Immanuel Kant, "Perpetual Peace," in *Kant on History*, ed. Lewis White

Beck(Indianapolis:Bobbs-Merrill,1963),111-12.

9 Judith Shklar, *Ordinary Vices* (Cambridge, Mass.: Harvard University Press,1984),5.

10 Rogers Smith, *Liberalism and American Constitutional Law* (Cambridge, Mass.:Harvard University Press,1985).

11 Nathan Tarcov, *Locke's Education for Liberty* (Chicago: University of Chicago Press,1984);另见其"A 'Non-Lockean' Locke and the Character of Liberalism," in *Liberalism Reconsidered*, ed. Douglas Maclean and Claudia Mills(Totowa,N. J.:Rowman and Allanheld,1983).

12 Ronald Terchek,"The Fruits of Success and the Crisis of Liberalism," in *Liberals on Liberalism*, ed. Alfonso Damico(Totowa, N. J.: Rowman and Littlefield,1986),18.

13 J. Budziszewski, *The Resurrection of Nature: Political Theory and the Human Character*(Ithaca,N. Y.:Cornell University Press,1986).

14 Harvey Mansfield Jr.,"Constitutional Government: the Soul of Modern Democracy,"*The Public Interest* 86(1987):59.

15 James Q. Wilson,"The Rediscovery of Character:Private Virtue and Public Policy,"*The Public Interest* 81(1985):15-16.

16 Thomas Spragens Jr.,"Reconstructing Liberal Theory:Reason and Liberal Culture,"in *Liberals on Liberalism*, ed. Damico,43.

17 Shklar, *Ordinary Vices*, 5.

18 Thomas Hobbes, *Leviathan*(New York:Macmillan,1962),124.

19 John Rawls, *A Theory of Justice* (Cambridge, Mass.: Harvard University Press,1971),436-37.

20 见 William A. Galston, *Liberal Purposes: Goods, Virtues, and Diversity in the Liberal State*(Cambridge:Cambridge University Press,1991),ch. 6.

21 这种美德不应与 Robert Unger 对"用外在结构确认个性"的批评相混淆。见 *Liberal Purposes*, ch. 3。

22 Thomas Jefferson to John Adams,28 October 1813,in *Free Government in the Making*, ed. Alpheus T. Mason(New York:Oxford University Press, 1965),385.

23 一个相似的例子见 Mansfield,"Constitutional Government,"p. 60。

24 Smith, *Liberalism and American Constitutional Law*, 200.

25 Shklar, *Ordinary Vices*, 233.

26 John Stuart Mill, *On Liberty*, ed. David Spitz (New York: Norton, 1975), 56.

27 George Kateb, "Democratic Individuality and the Claims of Politics," *Political Theory* 12(1984): 343.

28 见 Nancy Rosenblum, *Another Liberalism: Romanticism and the Reconstruction of Liberal Thought* (Cambridge, Mass.: Harvard University Press, 1987), ch. 2。

29 Daniel Bell, *The Cultural Contradictions of Capitalism* (New York: Basic Books, 1976).

30 Stephen L. Elkin, *City and Regime in the American Republic* (Chicago: University of Chicago Press, 1987), 149.

31 Elkin, *City and Regime*, 159-64. 372

32 Elkin, *City and Regime*, ch. 9.

33 Richard Dagger, "Metropolis, Memory and Citizenship," *American Journal of Political Science* 25, 4(November 1981): 715-37.

34 George Kateb, "The Moral Distinctiveness of Representative Democracy," *Ethics* 91, 3(April 1981): 359-61.

35 Kateb, "The Moral Distinctiveness," 358.

36 Kateb, "The Moral Distinctiveness," 369-74.

37 Robert E. Lane, "Markets and Politics: The Human Project," *British Journal of Political Science* 11, 1(January 1981): 3-6.

38 Lane, "Markets and Politics," 15.

39 Lane, "Capitalist Man, Socialist Man," *Philosophy, Politics and Society*, fifth series, ed. Peter Laslett and James Fishkin (New Haven: Yale University Press, 1979), 57-77.

40 Mary Ann Glendon, "Virtues, Families and Citizenship," in *The Meaning of the Family in a Free Society*, ed. W. Lawson Taitte (Dallas: University of Texas Press, 1991).

41 Glendon, "Virtues," 67.

第十八章　再谈“美国例外论”：市民社会的作用

丹尼尔·贝尔[①]

各个民族和帝国的兴衰之谜长久地吸引着哲学家、历史学家，刺激着他们提出各种宏大的解释，有的如黑格尔那样诉诸一个推动万事万物的幽灵般的造物主，有的则像汤因比一样用挑战与回应、净化与英雄主义这套瓦格纳戏剧语言来解释。

像近东的亚述帝国，还有十四世纪曾经征服中国、并将其统治跨
472 越欧亚大陆而一直延伸到多瑙河、随后又解体的蒙古帝国，这些民族忽然之间爆发出了惊人的力量，其锋芒横扫了海洋与大陆，而后精疲力竭，甚至从此一蹶不振，这样的现象该如何解释？西方的历史常常被追溯至罗马的兴盛与衰落，然后经过长时期的停滞，其力量的中心由地中海转移至大西洋沿岸，其间有过荷兰、西班牙、葡萄牙帝国的兴衰相替，最后则是大英帝国的扩张与收缩。

十四世纪的柏柏尔人（Berber）、哲学家伊本·赫勒敦（Ibn Khaldun）在他神秘的《历史学导论》（*The Muqadimmah*）一书中对此提出了一个具有阿拉伯色彩的解释。他沿用了柏拉图对“发烧的

---

① 丹尼尔·贝尔（Daniel Bell），著名学者，代表作有《后工业社会的来临》、《意识形态的终结》、《资本主义文化矛盾》等。

贝尔在美国《公共利益》（*Public Interest*）杂志 1975 年秋季号上曾发表“美国例外论的终结”（The End of American Exceptionalism），本文作为前者的续篇，发表于《公共利益》杂志 1989 年春季号。本书所引有个别错漏，依原文改。——中译注

城邦”——这种城邦内在具有一种追求奢华、因而走向毁灭的趋势——的循环论描述，将之发展成为一套历史哲学：先是粗鲁但朝气蓬勃的野蛮人攻占了古老的文明中心，然后他们的子女巩固了果实，又建造了大型的城市和宫殿，以后子女的子女就生活在一种奢侈柔弱的氛围中，完全为高雅艺术和道德悲观论所俘获，因此而无法抵抗大门口新来的野蛮人。

如此简单化的解释具有内在的弱点，它的单线叙事方式更适于德米尔[1]的华彩大片，而非理性的社会学分析。正是有鉴于此，当代法国道德学家和怀疑论者萧沆[2]指出：“摧毁帝国需要花费时间，但 374
也仅仅是需要时间而已。”换言之，伊本·赫勒敦的结论固然正确，却不能算是一个解释。

谜底并未揭开。历史学者和社会学者仍然前赴后继地使用着他们世俗的研究工具，试图挖出核心的秘密。布鲁克斯·亚当斯(Brooks Adams)是亨利·亚当斯的弟弟，一位抱负远大的历史学者，1900 年他兴高采烈地宣布，美国正在取代大不列颠占据历史的中心舞台；帮助美国取代英国成为最强国的，不是传统上引以为据的军事实力消长，而是工业生产——在这里是钢铁生产——指数。亚当斯认为这样的结局是必然的，因为国力的真正基础是对战略性金属与矿产的占有和支配能力，以及国家的生命力与意志力。他在《新帝国》(*The New Empire*，1902)一书里，巧妙地证明资源的枯竭引发了经济史上的断层，换言之，引发了地质学和地缘政治学的地震。——同时，他捎带提出了一个很有意思的观察，认为日本随时都

① 德米尔(Cecil B. DeMille，1881—1959)，著名美国电影导演、制片人，代表作有《十诫》(1956)、《克娄巴特拉》(1934)等。——中译注

② 萧沆(E. M. Cioran，1911—1995)，出生于罗马尼亚的哲学家，代表作有《绝望之巅》、《解体概要》(已有中译)等。——中译注

有腾飞的可能。

虽然各种理论都不能让人信服，但引人瞩目的一个事实是，每个民族在积聚能量（包括军事、政治和经济）、向历史舞台迈出关键性步伐之际，都会强调自己的与众不同；然后在衰象初露之际，不免都会提出例外论的问题，亦即自己是否可以免于衰亡。在我国，人们对“美国例外论”一直深信不疑，自建国之初，美国人就认为命运已将自己与其他国家区分开，用林肯的名言来说，就是美国“可以说是一个被选中的民族”。美国的伟大就像一片磁场，在海洋之间塑造出了国家的轮廓，而它在大陆的扩张更加显示了它的天命所在。“二战”后，美国一跃成为世界头号强国，它的雄厚力量几乎就是“美国世纪”的最好说明。

但是，到了二十世纪临近结束之际，疑问重新产生：美国能否维持自己的强大？这出美国戏剧的大幕是否将要落下？于是人们再度提出这样一个问题：“美国例外论”究竟有多例外？

兴与衰、独特性、例外论

在所有这些推测和争论中，有三个历史问题纠缠在了一起，笔者将一一加以辨析。

首先同时也是最引人瞩目的一个问题就是本文开头提出的那个帝国兴衰之谜，以及它是否可以应用于当代美国。大约十五年前，美
375 国经济史家金德尔伯格（Charles P. Kindleberger）就预言，过些年美国将进入更年期，依据是美国正日益丧失从前使它在一个又一个领域保持经济和技术领先优势的驱动力。这两年关于衰落话题的著作又涌现了不少，比如米德（Walter Russell Mead）的《有朽的辉煌》（*Mortal Splendor*），卡里奥（David P. Calleo）的《超越美国霸权》

(*Beyond American Hegemony*),以及肯尼迪(Paul Kennedy)的《大国的兴衰:1500—2000年的经济变迁与军事冲突》(*Rise and Fall of the Great Powers: Economic Change and Military Conflict from* 1500 *to* 2000)。

当然可以提出很多理由来肯定这些作品的启发性,但同样也可以有很多理由来质疑它们的主题本身是否带有过强的倾向性。亨廷顿(Samuel P. Huntington)对之曾有一个异常机敏的评论:"1988年,美国迎来了50年代以来衰落论的第五波高峰。"然后他更咄咄逼人地指出:"除了少数的例外,这些衰落论作品没有提出任何可检验的、包括自变量与因变量的命题。"话虽如此,但对宏观历史现象还能说到哪一步呢? 利普塞特(Seymour Martin Lipset)说过,社会科学的固有难题就是变量太多,案例太少。

事实上,一个明确的、可以告诉我们何时开始计数、哪里是转变的中点、哪里标志着最后衰降的时间框架通常是不存在的。从亨利·亚当斯到普赖斯(Derek de Solla Price)都尝试过各种"社会物理学",他们根据开始的指数增长(即科学期刊或人员的倍数增长)绘制出S曲线,一旦出现与早期繁荣阶段相反的趋势即视为下降期——但不幸的是,我们无法精确地确定它的各项参数。

今天要对国家的衰落进行估测变得尤为困难,因为全球新出现了一些不同的结构(比如高度一体化和国际化的资本和投资市场),使得国家越来越无法成为一个有效的分析单位。文化方面也是如此,融合的趋势日益显著,大众传媒和大众市场在各地都塑造出了相同的大众文化(尤其年轻人文化)和平庸文化。如果国家的边界已经因种种经济和社会力量而受到削弱,再谈论国家(或帝国)的兴衰又有什么意义?

其次则是一个非常不同的问题:每个民族或文化的独特性。睿智的哈佛大学心理学家默里(Henry A. Murray)有个说法,在有些方面我们每个人和别人没有不同,某些方面又和谁都不一样。个人如此,国家同样如此。所有社会都同样地面临行使权威的问题,组织和分配资源的问题,许多社会就其同属于(比方说)民主社会或自由市场社会来说没有什么不同。与此同时,每个社会又都有自己的独特历史,塑造它的既有地理位置因素,传统文化因素,也有不那么好
376 界定的、使一个民族或文化与他人相区分的精神(*esprit*)或民情(*moeurs*)因素。这种独特的形貌(可称为国家特色),正是我们理解一国历史、政治或性格时需要加以识别的首要特征。

但独特性不等于"例外论"。所有国家都多多少少在某些方面是独一无二的,但通常用以形容美国历史和制度的"例外论"观念不仅假定了美国不同于别的国家,而且认为当把美国视为典范的时候,这种典范也不同于以往的典范,——它是一个"山巅之城",是万国之光,以往所有国家所经历的社会疾病和堕落都落不到它身上,它也不受所有国家都必然服从的社会发展法则的影响。作者后文要讨论的,正是这个构成独特历史题材的"例外论",而非"独特性"或"兴衰论"。

桑巴特和美国没有社会主义

对知识分子、尤其是那些自视为知识阶级旗手的激进派人士来说,美国例外论这个话题与最早由桑巴特(Werner Sombart)于1906年提出的"为什么美国没有社会主义"问题关联紧密。1896年,当时身为布列斯劳大学教授的桑巴特将他所做的八个讲座汇集出版了一本小书,题为《十九世纪的社会主义和社会运动》。他说的"社会运动",所指就是社会主义运动。如果社会主义是资本主义发展的一个

必然结局，那么社会主义运动也将作为社会阶级分化的产物，不可避免地由资本主义之中产生。

桑巴特在书里评论了各派社会主义思想家，尤其是马克思的思想，同时还讨论了工人阶级运动在英国、法国、德国的历史和扩展。哥伦比亚大学政治经济学教授克拉克（John Bates Clark）[1] 在该书的1898年美国版导言里曾写道：

> 世界工业的结构正在改变，大型建制正在毁灭各种小型建制，而他们彼此之间则形成联盟。机器正在生产出几乎所有商品，老工匠——他们的手艺极难学会，店铺规模也不大——所代表的中产阶级已经没有容身之地。从某个角度看，可以说这些事实为社会主义提供了原材料。如果我们眼里看到的是国有企业时代的来临，最终把各种竞争关系都消灭，那么我们就属于进化的社会主义者。

> 为了理解目前这个进化过程，我们大概会需要某个理论，而马克思等人的著作正符合需要。……马克思主义就实践来说，是彻底现实主义的，非常依赖于实际的进化过程，尽管马克思本人的疯言乱语可能没有给人这种印象。国际主义也是这一现代 377
> 运动的特征……拥有共同目标的各国人民会拥有一种天然的友好关系。

桑巴特的书畅销一时，五年里就在德国出了四版，译成了十一种语言。到1905年，德语出了第五版，译成了包括日语在内的十七国语言，内容上增加了两倍半的篇幅，收入了德国、法国和英国的社会运动的具体历史细节，并旁及其他十一国。它的主题从章节标题里可以一窥：“走向一致的趋势”，“不可阻挡的社会运动”，“目前的表现形式是必然的”，结论部分则重复了作者的观点：“社会运动不可避免”,“它采纳了唯一可能的形式”。

然而美国却是个未解之谜。1905年,当时是柏林的商学院教授的桑巴特为《社会科学与社会政策文献》(马克斯·韦伯也是该刊主编之一)撰写了多篇长文,专门讨论美国问题。这些文章次年结集出版,英译本定名为《为什么美国没有社会主义?》(*Why Is There No Socialism in the United States?*)

美国之所以是未解之谜,是因为桑巴特预想美国的社会主义运动应该也会走向兴盛,按照他的看法,“现代社会主义是对资本主义的必然反动”,而且,

> 美国是与马克思的发展理论模型最为符合的国家,它的资本集中已经到了这样的阶段(如著名《资本论》的倒数第二章所描述的),距离资本主义世界最终危机的爆发已经为时不远了。

那么美国为什么没有出现欧洲那样的社会主义运动?为什么社会主义对美国工人毫无吸引力?桑巴特从未到过美国,为了回答这一问题,他主要利用此前布赖斯勋爵(Lord Bryce)的著作以及官方的统计资料,做出了一些非常敏锐的观察,比如美国工人的“资本家心态”、选民的平民主义性格、较高的生活水平以及对社会流动的预期等等。用粗俗一点的语言来说,他揭示了美国工人是如何被资本家阶级“收买”的。有意思的是,桑巴特的书是在社会主义党的理论刊物《国际社会主义评论》上连载的,然而当登到第二部分、开始讨论美国资本主义的成功时,译文就结束了。随后的一期杂志在评论中对桑巴特的文章做了严厉的批评,编辑写道:“后面都是对美国工人状况的胡说八道,所以我们不再刊登。”

378 不过《国际社会主义评论》杂志——和许多仅仅听说过桑巴特作品之名的社会学家一样——此举过于仓促。在书的最后,桑巴特并

没有接受自己罗列的证据，他和许多真正的学院派一样，不允许眼前的现实压倒理论，所以在全书的倒数第二段，桑巴特指出：

> 然而我目前的看法如下：目前不利于美国发展社会主义的种种因素终将消失，或者转为有利因素，其结果是在下一代人里，社会主义在美国的吸引力很可能会急速扩张。

这种预判显然并不可靠。桑巴特在这里正是仿效了马克思的榜样，马克思在《资本论》导言里写道，他发现了资本主义的“运动定律”（借用牛顿的术语），它不仅适用于欧洲，也适用于所有资本主义社会；桑巴特也相信，经济关系塑造了资本主义社会的政治和其他关系，不可避免的阶级分化将导致社会的两极化。在《社会主义和社会运动》的修订版中，桑巴特再次展示了他的华丽修辞，宣称我们正处在“人类历史上的一个伟大进程中”，它的轨迹是无可逆转的，正如“泉水按照自然不可移易的法则从高处流向谷底一样”。

不过，读者阅读桑巴特这部美国研究作品时，如果丢开它的导言和结论而专注于其证据的话，书名显然应该是“为什么美国就该有社会主义？”也许这里谈不上什么例外，因为本来就不存在通例。

韦伯和世俗化

另一个与“例外论”有关的问题源自韦伯对宗教与经济发展之关系的评论。在《资本主义与新教伦理》中，韦伯提出，新教的加尔文宗因其与现代资本主义共享了某些理性原则而成为后者的必要条件，“选择性亲和”(elective affinity)使它们相互强化。加尔文宗倡导有条不紊的工作，宣扬勤勉、节制和吝啬的品质，为逐利动机提供了合法性，并赋予工作成就——而非战争、政治或朝向来世的苦行——以尊严。

韦伯同时还指出，社会理性化的逐步推进最终会导致“世界的除魅”，一种世俗的、“不带幻想”的世界观的广泛传播。今天许多欧洲社会（尤其英国和瑞典）就是明证，它们都已变得相当地世俗，去教堂
379 的人数少而又少，神学问题在知识和文化生活中几乎无人问津。然而，就美国而论，情况又如何呢？这里的工业化较之他国更加猛烈，实用主义是商界与政界的现成捷径，但同时各种原教旨和福音运动在这里一直此起彼伏，宗教问题也总是激起知识界的严肃兴趣，只是会披上一层社群或其他非功利价值的外衣而已。

对世俗化这一“社会学定律”的背离，是否是美国例外论的又一个表现？我以为否。世俗化一词容易给人误导，因为它将两个事实上极为不同的过程合二为一了：一是制度层面的变化，比如教会权威在世俗事务上的衰落，一是本身具有很大伸缩性的信仰。这两者并非同一，也未必一定相伴产生。宗教信仰不是社会结构的附带反映，也不是理性意识展开以后就可任意擦拭掉的。比较意外的是，从伏尔泰直到马克思的每一位启蒙思想家都认定宗教会在二十世纪消亡。在他们看来，宗教类似于拜物教、万物有灵论或者迷信，是人类幼年阶段才有的特征，必会由理性取而代之；随着越来越多的精确法则为科学发现，随着人类各种实践活动（如经济或工程活动）的进行，人群或事物之间的客观关系会得到揭示，各种魔法崇拜的基础就将不复存在。然而他们却误解了宗教信仰的真实性质，——它常常可以“解答”各种生活的矛盾与荒谬，可以赋予很多生活场景以重要的符号意义，可以为普通个体不得不面对的死亡或悲剧这类生存困境提供前后一贯的反应。在不同文化、不同时段，宗教信仰或兴或衰，但并无一条可以概括所有宗教经验的世俗化的单行道。即使在欧洲，传统教会的衰落也未能阻止宗教日益引起众多作家和知识分子

的浓厚兴趣，而在今日的苏联，情况亦然。

救世主国家

美国例外论的第三个表现，也是更为持续、更为显著的一个表现，是坚信美国是一个天意所佑的民族，它致力于自由和个人的尊严，将为一个更美好的新世界打下基石。这一信念始于美国的国父们，他们相信美国可以避免历史上所有共和国的腐化堕落，因为它在道德上更为优越，而且它的政治秩序是以道德为基础。这就是麦迪逊对孟德斯鸠的解读（尤其是后者论述罗马命运的部分），也是约翰·亚当斯对戴维拉（Davila）关于革命后果之论述的解读。

对例外论的这种信念并非全无道理。自然神论者如杰斐逊，把美国看作上帝有意在一片未开垦的乐土上实现他的设计；而像富兰 380
克林这样更有世俗和怀疑精神的人士，也看出美国可以成为一个榜 ***481***
样，成为未来的希望。这种希望今日是否已经完全落空？在国际事务领域，面对旧世界的现实主义和第三世界的暴政，威尔逊式的理想主义已然证明自己的无能为力；在政治领域，道德看来让位于空泛的道德说教和实际的政治投机。虽然如此，虽然今天我们的命运比过去两百年间的任何时期都更加不确定，某些永恒的价值依然存在，依然可以看到一条强而有力的理想主义脉络。回顾美国历史，我们会感到，在我们的历史，以及我们历史所创造的民族性之中，确实存在某些例外之处——这里的例外，未必是指它可以绕开社会进化的法则，而是说它的某些特点使我们仍可作为他国的榜样。

回顾美国的两百年历史，人们不自禁地会将之与法国相比，后者眼下正在庆祝革命两百周年（当然并非举国都庆祝）。一般对法国革命、或者至少是对雅各宾派的看法，如阿伦特的《论革命》中所说，会认为它意在一场社会革命，以便带来美好的新社会，将“人道宗教”化为现实；但鉴于人性，这种尝试注定要失败。与之相比，美国发生的是政治革命，它的目标极为有限因而能够成功——因为它对社会秩序不加触动，从而为人们的激情留下了出口，与此同时政治秩序又可以对人们的利益加以调节。

这种对比不无道理，但将政治与社会简单一分为二却忽视了一个事实：在美洲大陆，人们也是在尝试新的社会秩序。事实上，这种秩序可能正是美国社会“成功”的基础。这里我所指的，是一套新的制度基石的建立，它不仅保护了个人自由，也带来了一定程度的连续性和共识，从而实现了人类前所未有的稳定。

英美的稳定

482 在二三十年代，一大批欧洲议会制政体（意大利、葡萄牙、德国、西班牙）崩溃而转为法西斯政体或威权政体，而在刚过去的这个世纪，几乎所有的拉美国家都断断续续地存在过军事或威权的独裁。全世界所谓“稳定的社会”，大多数是一党制国家，而能够实现政治稳定的，唯有英国（自十七世纪内战结束后）、美国（内战除外），以及几个小国，如瑞士和斯堪的纳维亚诸国。其中的原因何在？

381 这里仅仅讨论英美两国。它们有一些显而易见的共同点，尤其是它们都拥有与外隔绝的地理环境。英国自 1066 年以来未受过外敌的侵略，而美国在 1814 年以后同样如此，它的几场对外战争（美墨战争、美西战争及历次世界大战）均发生于境外。此外，在两国发展过程中，那些可能失意的群体也总可以找到各种地理的或社会的出路，找到更多的财富。譬如英国，那些不能继承财产的非长子，可以在帝国中找到一个行政或军事职位，罪犯则可以选择流放澳大利亚；

而在美国,则有《宅地法》(Homestead Acts)规定的自由农场,有免费公共教育,有新兴工业,即使对未来的世代,机会也丝毫不会减少。

英美另有一个容易被人忽视的共同点,就是法律体系。在大陆法中,主持讯问的法官权力很大,而英美法的法律程序属于对抗制,重点在于权利的保护;大陆法意在揭示真相,英美法则是要确认罪否。国家的权力由于普通法和宪法所保护的权利而受到制约。

但如果单就美国本身来说呢?它的历史,以及有助于其稳定的社会学构成,有无什么特殊之处?我以为是有的,而要回答这个问题,看起来很古怪的是,我们要从非凡的德国形而上学家黑格尔说起。

黑格尔的市民社会

在黑格尔眼里,美国一直是现代性的化身,是"属于未来的国土……是一切对旧欧洲这个历史的杂物库感到厌倦的人们憧憬的国土"。不过,在历史哲学系列讲座的绪论里,黑格尔同时也指出,美国还只是一个梦,所以我们要追踪历史进化的过程、亦即理性在其中不断实现自身的那个过程,就必须退回到"旧世界",它才是"世界历史的舞台"。不过,如果我们留意一下实际的情况,姑且不论它是否就是黑格尔所称的理性,我们都会发现,美国事实上是世界历史的主角。二十世纪仍然是美国的世纪。它是第一等的军事和技术大国,美元也是世界经济的一块脆弱基石。此外,美国还是全球的媒体中心和文化市场(如果不是文化中心的话)。更为重要的,美国——再加上英国——仍是世界上为数不多的保持了制度稳定的国家,是各国投资者理想的避风港。

那么,美国的最显著特征,或者说贯穿它历史的那种力量究竟是什么？答案很简单，美国是彻底的市民社会（借用黑格尔的术语），这在人类政治史上大概别无他家。黑格尔曾认为，英国作为一个资产
382 阶级国家，它对个人私利的看重，它的功利主义的思想模式，都使之成为他的市民社会理念的典范。然而，不论是黑格尔还是在英格兰度过大半生的马克思，都没有理解英国人的复杂性格：王位的象征作用，土地阶级的势力，英国国教的核心地位，资产阶级或其后代加入贵族的渴望，统治集团的强大影响以及各种头衔荣誉的诱惑等。这些都提出了一个基本的事实：在英国这个社会里，一个世袭的社会等级支配着其他政治和社会等级。所以像科布登（Cobden）和布莱特（Bright）这样的曼彻斯特派自由主义者才拒绝考虑执政的问题：一方面如他们所承认的，他们并不知道该如何治理国家；另一方面他们的目标是要使经济秩序独立于国家，实现不受制约的追求贸易、工业和财富的自由。对此，熊彼特的看法让人信服，他指出，英国在十九世纪末的帝国主义与十八世纪的殖民主义不同，不是资本主义本身的必然产物，而恰恰是一个与金融利益结盟的贵族秩序的延伸。军队和海外行政机构为那些被长子继承权制度剥夺了继承资格的非长子提供了位置，同时又将帝国的伟大和荣耀置于优先位置，从而成为吓唬资产阶级的一种方式。

美国却没有这样的社会等级。它的组成五花八门，既有所谓的“新人”（*novi homines*）、流浪汉、冒险家、犯罪分子、被剥夺了财产的王党分子，也有从贵格会到清教徒的各种新教异端，而下一世纪从欧洲各国蜂拥而来的移民使得成分更加复杂。这是一个开放社会，每个人都可以把自己造就成任何人，可以自由地去发财致富。马克思曾屡屡告诫德国的激进分子不要去美国，他知道美国的民主平等的氛围一定会驱逐掉旧欧洲哺育出来的社会主义信仰，在赫尔曼·克利盖（Hermann Kriege）、奥古斯特·维利希（August Willich）还有

其他许多人那里情况正是如此。对这些移民而言，未来之所以值得期待并非因为它包含了什么普世的理念，而是它满足了人们寻求机会和上升的渴望，被同等地当做人来对待的渴望。马克思本人也意识到这一点，但仅仅在《资本论》的注释里才做了交代：看到那里各种人都可以自由迁徙，随意改变职业，他不仅惊叹道：“天啊，就像一个人换件衬衣一样容易。”

国家的缺席

站在黑格尔的角度，美国没有“国家”（State），没有以政治秩序来表现的统一的、理性的意志，而仅有个人的私利和对自由的激情；而无论哪个欧洲国家（英国也许部分例外），国家都统治着社会，行使着集中或半集中的权力，常备军和官僚机构的存在更使它如虎添翼。
让人不解的是，即使抛开南北战争不论，美国的国内冲突、阶级斗争 383
也比欧洲诸国为多，这既包括农民反对金融界的斗争，也有工人反对资本家的斗争，而后者尤为突出。从十九世纪 70 年代的铁路罢工到二十世纪 50 年代的汽车和钢铁工业罢工，不论我们采用什么标准，罢工的次数或时间、酿成危机的次数、动用军队的次数还是冲突的死亡人数，美国的劳工斗争都远比欧洲各国历时要长、烈度要高，然而这里却没有一起罢工是要“夺权”的。它们主要都是一些经济的冲突，仅指向单个的公司，或者像二十世纪 30 年代煤炭、钢铁、橡胶和汽车制造等行业的大联合行动也仅是指向某个行业，而并未反对政权。事实上，二十世纪 30 年代这些反对公司经济权力的大规模、有组织的行动，反而是在罗斯福政府的支持下发生的。劳联—产联如果不是得到民主党政府的帮助，如果不是最高法院支持了它的谈判权力，不可能拥有那么大的能量。

国家[2]如果不存在，那么存在的又是什么？是政府。这不仅仅是词语的不同，而有实质的区别。在美国，政府是一个政治的市场，一个各种利益（当然它们彼此力量并不平等）在此竞争和交易的舞台。最高法院也只是碰巧才承担了政治市场各种冲突的仲裁者和规则的解释人的角色，它唯一受制于的只是宪法的修改，但修改后宪法的解释人却仍然是法院。宪法和法院成为市民社会的坚固基石。

在《独立宣言》中，一个基本的政治主题是强调造物主赋予所有人以不可剥夺的权利，这些权利最终落在个人而非团体身上，制度是为体现和保护这些权利而设计的。[3]宪法是主权人民之间签订的社会契约，——这可能是人类历史上最成功的一份社会契约，之所以如此，可以说正是由于国家的弱小或说不存在。

在宪法的背后，还有美国独特的政治文化。在国家奠基之初，美

国人就意识到自己是“人类第一个新国家”的公民，这个国家不同于法国大革命所宣称的半宗教乌托邦，而是建立在基本的政府原理之上的自由共和国。对共和国的重视也带来了人们对共和美德的关注。这是站在公民角度而非站在国家立场的关注，它源于人们对罗马共和国历史的反思，以及努力避免导致古代共和国倾覆的各种祸乱之源——比如派系导致的公民之争、雇佣军对公民军的替代和权力不受限制的集中——的愿望。一方面要防止派系的离心力量，一方面又要避免中央集权过强的向心力，这种双重的关注既可见于《联邦党人文集》（作为对孟德斯鸠的回应），也可见于约翰·亚当斯的作品中。[4]

384

平民主义和财阀政治

美国的“新秩序”有意识地建立在某种智识的基础上。然而随着

国家日益扩张以及政治党派兴起，——这均超出国父们的预期和愿望，——政治竞争的结果最终带来了平等主义和平民主义，后者自十九世纪30年代起便成为美国政治的显著特征。由此引起的一个转变是从理智主义和崇尚思考走向感觉和激情（前者一定程度可以说是洛克的重心所在，而后者则奇怪地转向了卢梭），因为理智主义是要把统治建立在智慧或求知之上，而激情则诉诸人所共有的感觉从而支持平等的要求。上述转变的另一个表现就是拒绝过去、拒绝欧洲，拥抱土地和不断西移的边疆，杰克逊将军1828年成功当选第一位西部出身的总统、并随后向人民开放白宫，就可视为它的最好象征，而1840年的“苹果酒桶”（cider barrel）选举则意味着它已经通行无阻——当时素来高高在上的辉格党反对派也意识到必须求助于平民主义，于是同样提名了一位战争英雄哈里森将军（他的大名鼎鼎的绰号“蒂普卡努”[Tippecanoe]就得自与印第安人的战斗）做总统候选人，并向下层民众免费发放苹果酒。 487

影响美国政治的另一个因素是金钱统治的出现。随着财阀势力的上升，用金钱来收买权力、进行腐败交易的事情越来越多，这在另一位战争英雄格兰特将军当政期间发展到极致，同时也激起了为人清高的亨利·亚当斯的强烈憎恶，他有一部小说直接取名《民主》（*Democracy*），其中一幕就反映了他的憎恶之情。[5]

这些变化造就了今天美国国内政治的古怪结构。休说外国人，很多美国人也看不明白。美国的政治秩序分为两个层次：总统由全民选举产生，他本人而非政党在此成为认同、取舍的主要对象和大众激情的焦点；国会的选举则可以视为对团体利益的回应，不过今天这些团体利益未必就等于有钱人的利益。

所以在美国这样一个直到近年才拥有常备军的国家，从华盛顿到艾森豪威尔，有那么多战争英雄、将军在大战结束后的选举中马上

当选为总统，其实也并非什么意外之事。人们认为英雄可以超越党
派冲突；而到了没有战争的常规时期，人们也愿意选择派性色彩不强
的中性总统，如麦金莱、哈丁、柯立芝。唯一一位公认的知识分子总
统是伍德罗·威尔逊，他之前是普林斯顿大学的教授和校长，1912
年由于美国历史上前所未有地分出三大选民阵营而当选，以后在世
385 界大战期间由于他许诺不让美国参战而再度当选。“二战”后属于前
述类型的总统有杜鲁门、尼克松、卡特、里根，他们竞选时公然挑战所
谓“统治集团”，毫不掩饰自己的平民倾向。

国会选举则极为不同。国会与总统的双层结构在 1984 年选举中表现得最为惊人，当时美国历史上最受欢迎的一位总统里根几乎赢得了所有的州，唯有蒙代尔的家乡明尼苏达州例外。在新泽西，里根获得了一百万张选票，然而民主党的比尔·布拉德利以同样的票数赢得了该州的参议员席位；在马萨诸塞，里根夺走了五十万张选票，而左翼民主党人约翰·克里也在该州赢得了五十万张选票。同样的模式在 1988 年再次发生，乔治·布什轻松拿下了俄亥俄州，但参议院的一位民主党领袖霍华德·梅岑鲍姆（Howard Metzenbaum）也再度当选。自“二战”以来，虽然总统往往出自共和党，但国会则更多是民主党控制，众议院尤其如此。

平民主义心态同时也是小城镇文化（异于现代的大众传媒文化）的特征，其中带有较多的宗教色彩，有不少清教的、道德化的、原教旨的内容；它注重圣经的字面真理，就此而论它也是反智识、反体制的。美国也没有贵族传统或强大的艺术传统，仅有的艺术限于手工艺，朴素简单，重在实用。此外，天主教传统在欧洲为神学和教义学中的知识、宗教祷告和仪式中的美感、建筑和雕刻中的风格，提供了稳固的根基，而所有这些方面也都融入了欧洲的高级文化之中；但在美国，仅有一个爱尔兰教会属于这一传统，它的成员大多都是移民或者是

没有多少文化、凭本能生活的人,所以一直到最近它也没有什么智性的影响,对美国的思想和文化的贡献微乎其微,——唯有默里[①]除外。

所以,我们在美国看到的是一个高度个人主义、高度平民化的社会,它的流动的现代性要归因于它在地理上的广阔开放和金钱的统治地位,财富都流到了那些专注于自己目标、永不放弃的人手里。同时,它的环境和经济都没有受到政权的阻碍。事实上,从十九世纪70年代到二十世纪30年代,最高法院除了反托拉斯立法之外还否决了众多社会立法和管制措施,自由就是通过个人主义式的经济术语来界定的。这就是美国的共识,就是美国市民社会的结构框架。

国家的兴起

过去半个世纪,从富兰克林的新政开始,国家的轮廓渐渐在美国浮现,在种种个别利益之上,出现了一套用来塑造和执行单一意志的制度。对于新政,左右翼往往做出不同的意识形态解释,前者视之为 386
挽救资本主义之举,后者则认为是偷偷塞进了资本主义。两方各有其道理,但都不能让人完全满意。国家在美国的兴起并非由于刻意的安排,也不是从头到尾都出于意识形态的考虑,它是针对美国社会出现的三件新事物而在危机条件下逐渐成形的反应:其一是社会规模的扩大,其二是政治结盟关系的改变,其三是为一场总体战进行动员的逻辑。

社会规模是一个根本的问题。到1930年,美国已经成为全国一

① 默里(John Courtney Murray,1904—1967),耶稣会神父,同时也是美国知名的哲学家和神学家。——中译注

体的社会(national society),在1900—1930年间,公司已经开始应对全国市场,但同样重要的政治权力却依然控制在各州手里。到了大萧条时期,经济崩盘,罗斯福政府的第一步措施就是建立全国复兴管理局,颁布全国性法律,为主要行业领域确定价格。事实上,这些措施在性质上都属于法团主义国家(corporatist state),同时它又是应杜邦家族和通用电气的杰拉德·斯沃普(Gerard Swope)这些资本家提议而实施的。只是由于最高法院裁定违宪,于是新政放弃了法团主义的计划,而更多依赖对市场的管制机制,于是有了"第二波新政",组建了证券交易委员会和全国劳工关系委员会,前者监管金融市场,后者意在通过集体谈判使劳工获得稳定。所以,新政成了"规模上的配套"(matching of scales),它为了与全国性的经济权力相匹配,而创造出了全国性的政治机构和政治规则,

490 由稳定和控制的逻辑出发,则势必越来越依赖税法以指导私人投资,由是这个新浮现的国家挑起了推动经济增长、影响财富分配的重任。同时,劳工、农民和少数族裔投向民主党阵营,国内政治势力发生重组,由此带来的政策上的后果就是对农业的补贴和对弱势群体的保护;而往更大处说,则刺激了政府津贴(entitlements)观念的产生,促成了一个保护成员免遭经济和社会风险的福利国家。

导致集权的第三个重要诱因是战争和外交政策。无论何时何地,战争都是缔造国家的首要考虑,它把激情投向危险的敌人,要求集中全部的能量,同仇敌忾,由此迫使国家动员社会所有的人力物力。社会的动员——它虽非必然;但往往由战争引起——就是国家的速成班。

值得注意的是,上述内外两种力量(外交压力和内政因素)并无关联。虽然人们会说什么"军事工业复合体",但美国外交政策所追求的大国政治并非对国内压力的反应,尽管它也不可避免会产生某

些受益地区和企业；同时，约翰逊总统时期越来越多的补助和津贴也并非国防动员的副产品。事实上，在预算压力日益加大的情况下，我 387 们看到两项开支之间竞争越来越厉害，所以里根政府可以很容易地砍掉管制、补贴和福利方面的开支，而大幅增加国防费用。这里并不存在一个单一的国家机器。

政府的集权行为在很多方面表现了出来，比如政府的膨胀、公共部门雇员和税收的增加、公共部门（包括国防）开支所占国民生产总值比重的上升，以及联邦预算赤字和国债的激增（这在最近十年里尤为明显）。新的中央集权同时也反映在人们日益上升的不满上。在其他社会里，人们把税收看成购买个人无力负担的公共服务的方式，但美国却有很多人憎恶税收，认为是"别人"从"我们"口袋里拿了钱。经济和社会生活诸领域受到的越来越多的管制，激起了对政府触角过长的普遍憎恨。

显而易见，国家机器的问题今天已经是美国政治理论和实践的焦点。未来几十年，国家与社会、公共利益和私人偏好之间的关系将成为政治生活的突出问题。随着经济和政治活动规模的进一步扩张，目前的国家机器可以说既大又小——对资本和货币市场的震荡这类生活中的"大"问题，它显得过小了；而对诸如邻里和社群之类的小问题，它又显得过大了。随着人们的意识形态热情时涨时落，一个统一的"国家利益"观念越来越失去吸引力，一度是国民团结强心针的外交政策更多带来的只是分歧。"微调"（fine turning）所遇到的困难使人们不再相信计划经济观念，而愿意回到市场机制。官僚体制在大多数社会都已变得过于集权、过于臃肿，个人也日益希望在处理社会福利、环境和生活品质等问题时能拥有自主决定权。所以，一个引人注目的现象是在越来越多的国家（尤其波兰、意大利），一边是古老的意识形态在消退，另一边人们越来越热衷于讨论，市民社会而非国家才应该是政治活动的主要舞台。

市民社会的回归

我们已经看到近年来市民社会观念的回归。不过这是哪种观念的市民社会？在黑格尔那里，市民社会的特征就是处于无政府状态的个人私利，这种经济个人主义破坏了传统的家庭和村社制度，却没有代之以真正的道德（Moralitat），即对一个统一普遍意志的抽象理性信仰。不过，黑格尔犯了一个错误，他对无中介的传统主义和自我
388 中心、纯粹欲望的功利主义所做的区分——这个区分只有借助国家才能克服——过于浪漫、夸大。这种浪漫观念是贯穿德国思想的一条红线，在社会科学领域，它产生了共同体和社会的简单两分；在哲学和政治领域，如海德格尔对纳粹的效忠所体现的，则有了以英雄面目出现的“民族”（Volkstum）和“国家”（Staatstum），其作用是对抗资产阶级社会让人憎恶的商业主义（德语中，表示市民社会与资产阶级社会的正是同一个词汇：burgerliche Gesellschaft）。然而，这类对比过于夸张，把市民社会贬低为一种失范状态，很不幸的是误读了现代社会的复杂性，也没有理解建立自由和文明之限制的困难。

市民社会的回归就是向一种可管理的社会生活规模的回归，当国民经济已经嵌入国际框架中、国家政治已经丧失了某种独立性时尤为必要。它注重志愿社团、教会和社群，主张决策应由地方层次自主作出，而非由国家和官僚机构支配。这是否是乌托邦梦想？也许是。但既然新的技术已经出现，产业的分散和公司规模的缩小也都成为可能，那么今天我们距离这个梦想是更近了。

市民社会观念也不是要回归到欧洲传统的公民人文主义或共和美德观念。古典共和主义的美德不同于亚当斯或杰斐逊的共和主

义,它的基础是共同体优先于个人的思想,它的共同善是一种单一的善。而现代公民社会则是异质的,甚至多种族的,它所要确立的是截然不同的规则:首先是宽容,其次对于使用何种规则作为宪政框架内的管理程序,多元社群需要达成共识。

所有这些问题都与政治哲学有关。不过,现实存在的市民社会带有鲜明的美国特色,它最早是由不屈不挠的个人主义和激进的平民主义内部的种种动力推动而塑造成形的。为了实现一种新的社会秩序以限制国家,提高个人和团体的作用,亦即推进自由主义的诸种目标,我们必须重新肯定市民社会的种种美德。就此而论,可以说我们又走向了美国例外论这个古老的传奇。

注释

1 克拉克是新古典经济学的领军人物,也是边际生产率理论的先驱,为此他受到了社会主义者的攻击,认为他为收入不平等辩护。

2 斯金纳(Quentin Skinner)在一篇近作里指出,人们最早使用 State 一词,是因为政治哲学家(他独以霍布斯为例)想找到一个术语来标示新出现的权力领域,它既不同于 res publica 和 civitas,因为这两个词都有人民主权的意 389
味;也不同于字面意义来说的掌权者(如君主),因为后者把人们的效忠看成是给他们个人的,而非给予制度的。因此,state 表示的就是这样一个实体,它同时从统治者和被统治者两个来源提取出主权,并把两者转让给它的权利相结合而成为“国家”这个虚拟人。(有关权利转让的讨论首先见于霍布斯,他认为个人将自然权利交予国家;后来也见于卢梭,后者认为所有人以社会契约的方式,把自己的人身和自己的权利都归并到公意之中。)

如果国家这么界定,那么美国却是没有国家,因为建国文献的特征就是否认权利转让的观念,而承认主权仍属于“我们人民”。

3 在美国打官司非常常见,法院的作用也非常广泛,原因正在于此。既然社会的基础是个人的权利,那么维权之道只有诉讼了。

4 约翰·亚当斯 1776 年写道:“我们能够生活在这样一个让古代所有伟大哲学家和立法者都感到羡慕的时代,能够有机会从头开始建立政府,真是老天的安排……历史上,能够幸运地为自己和子孙选择政府体制的民族,真是少之又少啊!"

5 尽管在本世纪末,公司权力在不断上升,财富也走向惊人的集中,但全国性的"统治阶级"并不存在。马克·汉纳(Mark Hanna)曾打算通过全国公民联盟(National Civic Federation)把各种财阀的力量锻造成一股政治势力,以创造出"统治阶级"来,但以失败告终。在经济领域,由平民党人最早发起的反托拉斯运动拆散了多家大企业;而后来在新政初期,格拉斯—斯蒂格尔法(Glass-Steagall Act)规定投资银行和商业银行必须分业经营,拆散了他们原本一体的金融权力。我们可以说,美国始终存在经济和政治精英,但从未产生过统治阶级。

第十九章　政治、道德与文明 391

瓦茨拉夫·哈维尔[1]

有件事情，在我看来十分确定，于这个时代却显得可笑而不合时宜，那就是我认为自己有责任去一遍遍地强调一切真正的政治都存在道德的根源，强调道德价值与标准在一切社会生活领域（包括经济领域）都具有重要意义，阐明如果我们不尽全力去找到或者找回或者培育我所称的“高级责任”（higher responsibility），我们国家的情况将变得非常糟糕。

在一个曾经道德错乱的社会，自由的回归不仅带来了它显然应 *495*
该带来的，也带来了虽然我们曾有过预期，却出乎所有人预料的严重后果：凡是可以想到的、不计其数的人类恶习，令人眼花缭乱地突然爆发了出来。人类天性中大量可疑的，或至少是道德上模棱两可的倾向，多年以来一直受到暗中鼓励，又在同一时期被巧妙地用来服务于极权主义制度的日常运作，今天突然脱掉过去的束缚而实现了自由。威权政体曾经强加了某种秩序——如果可以称为秩序的话——于这些恶行之上（在某种意义上就是将它们“合法化”了），但那种秩序如今已被摧毁，而新秩序——一种限制而非利用恶习、建立在全体

① 瓦茨拉夫·哈维尔（Vaclav Havel，1936—2011），享有国际声誉的捷克戏剧作家，1989年当选捷克斯洛伐克总统，后又担任捷克共和国总统。本文转引自《夏日沉思》（*Summer Meditations*）一书，英译者为保罗·威尔逊（Paul Wilson）。

另，标题英文为 Politics，Morality and Civility。Civility 一词，中文有译成“市民认同”、“公民性”、“公民修养”、“教养”等。结合本文语境，译者选用了“文明”一词。——中译注

社会自愿认可的责任感之上并对全体社会负责的秩序——又尚未建立起来；当然，它也不会那么快就建立起来，因为这样一种秩序需要许多年的发展和培育。

从而，我们见证了一个奇特的现象：的确，社会解放了自身，但在某些方面，它的表现甚至还不如那个带着镣铐的时代。一方面犯罪在激增；另一方面，每次历史转折关头都会从集体心理的阴暗角落泛起的沉渣，已经波及到大众传媒，尤其是那些低俗小报。但是，还有比这更严重、更危险的症状：民族间的仇恨，人与人之间的猜疑，种族主义，甚至还有法西斯主义的苗头；政治上一切为私，肆无忌惮地追
392 逐利益，纯粹的个人野心，一切能想象到的狂热，前所未有的崭新掠夺手法，各种黑手党组织的崛起，以及普遍地缺乏宽容、理解、品味、节制和理性。此外，社会还迷恋于各种意识形态，就好像马克思主义留下了一个巨大而令人不安的空白，需要不惜任何代价将其填满。

只要环顾一下我们的政治舞台——这里的不讲文明，正是一场更普遍的文明危机的缩影——就足以说明问题。离 1992 年 6 月的选举还有几个月时间，几乎所有的政治活动，包括国会的重大立法讨论，都已笼罩在选战的阴影下。呈现在人们面前的是对权力的疯狂追逐，以及为了博得没有主见的选民的好感而编出层出不穷的花言巧语：政治对手毫无底线地互相指责、揭发和诽谤；仅仅因为党派归属的不同就相互拆台；党派的因素压倒实际解决问题的考虑。媒体用传播丑闻来代替理性分析；支持政府的正当事业变成了可耻的事情，恶狠狠踹它一脚才值得赞扬；朝投靠另一阵营的政客放冷枪，则是理所当然的事；任何人都可以指责他人心怀鬼胎，能力不足，有历史污点或不良企图。

不负责任的煽动随处可见，政治对手争先恐后地向公众撒谎，甚至不惜把一个民族争取自治的天然渴望拿来作为权力斗争的工具。

许多党内精英，也就是所谓的权贵阶层（*nomenklatura*），不久之前还在假装关心社会正义和劳动阶级，但一夜之间就撕下面具，变成了公开的投机商和盗窃犯。一度让人畏惧的共产党员，如今已成了毫无道德可言的资本家，毫无羞耻地公然嘲笑工人，而他本人曾宣称要捍卫这些工人的利益。

公民越来越厌恶这一切，他们的厌恶理所当然地都针对他们自己选出来的民主政府。某些背景可疑的人物充分利用了这一局势，扬言要将整个政府投进伏尔塔瓦河（Vltava River）。他们用类似言论赢得了公众的支持。

然而，既然多年以来，我和朋友们在面对公众的普遍冷漠时，仍
能自不量力地坚持说出共产主义极权体制的真相，在面对当前的社
会病症时，我就没有理由不继续发表对责任和道德的看法，即使这让
人生厌，即使遇到的都是不怀好意的笑容。没有理由认为这种抗争 497
注定要失败，除非我们在开始抗争之前就已退缩。

我曾不止一次地经人提醒并相信，我们的社会中潜藏着巨大的
善意，只不过暂时还在沉睡之中，还处于松散、压抑、含混、虚弱以及 393
迷惑的状态，仿佛不知道有什么可以依靠，不知道从哪里开始，到哪
里找到，以及如何找到寻找有意义的出口。

在这种情况下，政治家就有义务去唤醒沉睡的善意，为它指明方向，铺平道路，鼓励它并为它提供空间（至少是希望）。人们常说，什么样的民族配有什么样的政治家。在某些意义上，这句话是成立的：说到底，政治家是他们所在社会的一面镜子，是其潜能的某种具体表现。自相矛盾的是，这句话的反面也同时成立：社会是其政治家的一面镜子。因为有很多问题，比如哪些社会力量应该释放而哪些予以压制，是依靠每个公民身上的善还是恶，在很大程度上都取决于政治家的选择。前政权有计划地调动起了人类最坏的秉性，比如自私、嫉

妒和仇恨。那样的政权远不是我们所配有的,同时它也应该为我们今天的状况负责。因此,那些身处政治之中的人,应为社会的道德状况承担更大的责任;同时,他们也有责任在那样的社会中发掘出最好的东西,并去培育和勉励它。

顺便说一下,即使是那些因为短见和敌视而常常激怒我的政治人物,他们中的绝大多数也并非出于恶意。他们只是缺乏经验,容易受到时下党派意识影响,受到潜在趋势和主流做法的摆布;他们往往只是不情愿地卷入了坏政治的旋涡,然后发现自己无法脱身,因为他们害怕由此产生的风险。

有人说我是一个幼稚的梦想家,总是试图结合两种不可能结合的东西:政治与道德。我对这种说法十分了解,并且听了一辈子这样的说法。80 年代,某位生活在加利福尼亚的捷克哲学家发表了一系
498 列文章,对《七七宪章》里的“反政治的政治”——尤其是我在文章中
对那一概念的解释——发起了猛烈的批评。他执迷于自己的马克思主义谬误,相信自己作为一名学者已经科学地理解了整个世界历史,它就是一部暴力革命和不道德权力斗争的历史。但下述观念远远超出了他的理解范围,即所谓真相和真话,自由精神、良知与责任也具有伟大的力量,能够无须借助枪炮、权力欲和政治手腕就能改变世界。当然,如果你将正派(decency)仅仅理解为生产力的“上层建筑”,那么就永远无法用正派来理解政治权力。

这位哲学家的信条教导他,资产阶级永远不会主动交出主导权,必须通过武装革命将他们扔进历史的垃圾桶,因此,他认为,想要清除共产党政府也别无他法。然而事实证明,别的途径是可能的,甚至是唯一可行的。不仅如此,它也是唯一有意义的途径,因为我们知
394 道,暴力只会滋生更多的暴力。这就是为什么多数革命会堕落为吞
噬年轻一代的独裁统治,并催生一批酝酿新暴力的新革命者。但这

些新革命者没有意识到的是，他们是在自掘坟墓，从而将社会推回到"革命—反革命"这一致命的走马灯循环。

共产主义是被生命、思想和人类尊严推翻的。我们近来的历史已经证实，那位加州的捷克教授错了。同样地，那些坚称政治主要是权力和舆论的操纵，丝毫没有道德的空间的人，也犯下了类似的错误。政治阴谋不是真正的政治，尽管你能凭借肤浅的政治而一时侥幸成功，但它不会为持久的成功带来太多希望。通过阴谋，一个人也许可以轻而易举地成为总理，但那将是他成功的上限；他无法以那样的方式来使世界变得更好。

我很高兴把政治权谋留给了别人；我不会与他们竞争，当然也不会借助他们的武器。

真正的政治——一种配得上政治之名，也是我愿意献身的唯一的政治——就是去为我们身边的人服务，为共同体服务，为跟随我们而来的人服务。它的终极根源是道德，因为它是一种通过行动来表现、适用于全体同时也是为了全体的责任。它之所以是真正的责任，一种"高级"责任，因为它有一个形而上的基础，即，它产生于一个有意识或下意识的信念，认为我们的死亡并不意味着结束，因为所有的事情都在别处，在一个"高于我们"的地方——我称之为"存在的记忆"(the memory of Being)——被永恒地记录和评判着。那个地方是宇宙、自然和生命奥秘秩序的必要组成，信徒们称其为上帝，一切事物都要接受其裁判。最终，真正的良知与真正的责任总是都必须借助一个沉默的假设才能得到解释，那就是，我们一直处在"上面"的观察之下，一切事物都是可见的，没有东西会被遗忘；因此，尘世岁月并不能抹平人间失败而招致的极度沮丧，我们的灵魂知道，它自己并不是能觉察到这些失败的唯一存在。

作为总统，我可以做些什么，才能不仅保持对这种政治理念的信仰,而且使它至少部分地实现?(毕竟,如果没有后者,前者是不可想象的。如果我不尝试至少将自己的部分观念付诸实践,只能带来两种后果:我或者最终被赶出办公室,或者成为一名社会容忍的怪人,在漫不经心的听众面前力陈己见;而后一种选择不仅更加有失尊严,也同样很不诚实,这对我和我的观念来说,是另一种意义上的去职。)

正如在其他所有事情中那样,我必须从我自己开始做起,在所有场合都努力做到正派、公平、宽容和通情达理,同时避免腐败和欺骗。换句话说,我必须竭尽所能使我的行为与自己的良知、与一个更好的
395 自我保持一致。例如,我常常听到一些劝告,建议我更加“有手腕”一些,不要马上说出所有事情,要小心地掩饰自己,不要害怕违背自己的内心而去拉拢他人,要和反对我真实想法的人保持距离。为了增强我的实权,我还多次受到劝告,要我支持别人追求权力的野心,要学会多去迎合奉承或者不惜违背信念去抛弃他人,如果对方已经不受大家的喜欢。

我还不断地听到另一种劝告:我应该变得更坚强、更果断、更权威一些。只要动机良好,我不应该害怕偶尔拍几下桌子、大声呵斥并试着让别人对我有所恐惧和战栗。然而,如果要对我自己和我的政治理念保持忠诚,我就不应该听从类似的劝告,这不仅出于我个人精神健康的考虑(这可以被视为一种私人的、从自己出发的想法),更主要是考虑到了我最为关心的一个简单事实:坦率不可能通过不坦率建立,真理不可能通过谎言达到,民主精神不可能通过威权命令炼就。当然,我并不清楚坦率、真理和民主精神是否会取得成功,但我确实知道如何让它们无法成功,那就是采取与目标相悖的手段——正如我们从历史中学到的那样,这是摈弃我们最初目标的最好方法。

换言之,如果真的存在成功的机会去实现正派、理性、负责、真诚、文明和宽容,唯一的途径也只能是以我们都变得正派、理性、负

责、真诚、文明以及宽容。我清楚在日常政治中，这不是最有成效的方法，但我有自己的优势：我有许多不良的品质，但唯独缺少一种，那就是对权力的渴望和贪恋。由于没有这样的束缚，我从根本上要比那些依附于权力和地位的人更加自由，这也使得我可以尽情享受不必使用手腕的奢侈生活。

透过那句古老而熟悉的诫谕——“生活在真理中”，我看到了前进的唯一道路。

但在实际中，当一个人成为总统时，又该如何去实现这一点呢？我觉得有三种基本的可能性。

第一种可能性：我必须一次又一次地大力重申某些事情。我不喜欢唠唠叨叨，但在这种情况下，唠叨是不可避免的。在我的许多公开讲话中，我感到必须反复强调和解释一切社会生活的道德向度，并指出道德暗含于一切事物之中。事实上，每当我在工作中遇到问题并 501
试着弄清真相时，我总是会发现某些道德层面的因素，如冷漠、文过饰非、不愿放弃某些职位以及相应的好处、妒忌心重、盲目自大，等等。

我感到人们沉睡的善意需要被唤醒。人们希望听到有人告诉他们，处事正派、帮助他人、置共同利益于自己利益之上以及尊重人类共同生活的基本规则是有意义的，希望这一切是当众讲述的；他们渴望知道那些“在最高层”的人站在他们的一边；他们需要感到被支持 396
和承认，需要获得希望。善意总是渴望得到认可和培育，它要长成、要发挥作用，就必须有一个对它不会冷嘲热讽的世界。

在我的全国广播谈话节目“拉尼对话”（Conversations from Lany）[1]中，经常有忠实听众要求我谈谈何谓“哲学”或“伦理”的反

① Lany是位于捷克共和国首都布拉格以西35公里的一个村庄，也是捷克总统的夏宫所在地。——中译注

思。因为害怕唠叨过多，我偶尔会略掉这些内容不谈，但人们总是不停地追问。我从不试图具体告诉人们，对身边的恶行该怎么办——即使我有心回答，这个问题也超出了我的能力范围。人们想听到的，恰恰是告诉他们正派和鼓励是有意义的，在与肮脏的诡计作斗争时必须准备有所牺牲。他们想知道自己并不孤独，没有被遗忘，也没有被抹去。

第二种可能性：我会试着在我身边，在所谓的高级政治的世界里，创造一种积极的气氛，一种慷慨、宽容、开放、大度，同时兼收基本同志情谊和互信的气氛。在这个领域，我远非决定性因素，但我会拥有一种心理上的影响力。

第三种可能性：处在总统的位置，我确实可以在某个重要领域发挥直接的政治影响。我有责任作出某些政治决定。这时，我可以、也必须让我的政治理念承担并容纳我的政治理想，我对公平、正派和文明的渴望，以及我所称的“道德国家”的概念。当然，我的成功与否须由他人来评判，不过评判的结果总是会千差万别，毕竟，我和其他所有人一样，也是一个会犯错误的人。

记者们，尤其是外国记者，常常问我“生活在真理中”、“反政治的政治”以及政治从属于良心这些理念，在现实中如何能实现。他们很想知道身处高位的我，是否被迫大幅修改了独立批评政治和政客时的言论？是否被迫降低了从前作为“异议人士”对政治的期望；或者说，我从“异议人士经验”中总结的标准，已然无法适用于今天的环境？

也许有人不相信，但在第二届总统任期，面对这个充斥着各种问题——稳定国家的总统也许从未料想过类似问题——的国家，我可以有把握地说，我从未有必要放弃我早年表达的立场，改变我过去的看法。这看上去难以置信，但事实确实如此：我不仅没有被迫改变想法，反而变得更加坚定。

尽管有着我每天都要面对的政治烦恼，我仍然深信政治在本质上并非不光彩的事情；而如果说它有什么不光彩之处的话，也是不光彩的人使其如此。我得承认，比起人类的其他活动领域，政治更能诱使人做出不光彩的事情，因此它对人提出了更高的要求。但是，说政治家必须撒谎或搞阴谋，这完全不符合事实，纯粹是荒谬的说法。不 397
论基于何等理由，四处散播这种说法的人的目的，都在于打击别人参与公共事务的兴趣。

当然，在政治中，就像在生活的其他方面一样，不可能也没有意义将所有事情一次性全部说给一个人听。但这不意味着必须说谎。你需要的只是得体的言行、适当的直觉以及良好的趣味。“高级政治”的一个令人惊奇的经验是：我发现良好的趣味在这方面比政治学硕士学位来得更有用。这主要是一个形式问题，比如你必须懂得话说多长、什么时候开始、什么时候结束；懂得如何有礼貌地说出政治对手不愿听到的话；懂得如何在某一特定时刻总是说那些最重要的东西，而不谈无关紧要之事；懂得如何在不伤害别人的情况下，坚持自己的立场；懂得如何创造友好气氛来缓和复杂的谈判形势；懂得如何使谈话进行下去，而不去窥探对方或态度冷淡；懂得如何用更加轻松、缓和的话题来平衡严肃的政治议题；懂得如何审慎地安排你的官方行程，知道什么时候不去某地会来得更为妥当，什么时候应该坦诚、什么时候应该缄默以及这些行为应该达到的程度。

不仅如此，这还意味着需要某种直觉来把握时代、时代的氛围、人们的情绪、他们的忧虑的实质以及他们的思维模式——这可能比社会学的调查还要有用。受过政治学、法学、经济学、历史学和文化方面的教育，对任何政治家来说都是一笔无价的财富，但我一次又一次地发现，这些并不是最重要的财富。像同情心、与人沟通的能力、洞察力、迅速理解问题以至人性的能力、与人交往的能力以及适度感这样的品质，才是政治中极端重要的东西。我不是在说自己具备这些品质（这么说天理难容），我绝不是这个意思，它们仅仅是我的观察结论。

总之，如果你心术纯正，具备良好的趣味，那么你将不仅符合政治的从业标准，而且注定要从事政治。如果你为人谦逊，不贪图权力，那么你不仅适合从事政治，更是绝对属于这一领域。成为一名政治家的必要条件并不在于有能力说谎；相反，他需要的是足够敏感，知道在什么时候、对什么人、以怎样的方式去说他不得不说的内容。说一个有原则的人不属于政治，这不符合事实；如果他在原则之外，还能做到耐心、审慎、有分寸以及理解他人，那么就足够了。说只有毫无感情的犬儒、虚荣、无理和粗俗才能在政治上取得成功，这也不符合事实；这样的人确实容易受到政治的吸引，但到头来，只有得体的行为和良好的趣味才具备更多的价值。

我的经验和观察证实，作为道德实践的政治是可能的。当然，我并不否认踏上这条道路绝非易事，我也从来没说过那是一件容易的事。

398 从我的政治理想出发，再清楚不过的一点是，我在政治实践中动用一切可能手段、想要反复强调的东西，是文化。文化，从这个词可能的最宽泛的意义上说，既包括所谓的日常生活的文化——即“文明度”，也包括我们熟悉的高级文化，如艺术和科学。

我并不是说国家应大规模地资助文化，视其为特殊的人类活动领域；同时，我也丝毫不同意许多艺术家的愤慨和恐惧，认为我们正在经历的，是一个破坏文化并将最终毁灭文化的时代。我们的多数艺术家已经不知不觉地习惯了社会主义国家无休止的馈赠。它资助了许多文化机构和部门，不在乎一部电影是否要耗费一百万或一千万克朗，也不在乎有谁会去观看。它不去管剧院的工资单上有多少无所事事的演员，只关心所有人都在那张单子上，从而都可以拿到钱。共产主义国家比那位加州的捷克哲学家更清楚它的最大威胁在何处：在知识和精神的领域。它清楚非理性的馈赠首先应该用来安抚谁。当然，国家在这方面越来越难成功则是另一回事，因为尽管面前摆着各种贿赂、奖金和头衔，艺术家总是最先起来造反的那批人。

某些艺术家喜欢回忆社会主义时代的“社会保障”，但他们的这种怀旧与呻吟并不能打动我。文化必须(或至少部分地)懂得走自己的路，应该通过税务减免、基金会、开发基金等类似手段获得资助——附带说一句，这些都是最适合文化多元与自由的手段。艺术与科学的资金来源越是多样，就越能保证这些领域中的多样性与竞争性。国家则应该以理性、公开和深思熟虑的方式，支持文化中那些
关乎我们民族认同、关乎我们土地上的文明传统的部分。毕竟，在仅 505
有市场机制的情况下，它们无法得以保存。我想到了文物古迹(不能将所有城堡都变成酒店来确保它们的维修费用，也不能指望旧贵族为了维护家族荣耀而回来修复它们)、图书馆、博物馆、公共档案馆等类似机构，在今天，它们的失修情况已经到了骇人听闻的地步(从事遗忘的前政权仿佛是蓄意破坏了这些见证我们历史的东西)。类似地，我们也难以想象教会机构在可预见的将来，有办法重建四十年来破坏殆尽的大小教堂、修道院和其他教会建筑。它们不仅仅是教会的骄傲，更是整个国家的文化遗产的一部分。

为了做到准确无误，我只是简单地介绍了以上内容。但我的主要观点不在于此。对我们来说极其重要的一点是，我们在处理文化
问题时，不仅要将其看作一种人类活动，更要在最广泛的意义上理解 399
它，那就是“一切事物的文化”，即公共行为的基本水准。在这里，我想表达的主要是人与人之间的关系，它存在于强者和弱者之间，也存

在于健康的人和生病的人之间；存在于青年人和老年人之间，也存在于成人和儿童之间；存在于商人和顾客之间，也存在于男人和女人之间；存在于老师和学生之间，也存在于官员和士兵、警察和市民之间，等等。

除此之外，我还想到了人与自然、与动物、与大气、与景观、与城镇、与花园、与他们的家之间的关系的特征，这就是住房与建筑、公共活动场所以及大商业与小商铺的文化，是工作与广告的文化，也是时尚、行为与娱乐的文化。

更进一步，这一切如果没有一种法律、政治和管理的文化，没有国家与公民关系的文化，将变得难以想象。战前，在所有这些领域，我们都与如今的发达西方民主国家处在同一水平（如果不说是更高的话）。而为了评估我们目前的状况，只要拿西欧国家作为参考就够了。我知道这次在普遍文化水准、也就是公共行为水准方面的灾难性下降，与我们的经济衰退有关，甚至很大程度上是它的直接后果。同时，它也比经济衰退更使我感到恐慌，因为它更加看得见摸得着，也更直接地影响到一个人。我完全可以想象，作为公民，一家酒吧里顾客随地吐痰、侍者举止粗鲁带给我的困扰，比起没有钱每天都去酒吧，也没有钱享受菜单上的昂贵饭菜带给我的困扰，要严重得多。同样，到处都看不到漂亮的住宅，比起我自己没有能力购买一套家庭住宅，会让我更加烦恼。

我想说的东西也许一目了然：不论使经济回到正轨对我们有多重要，那远不是摆在我们面前的唯一任务。竭尽一切可能改善日常生活的基本文化水准，这个任务也是同样重要的。当然，随着经济的发展，这一要求会最终实现，但我们不能坐等这一切发生。我们必须启动一项大型计划，以提升基本的文化标准；但同样，我们不能等到富起来才做这件事。我们可以立即开始，哪怕口袋里没有一个克朗。

没有人能够向我证明，护士薪酬越高对病人的照顾越周到，豪华的住宅可以带给人更多的快乐，发了财的商人才会对客人更殷勤、才会把门脸装饰一新，发达了的农民才会善待他的牲口。进而，我甚至认为，在许多方面（从供给与需求的文化、交易与企业的文化，直至价值观与生活方式的文化），改进日常生活的文明程度可以加快经济的发展。

我愿意尽我的所能，为一项旨在提升基本文明度的计划去做一点具体的事情，或至少是尽我的所能来表达我对这一计划的个人兴 400
趣，而无论是否身为总统。我觉得这是我的政治理念——政治是道德的实践，是某种“高级责任”的运用——的必要组成部分与必然逻辑结论。毕竟，对公民，尤其是对政治家来说，除了让生活变得更加愉快、有趣、多彩和可以接受，还有什么事情值得他们最终去关注呢？

虽然我在此处谈到了我的政治——或更准确地说，我的文明——计划，谈到了我愿意为之奋斗的我的政治理念、价值观和理想，但这并不意味着我怀抱了一个天真的想法，渴望能在某天彻底结束奋斗。梦想建成一个地上天国，让所有的人都相亲相爱，让每个人工作勤奋、举止文明、富有美德，让大地兴旺繁荣，一切事物都甜美明媚，按照符合上帝旨意的方式和谐地运行。——这种梦想永远都不会实现。恰恰相反，许诺下这一切的乌托邦思想家给世界带来了最骇人的经历。邪恶还将伴随我们，没有人能彻底消除人类疾苦，政治领域总是会招惹不负责任、野心勃勃的冒险家和骗子，人类破坏世界的脚步也不会停止。在这个方面，我不抱任何幻想。

不论是我还是别人，谁都不能一劳永逸地赢得这场战争，充其量我们可以取得一两场战役的胜利，但即使这一点也无法保证。尽管如此，我仍然认为，将这场战争一直进行下去是有意义的。它已经持续了几个世纪，我们希望它在将来的世纪也会持续下去。唯一的一点是我们必须抱着原则走入战场，因为只有这种做法才是正确的，或者说是上帝希望的（如果你愿意这么看的话）。它是一场永恒的、没有终结的斗争。它不仅仅是好人（我或多或少把自己算在内）对坏人、高尚者对卑鄙者的斗争，不仅仅是心怀世界和永恒的人与只考虑自己和当下的人之间的斗争；它发生在每个人身上，是它才使人成为人、生活成为生活。

所以，那些宣称我是一个梦想家、想要把地狱变成天堂的人都错了。我几乎从不幻想。我所感到的，只是一种责任，要为我心目中好的并且是正确的事情奋斗。我能够改善某些事情吗？还是完全无能为力？我不知道，大概两种结局都有可能。但是如果认为为美好的事业奋斗没有意义，这是我唯一不能同意的。

我们正在再造一个新国家。命运将我推到台前，使得我比起多数同胞对这一进程多少有了更大的影响力。因此，我想可以谈一谈我对国家的理想，阐述我脑海里的未来远景，或者说从我理解的政治中自然流淌出的远景。

我们也许都同意，我们想要一个建立在法治之上的国家，想要一个民主（即拥有多元政治体系）、和平、有着繁荣市场经济的国家。有些人认为这个国家还应该做到社会正义，但也有人从这个词中嗅到
401 了社会主义的气息，因而加以反对。反对者认为这个词含义模糊，什么都可以指代，而运转正常的市场经济也永远不可能保证任何真正的社会正义。他们指出，人们之间的勤奋程度和才能总是会存在差异，甚至连运气都会不同。所以很明显，市场体系限于其性质，是无法提供社会平等意义上的社会正义的。更进一步，如果强行让市场这样去做，那将是十分不道德的。（对此，社会主义的历史为我们提供了太多的例子。）

然而我不明白的是，为什么配备了立法机构、有权力制定预算的

民主国家，不能去追求某种程度的公平。譬如，制定适当的养老金和税收政策，资助失业者，为公共雇员发放薪酬，帮助独居的老人、受健康问题困扰的人以及出于各种原因处在社会底层的人。每个文明国家都以不同的方式在这些领域提出了合理的政策，并取得了不同程度的成功，即使是市场经济最热情的支持者也不会在原则上加以反对。说到底，这并非信仰、而是术语上的冲突。

我反复强调这些基本的、不言而喻的甚至是普遍的事实，是出于表达完整和有条理的考虑。但我还想谈谈国家的另外一些方面，它不那么显而易见，自然也很少被提及，但并不意味着就不重要，——它规定了哪些属于不言而喻的东西，并使后者成为可能。

我相信——无论这对政治科学家来说多么不科学——如果不同时建设一个富有人性、道德、智慧、精神以及文化的国家，我们就永远不能建成一个基于法治的民主国家。如果没有某些人性的和社会的价值观支持，就算是最优良的法律，构思得最好的民主机制，也无法保证合法(legality)、自由和人权。换言之，就是无法保证任何它们预期实现的价值。譬如，如果一项法律没有人去尊重它、捍卫它并负责任地遵守它，那它还有何益处可言？它将一无是处，仅仅是一张废纸罢了。如果选民只能在一个大流氓和一个小流氓之间做出选择，那这种选举还有什么用？如果没有一个政党关心社会的基本利益，要那么多的政党又有什么用？

没有一个国家(或宪政、法律和政治体系)可以超越历史时间和社会空间而独自存在。国家与电脑、电话不同，不是某些专家的精巧技术发明。相反，每个国家都源自特定的智慧、精神和文化传统，这些传统赋予了国家以实质和意义。

从而我们又回到了同一点上：没有共同分享和普遍确立的道德价值与义务，不论是法律、民主政府还是市场经济，都无法正常地运

402 转。它们全部都是人类精神的非凡造物；反过来，它们又能极好地为精神服务——让我们假定人类精神需要这些机制来服务自己，并且尊重它们、信任它们、保护它们、理解它们的意义，有必要的话，还能为之奋斗、为之做出牺牲。

我将再次运用法律作为例子。法律无疑是一种正义的工具，但如果没有人去负责任地使用它，它将变得全然没有意义。我们自己晚近的经验足以让我们明白，即使是一项正当的法律，如果落入不道德的法官手里会发生什么；即使是民主制度，也多么容易被不讲道德的人用来制造专制和恐怖。如果没有正派人士的意志和勇气来阻止法律和其他民主制度的滥用，单靠后者自己将什么也保证不了。这些制度能帮助我们变得更加人性，这一点是毋庸置疑的，那正是人类创造它们的原因，也是我们今天要建设它们的原因。但是，如果想要
510 它们对我们有所保证，我们首先必须对它们有所保证。

今天大量的活动主要围绕国家建设的技术层面展开。在这些嘈杂的、一时性的活动之外，偶尔提醒一下我们自己不要遗忘了国家的意义，并不会有什么害处。国家的意义在于，它必须自始至终是人性的，也就是说，它必须同时体现出知识、精神和道德三个方面的特征。

我们该如何建设这样一个国家？这种抱负从现实的角度看，又对我们有哪些约束，提供了哪些帮助？

并不会有一套简单的指令告诉我们应该如何去做。一个富有道德和知识的国家，无法仅仅建立在某部宪法、法律甚至是命令之上。它只能通过复杂的、长期的又永无止境的工作来实现，其中很重要的两项就是教育和自我教育。它需要的，是活跃而又负责任地思考每个政治步骤和每个决定，是持久地强调道德商谈和道德判断，是持续不断地自我检查和自我分析，是不断地重新考虑我们应优先考虑的事情。总之，它不是我们可以自行宣布或者推介的东西；相反，它是

一种如何进行的方式。它需要我们有勇气将道德和精神动机注入每一件事中，并在每一件事中寻找人性的向度。光有科学、技术、专门知识乃至所谓的专业主义，是不够的。我们还需要更多的东西。简单说来，可以称其为精神，或者情感、或者良知。

索　　引

（索引页码为原书页码，即本书边码）

图书在版编目(CIP)数据

市民社会基础读本:美国市民社会讨论经典文选/(美)艾伯利主编;林猛,施雪飞,雷聪译.—北京:商务印书馆,2012
ISBN 978-7-100-08800-8

I.①市… II.①艾… ②林… ③施… ④雷… III.①社会团体—研究—美国—文集 IV.①C237.12-53

中国版本图书馆 CIP 数据核字(2011)第 246148 号

市民社会基础读本
——美国市民社会讨论经典文选
〔美〕唐·E. 艾伯利 主编
林 猛 施雪飞 雷 聪 译

商 务 印 书 馆 出 版
(北京王府井大街36号 邮政编码100710)
商 务 印 书 馆 发 行
北京市白帆印务有限公司印刷
ISBN 978-7-100-08800-8

2012年6月第1版 开本 880×1230 1/32
2012年6月北京第1次印刷 印张 16⅝
定价:38.00元